JN268756

MINERVA
福祉ライブラリー
47

福祉資本主義の三つの世界

比較福祉国家の理論と動態

G.エスピン-アンデルセン 著　岡沢憲芙・宮本太郎 監訳

ミネルヴァ書房

THE THREE WORLDS OF WELFARE CAPITALISM
by Gøsta Esping-Andersen
Copyright © 1990 by Gøsta Esping-Andersen All rights reserved.

Japanese translation rights arranged with
Basil Blackwell Limited in Oxford
through The Asano Agency, Inc.in Tokyo.

日本語版への序文

日本型福祉国家の特殊性

　本書を英語で出版して以降,多くの批判を受けてきた。最も手厳しかったのは,(本書があまりにもジェンダーについて無知であるとする) フェミニストからのものと,(特定の福祉国家を分類する方法について異議を表明する) 各国研究の専門家からのものであった。これらは正当な批判であり,私は,分析基準を再考したり,分析枠組みに必ずしもうまく当てはまらない国についてはより慎重に吟味せざるを得なくなった。2年前,本書はスペイン語に翻訳されたが,スペインは,分析の際には想定していなかった国であった。スペインの事情を良く知らないので困ったが,積極的に研究を重ね,またその甲斐もあったと考えている。

　さて,いまここに日本語版を出版することは,輪をかけて挑戦的な企てである。本書を最初書いたとき,日本型「福祉国家」は,本書のきわめてヨーロッパ中心主義的な政治経済類型,すなわち,西欧の自由主義,社会民主主義,保守主義という歴史的諸潮流に基づく類型のなかに,基本的には当てはまるものとして取り扱われてきた。だが,多くの日本人と欧米の研究者は,日本型モデルはユニークなもので,福祉国家理論の標準的な分析用具で把握できるものではないと主張している。そして今日,韓国や,台湾,その他東南アジア諸国が,民主主義的で社会的な諸権利を,日本が経験したのと同じようなやり方で徐々に拡張しつつある。そのようななかで,もっと一般的な東アジアの「東洋型」福祉国家モデル,もしくは「アメリカ一太平洋型」福祉国家モデルとでも言うべき概念が確固たるものになりつつあるのである。[1]

　日本が独自の福祉国家レジームの国であるとする議論の本質は,一体何であるのか。日本型モデルを研究している欧米の研究者は,通常,日本の経済発展の水準に対して,社会的支出が驚くほど低く,社会的給付の水準も比較的低く,セーフティネットが未発達であることを印象づけられている。国民一人当たりGDPでみるかぎり,日本は世界でも最も豊かな国の一つであるが,日本のGDPに占める社会的支出の割合 (1990年に12%) は,1960年代のOECD諸国の平均水準である。その限りにおいて,日本型福祉国家は,多くの者にとってはまさに残余主義モデルの典型として受け取られてきた。

　たいていの国においては,年金と医療が福祉国家支出の最大の部分を占めている。

この二つのものは，人口高齢化によって大きく押し上げられる。このことを考えると，日本の社会的支出の少なさは，単に相対的に若い人口構造を反映しているだけであり，残余主義的な福祉を信奉していることを示しているものではないとも考えられる。だが，これは十分な説明ではない。日本の65歳以上人口の割合は，今日12％であり，この水準は，スカンジナビア諸国やドイツでは，1970年頃の福祉国家の黄金期の状況であった。さらには，（家族給付や，児童ケア，出産休暇，疾病，失業，雇用促進のような）子どもや若者のための福祉国家プログラムも，日本では同様にかなり低い。それらが，ＧＤＰの２％以下を占めるに過ぎないのに較べて，ＥＣ（欧州共同体）や他のＯＥＣＤ諸国では８％を占めている。実際，日本の高齢者以外に対する公的支出は，これまでのところ先進国のなかで最も低い(2)（OECD, 1994）。換言すれば，日本の老齢人口が比較的少ないと言うことは，ほとんど説明要因とはならないのである。なるほど，日本は，数十年にわたって完全雇用を持続し，そのために失業給付や早期退職に関する重い負担を免れた。これらは，ヨーロッパにおいては，高齢者向け以外の公的支出に重くのしかかる要因である。だが，たとえこれらを差し引いて計算しても，日本型福祉国家が非常に貧弱であるという結論は変わらない。

日本の福祉負担が低いことについてもう少し説得力のある説明は，年金制度の歴史がたいへん浅いということである。つまり，年金制度が充分には成熟していないので，その支出が相対的に少ないというわけである。たしかにこれは事実である。厚生年金保険（ＥＰＩ）も国民年金（ＮＰＩ）も，ともに1950年代に発足しており，（1973年と1985年との）二つの改革を経て，今日に至っている。後者の改革によって，受給開始年齢と必要拠出期間とが，引き上げられた。よって，捕捉率は決して普遍的ではなく，とくに所得比例の被用者年金に関してはそうである。しかし，このように言っても，なぜ発展がゆっくりしていたのか，なぜカヴァリッジが限定されていたのか，なぜ給付水準が低いのか，という疑問は残る。

日本が「特殊」であるという議論の要点は，公的部門の外部における社会福祉の保証が大変強固で包括的であるので，国家福祉に対するニードはわずかで残余的なものである，という考え方に基づいている。ある意味では，日本は福祉国家を必要としない福祉社会である，とこの種の議論は主張する。この仮説は，日本型の福祉ミックスに三つの主要な構成要素があると考える(3)。第一の，そしておそらくは主要な構成要素は，文化的な伝統と関わりがある。すなわち，仏教の教説と「儒教」に基づく家族的で共同体的な連帯と義務である。慣習法のみならず文化的な慣例についても言えることだが，家族や，地域のボランタリーな性格の組織が，福祉供給主

体として，欧米よりもはるかに中心的な位置を占めている。たとえば，三世代世帯は，社会的統合の要であり子どもと老人との世話を同時におこなう。実際のところ今日，日本の高齢者の3分の2は，その子どもによって世話されている（Hashimoto, 1992; OECD, 1994）。欧米の福祉国家が子どもや老人，病人に対して提供している社会的介護サービスを，日本や東アジアにおいては，家族が提供している。政府による供給水準がきわめて低いという事実には，このこともまた反映されているのである。日本の社会福祉サービスが，政府の社会的支出全体のわずか5％を占めるに過ぎないのに較べて，スカンジナビア諸国では30％，ドイツやフランスでは10％から15％を占めている（Esping-Andersen, 1996）。

　第二の構成要素は，企業の職域福祉である。「アメリカ―太平洋型」モデルという考え方は，ここに由来する。アメリカにおける場合と同様に，日本の大企業は，あるいは中企業でさえ，医療や，民間年金，住宅，対人サービスやレクリエーションにいたるまでの実質的で包括的な社会福祉の供給主体である。ウッズワースの研究は，今日ではいささか古くなっているが，ほとんどの主要産業において企業福祉の費用が賃金総額の約10％から20％であることを明らかにしている（Woodsworth, 1977）。また，ドーアの，有名だがこれまた新しいとはいえない比較研究によれば，日本企業（日立が実例となっている）はイギリス企業の三倍のコストを福祉に費やしている（Dore, 1973）。アメリカのケースと比べてみた場合でさえ，日本の企業の福祉制度がその気前のよさや包括性で勝っていることはほとんどまちがいない。だが，企業福祉がカバーしているのは，アメリカにおける場合と同様に，通常は，中核的で，労働組合に組織され，終身雇用の，主として男子労働者に限定されている。専門家の試算によれば，こうした企業福祉にカバーされているのは，労働者の25％から30％である（Goodman and Peng, 1996）。

　第三の構成要素は，ある意味では目に見えないものである。つまり，他の福祉国家が取り組まなければならなかった多くの重大な社会問題が，日本では深刻化していないのである。この要因としては，日本が完全雇用を実現し教育を浸透させることに関して驚くべき成果を挙げたことが大きいのではあるが，また貧困や社会的排除，犯罪があまり深刻でないということもある。日本の社会的支出は比較論的に見てきわめて低いかもしれないが，教育への投資（ＧＤＰの5％から6％）はほとんどの先進国と横並びである。失業は通常は3％以下であって，男子の労働力率がヨーロッパを上回っていて，女子の労働力率がドイツと同じくらい（だが，スカンジナビアや北アメリカよりもはるかに低い）であるということに注目するならば，この低失業率はりっぱな成果である。

日本が教育と雇用にこだわることは，一見，スウェーデンの周知の「生産主義的」社会政策，すなわち，労働市場が社会的リスクと貧困を生み出すよりも福祉と平等を生み出すようにする予防的政策と非常に似ている。もしも，労働市場が給料の良い仕事を「普遍的権利」として保証することができるのなら，国家の福祉義務が極小化し国家の財政力は極大化することは明らかである。また，完全雇用の維持のための政治的取り組みが真剣なものだったことも明らかなことである。(4)このことは，1973年のOPECの危機の後，大規模な景気循環対応型のケインズ政策が採択されたことにも示されている。本書で一貫して論じているように，雇用を維持するための政府の取り組みは，福祉国家の定義に関する鍵となる構成要素である。

独自の「日本型福祉国家レジーム」は存在するのか？

　「福祉国家レジーム」は，本書の鍵となる概念である。その根本的な考え方は，支出であれ，給付対象の範囲であれ，給付の寛大さであれ，福祉国家を「大小」によって比較してはならない，ということである。そうではなく，「レジーム」という概念が浮き彫りにするのは，各国は社会的保護を推進するという共通の目標に対して質的に違ったアプローチを採っているということである。本書の第1章から第3章は，様々なレジームを定義するための主な指標について述べている。これらの指標は，今日では古典となっているT・H・マーシャルやカール・ポランニーの業績を手がかりにしている。第一の指標は「脱商品化」である。これは，確かに厄介な概念だが，社会政策の効果として，個人（と家族）が市場に依存することなく所得を確保し消費ができる，その程度を明示するのに役立つ。換言すれば，脱商品化は社会的権利の強さと関係がある。第二の指標は社会的階層化と連帯に関連している。つまり，当該福祉国家が広範な社会的連帯のもとに構築されるか否か，ということである。両方の指標に照らしてみると，国家は，以下の三つのアクターの一つに過ぎないことは明らかである。すなわち，市民の観点からみれば，彼ら彼女らが生きる世界でその所得や福祉は次の三つのものの総計から成っているのである。すなわち，ⓐ家族自らが提供するサービス活動（子どもや病人を家族内で世話をすることなど）と，ⓑ市場活動（賃金や労働にむすびついた福祉，市場で購入された福祉），それにⓒ政府の供給（移転やサービス）の三つである。福祉国家レジームという考え方は，こうした福祉ミックスの政治経済学に基づいているのである。

　次に提起する問題は，このような指標に従えば日本は独自のレジームを構成することになるかどうか，ということである。読者はお分かりのように，本書で私が出した答えは基本的に「ノー」である。しかしながら，その後も論争があり，別の側

面も窺えるようになってきた。すなわち，この論争のなかで日本は，自由主義，社会民主主義，保守主義レジームの，そのいずれのクラスターに分類するのも困難なケースであることが浮き彫りになったのである。日本は，自由主義を把握する諸指標で高得点であるし（たとえば民間セクターの役割が強いこと），また保守主義を把握する諸指標でも高得点である（国家公務員に対する特権的な福祉や，コーポラティズム的な分立した社会保険制度）。別の言い方をすれば，本書で日本を独自のレジームとすることに「ノー」としたことが妥当であったかどうかを再検討するべき時である，いうことである。日本の謎に戻る前に，三つのレジームの本質を簡単に要約しておきたい。

　社会民主主義モデルは，きわめて強力で包括的な社会権を保障し，普遍主義的な原則に立脚している。それは，子どもや老人の社会的ケアの責任を引き受けることによって女性の地位を平等なものにすることを約束しており，したがって強いサービス志向の福祉国家でもある。それは，単に完全雇用のみではなく，男性と女性の雇用を共に極大化していくことを一貫して強調している。このような特質が重なり合って，この福祉国家レジームにおいては，市民は家族自身によるサービス供給や市場にあまり頼らないし，各世帯が享受する福祉総体のなかで国家の役割はより顕著である。それは，高度に脱商品化した福祉国家であり，普遍主義的な連帯の原理に立脚している。

　保守主義的な，コーポラティズム型福祉国家においては，社会権は雇用と拠出に基づいており，スカンジナビア諸国におけるようにただ市民権だけに基づくものとは異なっている。この体制は，保険原理を基礎にして作られており，平等よりも公平（契約上の公正）を強調する。社会保険は，職業上の地位によって分立していることが多く，極度に細分化されていることもある。このことは，連帯の側面が非常に狭くてコーポラティズム的であるということを意味している。また，社会保険にカバーされるためには，長期にわたる途切れることのない雇用キャリアが求められる。したがって，家族はこのような条件を満たす男性稼得者に全面的に依存することになる。それ故，このモデルにおいては，女性の福祉権は通常，派生的で間接的なものである。また，この福祉国家レジームは，非常に寛大な所得移転と非常に限定された社会サービスとを組み合わせていることにおいてもユニークである。このような特徴は，遡ってはカトリシズムの歴史的な影響に，また，より下ってはキリスト教民主主義政党の政府が続いたことに由来している。カトリックの社会的教義の根本は「補完性」という考え方である。この考え方は，福祉供給に関しては家族や地域コミュニティが自然であり活動の中心として理想的である，というものであ

る。したがって，国家の役割は，家族が自分たちの福祉上のニードを満たすべく自らサービスをおこなう，そのことが経済的に可能になるような条件を作り出すことに限定されるべきなのである（とくに，van Kersbergen, 1995 を参照されたい）。それ故，福祉国家の重点は，男性の稼ぎ手とその扶養家族の所得ニードを満たすように十分寛大な所得移転をおこなうことに置かれるのである。日本の読者には，カトリックの「補完性」原理は，たやすく理解できるはずである。

　自由主義福祉国家レジームは，保守主義福祉国家レジームと違い，家族主義的ではなく，どちらかと言えば個人主義的である。それは，市場こそがほとんどの市民にとって——部分的には，勤労所得によって，また部分的には協約によるもしくは私的に購入した福祉（企業福祉や，生命保険，高齢者のための市場化されたケア）によって——，望ましい適切な福祉の源であると主張している。その結果，福祉国家は二重の意味で残余的なものとなる。一方では，福祉国家の役割は，規制政策や減免税を通じて市場のパフォーマンスを高めることにある。さらにそれは，脱商品化の度合いを抑えることによって，個人が市場に依存することを奨励している。給付額が低く社会権が弱いために「労働インセンティブ喪失」はほとんど生じない。他方では，社会政策は，「真の困窮者」に限定したミーンズテスト付きの給付が中心となるという意味において，残余的になりがちである。

　日本は，これら三つのすべてのレジームの要素を組み合わせているように思える。日本は，雇用の拡大と完全雇用とに驚くほど強くコミットしているという点では，社会民主主義モデルと共通している。家族主義や，地位によって分立した社会保険については，保守主義モデルと共通している。残余主義や，私的な福祉に強く依存することでは，自由主義レジームと共通している。それならばここで，日本型モデルは諸レジームのハイブリッドであるという点でユニークである，と結論づけて良いものだろうか。多様な要素が組み合わさって，日本型福祉国家レジームをして他のレジームとは質的に異なった一類型——「福祉資本主義の第四の世界」——としているのであろうか。この疑問に応えるために，これらの要素が実際どのように機能し，どのようにむすびついているのかをより詳細に検討しよう。

福祉ミックスと国家

　1970年代初めまで，日本における公的福祉の供給体制は，残余主義的福祉国家の典型例を示し，しかもかなり極端な事例と言ってもいいほどだった。主な福祉プログラム（医療・年金）がカバーする対象はかなり広範であったものの，給付はまさに最低であった。1973年の「福祉元年」に着手された改革で，公的福祉のコミットメ

ントは最低限の社会セーフティネットと呼びうる水準に高められた。その後80年代初め以降，この福祉体系は削減されたり部分的に巻きかえしたりを繰り返してきた。

現行制度の基本的な構造は，拠出型社会保険というビスマルクの遺産に基づいて構築されており，相対的にコーポラティズムの程度が強いという点では大陸ヨーロッパと共通しているが，特殊日本的な特徴もいくつか見られる。ヨーロッパと同様に，社会保険は職業上の地位に応じて断片化している。すなわち，年金，医療，労働災害などのいずれの分野でも，船員，教職員，農業従事者および多様な政府被用者を対象とした個別の制度が設けられている。しかし日本では，こうしたコーポラティズムの論理は，日本経済固有の組織編成に由来する二重構造（dualism）によって潤色されていた。つまり，労働力の「中心」および「縁辺」労働力，あるいは「インサイダー」および「アウトサイダー」のへの分化という二重構造である。終身的に雇用される大企業の被用者など特権的なインサイダーは，就労生活での高額の所得収入ばかりでなく優位な社会保障給付を享受している。概して彼らは，零細企業従業員，非正規の雇用関係にある労働者などの「アウトサイダー」と比べて30％上回る給付を期待できる（Goodman and Peng, 1996）。こうした格差はその適切さというで決定的な問題をはらんでいる。たとえば，公的年金の標準支給額は退職前収入の40-45％にすぎない。医療についても，サービスの質という点だけでなく個人にかかる負担の点でもかなりの格差が見られる。

残余主義，断片化，二重構造の組合せは，失業保険のようなより周辺的な社会的プログラムにも及んでおり，失業保険の場合，カバーしているのは労働力の半分にすぎず，給付が支給されるのもごく短期間である。もちろん，完全雇用が達成されている限り，このプログラムはほとんど有用性をもたない。しかしながら，社会扶助，社会サービス提供に関しては残余主義的アプローチはより重要な意味をもつ。いずれのプログラムもかなり未発達な段階にあると言ってよいのである。日本に関する比較可能な貧困データは現在のところ存在しないが，日本の貧困率が典型的な北米の水準を，そしておそらくは大半のヨーロッパ諸国の貧困率をも，かなり下回っているという認識が拡がっている。にもかかわらず，日本にもきわめて低所得の人々がかなり多数存在している。ところが，所得調査つき扶助（生活保護制度）に付随するスティグマのために捕捉率が並はずれて低く，受給適格者の25-30％と推定されている（Gould, 1993; Goodman and Peng, 1996）。これを比較すると，悪名高いアメリカの場合で約45％，イギリスでは約75％である。児童ケア，高齢者ケアといった社会サービスでは，さらに発達が遅れている。大半のヨーロッパ各国と同様，社会福祉サービスは家族もしくはボランタリー団体の責任であると考えられている。

イタリアと同じく，地域に拠点を置き，公的補助金の交付を受けることもある「ボランティア」がかなり広範なネットワークを形成している。ただヨーロッパと違うのは，日本ではしばしば，大企業の事業主が児童福祉サービスを提供している点である。

要するに，日本型福祉国家の構造特性は，比較分析枠組に照らせば，保守主義的な「ビスマルク型」レジームと自由主義的残余主義との混合物としての性格が強いといえる。その制度デザインは，「日本型コーポラティズム」とでも呼びうるものである。すなわち，職業上の地位分化が広範に見られる点で日本はヨーロッパと同様である。しかし，忠誠心や連帯意識の涵養という点だけでなく，給付の寛容度やサービスの質という点でも，経済部門（中核的な大企業 vs. 中小企業）と一定の教育資格がヨーロッパ以上にはるかに重要な意味をもっていることも明瞭である。一例を挙げれば，35年間就労した男性労働者の退職手当は，大企業（従業員数1000人以上）と中小企業（従業員数30-90人）とでは3倍の開きがあり，さらに大卒従業員と高卒従業員とでは平均20-25％の格差がある（Japan Institute of Labour, 1990, Table 74）。

日本型社会保障システムの制度特性は，ヨーロッパの保守主義的伝統と近似しているものの，社会権へのコミットメントという点では自由主義的体制により近い。1970年代初め以降，給付水準は劇的に改善されてきたが，「脱商品化」度は相変わらず低いままである。標準的な公的年金は退職前所得の約40-50％の所得置換率である。失業給付は若干高い。しかし，資格要件は一般的に厳しい。実際に，80年代に拠出要件と退職年齢がともに引き上げられた。そして，正規雇用期間が5年から10年に及ばない場合には，失業給付の受給期間は最大90日しか認められない（高年齢求職者を除く）〔訳注：30歳未満の場合。45歳未満で180日〕。要するに，平均的な賃金稼得者は依然として市場か家族のいずれかにかなり依存しているといえる。

福祉ミックスと市場

市場による福祉供給という点では，日本型レジームはアメリカの自由主義モデルにたいへん似ている。大企業組織をとおしての社会的給付という伝統は，明らかに日本での公的福祉供給の残余主義的特質に由来する（Goodman and Peng, 1996）。労使協約に基づく福祉は福祉国家の空隙を埋めた。そして，いったんこの方式が整備拡充されると，福祉国家の拡大を求める国民の要求を抑制する効果があったと思われる。社会立法を推進する強力なロビーである社会勢力が，同時に，企業の職域福祉に関して最も特権的な地位を保有しているという場合には，なおさらである。大

企業に雇用されていたのは労働組合に組織化された終身雇用の正規従業員であった。対照的に，自営業者，非正規労働者，女性など，パッケージ化された私的福祉を享受していない集団は強力なロビーを構成しにくい状況にあった。その一方で，柔軟な労働力である女性の大半は終身雇用の中核労働者と結婚することが期待され，多くの自営業者も昔ながらの「生涯」就労者であるよう期待されている。

　アメリカと非常によく似ているのは，民間セクターによる福祉が大きい点である。第4章で述べているように，民間年金の支給額は年金支出全体の23％に上っている（政府被用者年金を含めると45％になる）。同様に，医療支出の約30％が個人負担によるものである。この点では，日本はまさしく「自由主義」福祉レジームの国家群に位置づけられる。対照的に，社会民主主義，保守主義両レジームはともに民間職域福祉の比重が小さいことによって特徴づけられる。日本の民間福祉は二重構造的でもある。大企業ではほぼ普遍主義的な給付がおこなわれているが，中小企業では抑制されている。皮肉にも，大企業による福祉体制は，ヨーロッパにおけるかつての社会主義政党（「ゲットー」）モデルにかなり類似している。社会的給付，サービス，住宅以外にも，大企業はレクリエーション，レジャー，地域サービスについてほとんど一揃えのものを提供している（Dore, 1973；本書第3章参照）。忠誠心，連帯感の涵養，調和のとれた社会的統合の促進など，その根底にある動機もゲットー社会主義と似たものがある。日本では，労働力を「インサイダー」と「アウトサイダー」に区分しているものの，日本で雇用主による福祉が機能しているという点は，被用者が市場の奔放で勝手な力に翻弄されることが少ないという限りでは，アメリカの場合よりも優れていると考えていいだろう。その理由としては，一方では日本では終身雇用制がかなり制度化され，拘束力をもっていることがある。また他方では，日本のマクロ経済管理は完全雇用の維持により強くコミットしてきたことが挙げられる。

　今日問題なのは，日本がもはや産業主導型成長モデルの成果を期待できないという点である。同時に日本は，ポスト工業化，大量人員余剰，さらに終身雇用慣行の漸進的な崩壊といった事態に適切に対応する方途を発見する必要に迫られている。こうした難題に対する日本の対応はアメリカとかなり異なった展開をたどりそうである。それでもやはり，アメリカで過去十年間にわたって企業別の福祉給付がどれほど劇的に衰退してきたかという点に留意する価値はある（Esping-Andersen, 1996）。

福祉ミックスと家族

　最後に，福祉ミックスにおける家族の役割という，儒教の中心命題ともかかわる

問題を取り上げよう。「日本特殊論」はこの点を強調するが，家族の役割という点から日本を特殊とするのは説得的であるとは言えない。この論議に立ち入る前に，論点を歴史的に再検討するのが有益である。

近代化論によれば，福祉国家は，家族や共同体が福祉供給を独占してきた伝統に対して機能的に代替するものとして出現した。都市化，産業化に伴い拡大家族が衰退し，そのため福祉国家が社会的保護におけるギャップを埋めていった。現在，日本はヨーロッパ，北米と同様に高度に都市化，産業化されている。しかし，周知のように家族主義が依然として非常に根強く残っている。親孝行，敬老，家族に対する義務は，単なる懐古的な保守主義者のプロパガンダではない。それが現実なのである。批判的論評によれば，子どもと同居している年金生活者の多くは自発的にではなく他の選択肢がないためにそうしているという。これはおそらく真実であろう。同様に，狭い家で暮らしている成人した子どもの多くが可能であれば独立を望むであろう。不本意な現状に甘んじているという点では，キャリアをもちたがっている高学歴の主婦の場合も同様である。

問題は，「インダストリアリズム論」の理論家が家族と福祉国家の関係を誤って解釈していたということである。前述のような日本についての描写は，基本的にはすべての先進社会に当てはまることなのである。第二次世界大戦以前の福祉国家の発展は，男性＝稼得者，女性＝主婦という家族モデルを前提にしていたことは明らかであるし，戦後についてすらこのことは言える。1960年代になってようやく，この仮説に疑問が向けられはじめた。そして結果的にこの点に関して社会政策の路線変更がおこなわれたのは，基本的に社会民主主義的福祉国家レジームにおいてだけであった。社会政策をめぐる二つの新展開が進んだことが，社会民主主義レジームにおけるターニングポイントとなった。その新展開とは，第一に，就学前の児童に対するデイケア，高齢者に対する老人ホーム，ホームヘルプなど，公的社会福祉サービスの包括的ネットワークの発展，第二に，キャリアと家事負担との調和を図るための女性の所得維持システムの構築（出産休暇，育児休暇，欠勤に対して寛容な制度）である。自由主義レジームもこうした考え方を共有しつつある。予想されうることであるが，自由主義レジームにおける対応は，ケアサービスの購入，労使協約に基づく休暇制など，市場をとおしての解決を促進することであった。だがいずれの場合も，結果はかなり似通っている。共働き家族が普通になり，家族の介護義務が衰退してきた。興味深いことに，こうした転換に伴って出生率が上昇した。

子どもと同居している高齢者の比率は，かつてはどこの国でもかなり高かった。1950年代における各国の状況をみると，ノルウェー約44％，フィンランド55％，ス

ウェーデン27％，イギリス40％強，アメリカ33％であった。今日では，いずれの国でも子どもと同居している高齢者の割合は僅かである（OECD, 1994, Table 13）。同様に，デンマーク，スウェーデンでの就学前児童に対する公的デイケアはほぼ需要を充足している。あるいはまた，別の分かりやすい指標でみると，成人した子どもで無職の場合，アメリカや北欧では彼らは親と同居せず独り暮らしをしている。

このように，福祉国家のなかには，ここ数十年間に伝統的な家族の福祉機能が消滅しはじめたものもあった。明らかに日本の場合はこれに当てはまらない。この点では，大陸ヨーロッパ，とくに南欧についても同様である。日本では儒教主義がこうした仕組みを哲学的に支えている。ヨーロッパではそれがカトリシズムと結合している。いずれの場合も，きわめてよく似た理由から福祉国家は伝統的家族主義へコミットしているのである。

ポスト工業化社会の進展，男女の学歴格差の解消，女性の経済的自立の要求増大と少子化，労働市場のサービス指向化などに伴って，家族主義的福祉国家は大きな緊張にさらされている。このような背景のもとでは，女性がキャリアに就いて勤労所得を得ていく潜在的可能性を考慮すれば，彼女らがフルタイムで育児や虚弱高齢者の介護をおこなうことの機会費用は高くなる。日本や大陸ヨーロッパのような福祉国家は，単に他の選択肢を提供しないことでこの機会費用を相殺している。このような場合，家族の対応は次の二つの方法のいずれかである。第一に，主婦が相変わらず家庭で子どもや両親のケアを続けるという方法。主婦が高学歴の場合，これは人的資本の大量浪費を意味する。第二に，それにもかかわらず女性がキャリアを追求するという方法である。しかし，家族形成にまつわるさまざまな困難が重なると，出産の時期が遅れたり，出産の機会が減少するだろう。

日本だけでなく南欧でも，明らかに後者の戦略が広まりつつある。そうでないとしたら，家族志向的でカトリック信仰の根強い文化をもつイタリア，スペイン両国が世界最低の出生率（合計特殊出生率1.25以下）を示しているという事実が説明できない。また，日本の出生率（同1.6前後）もスカンジナビア諸国や北米を確実に下回っている〔訳注：1999年度で1.34〕。逆説的ではあるが，ポスト工業化秩序の下での家族主義的福祉国家が家族形成を不可能にしているのである。

日本の政策決定者が大きな懸念を抱いている高齢化の危機は出生率の危機でもある。その意味で，「儒教的」な（およびカトリック的な）家族価値を強調し続けるならば，人口統計上の問題および財政上の負担は解決されるどころか悪化することになろう。

そうであるとするなら，家族のむすびつきを支え，出生率の上昇を奨励するとい

う意味で家族主義なレジームと，家族への依存関係を再生産しているという意味で家族主義なレジームとを区別することが大事になる。南欧と同様に，日本は後者のカテゴリーにより近い。福祉国家や労働市場が機能しなければ，家族が扶養と援助の負担を背負うことになろう。

日本では，子どもと同居する高齢者の割合は，過去数十年間に次第に低下してきた。1950年代では80%だったのが，70年代に約77%になり，現在では65%である。年金の改善に伴い，この比率はさらにいっそう低下するはずである。この動向はどこの国でも同じである。日本の場合，他の国と比較すると，同居率の低下は遅く緩やかに進行してきた。これは，確かに強い文化的伝統の所産であるが，同時に経済的要因の結果でもある。年金システムは改善されてきたが，必ずしも十分ではない。しかしながら，経済はごく順調に作動し，高齢者が相当な資産を蓄えている場合もしばしばである。日本では，若者が高齢者の世話をするという暗黙の「世代間契約」があり，高齢者は若者と共同して資源をプールしている。

こうした状況は，まさしく大陸ヨーロッパの福祉国家レジームの状況でもあるが，その理由は正反対である。ヨーロッパの場合，高失業とある程度強制的な早期退職に示されているように，主たる問題は「市場の失敗」である。対照的に，福祉国家の高齢者給付はきわめて寛容である。イタリア，スペインなどの国では，失業した若者と退職した高齢者によって家族が構成されることはごく当たり前で，高齢者は家計所得全体のかなりの割合を年金から得ている。(6) 実際のところ，イタリアでは，過去十年間に子どもと同居している高齢者の割合が上昇している（OECD, 1994, Table 13）。

換言すれば，家族主義が依然として福祉ミックスにおける決定的に重要な鍵を握る要素であるという点では，日本は決してユニークではないのである。そして，家族主義が重要であるのは，「積極的な」意味（経済的ニードと関係ない連帯感や敬意の文化）においてのみでなく「消極的な」意味（他に選択肢がないゆえのやむを得ない依存）においてでもあることが分かる。ヨーロッパの動向が示唆するように，経済的困難の時代には連帯という側面よりも依存関係という側面が顕著となる。こうした状況下においては，脆弱な福祉国家では家族主義の消極的側面が目立っていくであろう。日本での論議に見られるように，人口高齢化が差し迫った福祉国家の危機の主たる原因であると考えられるなら，当面の政策は家族の介護義務の負担軽減を目的とすべきである。これは，日本（および大半の大陸ヨーロッパ各国）が制度化してきた特殊な福祉ミックスからの急激な変更を意味する。別の言い方をすれば，それはレジームシフトを意味している。

結論

　ここに至って，われわれは最初の問題に立ち戻ることになる。日本型福祉国家をどのように理解するのか。本書のなかで提示されているレジーム類型のいずれかに日本型福祉国家を位置づけようと意図するなら，この設問に答えることはまず不可能であろう。日本型福祉国家を詳細に検討すればするほど，日本の福祉システムが，自由主義─残余主義モデルと保守主義─コーポラティズムモデル双方の主要要素を均等に組み合せているということが明らかになる。そうであるとすれば，日本（そしておそらく東アジア）は，自由主義と保守主義との独特な合成型として定義される「第4のレジーム」を示しているという結論に至らざるを得ないのであろうか。[7]

　後者の選択肢を選んだとしても，これだけははっきり言える。すなわち，エズラ・ヴォーゲルなどの論者が強調している福祉制度のユニークさは決して日本特有のものではないということである。それは，保守主義レジームの主要な属性の重要な要素を構成している。

　ここで結論を出すのをためらう基本的な理由が一つある。おそらく日本の福祉システムはまだ発展途上にあり，完成体の段階に到達していない。このような見方についてはこれを支持するようないくつかの要因がある。一つには，制度的枠組がごく最近できたばかりであるという点が挙げられる。大半の福祉国家は，19世紀末から20世紀初めにかけて，あるいは遅くとも戦前期までには制度形態を整えていた。これに対して，日本のシステムは戦後構築されたアドホックな制度である。制度の一部はドイツ的な保険主義の伝統から借用されたし（年金保険，医療），他の部分はアメリカによる占領期に実施された（社会扶助）。また，もっぱら制度空白を埋める形で発展してきたものもある（企業福祉）。極論をすれば，文字通り日本「固有の」福祉ミックスの要素は，（南欧と共有している）強い家族主義であり，これに加えるとすればおそらくは終身雇用関係だけである。

　近年構築された固有の制度として，日本型福祉国家はまだ定着していないのかもしれない。実際に，過去20年間にわたって改革と制度見直しが重ねられてきたところから判断するに，日本型福祉国家がまだより恒久的な形態に到達する以前の段階にあるのかもしれない。年金や医療制度が分立から統合へすすんだことは，コーポラティズムの弱体化を示す格好の例である。日本の社会政策を論じる者の多くが，福祉改革，福祉削減に対して強い政治的反対が起きなかったことに驚いている。こうした事態の背景は安易に従属的態度や権威主義に求められがちである。しかし，そうだとすると，環境主義など他の政策分野での激しく闘争的な抗議活動については，どのように説明するのであろうか。やはりこの点もまた，福祉システムがまだ

深く根を下ろしていないこととの関連で説明できよう。日本の福祉システムは，その支持基盤として強力に制度化された利益集団を涵養してこなかったのである。

　企業福祉と家族福祉がともに，徐々にではあるが確実に危機的状況に向かうにしたがって，日本の残余主義的福祉アプローチは強い緊張にさらされることになるだろう。終身雇用制と，それに伴う企業福祉を今後数十年間にわたって現状維持するのが困難であることは多くの兆候から窺える。同時に，日本は「ポスト工業化」の途上にあり，雇用のフレクシビリティを求める圧力も強まりつつある。伝統的な福祉・介護機能の担い手としての家族の能力や意欲が衰退しているのも明らかである。近代化とは，個人主義と独立志向の精神を意味している。高学歴の女性人口は自らのキャリアを充足することを主張するようになるだろう。高齢者が十分な所得を手に入れれば，彼らはしだいに自立を望むようになるであろう。とりわけ，日本の長期的な高齢化予測によれば，今後数十年間にわたって後期高齢者の規模が急上昇するという。このことは，介護負担が深刻となり，大半の標準的な勤労者家族の能力を超えるようになることを意味する。

　日本の福祉システムが依然として可塑的で，形が定まらない状態にあるというのは，むしろ幸いとも思える。企業福祉や家族福祉が厳しい状況に置かれているとするなら，福祉国家が残余主義を放棄せざるを得なくなるのも間違いなかろう。ただし，さまざまな負の効果を伴うアメリカ流の対応を日本が見習わないならば，であるが。日本型福祉国家の定義にかんする最終的な判定にはもうしばらく猶予が必要であるというのが，現在のところ可能な唯一の結論である。

注

(1) 日本の福祉制度が，ユニークで，そしておそらく優れたものであるという考えは，中川（Nakagawa, 1979）やヴォーゲル（Vogel, 1979）によって最も強く主張されている。「アメリカー太平洋」モデル（Rose and Shiratori, 1986）は，民間セクターにひどく依存することとむすびついた福祉国家残余主義という観点から，北アメリカとの類似性を強調している。グッドマンとペング（Goodman and Peng, 1996）は，「東アジアモデル」に関して，批判を交えながらもバランスのとれた今日的な議論を展開している。
(2) イタリアは，3.5%で二番目に低い。そして，以下で述べるように，その根本的理由は，よく似ている。
(3) ここでは，私は，日本の外務省が公式に表明している見解（1978年）に従っている。
(4) 政府の赤字支出は，膨大なものである。1973年にＧＤＰの2％の黒字だったのに，1975-1982年には，日本政府は4％の赤字になっている。その間，公共支出の水準は，二倍になっている（Therborn, 1986, p. 122を参照のこと）。

(5) 主に二種類の批判があった。一つの批判は，私が独創的に提示した基準による国々の区分に集中している。たとえば，オーストラリアは，「賃金所得者」福祉国家という第四番目のレジームになると主張されている（Castles, 1996）。また，イタリアや，スペイン，ポルトガル，ギリシャという南ヨーロッパの地中海諸国は，ユニークなクラスターであると主張されている（Castles, 1995）。これらのレジームの強固さについての経験的検証に関しては，カンガス（Kangas, 1994）や，レージン（Ragin, 1994）を参照されたい。また，私が先に指摘したように，日本が特殊な福祉国家モデルであると考えるべきだとする議論も幾つかある。二つめの批判は，ジェンダーの次元に集中している。三つの福祉国家レジームは，稼得者としての男性―主婦としての女性という伝統的モデルと余りにも一体化しすぎていると主張しているのである。その代わりに，もしも，福祉国家を「女性のレンズ」を通してみるならば，女性の利益への親和性に関して，福祉国家は非常に違ったグループ分けになるであろう（Orloff, 1993; Lewis, 1992; Sainsbury, 1994）。

(6) 南欧では桁はずれに高い若年失業率に悩まされている。利用可能なデータによれば，イタリア，スペインでは，若年失業者の約90％が相変わらず両親に扶養されている。実際に，25-30歳の年齢集団の約50％が両親との同居を続けている（Esping-Andersen, 1996）。

(7) 雇用保障を重視する日本の対応の基底に「社会民主主義的」要素がある点を忘れてはならない。しかし，スウェーデンとの類似性は実際よりも表面的にすぎない。セルボーン（Therborn, 1986）も指摘しているように，われわれは非常に異なった二つの完全雇用概念を取り扱っているのである。日本モデルはデュアリズムの特性をもち，「インサイダー」の男性中核労働力には安定したキャリアが強調され，他方で「アウトサイダー」（特に女性）の地位は不安定である。

文献

Castles, F. 1995, "Social Security in Southern Europe", Paper presented at the *ISA Research Committee 19*, in Pavia, September.

Castles, F. 1996, "Australia and New Zealand: Needs-based Social Guarantees and Working Class Life Cycles", in G. Esping-Andersen, (ed.) *Welfare States in Transition*. London: Sage.

Dore, R. 1973, *British Factory, Japanese Factory*, London: Allen and Unwin.

Esping-Andersen, G. 1996, "Welfare States without Work: The Impasse of the Continental European Model", in G. Esping-Andersen, (ed.) *Welfare States in Transition*. London: Sage.

Goodman, R. and Peng, I. 1996, "The East Asian Welfare States", in G. Esping-Andersen, (ed.) *Welfare States in Transition*, London: Sage.

Gould, A. 1993, *Capitalist Welfare Systems*, London: Longman.

Hashimoto, A. 1992, "Ageing in Japan" in D. Phillips, (ed.) *Ageing in East and South-*

East Asia, London : Edward Arnold : 36-44.

Japan Institute of Labour, 1990, *Japanese Working Life Profile*, Tokyo : Japan Institute of Labour.

Japanese Ministry of Foreign Affairs, 1978, *Social Security in Japan*, Tokyo : Public Information Bureau.

Kangas, O. 1994, "The Politics of Social Security", in T. Janoski and A. Hicks, (eds.) *The Comparative Political Economy of the Welfare State*, Cambridge : Cambridge University Press : 346-364.

Lewis, J. 1992, "Gender and the Development of Welfare Regimes", *Journal of European Social Policy*, 2 (3) : 159-173.

Nakagawa, Y. 1979, "Japan the Welfare Super-Power", *Journal of Japanese Studies*, Vol. 5 (1) : 5-51.

OECD, 1994, *New Directions in Social Policy*, Paris : OECD

Orloff, A. 1993, "Gender and the Social Rights of Citizenship". *American Sociological Review*, 58 (3) : 303-328.

Ragin, C. 1994, "A qualitative Comparative Analysis of Pension Systems", in T. Janoski and A. Hicks, (eds.) *The Comparative Political Economy of the Welfare State*, Cambridge : Cambridge University Press : 320-345.

Rose, R. and Shiratori, R. 1986, *Welfare State: East and West*, Oxford : Oxford University Press.

Sainsbury, D. 1994, *Gendering Welfare States*, London : Sage.

Therborn, G. 1986, *Why Some Peoples are more Unemployed than Others*, London : Verso Books.

van Kersbergen, K. 1995, *Social Capitalism*, London : Routledge and Kegan Paul.

Vogel, E. 1979, *Japan as Number One: Lessons for America*, Cambridge, MA : Harvard University Press.

Woodsworth, D. 1977, *Social Security and National Policy: Sweden, Yoguslavia, and Japan*, Montreal : McGill University Press.

（岡沢　憲芙）

はしがき

　そうは見えないかもしれないが，この本は文字通り山のようなデータと何年にもわたる際限のない統計処理に依拠して書かれた。過去8年の間に構築された三つの大きなデータベースが使われた。福祉国家プログラムの制度的特性の分析についての私の分析は，1981年にスウェーデン社会調査研究所でウォルター・コルピと私が開始した比較福祉国家研究のプロジェクトからのデータに依っている。ヨアキム・パルメは，データを収集し，整理し，そして分析するのにたいへんな貢献をしてくれた。さらに私は，調査を資金面で支援されたスウェーデン銀行ターセンテニアリー基金，スウェーデン社会調査機構にも感謝をしなければならない。以下の諸章でのいくつかの統計は，こうして構築されたデータを基礎に作成されたものである。これらのデータはリファレンスとして「ＳＳＩＢデータファイル」（Svensk Socialpolitik i International Belysning＝国際視点からのスウェーデン社会政策）という名称を使っている。

　福祉国家と労働市場の相互作用についての分析の多くは，我々のＷＥＥＰ（Welfare State Entry and Exit Project）データベースに依拠している。このデータの場合は，読者は一連の統計のリファレンスが「ＷＥＥＰデータファイル」となっているのを確認するであろう。このプロジェクトは国際的な性格のもの（10か国を25年間にわたって調査）で，1985年に，スカンジナビアからはジョン・エイヴィンド・コルベリ，そしてベルリン科学センターからリー・ラインウォーター，マーティン・レインそして私が音頭をとって開始された。このデータベースの基礎となったソースをすべて挙げようとしたら，まるまる一章が必要となろう。しかし，主に依拠したのは，各国の労働力統計とセンサスデータである。ＷＥＥＰデータは，カーレ・ハーゲン，トム・キューサック，そしてフリーダー・ナッショルトの協力なくしてはまとめることはできなかったろう。また調査の費用について，北欧理事会およびベルリン科学センターに負っており，謝意を表したい。

　第三のデータセットは，ここフローレンスのヨーロッパ大学機構において，ジアンナ・ジアネリとジョイス・リースの助けを得て構築されたものである。費用面では，ヨーロッパ大学機構の調査協議会から温かい支援を得ることができた。このデータベースは，ヨーロッパおよびアメリカの雇用構造とその変容に関する時系列

的かつクロスナショナルなデータを集めている。ここで主に依拠したのは，各国のセンサスデータからの一次統計であり，また各国の統計機関から直接供与された未公刊データである。このデータを本書の表に掲げる際は，その基礎となったデータを直接示した。我々はしばしば最初にデータを供与してくれた人々のことを忘れがちであるが，このことは礼を失することである。我々は彼らの仕事に強く依拠しているのであり，彼らは，彼ら自身にとっては無意味に見えるかもしれない要求に応えるために大きな労力を払うのである。

データセットを構築するにあたって，私たちは過去8年間にわたって各国の数え切れないほどの政府省庁や統計局にアプローチをした。このこと自体が他の人々に報告しうる貴重な調査経験であった。もし私に国際的なランキングをつける特権を与えられたなら，統計についてもアメリカは他に抜きんでてナンバーワンを占めていると思う。アメリカ労働省，人口統計局，社会保障局は，そのデータの量，質，そしてデータ利用にあたっての親切さと寛容さにおいて私が知る限り他のいかなる国の追随も許さない。やや距離をおいて，スウェーデン，ノルウェー，イギリスがランキングに続く。デンマークとイタリアは親切であるが，統計システムが二級であるという問題を抱えていた。社会保障と労働力についてのデータをめぐる私の経験では，ドイツ（そこでは，何らかのデータを得ることがきわめて難しい）とオランダ（そこでは，いちいち金を払わなければならない）が最低ランクになる。スイスでは，主要なデータソースとなったのは，銀行と保険会社であった。

本書の内容は，たぶんマーティン・レインが私に社会政策が並外れてエキサイティングな研究対象たりうると説いたことに端を発している。この本を生みだしたアイデアの半分は，マーティン・レインとリー・ラインウォーターとともに仕事ができたという私の幸運から来ている。そして後の半分は，ウォルター・コルピ，ジョン・エイヴィンド・コルベリ，そしてジョン・マイルスとの仕事から来ている。実際のところ，この5人が共同してこの本のよりよいバージョンを執筆することもできたかもしれない。注意深い読者であれば，本書のとくに第6章と第8章にマーティン・レインの影をみることは間違いない。また第4章にはジョン・マイルスを，そして第6章にはジョン・エイヴィンド・コルベリを見ることであろう。

以下，本書の執筆途上において私を助けてくれた他の多くの人々をすべてリストにするならば，それらの人々がほんとうはいかに重要であったかを伝えきれない。彼らには，後日，直接に感謝の言葉を伝えたいと思う。

本書の第1章は，最初に *Canadian Review of Sociology and Anthropology*（Spring, 1989）に発表された論文に手を加えたものである。同様に，第7章は，H. Keman,

H. Paloheimo, and P. F. Whiteley (eds.), *Coping With The Crisis*（London: Sage Publications, 1987）に最初発表したものを修正したものである。本書にこの両稿を収めることを快諾された両出版社に深く感謝したい。

（岡沢　憲芙）

目　次

日本語版への序文 ………………………………………………………… i
　　日本型福祉国家の特殊性…i　独自の「日本型福祉国家レジーム」は
　　存在するのか？…iv　福祉ミックスと国家…vi　福祉ミックスと市場
　　…viii　福祉ミックスと家族…ix　結論…xiii

はしがき …………………………………………………………………… xvii

序 …………………………………………………………………………… 1

第Ⅰ部　三つの福祉国家レジーム

第1章　福祉国家をめぐる三つの政治経済学 ………………… 8

1　古典的政治経済学の遺産 ……………………………………… 8
2　福祉国家の政治経済学 ………………………………………… 12
　　システム／構造論的アプローチ…12　制度的アプローチ…14
3　政治的エージェントとしての社会階級 ……………………… 16
4　福祉国家とは何か ……………………………………………… 19
5　福祉国家の再定義 ……………………………………………… 22
　　諸権利と脱商品化…23
6　階層化のシステムとしての福祉国家 ………………………… 25
7　福祉国家レジーム ……………………………………………… 28
8　福祉国家レジームの諸要因 …………………………………… 32
9　結　論 …………………………………………………………… 35

第2章　脱商品化と社会政策 …………………………………… 39

1　商品化以前と保守主義の遺制 ………………………………… 42
2　商品化のジレンマに対する自由主義的対応 ………………… 46
3　社会主義政治と脱商品化 ……………………………………… 49
4　現実世界における福祉国家と脱商品化 ……………………… 53
　　受給資格を得る条件…54

附録　脱商品化指数の測定手続き………………………………… 60
　　　　　年金…60　疾病，失業給付…61

第3章　階層化のシステムとしての福祉国家……………… 62
　1　保守主義的社会政策における階層化………………………… 66
　2　自由主義的社会政策における階層化………………………… 69
　3　社会主義的社会政策における階層化………………………… 73
　4　福祉国家の階層化に関する比較次元………………………… 77
　　附録　階層化指標に関する数量化手順………………………… 84

第4章　年金レジームの形成における国家と市場………… 86
　1　公私ミックスへの視点………………………………………… 86
　2　国家と市場との関係における福祉国家レジーム…………… 87
　3　先進資本主義の民主主義体制における社会的供給の
　　　公私ミックス………………………………………………… 88
　4　国家と市場による年金供給…………………………………… 90
　5　年金構造の歴史的起源………………………………………… 95
　6　公私ミックスの歴史的展開…………………………………… 99
　7　戦後期における構造再編…………………………………… 106
　8　結　論………………………………………………………… 111
　　附録　第4章の説明とデータソース………………………… 112

第5章　権力構造における分配体制……………………… 113
　1　資本主義の社会民主主義化………………………………… 116
　2　権力の影響力を測定する…………………………………… 120
　3　福祉国家レジームを測定する……………………………… 122
　4　方法論的デザイン…………………………………………… 123
　5　総体としての福祉国家……………………………………… 124
　　　　　社会的賃金…124　年金…128
　6　年金体制……………………………………………………… 130
　　　　　「自由主義」市場バイアス…130　年金給付における国家主義バイアス
　　　　　…132　社会保障年金におけるコーポラティズム…134　年金におけ
　　　　　る法定社会保障バイアス…135

7 福祉国家の構造関係 …………………………………………… 136
      ミーンズテストの重要性…137　福祉国家における脱商品化…138　完全雇用達成…140　完全雇用へのコミットメント…142
   8 福祉国家レジームを説明する ………………………………… 144
      保守的福祉国家レジーム…144　自由主義レジーム…146　社会主義レジーム…147
   9 結　論 …………………………………………………………… 148

第Ⅱ部　雇用構造における福祉国家

第6章　福祉国家と労働市場のレジーム ……………………… 155
   1 三つの忍び寄る革命 …………………………………………… 159
   2 労働市場からの退出と労働供給 ……………………………… 161
   3 欠勤に対する補償 ……………………………………………… 164
   4 雇用主としての福祉国家 ……………………………………… 169
   5 レジーム・クラスターの出現 ………………………………… 170

第7章　完全雇用のための制度調整 ……………………………… 173
   1 完全雇用をめぐる制度上の諸問題 …………………………… 173
   2 戦後の制度モデルと政策レジーム …………………………… 175
   3 戦後期の制度形成 ……………………………………………… 177
   4 完全雇用への国際的収斂化 …………………………………… 181
   5 完全雇用の維持をめぐる矛盾 ………………………………… 184
   6 賃金抑制に代わるものとしての雇用の再登場 ……………… 190
   7 結　論 …………………………………………………………… 198

第8章　ポスト工業化と雇用の三つの軌跡 …………………… 203
   1 ポスト工業化の意味 …………………………………………… 203
   2 サービス雇用の増大をめぐる諸説 …………………………… 204
      サービス活動の分類…208
   3 サービス雇用拡大の三つの軌跡 ……………………………… 210
      雇用増大の職種別傾向…213　ドイツのサービス雇用「ギャップ」…213　政府の役割…214　新しい管理者革命…215

4　ポスト工業化の諸構造 …………………………………… *216*
　　　　産業部門からみたポスト工業化の構造…*216*　職種から見たポスト工業化構造…*218*

　　5　三つのポスト工業化経済と社会階層化 …………………… *218*
　　　　ポスト工業化段階における雇用の質的構造…*220*　三つのポスト工業的レジームにおける職種移動…*221*

第Ⅲ部　結　論

第9章　ポスト工業化構造の下における福祉国家レジーム …………… *232*

　　1　ポスト工業化雇用における福祉国家 …………………… *233*
　　2　ポスト工業化社会における階層化とコンフリクト ……… *238*

引用参考文献 ……………………………………………………………… *242*
訳者解説 …………………………………………………………………… *257*
索　引 ……………………………………………………………………… *269*

序

　ここ何年もの間，福祉国家が好んで論じられ，研究されてきた。60年代から70年代にかけて，ほとんどの国で福祉国家はすばらしい速度で拡大したことを考えると，これは驚くに値しない。かつて国家は，夜警国家であり，法と秩序の守り手であり，軍事国家であり，さらには全体主義的秩序を代表する抑圧的機関でさえあった。こうした国家が，今日では主要には社会的福祉（well-being）を生産し分配する制度となっている。したがって福祉国家を研究するということは，資本主義社会の歴史の新しい現象を理解するための手段とも言えるのである。

　一連の資本主義的民主主義体制を見たとき，福祉にどれほど重きを置くかは明らかにそれぞれの国で大きく異なっている。たとえ国家による支出や対人サービスの大部分が福祉目的であるという点では同じでも，供給されている福祉の質という点では相違がある。また，福祉，法と秩序，企業収益の拡大や貿易の推進といった，一連の国家活動にどのような優先順位をつけるかという点でも違いがあろう。

　福祉国家という原理が登場してくるに際しては，それぞれの国家の歴史的特質が決定的な役割を演じてきた。ギデンズ（Giddens, 1985）はその近著において，福祉国家を生んだ要因として戦争に焦点を当てている。この戦争というファクターは，福祉国家の起源を論じた数多くの文献のなかでもほとんど無視されてきたものであった。本書でも，戦争という要因をめぐる議論は直接には取り扱われてはいない。しかし，我々が福祉国家の起源にかかわって絶対主義的あるいは権威主義的支配の相対的強度が重要であったと論じる時，実はこの戦争起源説を間接的に支持しているのである。ただし本書において基軸となる仮説は，戦争起源説ではなく，諸階級が政治的にいかなる連合を形成したかというその歴史的展開こそが福祉国家のバリエーションをうみだした最も決定的な要因であった，というものである。

　福祉国家が研究されるにあたっては，それを狭く定義するアプローチと広く定義するアプローチとがあった。福祉国家に関してより限定的な視点をとる論者は，所得移転，社会サービスを中心に論じ，おそらくは住宅問題にも多少の言及を加えるというのが一般的であった。つまり，社会的改良，融和をすすめる伝統的な領域を担うものとして福祉国家を理解したのである。これに対して，より広義の視点からは，問題は政治経済全般にかかわるものとされた。すなわち，そこでの関心は，経

済を組織化し管理する国家のより広範な役割に向けられたのである。したがってこの広義の視点からは，雇用問題，賃金，そしてマクロ経済統制全般が福祉国家という複合体の不可欠の構成要素とみなされた。この意味で，このアプローチにとってその主題は，「ケインズ主義的福祉国家」あるいはこう言ってよければ「福祉資本主義」に見出されたのである。

　本書においては，我々はこの広義のアプローチを採る。広義のアプローチを採る都合上，我々は政治経済学がその古典において，また今日，どのような議論を展開しているか，そこから議論を始める。また，本書の後半3分の1が雇用とマクロ経済統制全般の問題に充てられているのも本書が広義のアプローチを採る故にである。さらに言えば，我々が好んで「福祉資本主義」や「福祉国家レジーム」という言葉を用いるのも，そのためである。

　「福祉国家レジーム」というのは，ある意味で，この本の要となる概念である。その理由はいくつかある。第一に，一般的に用いられている福祉国家という概念は，伝統的な社会改良政策を指し狭きにすぎる。第二に，今日の先進諸国がクラスター化されるとすればその分岐点は，伝統的な意味での社会福祉政策がどのように形づくられたかという点のみならず，国家が雇用や社会構造全般にいかに影響を及ぼしているかという点に求められるからである。本書が明らかにするであろうことはまさにそのことである。「レジーム」について語ることは，国家と経済の間には法的組織的な関係が体系的に張りめぐらされている，ということを指し示すことに他ならない。

　広義のアプローチを採るということは一つのトレードオフに直面することである。我々の目標が問題を俯瞰することにある以上，様々な社会プログラムのディテールの考察に集中するわけにはいかない。たとえば我々が年金を研究する場合，我々の関心は年金それ自体にあるのではない。年金制度を研究することで，様々な国家において公的部門と民間部門がそれぞれ独自の混合形態をとるにいたったその経緯が浮き彫りになるのであり，その限りにおいて我々は年金制度を研究するのである。このことに関連するトレードオフは，本書におけるような広範囲にわたる比較をする場合，それぞれの国について立ち入った検討をおこなうことはどうしても無理になる，という点である。本書が扱う18か国のいずれについてであれ通じた読者は，当該国についての私の扱いが，まったく不適切ではないにしても，表面的なものであると感じるにちがいない。残念なことだが，このことは，広範な比較研究をおこなう際の代価なのである。著者個人の知識上の制約と出版社から与えられた紙幅の制約を考えれば，この点はやむを得ないのである。

本書を執筆するにあたって，著者は二つの点について確信を持っていた。第一に，福祉国家についての既存の理論モデルは不適切なものである，ということである。ここで著者が企てたことは，福祉国家に関して重要であると思われる基本的事柄について，その再概念化，再理論化を図ることであった。社会的プログラムが存在するということそれ自体や，あるいはそのプログラムに費やされた費用の大きさというのは，そのプログラムが引き起こした効果に比べればさほど重要ではないのかもしれない。ここでは多くのページを割いて，脱商品化，社会的階層化，そして雇用の問題が福祉国家の本質を解く鍵になるということを論じようと思う。第二の確信は次のようなものであった。すなわち，経験的な比較研究をとおしてのみ，現代福祉国家を相互にむすびつけたり，あるいは区別する諸特性のうち根本的なものを正しく発見することができる，ということである。社会科学にとっての遠い夢は，社会の運動法則を定式化することである。その定式の依って立つ論理が，資本主義，産業主義，近代化，あるいは国民国家形成，そのいずれであろうが，こうした法則というものは，ほとんど常に，相互に似通った収斂論的な発展経路を描き出す。そして，明らかにこうした法則に逸脱ケースは存在しないと考えるのである。
　ここでの比較論的アプローチは，福祉国家というものは一つではないことを明らかにしようとする（そして実際それは明らかにされよう）。事実，この研究では三つの大きく異なったレジームの類型を提示した。それぞれの類型は，その組織編成，階層化，社会統合に関して独自の原理にのっとって組織されているのである。それぞれの類型はその起源を異なった歴史的勢力に負っており，質的に異なった軌跡を通って発展してきた。
　最初の章において我々が目指したのは，福祉国家についての論争を政治経済学の知的伝統と再統合することである。こうした試みをとおして，関連する主要な理論問題により明瞭に焦点をあわせることができる。我々はこうして，諸福祉国家の特質を明らかにするうえで好都合な視座を得ることができるであろう。福祉国家をその財政支出という観点から概念化しようとする従来のやり方はもはや有効ではあるまい。ある意味で，我々の究極の目的は，福祉国家の研究を「社会学」化することである。ほとんどの福祉国家研究は，その直線的発展の世界を想定してきた。すなわち，権力の多寡，産業化の程度，あるいは支出の大小で福祉国家が直線的に配置されるのである。本書における我々の理解にしたがえば，福祉国家は我々が保守主義，自由主義，そして社会民主主義と名づける三つの異なったレジーム類型にクラスター化される。福祉国家がこうしたかたちで結晶化され，発展していくその経路というものは，単純な分析によっては決して明らかにはならない。

第2，3，4章においては，我々は福祉国家の固有の諸特性と思われるものを概念的に捉え直すことを試みる。これまで常に社会政策のエッセンスと見なされてきたのは，社会権の拡大であった。カール・ポランニーの議論に触発されて，我々は社会権をその「脱商品化」能力という観点から検討することを選んだ。社会権がどれだけ人々をして純粋な市場関係に依拠することなく一定水準の生活を形成することを可能としているのか，その程度こそが社会権を評価する指標として有益なものである。社会権が，市民の「商品」としての地位を緩和するとされるのはこのような意味においてである。

　社会的階層化は，福祉国家を理解する際の眼目とも言える。社会政策は，階層化に歯止めをかけると考えられてきたが，他方では社会政策は階層化を推し進めもするのである。福祉国家は平等を生み出すと一貫して考えられてきた。しかし，平等というイメージは常に曖昧なままであった。ある種の分析では，社会給付は不平等を解消するのがあたりまえであるかのように論じられてきた。他の分析では，貧困の撲滅や所得の全体的な分配に焦点が当てられてきた。福祉国家はそれ自体が階層化のシステムなのであるが，その問題は現実には無視されてきたのである。福祉国家は，既存の地位，あるいは階級上の格差を拡大するのであろうか，縮小するのであろうか。福祉国家がつくりだすのは，二重構造（dualism），個人主義あるいは広範な社会的連帯のいずれであろうか。こうした諸問題が第3章で取り扱われる。

　社会権も社会的階層化のいずれも，分配システムにおける国家と市場の関係によって形成される。社会民主主義者にとって，福祉の基本的手段を得るのに市場に依拠するというのは問題である。なぜなら，市場は譲渡不能な権利というものを供給することができないし，また市場は公正さという点で欠陥があるからである。レッセフェール型自由主義者にとっては，福祉国家へ依存することは危険である。なぜなら福祉国家は，自由と効率性を浸食するからである。第4章において我々は，年金ミックスの具体的形成がいかに公的部門と民間部門の相互作用の帰結であったかを，複数の異なった福祉国家レジームについて検討する。ここで問題は二重である。第一に，我々は福祉国家の活動を民間部門との関係で位置づけないかぎり，福祉国家を概念的に把握することができない。第二に，市場か福祉国家かいずれかのみに福祉を発展させる力が備わっている，と考えるのは神話にすぎない。そうではなくて，市場というのはしばしば政治的に形成され，福祉国家レジーム全体にとってその不可欠の部分を構成するのである。

　本書の第Ⅰ部は，福祉国家比較の諸次元を明らかにし，先進的な資本主義的民主主義諸国が三つの異なったレジームにクラスター化されることを示す。これに対し

て第Ⅱ部は，その結果がいかなるものとなるかを検討する。我々は，なぜある福祉国家はある属性に関して他の福祉国家に比べてスコアが高かったり低かったりするのか，その理由の検討に終始するわけにはいかない。我々は，世界はなぜ三つの質的に異なった福祉国家原理によって構成されているのか，その点を説明しなければならない。第5章において，福祉国家の形成にあたって政治勢力が果たした役割の相対的重要度を明らかにするために，標準比較相関分析のアプローチを採る。今日支配的な学問的コンセンサスとも合致して，政治は重要な役割を果たしたという，それも決定的に重要であったという結論が引き出されよう。しかしながら，本書が他のほとんどの研究と明確な対照をなすのは，ここで問題となるのは必ずしも労働者階級の政治的動員だけではない，という点においてである。いくつかのレジームにとっては，労働者階級の果たした役割は周辺的なものであった。こうしたレジームについては，福祉国家の発展は，労働運動ではなく，国家主導の国民形成史が生みだしたもの，あるいは保守主義やカトリックの影響によるものと理解するべきなのである。我々は諸国民国家の政治史に内在した説明を試みた。

本書の第Ⅱ部は，研究主題のフィールドを一挙に拡げている。ここでは研究の焦点は，何が福祉国家を生みだしたか，という点よりも，福祉国家が経済に及ぼす影響はどのようなものか，という点にある。我々は，福祉国家と雇用の相互作用のうち，とくに三つの側面について検討する。まず初めに，第6章において，なぜ労働市場の構造は福祉国家レジームと密接にむすびついているのか，その理由について議論を展開する。我々はここで，福祉国家と労働市場は驚くほど一体化しており，労働市場における行動特性は，国ごとに福祉国家がどのように形成されているかによって異なっていることを明らかにする。

第7章と第8章においては，福祉国家がいかに雇用に影響を及ぼすかについて，我々の三つのレジーム類型からそれぞれ代表的な国を選び出し，立ち入った検討を加える。第7章においては，焦点は完全雇用を維持する各国のキャパシティに当てられる。第8章においては，ポスト工業化による雇用構造の変容に焦点が移る。第7章では，福祉国家が，完全雇用を実現しようとする際に現れるディレンマや緊張関係を制御する鍵的制度となっていることが分析される。また第8章においては，ポスト工業化段階における雇用構造に関して，各国に遍く当てはまる単一の変化の方向といったものがあると考えるのは誤りであると論じる。我々は，三つの質的に異なった軌跡を見出す。この三つの軌跡は，それぞれの福祉国家がいかに構造化されているかによってその動態を異にするのである。我々の結論というのは，それぞれの軌跡がその固有の階層化のあり方，社会的帰結を生み出す，そしてそれゆえに，

まったく異なった社会的コンフリクトのシナリオにむすびつく，というものである。

　本書は，したがって，福祉国家を戦後資本主義における異なったモデルを形成してきた基軸的制度と見なす。『福祉資本主義の三つの世界』（*The Three Worlds of Welfare Capitalism*）という本書のタイトルが選ばれたのは，まさにそのためである。

　　　　　　　　　　　　　　　　　　　　　　　　　　　　（宮本　太郎）

# 第Ⅰ部

三つの福祉国家レジーム

第1章

福祉国家をめぐる三つの政治経済学

＊本章は Canadian Review of Sociology and Anthropology 誌に「福祉国家をめぐる三つの政治経済」というタイトルで発表した論稿に基づいている。

1 古典的政治経済学の遺産

　福祉国家に関する議論は，たいていの場合，二つの問いをめぐっておこなわれている。第一に，社会的市民権の拡大によって階級対立は消滅したのかという問題である。換言すれば，福祉国家は資本主義社会を根本的に変えることができるのかという問題である。そして第二に，福祉国家の発展を促す要因は何かという問題である。

　こうした問いは最近になって初めて提起された問題ではない。実際には，こうした問いは，福祉国家が登場したといえる時期から100年も前に，19世紀の政治経済学者によって提起されたのである。当時の政治経済学者たちは，自由主義的であろうが，保守主義的であろうが，あるいはマルクス主義的であろうがその立場の如何を問わず，資本主義と福祉という問題と真剣にとりくんでいた。彼らの（通常規範的な）解答はそれぞれ異なっていたものの，彼らの分析は結局のところ市場（そして財産）と国家（そして民主主義）との関係をめぐっておこなわれるという点で共通していた。

　今日のネオ・リベラリズムは，古典的な自由主義的政治経済学の受け売りに他ならない。アダム・スミスにとって，市場とは階級や不平等や特権を廃絶するうえでのすぐれた武器であった。最低限の国家介入はやむなしとされたが，しかし，それをこえた介入は，相互に競い合う交換がうみだす平等化のプロセスを抑止し，独占，保護主義，不効率をうみだすであろうと考えられた。つまり，国家は階級関係を維持するのに対して，市場は階級社会をなくす力をもっているというわけである（Smith, 1961, Ⅱ, とくに pp. 232-236）[1]。

自由主義的な経済学者たちは政策を提起する段になるとなかなか一枚岩とはならなかった。ナッソー・シーニアと後期マンチェスター学派の自由主義者たちは，スミスの思想のうち，貨幣関係の外にあるいかなる保護のしくみも拒絶して，レッセフェール的な要素のみを強調した。J・S・ミルと「修正自由主義者」たちは，ごく限定された範囲での政治的統制を唱えた。しかし，彼らとても，平等と繁栄への道は最大限の市場的自由と最小限の国家介入をとおして実現されなければならないという点では同意をしていた。

　自由主義的な経済学者たちが市場資本主義を熱心に信奉したことは，今日となっては正当化しがたいようにみえるかもしれない。しかし忘れてならないことは，彼らが論駁したのは，国家が握った絶対主義的な特権についてであり，重商主義的な保護主義についてであり，そして広範にみられた腐敗についてであった，ということである。彼らが攻撃をしたのは，自由と企業家精神という彼らの理想をいずれも圧迫する政府体制であった。したがって彼らの議論は革命理論だったのであり，このことを念頭におくならば，なぜアダム・スミスがしばしばカール・マルクスの著作のような読まれ方をするのかが理解できる。[2]

　民主主義の問題は多くの自由主義者にとってアキレス腱となった。資本主義が小財産所有者の世界に留まる限り，財産所有それ自体を理由に民主主義を怖れる必要はほとんどない。しかしながら，産業化の進展にともない，マスとしてのプロレタリア階級が出現すると，プロレタリア階級にとって民主主義とは財産にともなう特権を抑制する手段となった。自由主義者たちが普通選挙権の実現を恐れたのは理由のないことではなかった。なぜなら，普通選挙権をとおして再分配をめぐる紛争が政治問題となり，市場の活動が妨げられ，不効率が増大するであろうからである。自由主義者たちの多くは，民主主義によって市場は陵辱され，破壊されるであろうと考えるようになった。

　保守主義的なあるいはマルクス主義的な政治経済学者たちもまたこの市場と民主主義の対立に気がついていたが，両者は（もちろん）自由主義とは逆の解決法を志向した。レッセフェール的な考え方に対する保守主義的な批判のなかで最も一貫していたのはドイツ歴史学派，なかんずくフリードリッヒ・リスト，アドルフ・ワグナー，グスタフ・シュモラーによるものであった。彼らは市場のむきだしの貨幣関係が経済効率をうみだす唯一最善の方法であるという考え方を拒絶した。彼らが理想としたのは，家父長制と絶対主義の永続化であり，これこそが階級闘争なき資本主義の最善の法的，政治的，社会的枠組になると考えたのである。

　有力な保守主義学派の一つは「君主制福祉国家」を提唱した。それは，社会福祉

第1章　福祉国家をめぐる三つの政治経済学　　9

をおこない，階級融和を図り，権威への忠誠を拡げ，そして生産性を高めるものとされた。このモデルにおいては，効率的な生産システムは競争によってもたらされるのではない。規律がそれをうみだすのである。権威主義的な国家は，国家，コミュニティ，そして個人のそれぞれの利点を調和させるという点で市場のうみだすカオスよりもはるかに優れている。

保守主義的な政治経済学はフランス革命およびパリコミューンへの反動として出現した。それは明確に民族主義的であり，反革命的であった。そして民主主義への動きを抑え込もうとした。保守主義的な政治経済学は，社会的な平等化を恐れ，ヒエラルキーと階級分化をともなった社会を好んだ。地位，身分，階級は自然なものであり，所与のものであったが，階級闘争はそうではなかった。もし民主主義的な大衆参加を許容し，権威と地位の区分を解体させてしまうならば，その結果として社会秩序は崩壊するであろう。

マルクス主義の政治経済学は，市場が人々を分断することを憎んだだけでなく，加えて市場が平等化を促すという自由主義の主張を攻撃した。なぜならば，ドッブの言い方を借りれば，資本蓄積は人々の財産を根こそぎにし，あげくのはてには階級分裂がいっそう深まるからである（Dobb, 1946）。さらにこのために紛争が激化するならば，自由主義的な国家は自由の擁護と中立性というその理想を放棄して，資産階級の利益擁護に走るであろう。マルクス主義の解釈では，階級支配はこのように基礎づけられている。

マルクス主義にとってのみならず，福祉国家をめぐる今日の議論全体にとって中心的な問題は，議会制民主主義のもとで資本主義がうみだした階級分裂と社会的不平等をなくすことはできるのか，できるとすればどのような条件のもとにおいてか，という点である。

自由主義者たちは民主主義の拡大に決して熱心ではなかった。なぜなら民主主義は社会主義をうみだすかもしれないと懸念したからである。これと対照的に社会主義者は，議会主義は中味のない外皮にすぎないものであるか，レーニンの言い方を借りれば，「おしゃべり小屋」にすぎないのではないかという疑念を払えなかった（Jessop, 1982）。このような分析視角は現代マルクス主義の多くが継承している。そのために，社会改良というものは資本主義的な秩序がつねに解体していくのを押しとどめようとする堤防のようなものにすぎないという考え方が根強くなった。社会改良は社会改良にすぎず，解放を求める労働者階級の願いに応えることができないのである。

政治的な諸権利が大きく拡張されて初めて，社会主義者たちは議会主義について

疑念を捨て，これに楽観的な見方をできるようになった。理論的に最も洗練されていた議論はアドラー，バウアー，エデュワルド・ハイマンらオーストロ・ドイツ・マルクス主義によるものであった。ハイマンは次のように言う（Heimann, 1929）。保守主義者による社会改良の主要な目的は労働運動を抑えつけることであるというのはそのとおりかもしれない。しかし，そのような社会改良でもいったん実現すれば，当初の意図に反する存在となる。労働者階級が各種社会権を享受するようになれば，階級的な力関係は根本的に変化する。なぜならば，社会的賃金は，労働者の市場及び経営者への依存を弱め，潜在的な権力資源となるからである。ハイマンにとって，社会政策は資本主義的な政治経済にそれと対立する要素を持ち込むことを意味した。社会政策は資本主義と社会主義が対峙する前線を突破し進入することができるトロイの木馬なのである。このような理論的立場は最近のマルクス主義のなかでそのまま復興していると言える（Offe, 1985; Bowles and Gintis, 1986）。

　上述のような意味での社会民主主義モデルは，必ずしも，真の平等のためには最終的には経済的な社会化が必要であるという正統派の教義を投げ捨てるものではなかった。しかし，やがてその後の歴史は議会主義のもとでは社会化の追求は現実的ではないことを示した。[5]

　社会民主主義が議会をとおしての改良主義を平等化と社会主義のための主要な戦略とするのは，二つの論拠に基づいている。第一に，労働者が社会主義的市民として効果的な社会参加を果たしていくためには，社会的資源，健康，教育が必要であるからである。第二に，社会政策は労働者を社会的に解放していくために有益であるだけなく，経済的な効率を上昇させる前提となるからである（Myrdal and Myrdal, 1936）。マルクスに従えば，こうした議論における福祉政策の戦略的価値は資本主義における生産力を持続的に高めていく，ということにある。しかしそれに加えて社会政策は，結果的に権力の動員をも生むとみるところが社会民主主義戦略の優れた点である。貧困，失業，賃金収入への完全な依存を解消することによって，福祉国家は労働者の政治的な能力を増大させ，労働者どうしの政治的団結を妨げる社会的な亀裂をなくしていく。

　社会民主主義モデルは，したがって，今日の福祉国家論議における有力仮説の一つを生み出したのである。すなわち，議会をとおしての階級動員は平等，公正，自由，そして連帯という社会主義的な理想を実現するための手段である，という仮説である。

2 福祉国家の政治経済学

　我らが政治経済学の先行者たちは，今日の学問的論議の多くに関してその分析の基礎を築いた。彼らは，階級，国家，市場そして民主主義という鍵的な変数を抽出し，その上で，市民と階級，効率と平等，資本主義と社会主義に関する基本的な仮説を提起した。今日の社会科学がこうした古典的な政治経済学から区別されるとすれば，それは科学として重要な次の二つの態度においてである。第一に，今日の社会科学は自らを実証科学として位置づけ，規範的な命題を避けようとする（Robbins, 1976）。第二に，古典的な政治経済学者は歴史的な可変性という点にはあまり関心をはらわず，自らの学問的営為を歴史を超えた普遍的な法則に迫るものと考えた。現代の政治経済学も時として絶対的な真実を信奉するという態度をとることがあるが，今日，良質な政治経済学のほとんどすべてに共通しているのは，対象の多様性や共通性を明らかにしていく比較論的，歴史論的な方法である。

　こうした相違はあるものの，最近の学問的論議はたいていの場合，19世紀の政治経済学者によって扱われた国家と経済の関係を焦点とするようになっている。そして，福祉国家が顕著に拡大しているという事実をふまえるならば，相互に競い合う政治経済学の諸理論にとって福祉国家が主なテストケースとなっていることは不思議ではない。

　我々は以下において先進資本主義国における福祉国家の発展に関する比較論的研究の成果を概観する。ここで主張されることは，ほとんどの学問的論議が方向を誤っているということ，そしてそれはなぜかといえば，理論的な基礎づけに留意しなくなってしまったことが大きい，ということである。したがって，我々は福祉国家をより適切に研究するために，政治経済学の方法論と諸概念の双方を再検討しなければならない。こうした再検討が本章の最終節の主題となる。

　さて，福祉国家について説明する上で支配的なのは二つのアプローチ，すなわち，構造と全体としてのシステムに力点を置くアプローチと，制度とアクターに力点を置くアプローチである。

システム／構造論的アプローチ

　システムあるいは構造理論は福祉国家の発展に関してそれを条件づける諸要素全体からとらえようとする。その発展を「望む」のはシステムそのものなのであり，それゆえに現実に生じたことを理解するためには社会や経済の再生産のための機能

的な要件としてみればよい。このアプローチの場合，システムの運動法則に注意を集中するために，国家間の相違よりはその類似性を強調する傾向がある。産業化や資本主義的発展がすすむことで文化的な多様性や権力関係の相違が乗りこえられ発展が方向づけられるのである。

このアプローチに属するある議論は，産業社会論から問題を解きおこし，産業化こそが社会政策の必要を生みだしまたその展開を可能にする，と論じる。社会政策が必要となる背景は産業社会以前に社会的再生産を可能にしていた諸様式，すなわち家族，教会，ノブレスオブリッジ，ギルド的な連帯などが社会的移動，都市化，個人主義，市場への依存など近代化の威力によって解体されてしまうことである。ところが問題なのは，市場はうまくその代役を果たすことができないという点である。なぜなら市場は，その内部で成果を挙げることができる者の要求のみに応えるからである。したがって「福祉機能」は国民国家によって担われることになる。

他方において，合理的，普遍的，効率的な組織形態としての近代官僚制が出現することで福祉国家の発展が可能になる。近代官僚制は，集合財を管理する手段であるだけなく，それ自体が権力の中枢であり，したがって自らの勢力を拡大しようとする傾向がある。こうした論理がいわゆる「産業主義の論理」論の視角からする議論の特徴である。すなわちこの主張に従えば，福祉国家は近代産業経済が伝統的な社会制度を解体したがゆえに登場したのである (Flora and Alber, 1981; Pryor, 1969)。しかし，それではなぜ政府による社会政策は伝統的なコミュニティが実質的に解体された後，50年も，時には100年もたってから初めて登場したのであろうか。「産業主義の論理」仮説はこの点をうまく説明できない。この問題への基本的な解答は，1883年のワグナー法則 (Wagner, 1962) やアルフレッド・マーシャルの議論に依るものである (Marshall, 1920)。すなわち，希少な資源の一部を生産目的（投資）から福祉への振り向けることが許されるには，一定水準の経済発展が，したがって一定の余剰が必要になる，ということである (Wilensky and Lebeaux, 1958)。この意味において，この考え方は旧自由主義者の後塵を拝している。社会的再分配は経済効率を脅かすのであり，一定の経済発展の水準に達して初めて，再分配と経済効率のいずれをとるかというトレードオフ関係を回避することができる，というわけである (Okun, 1975)。

新しい構造主義的なマルクス主義もある意味ではこれとたいへん似た議論をおこなっている。構造主義的なマルクス主義はマルクス主義の古典にみられるきわめて行為中心的な理論 (action-centered theory) を放棄する。そして福祉国家は資本主義的生産様式の必然的な産物であるという点にその分析の出発点を置く。資本蓄

積はさまざまな矛盾を生みだしそのために社会改良がどうしても必要となる，というわけである（O'Connor, 1973）。マルクス主義のこの潮流においては，「産業主義の論理」論の視角からの議論と同様に，福祉国家は政治的アクター（それが労組であろうが，社会主義政党であろうが，人道的あるいは啓蒙的見地に立つ社会改良家であろうが）によってわざわざ追求されるまでもない存在である。問題は，こうした政治的なアクターの努力の如何にかかわらず，国家それ自体が資本の集団的なニードに奉仕するように構造づけられている，という点にあるのである。つまり，この理論は二つの重要な前提に立っていることになる。第一に，権力は構造的なものであるということ，第二に，国家は階級の個別的な意向からは「相対的に」自律した存在であるということである（Poulantzas, 1973; Block, 1977。こうした理論文献についての近年の批判的な論評としては，以下を見よ。Therborn, 1986a; Skocpol and Amenta, 1986）。

このいわば「資本主義の論理」ともいうべき視角からの議論は，難しい問題を引き起こす。仮にもしプシェボルスキ（Przeworski, 1980）が論じるように物質的なヘゲモニーが確立していて労働者階級が資本主義に同意するようなしくみができあがっているのであれば，すなわち彼らが体制へ自発的に従属しているのであれば，なぜ国民総生産の40％までもが福祉国家という自己正統化活動に割り当てられる必要があるのであろうか。その説明は困難なのである。第二の問題は，国家の活動を「生産様式」の分析から導出するという点にかかわる。東欧はおそらくは社会主義とはいえないが，他方で資本主義でもない。しかし，そこにもまた「福祉国家」が見いだされるのである。どのようなかたちで進行しようが資本の蓄積それ自体が福祉国家を機能的に要請する，ということになるのであろうか（Skocpol and Amenta, 1986; Bell, 1978）。

制度的アプローチ

政治経済学の古典において論者たちが明らかにしたことは，なぜ民主主義の制度が福祉国家の発展を左右するか，という点であった。自由主義者たちは，民主主義が全面的に発達すると市場が脅かされ社会主義が実現するかもしれないと恐れた。自由主義者の考えでは，自由とは政治的な介入から市場を守ることで可能になる。実際のところ，レッセフェール国家はそのような自由を実現しようとしたのである。しかしながら，この政治と経済の分離こそが制度論的な分析を大いに活性化することになった。ここでいう制度的アプローチとはポランニーに代表され，同時に民主主義に反対する何人かの歴史学派の論者たちも含まれる（Polanyi, 1944）。この制度

的アプローチが主張したことは,社会や政治の制度から経済を分離させようとするいかなる試みも,結局のところ人間社会を破壊することになろう,ということであった。経済が持続するためには,それは社会的コミュニティに埋め込まれていなければならない。したがってポランニーは,社会政策を,社会経済を再び統合に向かわせる上での不可欠の前提と見なしたのである。

　福祉国家の発展が促されるのは,国際的な市場の影響をとくに受けやすい小規模で開放的な経済のもとである,という議論は,この制度連結理論の最近の興味深い例であるといえる。ビジネスの側も労働の側も国内的なコントロールを超えた力に左右される場合,政府介入と利益調整をとおして分配をめぐる階級間紛争を統制しようという動きがきわめて強くなるのである。このことはカッツェンシュタインやキャメロンが示したとおりである (Katzenstein, 1985; Cameron, 1978)。

　民主主義が福祉国家におよぼすインパクトが論じられるようになったのは,J・S・ミルやアレクシス・ド・トクヴィル以来のことである。彼らの議論は特定の社会的な行為主体や階級の観点を超えて展開されるのが常であり,その意味で制度的なアプローチということができる。こうした古典的な著作における議論は,国民多数は市場の弱点やそこにはらまれるリスクを補償するために社会的分配を支持するであろうという単純なものであった。賃労働者が好んで社会的賃金を求めるならば,資本家(あるいは農民)も同じことで関税,独占,補助金などのかたちで保護されることを求めるようになる。民主主義という制度は大衆の要求には抵抗しきれないものなのである。

　現代的な議論では,この民主主義と制度の関係についてのテーゼには多くのバリエーションがある。まず第一に,市民権が社会権をも包摂してより全面化なものとなっていった国民国家形成の諸段階を明らかにした議論がある (Marshall, 1950; Bendix, 1964; Rokkan, 1970)。第二のものは,多元主義論および公共選択論によって展開されたもので,民主主義は統計上の中央値をなす有権者を獲得するための政党間競争を激化させ,その結果として公共支出の増大を促すであろう,と論じる。たとえばタフトは,公的介入は選挙における有権者動員の手段として拡大していくと論じた (Tufte, 1978)。

　以上のような議論は,経験的現実とはかなり食い違う面がある (Skocpol and Amenta, 1986)。このアプローチは,民主主義的な権利が拡大するとそれに伴って福祉国家も発展する傾向があると主張するわけであるが,この主張に沿って考えると,福祉国家形成が実質的に着手されたのは民主主義の拡大に先だっておりむしろ民主主義を抑制するという目的によって強く動機づけられていた,という歴史的事実と

矛盾してしまうのである。このような事実は，ナポレオンⅢ世のもとでのフランス，ビスマルクのドイツ，フォン・ターフェのオーストリアにみることができる。逆に福祉国家の発展は，民主主義が早期に実現した合衆国，オーストラリア，スイスなどにおいて最も遅れることになったのである。このような見かけ上の矛盾は，社会階級や社会構造を考察の対象とすることによってのみ説明することができる。すなわち，民主主義が早期に実現した国はほとんどが農業国であり，小規模な財産所有者が影響力をもっており，彼らは選挙においてその権力を増税のためにではなく，減税のために行使したのである（Dich, 1973）。これに対して，権威主義的な政治体制における支配階級は，大衆が望まなくても重税を課すことができる立場にあったのである。

3 政治的エージェントとしての社会階級

すでに見たように，階級動員理論は社会民主主義的な政治経済の検討をとおして現れてきた。階級動員理論は，変化の主な担い手として社会階級の存在を強調する点において，また階級的な力関係が再分配のあり方を決定すると論じる点において，構造論的な分析とも制度論的な分析とも異なっている。積極的な階級動員を強調するということは，必ずしも構造的な権力やヘゲモニーの存在を軽視することではない（Korpi, 1983）。しかし階級動員理論は，原理的にいって，議会が動員された権力を望ましい政策や制度改革に転換していく有効な制度として機能しうると考えるのである。したがって，議会政治はヘゲモニーを乗りこえることができるし，資本と対立する利益にも奉仕することができるのである。さらに階級動員理論は，福祉国家は単に体制の病理を一時的に和らげる以上のことをなしうると考える。すなわち，「社会民主主義的」福祉国家は，それ自体が賃労働者にとってのきわめて重要な権力資源となり，したがって労働運動を強化することになるのである。かつてハイマンが主張したように，社会権は資本主義的権力の前線を押し戻すものなのである（Heimann, 1929）。

それではなぜ福祉国家自体が権力資源となるのであろうか。この問題は階級動員理論の妥当性を決する重要問題である。その答えは，労働市場のなかの賃金労働者はもともと分断され階層化されたうえで相互に競争を余儀なくされ，将来が安定せず，さらには自らのコントロールを超えた決定および力に依存する存在となっている，という事実のうちにある。このようなかたちで賃労働者は集団としての連帯を実現し動員していくための能力を制約されている。普遍主義的な福祉国家が追求す

る社会権，所得保障，平等化，貧困の根絶は，集団的な権力動員が実現するうえで必要な強さを生みだし団結を促進する不可欠の前提なのである（Esping-Andersen, 1985a）。

　この理論にとって最も難しい問題を一つ挙げるとすれば，それは権力動員のための条件をいかに明らかにするかという点にある。権力は，選挙結果や集団交渉から引き出される資源に依存している。それではその権力の動員はというと，労働組合の組織率，左派政党あるいは労働者政党が議会や内閣において占める割合や得票率に依存している。しかし，ある行為主体の権力は単に自らの手にある資源によってのみ測られるものではない。それは対抗する勢力の権力，その動員が歴史的にみてどれだけ持続するか，そして他の勢力といかなる同盟を実現したか，という点にかかっているのである。

　階級動員理論にはいくつかの有力な批判がある。そのうちの三つはとくに根本的な意味をもっている。その第一は，意志決定と権力の所在は，議会を離れて，諸利益を媒介するネオ・コーポラティズム的な制度へ移ったのではないかというものである（Shonfield, 1965; Schmitter and Lembruch, 1979）。第二の批判は，労働者政党が福祉国家の発展に影響をおよぼすことができるのは事実としても，その能力は右派政党の権力のあり方によって制約されるのではないか，という指摘である。キャッスルズは保守政党間の統合の程度が左翼の権力動員よりも重要であると論じた（Castles, 1978; 1982）。また他の論者たちが強調したのは，オランダ，イタリア，ドイツなどでは宗教的な（通常はソーシャル・カトリックの）政党が労働者階級のかなりの部分を動員して社会主義的な対抗勢力と根本的には変わらない福祉国家プログラムを追求した，という事実である（Schmidt, 1982; Wilensky, 1981）。さらに，階級動員理論はスウェーデン中心主義であると批判されてきた。つまり階級動員理論が権力動員のプロセスを定義する際に，どちらかといえば突出した事例にあたるスウェーデンの経験に依拠しすぎているというわけであるが，この批判には妥当する面がある（Shalev, 1983）。

　このような反論は，階級動員理論の階級形成についての仮説に基本的な誤りがあることを言外に述べている。我々は賃労働者が動員される場合，社会主義こそがその旗印となって当然であると考えることはできない，というわけである。たしかに，どのような条件のもとで労働者が社会主義を奉ずるようになるかについてはまだうまく実証されたとは言えない。歴史的にみれば，労働者動員の組織的基礎として立ち現れたのは前資本主義的なコミュニティ，とりわけギルドであったが，また教会，民族集団，言語などもその基礎となった。虚偽意識という論理に訴えるというおな

じみのやり方では，なぜオランダ，イタリア，あるいはアメリカの労働者は非社会主義的な原理のもとで動員され続けるのか，うまく説明できないであろう。逆に言えば，スウェーデンの労働者の間で社会主義が支配的であるという事実は，オランダの労働者の間で宗教が支配的であるのと同じように一つの謎なのである。

第三番目の，そしておそらくは最も根本的な反論は，このモデルが権力についての単線的（linear）な見方をとっているという事実と関係している。つまり，得票数や，組合組織率あるいは議席数が増大すればそれが直接に福祉国家の拡大につながると考えるのは問題があるという批判である。第一に，社会主義政党であれ他の政党であれ，議会の多数党にとって「50パーセント」の壁というのはなぜか実際には超えることが難しいもののようである（Przeworski, 1985）。第二に，もし社会主義政党が伝統的な意味での労働者階級を代表しているのであれば，社会主義政党はそのプロジェクトを成功させることは決してないであろう。伝統的な意味での労働者階級が統計上多数を占めた例はほとんどない。そしてその果たす役割という点では急速に周辺化しつつある[6]。

単線的な前進が困難であるということと，労働者階級がマイノリティ化するという相互にむすびついた問題はいかに解決しうるのであろうか。その方法として最も見込みがあるのは，バリントン・ムーアによって切り拓かれた階級連合理論を現代国家の発展に適用しようとする近年の試みである（Weir and Skocpol, 1985; Gourevitch, 1986; Esping-Andersen, 1985a; Esping-Andersen and Friedland, 1982）。この理論のもとでは，ケインズ主義的な完全雇用政策が採用され，社会民主主義的な福祉国家が成立した経緯については，（程度の差はあれ）強力な労働者階級の運動が農民組織との政治的同盟をむすぶことができたという事実から説明されてきた。さらにつけ加えれば，社会民主主義の持続は新たな労働者階級とホワイトカラーの連合の成否に依っている。

階級連合アプローチの利点はこれに留まらない。オーストリアとスウェーデンのような二つの国は，労働者階級の動員にかかわる変数では同じようなスコアを出すかもしれないが，しかしどのような政策を打ち出すかという点では大きく異なる。この違いは二つの国における階級連合の歴史の相違という点から説明できよう。スウェーデン社会民主主義のヘゲモニーは何を契機に生みだされたかと言えば，それは農民との周知の「赤緑連合」をとりむすぶことができたその力量に由来する。これに比較してオーストリアの社会主義者が不利であったのは，農村の諸階級が保守連合によって掌握されたために，社会主義勢力は「ゲットー」状況に置かれたからである（Esping-Andersen and Korpi, 1984）。

要するに，我々は個別の社会的範疇によってのみならず，社会的関係をとらえることをとおして考えていかねばならないのである。構造機能主義者による説明は福祉国家の向かう方向が収斂していると見る。また，階級動員パラダイムは福祉国家間に大きな相違を見出すが，その相違は（労働者階級動員の度合いの相違という）単線的なスケール上で測られる。これに対して連合アプローチのような相互作用モデルは，福祉国家レジームの相異に着目するのである。

4　福祉国家とは何か

　様々な理論的パラダイムはすべからく福祉国家とは何かを定義する必要に迫られる。福祉国家が産業化，資本主義的再生産あるいは正統化の機能的な要請に応えるというのは事実か，それはいかなる場合で，我々はそれをどのように知ることができるのであろうか。活発化した労働者階級が掲げうる要求に応える福祉国家とはどのようなものなのであろうか。さまざまな議論が生まれているが，説明されるべき現象，すなわち福祉国家についての共通の了解がないことには，諸議論の妥当性を検証することができない。

　ところが，ほとんどの文献に明らかに共通しているのは，福祉国家それ自体に対する純粋な関心があまり見られないということである。福祉国家研究は，権力，産業化あるいは資本主義の矛盾といった他の異なった現象に関する理論的関心に基づいておこなわれてきた。そして福祉国家自体はと言えば，その概念の意味についてほとんど関心が払われなかったのである。もし，福祉国家がそれぞれ異なるとすれば，どのように異なるのであろうか。そして，ある国を福祉国家と呼ぶことができるのはどのような時なのか。このように問う時，我々は当初の問題に引き戻される。つまり，福祉国家とは何なのか，という問題である。

　よく見られる教科書ふうの定義というのは，福祉国家とは市民のために基礎的な福祉を保障する国家の責任を意味する，というものである。このような定義は次のような点に答えていない。すなわち，社会政策は人々の解放に繋がるのかどうか。体制の正統化に資するのかどうか。市場のプロセスと矛盾するのかあるいはむしろこれを助けるのか。また，「基礎的な」とは何を意味するのか。福祉国家が我々の基礎的なあるいは最低限のニーズ以上のものを満たすことを要求したら，それは適切なこととは言えないのか。

　比較福祉国家研究の第一世代は，このような概念化の問題からスタートした。第一世代は，社会支出の量がどれほどかでその国家の福祉へのコミットメントの程度

がよく分かると考えたが，その根拠については深く考えはしなかった。彼らの理論的な意図は，実のところ福祉国家について理解をしていこうという点にはなく，むしろ政治経済学の競合する理論モデルの妥当性をテストしようという点にあった。諸国家について都市化，経済成長の度合い，人口構成に占める高齢者の割合などに関してスコアをつけることによって，産業近代化の実態が捉えられると信じられた。またこうしたアプローチへのオルタナティブとして，権力分析を志向する理論が登場したが，このアプローチは諸国家を左派政党の強さや労働者階級の権力動員の程度によって比較した。

　第一世代の比較研究者が発見したことについて評価することは難しい。なぜなら，特定の理論の正しさを納得させるに十分なケースというのはなかったからである。比較しうる国家数が不足すれば，統計上，同時に検証されうる変数の数も制約される。たとえば，カットライト（Cutright, 1965）やウィレンスキー（Wilensky, 1975）が，経済的な発展水準およびこれに関連する人口構造あるいは官僚制に関する変数は「豊かな国」における福祉国家の相違を最もよく説明すると主張した時，労働者階級の動員の程度や経済的開放度を測るうえで適切な指標は考察の対象として含まれてはいなかった。したがって，彼らが「産業主義の論理」論に好意的な結論を出したことには問題がある。さらには，ヘヴィット（Hewitt, 1977），スティーブンズ（Stephens, 1979），コルピ（Korpi, 1983），マイルス（Myles, 1984 a），そしてエスピン・アンデルセン（Esping-Andersen, 1985b）が労働者階級動員理論を支持する強い証拠を見出し，また，シュミット（Schmidt, 1982; 1983）はネオ・コーポラティズム論者を，そしてキャメロン（Cameron, 1978）が経済開放論を支える証拠を発見したが，こうした議論は同様に説得力のある他の説明に対して十分な反証を挙げているとは言えないのである[7]。

　こうした研究のほとんどが福祉国家について説明するとしている。しかし，こうした研究が財政支出の面にのみ焦点をあてていることはミスリーディングとなる可能性がある。財政支出は福祉国家という理論的実体に対する付帯現象である。さらに言えば，単線的スコアアプローチ（権力，民主主義が強まれば支出もふえる，弱まれば支出が減る）は，権力，民主主義あるいは福祉は相互に関連し構造化した現象であるという社会学的な考え方に反する。福祉国家をその支出によって測るということは，すべての支出を等しくカウントすることになる。しかし，いくつかの福祉国家，たとえばオーストリアは，その給付のかなりの部分を特権的な官僚層のために支出している。通常，このような支出は我々が社会権や連帯に向けた努力と見なすものではない。また，他の福祉国家は支出全体のうちかなりの部分をミーンズ

テストつきの社会扶助にふりむけている。こうした支出は救貧的伝統の改良版とも言うべきものであるが，今日の福祉国家研究者のなかで，こうした支出を福祉国家への真摯な努力と見なしうるとする者はほとんどいないであろう。一部の国は中間階級に向けた民間保険プランへの税制上の特典というかたちで巨額の予算を使った。しかし，こうした租税特別措置は支出費目としては現れてこない。イギリスでは，サッチャー政権の時期に社会的支出全体について伸びが見られたが，これはそのほとんどがきわめて高い失業率に連動した支出であった。こうしたいくつかのプログラムに関する支出は，完全雇用により真剣に取り組もうとする福祉国家のほうが少なくなるものなのである。

　セルボーンは我々は国家構造という概念から分析をスタートさせるべきであると主張しているが，この考え方は正鵠を射ている（Therborn, 1983）。ある国家が福祉国家であるのか否か，そうであるとすればそれはいつから福祉国家になったのか。このことを判断する基準とはどのようなものであろうか。この問いに対しては三つのアプローチがある。セルボーンが提起するのは，国家活動のあり方が歴史的に変化してきたその経緯から始める，というものである。福祉国家という名に値する国家であれば，最低限，その日常のルーティン活動の多くは諸世帯の福祉ニードに応えることに向けられているはずである。こうした基準を用いるとかなり厳しい結果が生まれる。もしこのルーティン活動を単純に財政支出や職員の数で測ろうとするならば，70年代まではいかなる国も真の福祉国家とは見なし得ないという結論が導かれてしまう。そして，通常は我々が福祉国家と呼んでいるいくつかの国はその資格がない，ということになる。なぜなら，そのルーティン活動のほとんどは，防衛や法と秩序の維持，行政などにかかわるものだからである（Therborn, 1983）。社会科学者は，ある国が福祉国家を標榜すると，あまりに性急にそれを受け容れてきた。また，標準的な社会プログラムが導入されたとき福祉国家が誕生する，という結論を下すのも拙速であった。

　福祉国家の概念についての第二のアプローチは，リチャード・ティトマスの残余的福祉国家と制度的福祉国家の古典的な区別に基づくものである（Titmuss, 1958）。残余的福祉国家においては，国家は家族あるいは市場がうまく機能しなかった時にのみ責任を引き受ける。残余的福祉国家はその関与する対象を，周辺的で福祉の救済が必要な一部の社会集団に限定しようとするのである。後者のモデルはすべての人々を対象とする普遍主義的な性格のものであり，福祉へのコミットメントを制度化し確立しようとするものである。制度的福祉国家は，原則としては，社会の厚生にとって重要なすべての分配領域に福祉の責任を拡げることになる。

このティトマスのアプローチは，比較福祉研究における一連の新展開のうちに実をむすんでいる（Myles, 1984a; Korpi, 1980; Esping-Andersen and Korpi, 1984; 1986; Esping-Andersen, 1985b; 1987b）。このアプローチに基づくならば，研究者は社会的支出をブラックボックスのままにしておくわけにはいかず，いやがおうにも福祉国家の内容の検討に向かうことになる。つまり，選別的なプログラムと対するところの普遍的なプログラム，受給資格の要件，給付やサービスの質，そしてたぶん最も重要な点として，雇用や労働生活が国家の市民権にどの程度まで包括されているかというその範囲の問題などが検討されなければならない。福祉国家の類型に基づく研究に向かうならば，福祉国家を単純にひとつの指標に沿ってランク付けするという方法は維持しがたくなる。ここでは福祉国家を異なった類型に分けた上で比較するというのが基本的な考え方となる。

　第三のアプローチは，福祉国家を類型にふり分けるうえでの基準を理論的に選択しようとするものである。それは，現実の福祉国家をある抽象的なモデルとの対照で採点し，プログラムや福祉国家そのものをスコア化することで可能になる（Day 1978: Myles, 1984a）。しかしながら，このアプローチは非歴史的であり，歴史的なアクターが福祉国家をめぐる闘争のなかで実現しようとしたその理念やデザインを捉えることができない場合がある。もし，我々の目的が諸アクターの活動をも含めた因果連関についての理論を検証することであれば，我々は福祉国家の歴史のなかで決定的な役割を果たしたと見なしうるアクターが現実に何を目指したのか，その点から始めなければならない。支出の増大それ自体がアクターが闘いとろうとする目的となるという事態は想像しにくい。

5　福祉国家の再定義

　マーシャルは社会的市民権こそが福祉国家の核心となる理念であると主張したが，これに反論できるものはほとんどいないであろう（Marshall, 1950）。しかし，この社会的市民権という概念は，より具体的なものとして肉付けされていかなければならない。とくに，社会的市民権には社会権の保障が含まれている。もし社会権が法的あるいは実践的な所有権のあり方にかかわり，不可侵のもので，業績に応じて与えられるのでなく市民の権利として保障されているのであれば，社会権は個人の地位を市場原理に対して脱商品化するものであると言うことができる。しかし，社会的市民権の概念は社会的階層化にかかわる側面もまた含んでいる。ある人間の市民としての地位は，当事者の階級的位置と競合し場合によってはそれに代替する場合

もある。

　福祉国家は単にどのような権利を保障するかによって理解されてはならない。我々は同時に、サービスや給付を社会的に供給する際に国家の活動は市場および家族の役割といかにむすびついているかを考慮する必要がある。福祉国家を理論的に特定化するに先だって次の三つの原理を明らかにしておかなければならない。

諸権利と脱商品化

　資本主義以前の社会においては、労働者が自らの労働力の売買にその生存を委ねるという意味で全面的に商品化されるということはまずなかった。個人の厚生が全面的に貨幣関係（cash nexus）に依存するようになるのは、市場が普遍化し社会全体を方向づけるようになってからである。社会から労働契約以外に社会的な再生産を保障する一連の制度をなくしてしまうことで、人々は商品化されたのである。ついで、現代的な社会権が導入されるようになると、労働力は純粋な商品という性格を薄めていく。社会サービスが人々の権利とみなされるようになり、また一人の人間が市場に依存することなくその生活を維持できるようになって、労働力の脱商品化が生じる。

　単に社会的扶助や社会保険が導入されただけで、そうした諸制度が諸個人を実質的に市場への依存関係から解放することがなければ、脱商品化はあまりすすまない。ミーンズテスト付きの救貧制度は、おそらくは生きていくうえでの最後の手段となるセーフティネットを提供するであろう。しかし、もし給付が少なく社会的なスティグマが伴うならば、救貧制度は、最もひっ迫した層を除いて他の人々すべてを強制的に市場に参加させることになろう。19世紀に多くの国で出現した救貧法が意図したことはまさにこのことであった。同様に、初期の社会保険プログラムのほとんどは、人々の労働市場におけるパフォーマンスを最大化するように周到に設計されていた（Ogus, 1979）。

　脱商品化は福祉国家が発展するなかできわめて論争的な問題であったことは疑いを容れない。労働側にとっては、脱商品化がつねに優先課題であった。労働者が市場への依存を余儀なくされるならば、連帯的な行動に打って出ることは困難になる。労働者のもつ資源が市場における不平等や労働市場の内と外の分断によって大きく異なったものとなるために、労働運動の構築はむずかしくなる。これに対して脱商品化は、労働者の立場を強め、経営者の絶対的な権威を弱める。だからこそ、経営者は一貫して脱商品化に反対してきたのである。

　脱商品化の権利がどの程度に発達したかは、今日の福祉国家においては様々であ

る。社会扶助が制度の中心となっている福祉国家においては，受給権は労働のパフォーマンスというよりは証明されたニードに基づいている。しかしながら，受給にあたってニードがテストされ，給付の額も通常はごくわずかであるために，脱商品化の効果は抑制されたものとなる。したがって，こうしたモデルが支配的な国（主要にはアングロサクソン諸国）においては，市場において失敗した者を除けばすべての人々が民間の福祉に加入することを余儀なくされるために，その結果として実際には市場が強化されるのである。

　第二の支配的なモデルは，かなり内容のある給付をともなった強制加入の公的な社会保険制度を重視するものである。しかし，ここでもまた実質的な脱商品化が自動的にもたらされたわけではなかった。なぜなら，このモデルにおいては多様な受給資格や給付に関する規則が複雑に織りなされていたからである。ドイツは社会保険制度のパイオニアであった。しかし，過去一世紀にわたって社会的プログラムをとおしての脱商品化という道において大きく前進したとは言い難い。給付はそのほとんどが拠出に基づいており，したがって，労働や雇用に大きく左右された。言い換えれば，福祉プログラムがどれほど市場への依存に代わる純粋のオルタナティブを提供するかは，社会権それ自体によってではなく，制度におけるルールや条件によるのである。

　福祉のモデルとして支配的なもののうち第三のものは，ベヴァリッジ型の一般市民を対象とした給付であるが，これは一見したところ脱商品化の効果は最も大きいように見える。このタイプは，従前の所得，拠出，パフォーマンスの如何にかかわらず均一の基礎給付をおこなう。このタイプはたしかにより連帯的な制度と言えるかもしれない。しかし，必ずしも脱商品化の効果は高くない。なぜならこうした仕組みがそれだけで労働を代替するだけの水準の給付を提供することは稀であるからである。

　脱商品化効果をもつ福祉国家は，現実にはごく最近になって登場した。それは少なくとも，市民が仕事，収入，あるいは一般的な福祉の受給権を失う可能性なしに，必要と考えたときに自由に労働から離れることができる，という条件を備えていなければならない。この定義を念頭に置くならば，たとえば通常の収入と同等の給付が保障される疾病保険が必要となるし，その際には各人が必要と見なす期間，ごく簡単な診断書に基づいて休業できる権利が求められる。留意してよいのは，こうした条件は，大学の研究者，公務員，そしてホワイトカラー上層に対してはこれまでも通常の場合は保障されていたものである，という事実である。さらに，年金，妊娠休暇，育児休暇，教育休暇，失業保険についても同様の条件が要請されることに

なろう。

　いくつかの国家はこうした水準の脱商品化に向かって動いている。しかし，それはほんの最近のことであり，しかも多くのケースではたくさんの例外的事項がある。ほとんどすべての国では，60年代の後半から70年代の初めにかけて，この種の給付額はほぼ通常の賃金水準に近いところまで上昇した。しかし，たとえばいくつかの国では病気の際にはすぐに医療証明書を準備する必要があるし，また他の国では，最長２週間という長い待機期間を経て初めて受給資格が与えられる。さらに他の国においては，受給資格は僅かな期間しか継続しない。第２章で見るように，スカンジナビアの福祉国家は，最も脱商品化の程度が高く，アングロサクソン系の国は最も低い。

6 階層化のシステムとしての福祉国家

　市民権と社会階級の関係という問題は，古典的政治経済学においてもまたＴ・Ｈ・マーシャルのパイオニア的な著作のなかにおいてもたいへん重視されていた。それにもかかわらず，理論的研究においても経験的研究においてもなおざりにされてきた。一般的に言ってこの問題は，当然のこととして片づけられるか（福祉国家がより平等な社会をつくりだすのはあたりまえとされて），あるいは所得再分配や教育の社会的上昇促進への効果如何といったごく限定された視角から扱われるにすぎなかった。より根本的な問題は，社会政策によってどのような階層構造が制度化されるかという点にあるように思われる。福祉国家は，ただ不平等な構造に介入しこれを是正しうるメカニズムであるばかりではなく，それ自体が階層化の制度なのである。福祉国家は社会関係を形づくる能動的な力である。

　比較論的な観点からもあるいは歴史的な観点からも，福祉国家に埋め込まれた種々の階層化体制を見出すことは難しいことではない。救貧法的な伝統や今日その系譜を継ぐミーンズテスト付きの社会扶助は明らかに階層化を目指したものである。受給者に対して制裁を加えスティグマ化することで，こうした制度は社会的な二重構造を拡大した。それゆえにこうした制度は労働運動の攻撃の的となってきた。

　ビスマルクやフォン・ターフェのような保守的な改革者が追求した社会保険モデルもまた明らかに一つの階級政治の産物であった。実際のところ，社会保険モデルは階層化によって二つの結果を同時に達成することを目指した。第一に，様々な階級や地位集団に対してそれぞれ独自のプログラムを立法化することで賃金生活者（wage earners）を分断することである。各々のプログラムが独自の権利や特典を

備えており，その結果個々の賃金生活者の固有の地位が際だつことになるのである。第二の目標は，個々人の忠誠心を君主制あるいは中央政府の権威に向けさせることである。ビスマルクが年金給付に対して国家からの直接の補塡をおこなったとき，彼が目指していたのはこのことであった。この国家コーポラティストモデルは主要にはドイツ，オーストリア，イタリア，フランスといった国家において追求された。そして個々の地位ごとに異なった社会保険基金が制度化され，それがしばしば複雑な迷宮のような状況をつくりだした。

　こうしたコーポラティズム的な伝統においてとくに重要であったのは，公務員（Beamten）に対して特権的な福祉供給を確立することであった。このことは，一面では国家に対する忠誠心に報いることであり，他面では公務員集団の格別高い社会的身分をはっきりさせる方法でもあった。このコーポラティズム的で身分制的なモデルは主に古いギルド的な伝統に由来するものである。ビスマルクのような新絶対主義的（neo-absolutist）ともいうべき専制主義者は，勃興する労働運動に対して立ち向かっていく手段をこうした伝統のなかに見出したのである。

　労働運動は，救貧体制に対したのと同様にこうしたコーポラティズムモデルに対しても強く反対した。その理由は明白であった。しかしながら，労働運動がこれらに対して最初に提起した代替策は，労働者を一個の連帯する階級として団結させていくという観点から見れば問題なしとは言えないものであった。労働運動が最初に追求したモデルは，自ら組織する共済組合であり，あるいは労働組合や政党が補助する友愛組合形式の福祉プランであった。このことは驚くにはあたらない。労働者は自らに敵対的な国家がスポンサーとなる社会改良には明らかに疑念を抱いていた。そしてこうした自前の組織を階級動員の基盤と見なしたばかりでなく，現実にとって代わるべき，連帯と公正に満ちた世界の萌芽としてとらえたのである。つまり，来るべき社会主義の楽園のミクロコスモスと考えたわけである。しかしながら，こうしたミクロな社会主義社会はしばしば問題の多い階級的ゲットーとなった。そして労働者を団結させるよりは分断する役割を果たした。構成員となりうるのは労働者階級のうちでも最も恵まれた層に限定されるのが常であり，最も弱い層は（彼らこそ最も保護を必要としていたのだが）排除されるのが通例であった。簡単に言えば，友愛組合モデルは労働者階級の動員という目標にはそぐわなかったのである。

　社会主義的な「ゲットーアプローチ」は，社会主義政党が政府をつくり長い間要求していた社会改革を実行しようとする際に直面するさらなる障害となった。政治連合を形成しより広い連帯を実現するという政治的な理由から，社会主義政党の掲げる福祉モデルは「人民」のための福祉として再構成されなければならなかった。

したがって，社会主義者はリベラリストのお株を奪って普遍主義の原理を説くようになった。すなわち彼らのプログラムは，民主的な均一給付をおこなう一方で，一般財源に依拠するベヴァリッジ型のモデルに基づいてデザインされることが通例となった。

　ミーンズテスト付きの公的扶助やコーポラティズム的な社会保険の代替策として，普遍主義的なシステムは地位の平等をおしすすめる。すべての市民は階級や市場における地位の如何を問わず，同等の権利を与えられる。この意味において，普遍主義の体制は階級をこえた連帯を，国民全体の連帯をつくりだそうとするものである。しかし，均一給付の普遍主義に基づく連帯は，歴史的に見れば特定の階級構造にのみ適合するものである。すなわち，人口の大多数が「庶民階級」で構成されていて，したがって給付は平等で適度に限定された水準を保つことが望ましいと見なされるような階級構造である。労働者階級が豊かになり新しい中間階級が台頭するにつれてこのような構造はもはや維持されなくなるが，そのような場合，均一給付の普遍主義はその意図せざる結果として二重構造をうみだしてしまう。なぜならば，豊かな層は，普遍主義制度の平等で限定的な給付を補い，自らの生活水準に照らして適切と考える福祉の水準を達成するために，民間の年金や労使間のフリンジ・ベネフィットに依拠しようとするからである。このようなプロセスが進行したところ（カナダ，イギリスのように）では，普遍主義の素晴らしい平等主義的精神が社会扶助国家と同様の二重構造に転化してしまう。貧困層は国家に，そしてそれ以外の人々は市場に依拠するという構造である。

　普遍主義的な福祉国家だけではなく，歴史的に現れたすべての福祉国家が階級構造の変容というジレンマに直面した。しかし，経済的な豊かさや中間階級の成長という事態にどのように対処したかは福祉国家によって異なっていた。それゆえにその結果として階層化のあり方もそれぞれ異なったものとなったのである。コーポラティズム的な社会保険制度の伝統は，ある意味では，福祉国家に対する期待が新たにより水準の高いものになっていくことに対して，最もうまく対応しえる条件を備えていた。なぜならば，こうした制度をより適合的な給付をおこなうために改善することは技術的に容易だったからである。アデナウアーによる1957年の年金改革はこの点からしても先駆的な意義を有していた。アデナウアー改革の公然たる目的というのは，地位の格差を給付に改めて反映させていくことであった。それまでの社会保険制度は，期待に見合った，地位の格差にふさわしい給付を実現できなくなっていたのである。アデナウアー改革はこのことを，個別の職種に立脚した制度のフレームワークに手を加えることなく，ただ拠出比例型の給付を所得比例型の給付に

移行することによって実現したのである。

　社会扶助とベヴァリッジ型の普遍主義的な制度を共に備えている国では，中間階級の要請に応え彼らを満足させるに十分な供給をおこなうのは，国家であるべきか市場であるべきか，という点が問題となった。この政治的選択に際して二つの選択肢が現れた。ひとつはイギリスにおいて典型でありまたほとんどのアングロサクソン世界において見られたもので，国家は最低限の普遍主義を維持しつつ，より高度な福祉を求める社会階層が増大していくことに対しては市場にその対応を委ねるというものであった。

　増大する豊かな階層は政治的なパワーも有しているために，国家と市場の二重構造が現れるだけではなく，福祉国家の所得移転の形態も二重構造化する。すなわち，このような国では，公的支出のなかで最も急速に増大している領域はいわゆる「民間」年金プランに対する減免税措置である。そしてこうした措置がとられると，その政治的効果として，しだいに普遍主義的な性格を弱めていく公的な所得移転システムに対する中間層の支持が低下していった。

　しかしもう一つの選択肢があり，それは市場原理の外で普遍主義原理と適切な給付を統合し両立させていこうとするものであった。このような道を行ったのは，均一給付の平等主義的な年金制度の上に，潤沢な給付をおこなう二階部分として，普遍主義的で所得比例型の社会保険を制度化し，新中間層をここに統合していった国である。その明らかな例はスウェーデンとノルウェーである。こうした解決法をとると，新中間層の期待に合致した給付が保証され，給付の不平等が再び現れる。しかし市場原理の浸透を防ぐうえでは効果的である。こうして普遍主義を維持することが可能となる。さらに言えば，こうした福祉国家モデルでは高負担への広範で連帯主義的な支持をいかにとりつけるかが問われるが，このような方法をとることでそのための政治的コンセンサスを堅持することもまた可能になったのである。

7　福祉国家レジーム

　我々は福祉国家の階層化の状況や社会権のあり方についてそのバリエーションを国際比較していく。その際に我々は，国家，市場そして家族が多様に組み合わされて独自の仕組みを形成していることを発見するであろう。我々が発見する福祉国家の多様性は，したがってある単一の基準に沿ってそのポジションが位置づけられるものではなく，レジームの類型によってクラスター化できるものである。

　そのうちの一つのクラスターにおいて，我々は自由主義的な福祉国家を見出す。

自由主義的福祉国家において見られるのは，ミーンズテスト付きの扶助，最低限の普遍主義的な所得移転，あるいは最低限の社会保険プランである。給付が主な対象とするのは，低所得で，通常は労働者階級の，国家の福祉に依存的な層である。このようなモデルにおいては，社会改良の進展は，伝統的で自由主義的な労働倫理によって厳しく制約されることになった。福祉が最低限のものとされるのは，ここでは働く代わりに福祉を選択することがないようにするためなのである。したがって，受給資格の付与は厳格なルールに基づいておこなわれ，しばしばスティグマを伴っている。一般に給付の水準は最低限のものとなる。そしてそのような国家のあり方が今度は市場を活性化する。国家が最低限水準の保障のみをおこなうことを受けて自ずと市場の活動領域が拡がる場合もあれば，より積極的に私的な福祉制度に補助金を出す場合もある。

　その結果，こうしたタイプのレジームは，脱商品化効果が最小限のものとなり，一連の社会権は実質的には抑制され，その実現する階層化秩序はといえば，国家福祉の受給者たちの間では平等であるが低水準の福祉が，それに対して多数の通常の市民の間では市場における能力に応じた福祉がおこなわれ，両者の間には階級政治的な二重構造ができ上がっている。このモデルに属する典型としては，アメリカ，カナダ，オーストラリアが挙げられる。

　第二のレジーム類型は，オーストリア，フランス，ドイツ，イタリアなどのクラスターである。これらの国では，コーポラティズム的，国家主義的な歴史的遺制が存在したが，それがポスト工業社会的な階級構造に適応するように改善された。このような保守主義的あるいは強度に「コーポラティズム的」な福祉国家においては，自由主義を信奉し市場の効率性や商品化に対して執着するという態度はあまり見られず，社会権を広く保障していくということに関しては強い抵抗はなかった。顕著な特質は，職業的地位の格差が維持されている，という点であった。諸権利は，したがって階級や職業的地位に付随するものであった。このコーポラティズムは，市場に依存した福祉を国家の責任へと置き換えていこうとする過程のなかでうみだされた。それゆえに，民間の保険や職業にともなうフリンジ・ベネフィットはごく周辺的な役割を演じるに留まっている。他方において，国家は地位上の格差を維持することに重点を置いているために，再分配的な効果はあまり認められない。

　しかし，コーポラティズム的なレジームは，他方では教会の強い影響のもとでつくりだされる場合もしばしばで，したがって伝統的な家族制度の維持のために大きな努力をはらった。社会保険制度は，通常，未就労の主婦を給付対象に含めず，それに代えて母性を支援する家族手当を給付した。デイケアや同様の家族サービスが

結果的にあまり発達しなかったのは，家族制度を維持するという意図が働いたからである。「補完性」の原理に沿って，家族がその構成員にサービスを提供することができなくなった場合にのみ国家が介入するのである。

　第三の，そして明らかに最も数の少ないレジーム・クラスターは，普遍主義の原理と社会権の脱商品化が新中間階級にまでその効果をおよぼしているような国から成っている。我々はこのクラスターを「社会民主主義」レジームと呼ぶことができよう。なぜなら，こうした国々では明らかに社会民主主義が社会改革を主導する勢力であるからである。社会民主主義勢力は，国家と市場，あるいは労働者階級と中間階級の間で二重構造がうみだされることを容認しない。社会民主主義勢力は，他の国々で追求されたような最低限のニードを基準とした平等ではなく，最も高い水準での平等を推し進めるような福祉国家を実現しようとする。第一に，サービスや給付の水準は新中間階級の高い欲求水準ともつりあうだけのものに高められる。そして第二に，労働者にも，より裕福な階層が享受するのと同様の水準の権利に浴することを保障することによって，平等が高められる。

　このやり方は，一連の，きわめて脱商品化の効果が高い普遍主義的なプログラムというかたちをとった。その一方で，こうしたプログラムは水準の異なるニードに応えるように調整された。したがって，まず生産労働者もホワイトカラー職員や公務員と同一の制度上の権利に浴し，すべての階層が単一の普遍主義的な保険制度に包含される。しかし，その給付水準は従前の所得に応じて決められるのである。このモデルは，市場の影響力を斥け，その結果，福祉国家を支える真に普遍的な連帯をつくりだしたのである。すなわち，ここではすべての市民が恩恵を受け，制度に依存し，おそらくは制度を財政的に支える必要を感じるようになろう。

　社会民主主義レジームにおいてはこうして市民の社会的解放を志向する政策がとられるのであるが，そこで目指されるのは市場からの解放でもあり，また伝統的家族からの解放でもある。社会民主主義レジームの原理は，コーポラティズム的な補完型モデルとは対照的に，家族の介護能力が限界に達したときに介入するというのではなく，あらかじめ家族がかかえこむコストを社会化するという点にある。家族への依存を最大化するのではなく，個人の自律を最大化するというのがその考え方である。その意味では，このモデルはリベラリズムと社会主義のある種の融合であるといってもよい。その結果，福祉国家は子どもたちを直接にその給付の対象とし，子どもたちや高齢者，あるいは要介護の人々のケアに直接責任を負うのである。したがって，福祉国家は社会サービスに関して重い責任を負う。それは，家族のニードに応じたサービスをおこなうためだけではなく，女性が家事よりも働くことを選

択できるようにするためでもあった。

　たぶん社会民主主義レジームの最も顕著な特質は，福祉と労働の融合であろう。社会民主主義レジームは，完全雇用を保障することに真剣にコミットをすると同時に，その一方で，完全雇用の達成に全面的に依存していくのである。一方において，働く権利は所得維持の権利と同様の重みをもっている。他方において，連帯主義，普遍主義を実現し脱商品化効果を有する福祉体制を維持する膨大なコストは，福祉体制が社会問題をできるだけ抑制すると共にその歳入を極大化しなければならないことを意味する。明らかにこのことは，ほとんどの人々が働くこと，そして社会的な所得移転に依存する人をできるかぎり少なくすることで真に可能となる。

　社会民主主義レジーム以外の二つの代替的なレジームにおいては，どちらも完全雇用を福祉国家の活動の枢要な部分として位置づけはしない。保守主義的な伝統のもとでは，女性はむしろ働かないことを期待される。自由主義的な考え方のもとでは，市場への信奉に比べればジェンダー問題というのはそもそも関心を引かない。

　以下の諸章では，我々は福祉国家が特質に応じたクラスターをなしていることを明らかにする。しかし，我々は純粋なケースというのは存在しないことも認識するべきである。スカンジナビア諸国は社会民主主義的である場合が多いと言えよう。しかし，スカンジナビア諸国は他方において強い自由主義的な要素も有している。自由主義レジームに属する国も純粋に類型化できるわけではない。アメリカの社会保障制度は，再分配的であり強制加入であって，保険数理からはかけ離れている。ニューディールは，少なくとも最初の段階では，今日のスカンジナビア社会民主主義の当時の達成と同じくらい社会民主主義的だったのである。そしてヨーロッパの保守主義レジームは，自由主義と社会民主主義それぞれの動きを吸収しながら今日に至っている。ここ数十年の間で，保守主義レジームはしだいにそのコーポラティズム的性格から脱し，また権威主義も弱めてきている。

　このように純粋なケースは存在していないにもかかわらず，もし我々が福祉国家を定義する際にその本質的な基準が社会権の性格，社会的階層化，そして国家，市場，家族の関係にあるとするならば，世界は明らかに異なったレジームのクラスターから構成されている。諸々の福祉国家を，より大きいか小さいか，あるいはより端的に，良いか悪いかといった基準で比較するならば，その結果はきわめてミスリーディングなものとなるであろう。

8 福祉国家レジームの諸要因

　もし福祉国家が三つの異なったレジーム類型にクラスター化しているのであれば，我々は福祉国家の相違が生まれたその要因の確定というより込み入った課題に直面することになる。産業化，経済成長，資本主義，あるいは労働者階級の政治権力といった諸要因が考えられるが，それぞれの要因はレジーム類型の背景をどれだけうまく説明し得るであろうか。まず最初にごく印象論的に答えれば，説明力はたいへん弱いと言えよう。我々が研究対象とする国はすべて，労働者階級の動員という変数を除けば，他のすべての変数については多かれ少なかれ似た状況にある。そして，我々は三つのクラスターのそれぞれに，きわめて強力な労働運動や労働者政党を擁している国を発見できる。

　福祉国家の発展に関する理論は，こうしたクラスターの形成について説明しようとするならば，その因果論的な仮説をはっきりと再検討しなければならない。なにか単一の強力な原動力を発見できるなどという期待は捨て去るべきである。ここでの課題は，諸要因の相互作用の効果をはっきりさせるということにある。これまで述べてきたところに基づいて言えば，とくに三つの要因が重視されるべきである。すなわち，階級動員（とくに労働者階級の）の状況であり，階級政治的な同盟の構造であり，そしてレジームの制度化に関する歴史的な遺制である。

　すでに我々が見てきたように，労働者階級は自動的に社会主義的な階級アイデンティティをもつようになるものでありそれが自然であるなどと信ずるべき理由はまったくない。また，労働者階級の動員がスウェーデンとそっくりなかたちでおこなわれることもあまりありそうにない。労働者階級が歴史的にいかなる集団として形成されていくかは実際には多様である。労働者階級が掲げる目的も，そのイデオロギーも，また，その能力についても同様のことが言える。根本的な相違は労働組合運動のあり方にも労働者政党の発展の仕方にも窺える。労働組合はセクト的になる場合もあったし，より普遍主義的な目標を掲げる場合もあった。また宗教的な組合もあれば非宗教的な組合もあった。そしてまたイデオロギー的である場合もあれば，ビジネス・ユニオニズムに徹する場合もあった。いずれの立場であれ，その立場は政治的な要求の表出や，階級としての凝集力，労働者政党の活動の展望に決定的な影響をおよぼした。労働者の動員理論が労働組合の構造に留意するべきであることは疑いを容れない。

　労働組合主義のあり方が労働者政党の形成に影響をおよぼしたか否かといえば，

どちらの場合も考えられる。しかし，福祉国家のあり方が労働者政党の特定の性格によって左右されるとすればそれはどのような条件の下においてであろうか。労働者政党あるいは左翼政党はその性格の如何を問わず独力で福祉国家をつくりだすことができるのか。いろいろな要因が作用していて現実にはそのようなことは不可能である。宗教上の相違やその他の対立点を仮に考慮しないでおくとしても，労働者政党が単独でその考えを現実化するに十分な期間，議会多数を制するなどということは例外的な事例を除けばおよそあり得ない。伝統的な意味での労働者階級が選挙における多数派を占めたことがなかったことを我々はよく知っている。したがって，階級動員の理論は，代表的な左翼政党のみに視点を限定してはならないことになる。福祉国家の形成が政治的な連合形成に依拠してきたことは歴史的事実なのである。階級連合の構造は，特定の階級独自の権力資源よりもはるかに重要な問題なのである。

どのような階級連合が出現しうるかを決定する要因として，諸階級が歴史的にどのように形成されたかという点が挙げられる。産業化の初期の段階では，農民階級が単一の集団としては選挙民のなかで最大であった。社会民主主義者が政治的多数を占めたいと思えば，社会民主主義者は農民層を相手として同盟を模索せざるを得なかった。歴史には多くの逆説がつきものだが，農民階級が社会主義の将来にとって決定的な存在となったという事実もその一つであろう。農村経済が小規模の資本集約的な自営農民によって占められている場合は，農村経済が多数の廉価な農業労働者に依拠している場合に比べて政治的同盟の可能性は増大する。さらに（スカンジナビアにおけるように）農民たちが政治的に利益表出の回路をもちよく組織されている場合，政治的な交渉をおこなう能力はそうでない場合に比べてはるかに優れている。

政治的連合の形成とそれに基づく福祉国家の展開において農民たちが果たした役割は明白である。北欧諸国においては，広範な赤緑連合が形成され，農産物価格支持への補助金導入と引き換えに完全雇用型の福祉国家が追求された。そのような連合形成に必要な条件が整っていたのである。とくにノルウェーとスウェーデンにおいては，農業の経営基盤が不安定なものであり国家補助への依存が強かったため，連合形成は容易であった。アメリカでも，ニューディールは同様の連合（民主党によってすすめられた）に依拠していた。しかし，重要な違いがあった。それは，アメリカにおいては労働集約的な農業を営む南部のために真に普遍主義的な社会保障制度の形成が妨げられ，また福祉国家としていっそうの発展を遂げることが押しとどめられた，という点である。これに対して，大陸ヨーロッパの農村経済の条件は

赤緑連合にはまったく向いていなかった。そこでは，ドイツやイタリアのようにほとんどの農業は労働集約的であった。したがって，労働組合や左翼政党は農村経済にとって脅威であると見なされた。加えて，大陸の保守勢力は，農民たちをその「反動連合」に引き入れ労働運動勢力を孤立させることに成功していたのである。

　政治的な支配勢力を構成しうるかという問題は，第二次世界大戦が終わるまでは，主に農村における階級政治の問題であったのである。したがってこの時期には，福祉国家形成のあり方は，いずれの勢力が農民層を獲得するかで結果が左右された。赤緑連合が実現されなかったからといって福祉国家への改革がすべて不可能になったわけではなかった。そうではなくて，赤緑連合の欠如は，どのような政治勢力が福祉国家のデザインを担うことになったかということを示唆していた。イギリスは世紀転換期までには農民階級の政治的な意義は減退していたために，赤緑連合の存否に関するこの一般的法則について例外的な存在であった。かくして，イギリスにおける連合の論理は，早い段階から，後に他のほとんどの国々が直面したジレンマ，すなわち，台頭するホワイトカラー層が政治的多数派を形成するうえでの鍵的存在となるというジレンマを示していた。第二次大戦後における福祉国家の形成は，新中間階級の政治的同盟のあり方しだいになっていった。社会民主主義にとって，挑戦するべきことは連帯原理を犠牲にすることなく労働者階級とホワイトカラーの要求をいかに総合するかということであった。

　歴史的に見るならば新中間階級は市場において相対的に恵まれた地位を享受してきた。それゆえに新中間階級は，国家からではなく市場をとおして福祉に関する必要を満たすことができ，実際のところたいへん成功裏にそれをおこなってきた。あるいは，公務員と同様に，公的福祉において特権的な地位を確保していた。新中間階級は，雇用保障という点でも恵まれていたために，完全雇用に強い関心を寄せることもなかった。そして最後に，所得の平等化を大胆におこなおうとするプログラムは，いかなるものであれ，中間階級の受給者の間では強い反対にあうことがしばしばであった。このような理由から，新中間階級の台頭は，社会民主主義的なプロジェクトを阻害し，自由主義的福祉国家のしくみを強化するように見える。

　実際のところ，新中間階級がいかなる政治的立場を選びとるかは，福祉国家がその後どのような展開を見せるかに関して決定的な要因であった。先に定義した三つの福祉国家レジームが形成されていく上で，新中間階級の役割は決定的であった。スカンジナビア・モデルは，社会民主主義が新中間階級を新しい性格の福祉国家に引き込んでいくことができたゆえに実現しえた。ここでいう新しい性格の福祉国家とは，中間階級の嗜好や期待に沿った社会給付を提供する一方で，福祉の受給権を

めぐる普遍主義は維持されているような福祉国家のことである。実際のところ，社会サービスや公的な雇用を拡大することによって，福祉国家は中間階級を社会民主主義の支えとしていく役割を果たした。

これに対して，アングロサクソン諸国は残余的福祉国家モデルであり続けた。これは，新中間階級が市場から国家へと福祉の主体が移行することを歓迎しなかったからに他ならない。階級的な観点からいえば，その結果現れたのは二重構造であった。福祉国家は，本質的には労働者階級と貧困層のためのものということになる。民間保険と職域的な福利厚生が中間階級のためのものである。中間階級の選挙における重要性を鑑みれば，その意向をしりぞけてまで福祉国家の活動をいっそう拡大させることに抵抗があったのはきわめて当然のことと言えよう。

第三の，大陸型の福祉国家モデルもまた新中間階級の存在によってその方向が決定された。しかし，それは上記二つのパターンとはまったく異なった意味においてである。その要因は歴史的なものと言える。こうしたレジームは，保守主義的な政治勢力によって形成されたために，その制度化に際しては中間階級が職域的に区分けされた社会保険プログラムに，ひいてはプログラムを実現した政治勢力に忠誠心をもつように仕向けられた。アデナウアーが1957年におこなった年金制度の大改革は，新中間層の忠誠心を復活させようと試みたものである。

9 結　論

我々はここで福祉国家の発展をめぐる単純な階級動員理論に対する代替案を提示した。福祉国家とその要因に関して，その分析の上で単線的なアプローチから相互作用論的なアプローチへ移行する必要があり，ここでの議論もそのような問題意識に基づいていた。もし我々が福祉国家を分析しようと望むならば，我々は福祉国家の社会における役割を規定している一連の基準から始めなければならない。福祉国家の役割とは，税金を使うことではないし課税をすることでもない。また，平等をすすめることでも必ずしもない。我々は歴史的に福祉国家を形成してきたアクターがいかなる原理に基づいて団結し闘争してきたのかという点を念頭においた福祉国家比較の枠組みを提示した。福祉国家にどのような原理が埋め込まれているのかという点に焦点をあてると，我々は多様な福祉国家レジームのクラスターを発見することができる。そこでの相違は，何らかの共通の基準に照らしてより進んでいるか遅れているかというバリエーションではないのである。

個々のレジームの相違をつくりだしてきた歴史的諸要因は相互に連関している。

それはまず第一に，労働者階級が自らを政治勢力としていかに形成していったかという問題，第二に，農業の比重の高い経済から中間階級社会へと移行していく上で，どのような政治連合を形成したかという点を含んでいる。政治的な連合形成の問題はきわめて重要である。そして第三に，過去にどのような改革がおこなわれてきたかという事実が諸階級の選好や政治行動が制度化される上で決定的な重要性をもっていた。コーポラティズム・レジームにおいては，職業上の地位のヒエラルキーに対応した社会保険制度があり，それゆえ，そこから恩恵を受ける中間階級はこうした福祉国家のあり方を一貫して支持することになった。自由主義的なレジームにおいては，中間階級は制度的には市場にむすびつけられた。そしてスカンジナビアにおいては，ホワイトカラー新中間層も伝統的な労働者階級もともに恩恵を受ける中間階級福祉国家が確立された。過去数十年間にわたって社会民主主義が首尾よく成功をおさめてきたという事実は，この中間階級福祉国家の確立と深くむすびついている。それではなぜスカンジナビアの社会民主主義者がこのようなことを達成できたかというと，第一には民間の福祉市場が相対的に未発達であったからであり，また第二にはより豊かな人々の要求を満たすのに充分に豊かな水準をもった福祉国家を形成することができたからでもある。スカンジナビア福祉国家の社会的支出が群を抜いている事実もここから説明できる。

　しかし，福祉国家の形成を説明しようとする理論はまた福祉国家の行き詰まりや後退についても解明できなければならない。一般に信じられているのは，福祉国家反動の運動，納税者の反乱，福祉国家の揺れ戻しは，社会的支出の負担が重すぎるときに起きるということである。逆説的なことに真実はその逆なのである。過去数十年間の反福祉感情は，一般的にいって福祉支出が最も多い国において最も弱かった。そして支出が少ない国において強かったのである。なぜか。

　福祉国家反動が起きる危険は支出の多寡によるものではなく，福祉国家の階級的性格によるのである。中間階級志向の福祉国家では，それが（スカンジナビアにおけるように）社会民主主義的なものであろうと，あるいは（ドイツにおけるように）コーポラティスト的なものであろうと，中間階級は福祉国家に対するロイヤリティをもつようになる。それに対して，アメリカ，カナダのような，そしてしだいにイギリスもそうなりつつある自由主義的な，あるいは残余主義的な福祉国家は，数の上では少数派で政治的には影響力の乏しい社会層のロイヤリティに依拠している。この意味で，三つの福祉国家レジーム類型がそれぞれどのような階級連合に基づいているかということが，その過去の発展経緯のみならず，その将来の展望をも説明しうるのである。

注

(1) アダム・スミスはしばしば引かれるが実際に読まれることは稀である。彼の著作を詳しく検討すると，資本主義の恩恵を手放しで賞賛しようとするのを抑えようとする一定のニュアンス，一連の留保が読みとれる。

(2) 『諸国民の富』（Smith, 1961, Ⅱ：236）において，財産所有者の特権と安全を守る国家について次のようにコメントしている。「市民政府は，財産の安全を守るように制度化されているが，実際には富者を貧者から守るように，あるいは，何らかの財産を所有するものをまったく持たざるものから守るように制度化されているのである」

(3) この伝統は，英語への翻訳がほとんどなされていないためにアングロサクソン圏の読者には実際には知られていない。公論に大きな影響を及ぼした基本文献は，アドルフ・ワグナーの『社会問題論 Rede Ueber die Soziale Frage』（1872）であった。この政治経済学の流れを概観した英語文献として Schumpeter（1954），それからとくに Bower（1947）を見よ。

カトリックの伝統からする基本文献はローマ教皇による二つの回勅，レルム・ノヴァルム（1891）とクワドロゲシモ・アンノ（1931）であった。カトリック社会主義的な政治経済学が提唱する社会組織は，しっかりした家族関係があり，これが階級融和的な社会団体とむすびつき，そして補完性の原理に基づいて国家の援助を受ける，というものである。最近の議論に関してはリヒター（Richter, 1987）を見よ。

自由主義者と同様に，保守主義的な政治経済学についても，数の上ではかなり劣るがその流れを今日において受けつぐ論者がいる。それが再興した一つのケースは，オトマー・スパンがコーポラティズム（Standische）国家についてのファシズム的な考え方をドイツで広めた時であった。補完性原理は今日に至るまでドイツのキリスト教民主主義政治のかなりの部分を方向づけている（Richter, 1987を見よ）。

(4) このような視角の主な提唱者は，ドイツの「国家導出」学派（Muller and Neussuss, 1973），オッフェ（Offe, 1972），オコナー（O'Connor, 1973），ガフ（Gough, 1979），それにプーランツァスの著作である（Poulantzas, 1973）。スコチポルとアメンタがその優れた総括論文のなかで指摘するように，このアプローチは決して一枚岩ではない（Skocpol and Amenta, 1986）。したがって，オッフェ，オコナー，ガフは社会改良の機能を一面においては大衆の要求に対する妥協であり，潜在的には矛盾に満ちたものであるととらえている。

歴史的に見たばあい，社会主義者が議会をとおしての改良に反対したのは，理論的な動機に基づくというより現実の必要からであった。ドイツ社民民主主義の偉大な指導者であったアウグスト・ベーベルは，ビスマルクによる画期的な社会法制を拒絶したが，それは彼が社会保護立法を好まなかったからではなく，ビスマルクの改良の背後に反社会主義的で分断的な動機が窺えたからであった。

(5) 二つの経験がこのことを理解させた。第一のタイプの経験は，20年代のスウェーデン社会主義がその例となるが，労働者階級陣営においてさえ社会化への強力な支持は見いだせない，という発見であった。実際，スウェーデンの社会主義者が社会化プランを準

備する特別委員会を発足させた時も，十年の調査期間を経て導かれた結論は，社会化を実現するのはまったく不可能であろうというものであった。第二のタイプの経験は，ノルウェーの社会主義者あるいは1936年のブルムの人民戦線政府がその例となるが，ラディカルな提起がなされると，すぐに資本家がその能力を駆使してサボタージュに出て，投資を差し控えたり資本を海外へ輸出したりする，ということであった。

(6) このことは，議会主義的な階級論だけの問題ではないことは明らかである。構造主義的なマルクス主義もまた，新中間階級の階級的性格を確定するという問題に直面する。もし，新中間階級が新労働者階級であるということを明らかにすることに失敗するならば，マルクス主義理論は両系譜とも困難な（しかし同一ではない）問題に直面することになる。

(7) この系譜の文献は，一連の論者によって詳細にレビューされている。たとえば，ウィレンスキー（Wilensky *et al.*, 1985）を見よ。より批判的な評価を下した優れた文献として，ウーシタロ（Uusitalo, 1984），シャリフ（Shalev, 1983），そしてスコチポルとアメンタ（Skocpol and Amenta, 1986）も見よ。

（宮本　太郎）

第2章
脱商品化と社会政策

　現代の社会政策の源泉は，人間のニーズや労働力が商品化され，それゆえに我々の福祉（well-being）が貨幣関係に依存するようになる，そのプロセスのなかにあった。社会政策が現代資本主義の覇権が確立する前には見られなかったと言っているわけではない。その性格と組織のあり方が変化したと言っているのである。伝統的な社会政策が相手にしていたのは，きわめて不完全に商品化されたにすぎない世界であった。したがって中世においては人々の生存可能性を決定するのは労働契約ではなく家族，教会，領主であった。

　資本主義の開花にともない，「前商品的」な社会保護のあり方は衰退した。人間の欲求の充足が商品の購入を意味するようになると，購買力および収入の再分配という問題が浮上した。しかし，労働力もまた商品化されるようになると，人々が市場の外で生存していく権利が脅かされることになった。この点にこそ社会政策における最も対立的な問題がある。商品化という問題はマルクスが蓄積過程における階級分化について分析した際にその核心においた問題である。すなわち，独立生産者の，無所有の賃金生活者への転換という問題である。労働力の商品化は，マルクスにとって疎外を意味した。

　労働力が商品形態をとるという問題は現代の哲学，イデオロギー，社会理論の中心的な関心事であった。古典的な放任主義的自由主義者は純粋な貨幣関係へ何らかの代替策を対置することに反対した。なぜならばそれは需要と供給の聖なる均衡を乱し，歪めさえするからである。彼らは，今日の彼らの追随者たちのように，最低限の社会的賃金は貧困を撲滅するのではなく実際には貧困を永続化することに資すると考えた。これに対してマルクス主義は常に二つの考え方の間で揺らいでいた。ある場合には，人間にとって純粋な福祉とは賃労働を根絶することによって初めて得られるものであると論じられた。またある場合には，社会改良は決定的な変化を

引き起こしうると信じられた。この後者の考え方は，改良主義的な社会民主主義者によって唱えられただけではない。『共産党宣言』やマルクスによるイギリス工場法の分析のなかでも主張された考え方なのである。T・H・マーシャルの見方によれば，社会的市民権は商品化の問題に対する根本的な解決となるのであり，したがって社会的市民権は階級分化が顕在化することを抑止することができるのである（Marshall, 1950）。そして最後に，伝統的な保守主義は人間の商品化という原理に断固反対した。なぜならそれは社会的権威や社会統合を脅かすからである。保守主義者は商品化が旧権威の永続性に決定的な打撃となることを怖れたのである。

　『大転換』のなかでポランニーは，自由放任型の資本主義が労働力の完全な商品化に向かって突き進むことに根本的な矛盾を見出した（Polanyi, 1944）。資本主義体制自体は，労働力を商品化することによって初めて発展することができる。ところが労働力を商品化することによって，資本主義体制は自己解体を引き起こす種をまくことになるのである。もし労働力が単なる商品にすぎなかったら，その生存は覚束ない。

　イギリスを例に挙げつつポランニーは，産業社会前のスピーナムランド体制が所得保障を通して労働力を純粋な商品とすることを防いでいたとする。この体制が事実上の社会的賃金を保障したために，本来ならば土地なし労働者を新しい工業都市へと追いやったはずの窮乏がさしあたり緩和されたのである。したがって，1834年に新救貧法によってとって代わられるまでは，スピーナムランド体制はイギリス資本主義の足かせであった。

　その外観とは異なり，新救貧法は，賃金による雇用関係と貨幣関係を人間の生存の要（かなめ）とするべくデザインされた積極的な社会政策であった。福祉とは，緊急逃避的なもの以外は，自らの労働力を売りに出すその当人の意志に応じて与えられるものとなったのである。スピーナムランド体制は，封建社会の伝統秩序に従い，ゆえに前商品的な原理を重んじていたと言ってよいかもしれない。これに対して自由放任体制における救貧法は，最初は政府の受動性が極端なかたちで現れたものと受け止められた。しかし我々は，そのような外観の背後には，福祉の配分において市場原理が貫徹するようにデザインされた積極的社会政策の強力な手段という性格が潜んでいるということを認識しなければならない。依るべき財産もなく，必要を満たす上で頼るべき身分もないために，労働者にとって市場は一つの牢獄となるのであり，そこでは生き延びるためには自らが商品として行動しなければならないのである。

　欲望に関しても人間についても商品化がすすむと，資本蓄積のエンジンは強化さ

れるかもしれない。しかし，その結果個々の労働者は弱い存在となる。市場のなかでは自由に関する自由主義的なドグマが正統化されるように見える。労働者は異なったモノやサービス，仕事，雇用主，見返りとしてのレジャー等を自由に選択することができるというわけである。しかし，マルクス，ポランニーそして最近ではリンドブロムがそのような自由は監獄の壁のなかの自由であり，したがって虚構の自由であると主張しているのは正しい（Lindblom, 1977）。労働者は他の商品と同じではない。なぜなら労働者は生き延びて自らとその社会を再生産しなければならないからである。価格についての折り合いがつくまで洗濯機を売らずにおくことは可能である。しかし，労働者は他の生計の手段に頼ることなくして長い間市場に出ないわけにはいかない。

　労働者を商品化する政治は，その商品化に対立する力をも育成するように運命づけられている。商品化された人々は彼らのコントロールの及ばない力に捉えられる。労働力商品はたとえば病気のようなささやかな社会的偶然事によっても，またマクロレベルでは景気循環のようなものによっても容易に破壊される。もし労働者が現実にそれぞれ別の商品であるかのように行動するとしたら，定義上彼らは競争をすることになろう。そして競争が激しければ激しいほど，労働力の値段は安くなるであろう。商品化された労働者は相互に代替可能であるし，容易に代わりを見つけることができ，原子化されている。このように脱商品化というプロセスがすすむのにはいくつかの根拠がある。ポランニーが言うように脱商品化はシステムの存続のために必要である。また，脱商品化は個々人の福祉や安全が許容可能なレベルに達するうえでの条件でもある。そして最後に，脱商品化の進展がなければ，労働者は団体行動をおこなうことができない。それゆえに，脱商品化は労働運動の発展に求められる団結と連帯のアルファでありオメガであるわけである。

　福祉国家の発展経路には多様性があるが，これは脱商品化の要請に対する対応が異なっていたからである。この脱商品化という概念は労働力商品の根絶ということと混同されてはならない。このことはこの概念を理解するうえで大切である。脱商品化とはオールオアナッシングの問題ではないのである。そうではなくて，この概念は，個人あるいは家族が市場参加の有無にかかわらず社会的に認められた一定水準の生活を維持できることがどれだけできるか，というその程度を表している。社会政策の歴史を振り返ってみるならば，政策をめぐる対立は，主要には，市場原理からの免責がどの程度許容されるべきかという点をめぐって生じてきた。社会権の強さ，射程，質の問題はまさにその点にかかわっていた。脱商品化によって，労働生活が必要に迫られたものというより自由選択の問題となっていけば，それは脱商

品化が脱プロレタリア化という水準に達したことを意味するかもしれない。

19世紀には「社会問題」、あるいはドイツにおいて最も広く用いられた言葉を使えば「労働問題（Arbeiterfrage）」をめぐって対立があり論争が起きた。その核心にあったのは労働力の商品としてのステイタスをめぐる対立だったのである。労働者のステイタスが純粋に単なる商品としてのそれであったということはもちろんありそうにない。自由放任主義が頂点に達していた時でさえ、資本主義以前の共同体主義の影響が残っていたし、同時にすでに新しい労働者保護のメカニズムが現れていた。しかし、ここで分析をすすめていく上では、一個の理念型として自由放任主義の純粋ケースを措定することが有益である。我々は理念型を念頭に置くことでそこからどのような逸脱が起きたかをより明確に理解することができる。19世紀においては、商品化に反対する主要な勢力としては、資本主義以前の規範を掲げる伝統的な保守主義がほぼ唯一の存在であった。そしてこの事実は社会政策の展開に大きく影響した。したがって、この商品化以前の遺制の問題から分析を始めるべきである。

1 商品化以前と保守主義の遺制

我々は、前資本制社会であるということと商品形態が欠如しているということを混同してはならない。封建的農業は換金作物を生産するのが常であったし、中世都市は商品の生産と交換に全面的に従事していた。荘園経済にせよ絶対主義経済にせよ税が徴収されたし、税が徴収されるということは商品の売買があるということであった。未成熟な点は、労働が商品化していなかったことであった。

前資本制的な生産者、農民、農奴、職人がその労働パフォーマンスの如何を問わず多大な福祉を期待できるというのはたしかにあり得ないことであった。働かずにいて生活の糧を要求し続けることはできなかった。しかしながら、多くの人々にとって生活のために主に依存するのは賃労働による収入ではなかったという意味では商品化は欠如していた。家計はたいてい自足的に成り立っていた。封建的な労役はある程度までは相互的な関係であり、領主の側はパターナルな庇護を提供することが期待された。都市の生産者は一般にギルドや友愛組合に加入することが義務づけられた。貧困者は通常は教会に頼った。このように、資本主義におけるあからさまな商品の論理に比べるならば、多数の人々は生きていくためには支配的な規範や共同体組織に依存することができた。そして自由放任的な救貧と異なり、前資本主義的な社会扶助は寛容でしかも慈悲深いものであった。

保守主義的イデオロギーの特質は，諸個人の商品化は道徳を低下させ，社会的な腐敗を招き，原子化と無秩序を引き起こすという考え方にあった。諸個人は競争し相争うようには生まれついておらず，その自己利益を権威あるものや支配的な制度に委ねるようにできている，と考えるのである。実際には保守主義は商品化の問題とどのように取り組んだのであろうか。いくつかのモデルを区別することができる。第一のモデルは封建的なもの，第二はコーポラティヴィズム的（Corporativist）なもの，そして第三に国家主義的なものである。

　封建的な理念は，商品というステイタスに対して正面から対立するものであった。すなわち，市場は主要な原理たりえず，賃労働は人間の福利にとってはさほど重要なものではない，というのがその考え方であった。一つの実話が封建制の論理をよく物語っている。ある典型的なアメリカ企業（繊維）が1970年にハイチで生産を開始する決定をした。その企業は現地のきわめて廉価な賃金コストに惹かれたのである。工場が完成し，すべてアメリカ人から成るマネージャーたちはやや高い賃金を支払ってハイチの最良の労働者を集めようと決めた。雇用開始の日，何千もの失業者たちが仕事を求めてやってきた。そしてマネージャーはより抜きの労働者たちを選び出すのにさして苦労をしなかった。しかしわずか数か月後，工場は閉鎖された。なぜか。理由は単純でアメリカ人のマネージャーたちが封建的な福祉の配慮をすることを忘れてしまったからである。封建的な福祉のとりきめによれば，労働者の母親の家が火事で焼けた時，それを修復するのは労働者のボス（ハイチではパパと呼ばれる）の義務である。あるいは労働者の子どもが医者にかかる必要がある時，また兄弟が結婚をする時もまたパパは何らかの援助をしなければならない。アメリカ人たちは市場の賃金を支払うべき賃金のすべてと考えた。彼らは明らかに誤解をしたのである。労働者たちが純粋に商品化されるところでは，マネージャーはパパではありえない。

　ハイチにみられる封建的パターナリズムを遠い過去の遺物として片づけるべきではない。今日みられるパトロネージやクライエンタリズムも，もとを辿れば同じ現象なのである。そしてそのような慣習は，この野蛮な商品世界で緊張を和げるうえでたいへんな効果を発揮してきた。アメリカでは，少数民族の移民たちは都市のマシーン政治のメカニズムをとおして賃労働と福祉を得ることのできるようになった。イタリアでは，キリスト教民主党の戦後の権力は福祉クライエンタリズム，とりわけ支持者に仕事と疾病年金を分配するその利益誘導に負うところが大きかった。ここでの議論にもっと深く関係する事例を挙げれば，ヨーロッパやアメリカで早くから見られた雇用主による被用者に対するフリンジ・ベネフィットの制度である。そ

れは，とくに気に入られた被用者に対して，経営者の裁量で報償の意味をこめて提供されるベネフィットであった。アメリカでは，アメリカンエクスプレス社（当時は海運業を営んでいた）がその先駆であった。しかし，戦後期になっても依然，こうしたパターナルで親分子分的な贈与関係が民間企業の典型的な特質として広く見られたのである（Weaver, 1982）。

同業的な組合は前資本主義的あるいは前商品的な取り決めが大きな役割を果たしている第二の類型である。組合は都市において熟練工や職人の間で，身分を固定化し同業への参入，メンバーシップ，価格，生産を独占的にコントロールするための手段としてつくられた。こうしたギルドや友愛組合はまた賃金と社会福祉の問題を一体化し，障害をもったメンバー，寡婦，孤児の面倒を見た。組合のメンバーは商品化されていたわけでも労働市場に出ていたわけでもなかった。彼らの立場は組合における地位によって規定されていたのである。ギルドは親方も職人もメンバーとしたし，地位とヒエラルキーを承認した。しかし階級は受け容れなかったのである。ギルドが廃止された時，その多くは共済組合へと組織替えをした。ドイツでは，共済組合とそれに続いて生まれた社会保険法に古き封建精神が受け継がれた。そのことは，こうした制度が特定の社会集団に強制加入を求めるという考え方に基づいていることや，組合としての自主管理の原理を掲げていることからも窺える（Neumann and Schapter, 1982）。

この同業組合モデルは，商品化に対する初期の，そして最も広く見られた対応であった。このモデルは，明らかに初期の労働者による共済組合のあり方にも浸透し，メンバーどうしでサービスと庇護を提供しあう閉鎖的な世界をつくりだした。こうした共済組合が主に特権的な熟練労働者を対象としていたということは驚くにあたらない。

しかし，同業組合モデルは主に大陸ヨーロッパの保守主義的な支配階級が好んだものでもあった。彼らはこのモデルを資本主義経済が発展していくなかで伝統的な社会を維持する道と考えたのである。すなわち，個人を市場による個人化と競争から守り，階級対立の論理からも切り離し，有機的な全体と一体化させていく手段として捉えたのである。コーポラティズム的な福祉は，カトリック教会のドグマとなり，社会問題に関する法王の二つの主要な回勅のなかで積極的に表明された。すなわち，レルム・ノヴァルム（1891）とクワァドロゲシモ・アンノ（1931）である（Messner, 1964）。とくに後者においてはコーポラティズム的な要素が濃厚で，時のファシストの思想とも一致していた。ドイツにおいてはイタリアと同様にファシズムは原子化され商品化された労働力を育成することにあまり関心はなく，応報主

義的な道徳を再確立することを目指していた。したがって，ファシズムの社会政策は一連の社会権を保障することを積極的に支持した。しかし他方においては，こうした権利は適切な忠誠心と道徳性を前提として保障されるものであった。忠誠心と道徳性は新しいファシズム的人間の一部分とみなされていた（Rimlinger, 1987; Guillebaud, 1941; Preusser, 1982）。

　保守主義が，道徳性，忠誠心，伝統などを前提にしてではあるが，社会権を承認するものであるという事実は，国家主義の伝統からも明らかである。ここでいう国家主義とは，歴史的にいえば，ビスマルクの統治下のドイツやフォン・ターフェの下のオーストリアがたぶんその最良の例である。コーポラティズムの場合と同様に，その背後の動機は社会統合であり，権威の維持であり，また社会主義との闘争であった。さらに国家主義は，個人主義や自由主義に対しても強く反発をしており，それも動機となっていた。グスタフ・シュモラーやアドルフ・ワグナーのような保守主義的な学界人，あるいはケテラー司教が説いたようなカトリックの教説が理論的な先導役となり，「君主制社会主義」の原理が現れたのである。これは，臣民の福祉を実現するパターナルで権威主義的な責任のあり方を示しており，その絶対主義的モデルであった。

　国家主義的な保守主義は，社会権を「社会問題」に対する解決手段であると考えた。ビスマルクとフォン・ターフェは現代的な社会保険制度を生みだしたが，その時彼らは実際にはフランスのナポレオンⅢ世が先鞭を付けた道を進んでいたのである。しかしビスマルクはさらに進んで，雇用される権利（義務といってもよいのだが）を「労働兵士」というさらに大きなビジョンの一部として法制化することを考えていたのである。つまり，労働者を，一種の軍隊のように活動する経済における兵士と見たのである（Preller, 1949; 1970; Briggs, 1961）。30年代になると，実際にナチスが，徴用や女性の雇用抑制策，あるいはロバート・レイによる超コーポラティヴィズム組織ともいうべき「労働戦線」への強制加入などをとおして，軍隊的に編成された労働というビスマルクに由来する考え方を実行に移し始めた（Rimlinger, 1987）。保守主義的な社会政策においては，権利と義務の境界はしばしばたいへんあいまいなものであった。

　社会権が保守主義の立場からどのように基礎づけられたかをしばらく見てきたがこれは我々の議論にとって必要なことであった。なぜならこれは実際に近代的な社会政策の歴史的起源の問題だからである。スカンジナビアであろうが，イギリスであろうが，あるいは大陸ヨーロッパであろうが，労働の商品化に対する攻撃を初めてはっきりと目的に掲げ体系的におこなったのは保守主義的な伝統であったのであ

る。その理由を推測することはとりたてて難しいことではない。第一に，こうした保守主義勢力は，自由主義，民主主義，資本主義が進出するならば自らの権力と特権が依って立つ制度が破壊されてしまうであろうと恐れたからである。その見方はまったく正しかった。商品としての労働が拡がるならば，労働をコントロールしてきた封建的で絶対主義的なシステムはばらばらに解体されてしまうであろうことは明らかであった。

　第二に，労働者の前商品的な地位というのはすでに存在していたし，また自由放任主義の絶頂期にあってもごく典型的に見られたモデルであった。前商品的な対応というのは自然なものであったし，また強固な正統性を有していた。ギルドは廃止されていても，共済組合というかたちでその論理は残っていた。資本主義企業（そして国家）は労働契約外で利用可能な社会給付のメニューを提示した。ここではパターナリズムは企業家精神ととくに対立するとは思われなかった。シュンペーターが巧みに論じたように，資本主義の秩序はそれに先立つ時代の保護層の下で方向づけられ組織されたからこそ機能することができたのである。前商品化をすすめる社会政策は，いわば資本主義の解体を防ぐ「梁」の一つであった（Schumpeter, 1970, p. 139）。そしてそれは今日我々が現代福祉国家と見なすものの基礎の一つでもあった。

2　商品化のジレンマに対する自由主義的対応

　我々が自由放任体制とむすびつけて考えがちな，純粋でまがうかたなき労働の商品化というのは，たぶん現実には存在しなかった。自由放任の理論においてさえ，それが真摯なものであるかぎりは，そのような想定はしなかった。アダム・スミスやナッソー・シーニアのような理論家たちは，国家がいかなる社会的保護もおこなわないような政治経済を提唱していたわけではなかった。そうは言っても純粋な労働商品が歴史的な幻想にすぎないという意味ではない。労働市場のいくつかは純粋商品化のケースに近かった。たとえばテキサスでおこなわれたような街頭の労働者オークションなどがよい例である。そしてしかるべき理論においては，国家は最小限の規模に留まるべきとされ，人々が正真正銘の危機に遭遇した場合にのみ登場するべきものとされた。

　純粋に商品というかたちをとった労働を神聖化したのは，スマイリーやマルティノーのように自由放任思想を大衆化し普及した論者たちであった。福祉の観点から言うならば，彼らの議論は二重の意味があった。第一に彼らは社会的に最低限の

生活を保障することは，貧困や失業を根絶するというよりそれらを引き起こすと考えた。これは昨今のネオ・リベラリズムの思想のなかに甦っている考え方である。第二に，彼らは社会的な保護をおこなえば，道徳的な退廃，浪費，怠惰，飲酒が拡がると考えた。自由主義と保守主義の道徳観は明らかに対立していた。

　自由主義は一般に市場は解放的なものであり，自律性を涵養し勤勉な態度を育てるうえで最善の制度枠組であると考える。市場が歪められることなく機能すれば，その自己調整的なメカニズムが作用して，働きたいものは確実に職を見つけることができ，自前の福祉を獲得することができるのである。個々人の生活は不安定なものであり，危険がいっぱいで多くの落とし穴が隠されているかもしれない。そして貧乏になったり頼るものがなくなったりすることも原理的にないわけではない。しかし，そのようなことが起きるのは制度の欠陥ではない。ひとえに個人が先見の明を欠き，努力を怠った結果なのである。

　よき社会についての素朴な自由主義モデルは，いくつかの明白で周知の欠陥をもっている。素朴な自由主義モデルはすべての個人が市場に参加する能力を有していると考えるが，もちろんそれは事実とは違う。老人，虚弱者，視覚障害者，身体障害者は家族に依存することを余儀なくされる。そしてまたそのような依存が可能になるためには，家族がその構成員の労働力を市場において供給できることが前提となるのである。将来何らかの社会的なカタストロフィーが生じることに備えて蓄えをしておくことも必要となるが，賃金が最低限の生活を維持するのにやっとという水準であればそれも不可能であろう。そして危機が長期化したりすると個人としてそこから身を守ることができる者はほとんどいなくなってしまう。

　こうした場合においては，自由主義的なドグマとしては，家族，教会，コミュニティといった前資本主義的な制度を頼みの綱とするほかない。しかしこうした制度を頼りにすることは自由主義的なドグマにとっては自家撞着である。なぜならば，こうした制度は社会的な責任を負わされたとしても市場ゲームに参加することができないからである。

　自由主義が社会介入についてその正当性を見出すとすれば，それは公共財の原理のうちにである。灯台がなければ商船は座礁するであろう。また同様に，公衆衛生が機能しなければ人口は消滅してしまうであろう。自由主義が社会権の絶対的必要性を認めるようになったのは主要には状況に迫られてのことであった。イギリスがボーア戦争を通して理解したことは，帝国は健康で訓練を受けた兵士たちからなる軍隊をもつことなくして存続しえないということであった。同様に，貧困にとらわれて活力を欠いたイギリスの労働者階級は生産性の面でドイツのような新興産業社

会に比べて見劣りする。それでは，いったい自由主義はどのようにして労働商品化のジレンマに対処していこうとするのであろうか。

自由主義の立場からして受容可能な答えは2通りある。一つは，旧救貧法の「劣等処遇」原則を修正のうえミーンズテストつきの社会的扶助の枠組みへと転換していくことである。このようにして社会権が無条件に拡大していくことを避け，政府が恩恵を与える対象は救済が必要であることが証明されたものに限定される。そして労働者が働く代わりに福祉を選択するような誘因をつくらないのである。ミーンズテストつきの扶助は，ある意味では，市場を通さない所得はどうしても市場に参加できない者のためだけのものとなるようにする仕組みの一つである。ティトマスの残余的あるいはマージナルな福祉国家という概念は，自由主義的パラダイムのまさにこのような考え方を捉えようとしたものである（Titmuss, 1974）。換言すれば，市場が失敗したところだけに公的な義務が発生する，という考え方である。商品化の論理こそが最優先されるわけである。

この社会扶助モデルは，主要には自由主義の影響力の強いアングロサクソン諸国や初期のスカンジナビア諸国の社会政策において見られた。こうしたタイプの社会政策は，今世紀に入ってからも，時には第二次大戦の後でさえ適切に「商品化された」（時には道徳主義的な）行動様式を条件としておこなわれた。デンマークを例に挙げれば，ミーンズテストつきの扶助年金は，以前に受け取ったことがある救貧給付を償還できなかった者には給付されなかった。ニュージーランドでは，社会扶助は婚姻に関して非道徳的な行動のあったもの，すなわち離婚したものに対しては支払われなかった。

第二のアプローチを特徴づけるのも同じ哲学である。最も純粋なかたちをとった自由主義でも，慈善活動や社会保険それ自体に反対したことはない。問題とされることは，慈善活動であれ，あるいはいかなる種類の保険であれ，ボランタリズムに基づき，そしてさらには保険の内容が正当な契約と保険数理に基づいているかどうかという点である。フリーランチなどというものはありえないのであるから，権利や給付というものは事前の拠出に対応していなければならない。自由主義が労働組合の原理を承認するようになった後では，個人の保険原理を団体交渉に基づく社会給付の領域にまで拡大することもまったく支障はなくなった。実際のところ，団体交渉に基づく社会給付という考え方は，両大戦間期のアメリカ自由主義が熱烈に支持した福祉資本主義のイデオロギーに強い影響を与えたのである（Brandes, 1976）。つまり，企業単位での福祉制度を発展させれば，アメリカは国家主導の社会保険制度の「社会主義」色に染まらないですむ，という考え方であった。

自由主義が好むのは，市場において民間が運営する保険制度であることは言うまでもない。しかし，オーガスが注目するように，公的な社会保険制度を労働商品化の論理と調和させることは原理的な自由主義イデオロギーが想定するほど難しいことではない (Ogus, 1979)。公的な社会保険制度は，民間の保険と同様に，加入資格と給付を得るためには，職に就き，そこで働き続けて拠出を行わなければならない。したがってこうした制度は労働のインセンティブを高め，生産性を上げるはずである。もし保険数理的に基礎づけられていれば，保険制度は福祉をめぐる純粋な交換関係という性格ももつことになる。そしてグレーブナーが論じるように，老齢年金は経営側からは労働市場をもっとフレクシブルなものとするための手段と見なされるようになった (Graebner, 1980)。年金があれば，経営者は，他人の出費に基づきながら高齢で生産性の低い労働者をより容易にお払い箱にできるのである。強制加入の社会保険という考え方ですら，自由主義的なドグマと両立できる。なぜなら，もしある集団が保険でカバーされ他の集団がその埒外に置かれるならば，その結果として競争はアンフェアなものとなるであろうからである。アメリカにおいて普遍主義的で強制加入の失業保険制度が生み出されたのは明らかにこのような考え方が動機となったのであり，社会連帯についての理想に基づいていたわけではない。自由主義においては，いったん社会保険制度の導入が不可避になると普遍主義的な制度とすることを好む傾向があるが，その背景には上述のような理由があったのであり偶然ではないのである。

　要するに，自由主義の社会保護についての考え方は通常思われているよりはるかに柔軟である。ある条件のもとでは，社会保護は，実際には労働者の商品としての地位を弱めるのではなく強化する，というのがまさにその理由である。

3 社会主義政治と脱商品化

　社会主義は，理論としてであれイデオロギーとしてであれあるいは政治戦略としてであれ，まさに，資本主義による労働力の商品化への対応として現れてきた。社会主義にとって，労働者の商品化とは疎外が生まれ階級が形成されるその根本にある要因である。労働が商品化されるがゆえに，労働者は賃金の見返りとして自らの労働に対するコントロールを放棄するのであり，市場への従属を余儀なくされるのである。したがって，労働の商品化は経営者の権力が生まれる源泉なのである。さらにそれは，階級対立が生まれ，社会的な団結が乱される要因でもある。単純にその定義からいって，商品とは相互に競争するものであり，また競争が激しければそ

れだけ価格が下がるものである。したがって，労働者の脱商品化への希求が，労働運動が政策を構想する際の基本原理となったことは不思議ではない。個々人を貨幣関係への従属からどれだけ自由にできるかが，労働者福祉であれ労働運動のパワーであれその試金石となった。

　古典的な社会主義理論は，しばしば労働力の商品性を全面的に解体することを掲げているように描き出されている。たしかに最終目標としてはそうである。しかし，実践にかかわる分析に関してはそうは言えない。『資本論』のなかでマルクスはイギリスの工場法を，無力な労働者に力を与えるものとして高く評価している。また，『共産党宣言』においては，その最終章において労働者の資源を拡大しその市場に対する立場を強化する一連の改良志向の社会改革が掲げられている。カール・カウツキーもローザ・ルクセンブルグも，社会的賃金を積極的に提起した。一般的に言って，賃労働以外の社会的な収入を得る権利を獲得するために闘争することが必要であり望ましいということについては，革命的な理論も改良的な理論も一致しているのである。両翼が袂を分つのは主として戦略問題からなのである。

　脱商品化政策の萌芽形態は同業組合的保守主義の伝統とも親密な類縁関係にあった。このことは驚くにあたるまい。なぜなら，初期の労働運動は，そのほとんどは排他的な職能組合，共済組合，そして場合によっては政党を基礎として構築されていたからである。もちろん，このような運動形態の一つの弱点は，労働者階級のなかで最も弱い部分に対して運動の恩恵が充分に行き渡らずまたその中味も十分とはいえない，という点であった。労働者の一体化に最大の脅威となったのは未組織の「スラム・プロレタリアート」であった。こうした労働者たちこそが力を付与される必要があったのに，ミクロレベルの社会主義的な福祉組合ではこうした層に手を差し伸べるのに困難があった。こうして，ブルジョア国家における社会権の拡張を支持すべきかどうかという論争がわき起こったのである。

　これは社会主義者の行動力を強く拘束したジレンマであった。第一次大戦後までは，ほとんどすべての国の政府は保守主義か自由主義勢力によって支配されていた。そして社会主義者にとって，彼らが有害な社会融和策と考えたものに対して反対していく以外の対抗方法は見出し難かった。ドイツの社会民主主義においても，20世紀に入るまでは確かにこうした対応が支配的であった。にもかかわらず，社会権に関しては社会主義と保守主義の分裂は必ずしもそれほど深いものではなかった。このことは，スウェーデンのブランティング，あるいはドイツのハイマンやカレツキのような重要な社会主義者たちによってしだいに了解されていった。そして，こうした認識が生まれてきたことは，オーストリアやドイツの社会民主主義において

「緩慢な革命」のパラダイムが発展してきたこととちょうど一致したのである。

こうした社会主義者たちは，保守主義的な改良主義を社会主義的な目標と融和させた。レーデラーやマルシャクという二人の秀でたドイツの社会民主主義者にとって，労働者保護は経営者の統制の範囲を抑制することは明らかで，したがってそれは労働者の大義を前進させるものであった（Lederer and Marshack, 1926）。エデュアルド・ハイマンは当時，最も重要な理論家であったが，彼にとって社会政策はヤヌス的な二面性をもつものであった（Heimann, 1929）。社会政策は，資本主義体制を支え助ける道具としてすぐれたものかもしれない。しかし同時に，社会政策は資本の支配を骨抜きにする体制にとっての異物でもあるのである。このような社会政策についての分析で理論武装するならば，社会主義は革命的共産主義のドグマに見られるはるかに黙示録的なシナリオに対して漸進主義的な戦略を擁護することもできる。革命的共産主義が革命の源泉は危機と崩壊のうちにあると信じるのに対して，改良主義者は，危機が引き起こす人間の苦難は社会主義的プロジェクトを弱めるだけであると考えるのである。それゆえに，社会権の範囲とその内容がしだいに拡大していくならば，それはさらなる闘争が発展していく上での条件となる。社会権は闘争に最終的に勝利した時にもたらされる単なる果実ではないのである。こうした戦略の再編を通して社会主義はついに福祉国家をその長期的プロジェクトの焦点と捉えるようになった。社会民主主義が福祉国家主義と同義となったのはこのような意味においてである。

社会主義者が脱商品化についての青写真をもっていたと信じるならば，それはまったく間違っている。最も傑出したスウェーデンの社会民主主義者でさえ，様々な政策の間で試行錯誤を繰り返した。そうした政策の多くは，客観的に言って問題のある前提に立った社会主義政策であった。混乱が生じたのは二重の問題からであった。混乱の元の一つは，「能力とニード」の対応関係をめぐって古典的マルクス主義において支配的であった解釈と関係している。もし，社会改良がニードの関数であるべきならば，社会主義者もまた，困窮者の生活条件に応じたミーンズテストおよび給付というほとんど自由主義的な枠組みにおいて活動することになってもおかしくない。オーストラリアやデンマークなど多くのケースで，労働運動はこのような理由から社会扶助モデルを掲げたのである。おそらくは社会主義者は給付を拡大しスティグマを解消するために奮闘した。しかし，彼らは扶助型の政策構想を明らかに最も平等主義的なものと考えた。ほんとうに困窮した人々を救済するからである。

もう一つの混乱の元は，脱商品化の対象と関係している。第二次世界大戦までは，

諸労働党は，自らを産業労働者階級の擁護者と見なすという意味で，きわめて「労働者主義」的であった。こうした条件のもとでは，階級のみを対象とする政策構想が信奉されることは自然なことであった。しかし，社会主義者が視野を拡げて「すべての庶民」を自らの基盤として念頭に置くならば，社会主義者は，政治的観点からしても，権利の問題について普遍主義的なアプローチをすることを余儀なくされるであろう。後に第3章で検討するように，このことは社会主義的社会政策における普遍主義的連帯の原点である。

初期の社会主義的な社会政策の，そのほとんどすべては，基礎的なあるいは最低限の社会権という考え方をとっていた。つまり，受給資格を広範に拡げていくが，しかし，一般的には人間のニードの核心的な領域（老齢年金，労災保険，失業，疾病給付）に限定して，最小限の給付をおこなう，という考え方である。財政上の制約が作用したことも事実である。しかし，このようにアプローチが限定されていたのは，初期の社会主義者たちが問題をいかに捉えたかということを反映している。すなわち，彼らは問題を労働者主義的な見地から，つまり，その下には誰も転げ落ちることのない底辺部を提供するという見地から捉えたのである。実際のところ，1950年から60年に至るまでは，諸労働者政党のほとんどすべての社会プログラムが，受給資格についてはたいへん寛容に規定していたものの，その水準や内容においてきわめて限定的であった。その目的は貧困をなくすことであり，労働者を市場への依存関係から解放することではなかった。労働者を市場への依存から解放するためには，二つの基本的な変更を含めて，社会政策の内容を根本的に再編する必要があった。第一に，絶対的なニードという限定された領域を超えて諸権利を拡張していくことである。そして第二に，その国の通常の所得水準と平均的な生活水準に見合うように，給付を上積みすることである。第一の問題に関して大変重要であったのは，育児であれ，家事，生涯教育，団体活動，さらにはレジャーであっても，労働以外の活動をする間に労働者が給付を受けることができる多様な政策を導入することであった。こうしたプログラムは，その理念において，真に脱商品化作用があった。第二の点について決定的な問題は，福祉の受給者が一定期間の間であっても生活水準の低下を余儀なくされてはならない，ということであった。

要するに，社会主義的パラダイムにおいては，市場依存からの解放ということこそが脱商品化を掲げるポイントである。我々がはっきりと社会主義的アプローチだと判定することができるのは，社会権の存在それ自体についてではなく，その質と構成に関してなのである。保守主義モデルとは対照的に，家族，道徳性，あるいは権威への依存関係は市場への依存に代替するものとは見なされない。市場依存に代

替するのはむしろ個人の自律という考え方である。そして自由主義とは対照的に，社会主義の目的は社会権をできるだけ拡張しまた制度化することである。社会主義的パラダイムが徹底されるならば，原理的に言って，労働者の地位の脱プロレタリア化が促進されるはずである。労働者とその労働との関係は，一部の特権的階層（高級公務員のような）が何十年にもあるいは何世紀にもわたって享受してきた関係に近づき始めるであろう。

4　現実世界における福祉国家と脱商品化

　社会政策がどれだけ脱商品化効果をもたらしうるかは差異があり，それは時代ごと国ごとに経験的に確定されるべき問題である。脱商品化をすすめるその能力は，単に社会的支出の量的水準のみで測られるものではないことは明白である。そうではなくて，現実の福祉プログラムの，その固有のルールや規範が分析される必要がある。問題は，脱商品化能力を決定するこうした諸次元をいかに適切に操作化しうるか，という点にある。

　その一つの次元は，人々が社会給付にアクセスする上でのルールにかかわるものでなければならない。受給資格ルールあるいは資格付与に関する制限という次元である。あるプログラムへのアクセスが容易で，適切な生活水準を得る権利が事前の雇用歴や業績，ニードテストやその財源への拠出の如何にかかわりなく保障されているならば，そのプログラムはきわめて大きな脱商品化効果を有していると見なすことができよう。プログラムへの「参入」とコインの表裏の関係にあるのがプログラムからの離脱という問題である。もしあるプログラムの給付期間がごく限定されているならば，そのプログラムの脱商品化効果が減じるのは明らかである。

　第二の次元は従前所得の置換という問題にかかわる。なぜなら，もし給付の水準がある社会において適切で受容可能とみなされている生活水準あるいは標準所得を大きく下回るものであれば，受給者はできるだけ早く労働に戻ろうとするであろう。したがって我々は所得を置換する水準について検討をしなければならない。

　第三に，給付対象となる資格付与の範囲がきわめて重要である。ほとんどすべての発達した資本主義国においては，基本的な社会的リスク，すなわち，失業，障害，病気，老齢に対する保護を受ける社会権を認めている。きわめて進んだケースにおいては，市民に対して給付が必要となった要因の如何を問わず社会的賃金が支払われる，ということになろう。こうしたシナリオに近い動向として，市民賃金（citizens' wage）を実際に保障するという考え方がスカンジナビアやオランダで

は議論されるようになっているし，またより限定された目標設定ではあるが，アメリカの負の所得税構想のケースなども挙げられよう。

受給資格を得る条件

社会権が無条件で保障されたことはほとんどない。請求者が給付を得るためには，少なくとも病気である，老齢である，あるいは失業をしているなどの要件を満たさなければならない。しかし，受給資格が生じるかどうかは，このように単に問題が出現するかどうかという点だけではなく，何らかの種類の社会保障上の取り決めとむすびついている。

このような取り決めとして我々は一般に三つの種類を区分することができる。そしてその一つひとつが固有の脱商品化効果をもたらすのである。こうした仕組みの一つであり，歴史的に見てアングロサクソン諸国で最もよく見られるものは，証明可能でしかも深刻なニードに対して受給資格を与えようとするものであった。とくにアングロサクソン諸国において強いこうした社会扶助の伝統は，救貧法の流れに源泉があるために，その厳格さについては様々ではあるが，いずれもミーンズテストあるいはインカムテストを課すところに特質がある。こうした体制は，市民権を正当に拡大するものとは言えない。こうした伝統の主な例を挙げると，初期のスカンジナビアの年金制度，イギリスの補足給付制度，アメリカの補足的所得保障制度（ＳＳＩ），オーストラリアの福祉体制全般などがある。だが，これ以外のいずれの国も何らかのミーンズテストに基づく社会扶助や救貧的制度をかかえている。この種の体制で最も重視されることは，ミーンズテストやインカムテストの厳格さと給付の寛容さである。

第二の体制は，勤労業績に応じて受給資格を付与しようとするものである。この種の制度は，当初ドイツにおいて最も一貫したかたちで発達しその後にヨーロッパ大陸に拡がっていった社会保険制度にルーツがある。受給権は，ここでは，労働市場に参加していること，そして保険財政への拠出をおこなっていることという二つの条件を総合して決められる。そして通常は，保険数理の論理，つまり個人は契約の論理に基づいて受給資格を得るという考え方にのっとっている。この種のレジームが脱商品化の機会をどれほど提供できるかは，このレジームが保険数理的な制約をどれだけ緩和できるかにかかっている。つまり，一個人は受給資格を認定されるためにどれだけ働かなければならないか，あるいは拠出をおこなわなければならないか，また，従前の業績と給付の関係はどれほど厳格に対応させられるか，という点にかかっているのである。

第三の体制は，普遍的市民権に関するベヴァリッジの原則に由来するもので，ニードの程度や勤労業績を考慮の外に置くものである。受給資格は，市民であること，あるいは長期にわたって当該国家の住民であるという事実に基づいている。この種のプログラムは，例外なく，均一給付の原理に立脚している。原理的に言えば，この「国民の福祉」アプローチは脱商品化の潜勢力がきわめて強いが，しかし，それも給付の水準がどれだけかという点によって決まってくる。「国民の福祉」体制は，スカンジナビア諸国に最もしっかりと根づき，また社会政策の諸潮流のうちでは社会主義的伝統が長い間掲げてきた原理である。実現はしなかったが，この体制はドイツの社会民主主義においても一貫して一つの理想であった。

　この三つの体制類型は，残余的，産業―業績達成的，制度的という福祉国家にかんするティトマスのよく知られた三類型とおおまかに対応している（Titmuss, 1958）。しかし，現実にはいずれかただ一つの次元で構成されている国家という純粋なケースは存在しない。オーストラリア，カナダ，アメリカのようなアングロサクソン諸国は，社会扶助体制が支配的と言えようが，他の種類のプログラムもまた存在している。アメリカでは，社会保障と呼ばれる一連の制度があるがこれは社会保険型に属する。カナダの年金制度は，国民型の，つまり普遍主義的な年金と社会保険型の年金の混合体である。オーストラリアでさえ，現在は国民年金原理に近づいている。大陸ヨーロッパ諸国では社会保険型の伝統が最も強いが，近年は他の種類の制度も数多く見られるようになってきた。たとえばイタリアにおける社会年金であり，またフランスにおける「連帯基金」制度がその例である。そして最後に，「国民の福祉」アプローチが支配的なほとんどすべての国において，均一給付の普遍主義的なプランによる通常十分とは言えない給付を補うために，所得と労働に比例するプログラムが導入されてきた。つまり，今日ではすべての国でシステムは混合化しているのである。

　このように複雑化しているとはいえ，福祉国家ごとに脱商品化能力が異なっていることは経験的に確認できる。ここでは三つの最も重要な社会福祉プログラム，すなわち年金，医療，失業のそれぞれの現金給付についてその総合的な脱商品化スコアを提示してみよう。このスコアは，通常の人間が市場から自発的に離脱するのがどれほど容易であるか，そのことを示す一連の変数を集約したものである。第一に，それは受給資格を得るにあたっての制約条件である。すなわち労働経験，拠出，ミーンズテストなどである。第二に，制度に組み込まれた受給抑制のしくみ（たとえば現金給付に関する待機日）がどれほど強力か，あるいは給付資格はどれだけ持続するのかという点である。そして第三に，給付が通常期待しうる所得水準にどれ

だけ近いかという点である。すべての脱商品化スコアは社会保障プログラムでカバーされている人々のパーセンテージで加重値を加えてある。このパーセンテージは，ある個人が移転的給付を受ける権利を得ることができる，その可能性を表している。あるプログラムは，給付はたっぷりでしかも条件は寛容かもしれない。しかし，もしごく少数の受給者のみを対象としているのであれば，明らかにその脱商品化効果は限定されているのである。

表2-1は，老齢年金についてみた主要な18の先進民主主義国の脱商品化インデックスである。我々は年金制度についてのこのインデックスを構築するのに五つの変数を用いた。①一人あたりの通常の勤労所得に占める年金の最低限給付の割合（課税後のネット値でみた置換率），②一人あたりの標準年金の置換率（ネット），③受給資格を得るのに必要な拠出年限，④年金財源に占める個人負担の割合，そして以上の四つの変数　⑤受給年齢人口のうち現実に年金を受給している人の割合（捕捉率）を加えさらに⑤によって加重値を加えてある。疾病給付と失業給付に関しても，手続きはほとんど同じである。ただし以下のような相違がある。まずこの二つに関しては標準給付の置換率のみを含め，個人拠出の割合は省いてある。また，給付を受けるうえでの待機日数，および週換算での給付の持続期間を加えてある。ここで挙げた三つのプログラムすべてについて，我々は給付を倍化して計算してある。なぜなら，いかなる個人にとっても，働くか福祉に頼るかを決定する場合，予期される収入のレベルが決定的に重要であるからである。

誤解を避けるためにとくにはっきりと述べておかなければならないのは，我々はプログラムが潜在的に有する脱商品化力を評価しようとしているということ，そしてプログラムの一般的な質を問題にしているのではないということである。我々は平均的な労働者の市場依存の程度を捉えようとしているのである。したがって，通常は第一級の年金制度を備えていると見なされる国（たとえばドイツ）が低いスコアを示すのはありうることなのである。ドイツが低スコアとなるのは，そこでは受給資格を得るのに長期にわたって，また財政上の比重から言っても相当量の拠出が要求されるからであり，またその割には給付の額も多くはないからである。オーストラリアとニュージーランドは，疾病給付についても失業給付についてもスコアはきわめて低い。これは両国ではこの二つの制度に関してはミーンズテストつきの給付しか提供していないからである。

表2-1からは，三つのプログラムが脱商品化力の程度という点できわめて異なっていることが分かる。失業保険については受給抑制が効いていてこの点ではいずれの国もあまり変わりがない。表2-1はさらに，先進諸国の福祉国家には脱商品

表 2-1 老齢年金，疾病給付，失業保険における脱商品化度（1980年）

	年 金	疾 病	失 業
オーストラリア	5.0	4.0	4.0
オーストリア	11.9	12.5	6.7
ベルギー	15.0	8.8	8.6
カナダ	7.7	6.3	8.0
デンマーク	15.0	15.0	8.1
フィンランド	14.0	10.0	5.2
フランス	12.0	9.2	6.3
ドイツ	8.5	11.3	7.9
アイルランド	6.7	8.3	8.3
イタリア	9.6	9.4	5.1
日 本	10.5	6.8	5.0
オランダ	10.8	10.5	11.1
ニュージーランド	9.1	4.0	4.0
ノルウェー	14.9	14.0	9.4
スウェーデン	17.0	15.0	7.1
スイス	9.0	12.0	8.8
イギリス	8.5	7.7	7.2
アメリカ	7.0	0.0a	7.2
平 均	10.7	9.2	7.1
S.D.	3.4	4.0	1.9

（注）スコアが高いことは脱商品化度が高いことを示す。スコア化の手続きについては本章の附録を参照のこと。
　a プログラムが存在しないためにスコアは0である。
（出所）SSIB data files.

表 2-2 統合脱商品化度における福祉国家ランキング（1980年）

	脱商品化度スコア
オーストラリア	13.0
アメリカ	13.8
ニュージーランド	17.1
カナダ	22.0
アイルランド	23.3
イギリス	23.4
イタリア	24.1
日 本	27.1
フランス	27.5
ドイツ	27.7
フィンランド	29.2
スイス	29.8
オーストリア	31.1
ベルギー	32.4
オランダ	32.4
デンマーク	38.1
ノルウェー	38.3
スウェーデン	39.1
平 均	27.2
S.D.	7.7

（注）スコア化の手続きについては本章の附録を参照のこと。
（出所）SSIB data files.

化という点でかなりの差異があることも示している。一部の国家は，すべてのプログラムについて一貫して低いスコアを示している。その一方で他のいくつかの国はすべてのプログラムに関して強い脱商品化効果を見せている。したがって，ここで我々が直面しているのは，国家ごとの福祉体制がシステム的な特性を有しているらしいという事実である。北欧諸国はとくに一貫して脱商品化の程度が高い。これに対してアングロサクソン諸国は，一貫して脱商品化が低水準となる傾向がある。このことはまさに我々が福祉国家レジームの類型を提示した時に予期していた結果である。

　諸福祉国家が異なったグループへとクラスター化しているという見方は，表2-2を見るとよりいっそうはっきりしてくる。ここでは，表2-1と同じ18か国につ

いて，三つのプログラムを統合して全体としての脱商品化スコアが示してある。それぞれの国が中央値の周囲にどのようにクラスター化されているかに基づいて，おおまかに三つのグループが区別される。アングロサクソン系の「新」国家群は，いずれも我々のインデックスでは下位部分に集中している。スカンジナビア諸国は上位部分に集中している。そしてこの両極の間に，大陸ヨーロッパ諸国があるが，そのうちのいくつか（とくにベルギーとオランダ）は北欧諸国のクラスターに近いところに位置する。

　表2-2はいくつかのボーダーライン上の事例を含んでいるものの，クラスター化の程度は強い。そしてクラスター化している国々は，我々が福祉国家レジームに関する議論をとおして，アプリオリに似通っているものと考えた国々である。我々は，自由主義に支配された歴史をもつ国々は脱商品化のレベルがたいへん低いものと考えた。そしてそのとおりのことを第一のクラスターのうちに発見した。そして「高度脱商品化」クラスターのなかには社会民主主義が支配的である福祉国家を発見した。このこともまさに我々が予期したことであった。最後にカトリックあるいは国家主義の影響力が強い大陸ヨーロッパの国々は，中間グループに属する傾向がある。これらの国々は，社会権を市場原理をこえて大きく拡張していこうとしているが，社会民主主義におけるケースと比較すると，社会的コントロールのほうにより強いアクセントが置かれているのである。

　さて，様々な福祉国家の間で，脱商品化の能力に差があるという事実をどのように説明すればよいのであろうか。すでに論じたように，単に経済的な発展度あるいは労働者階級のパワーの動員によってのみ説明するのでは十分でない。第5章で詳しく見るように，経済的発展の水準は脱商品化とは積極的に相関しておらず，説明力を欠いている。

　後に見るように，左翼の権力の強さは，脱商品化に対してきわめて強い積極的な影響をもっていて，脱商品化の分散の約40％を説明する。しかし，左翼権力によって説明されない部分も大きく，福祉国家の相違がなぜこのように拡がったかをよく理解するためには，この部分が解明されなければならない。この点は第5章において取り上げられる。ここでは，この部分の説明は政治権力という変数と当該国家の歴史的な遺制との相互作用という点から説明することができると述べておけば十分であろう。すなわち，大陸ヨーロッパ諸国に見られる相対的に高い脱商品化スコアは，左翼の政治的動員だけの帰結ではなく，保守主義およびカトリックによる改良主義の長い伝統のもたらしたものでもある。逆に，相対的に強力な労働運動を擁したオーストラリアやニュージーランドのような国において脱商品化スコアがきわめ

て低いのは，制度化された自由主義の歴史的遺制が支配的であったという点から説明しうる。

とくに，早い段階において，とりわけ左翼あるいは労働党の影響力が確立する以前に，様々な国が社会政策法制に関してどのようにクラスター化していたかを明らかにしようとする時には，こうした歴史的な観点をより重視した説明が有益である。こうして我々は「社会民主主義」効果のいわば定量を把握できる。1930年においても1950年においても，低脱商品化グループは1980年にそこに含まれている国のほとんどを含んでいた。すなわち，カナダ，アメリカ，ニュージーランドそしてオーストラリア（1950年）である。さらにこのグループには，長期にわたってファシスト支配のもとにあったイタリアと日本に加えて，フィンランドが含まれていた。このことから，フィンランドの脱商品化が戦後上昇したことは社会民主主義化のケースと見なすことができる。イタリアと日本についてはそうは言えない。次に，1980年のスカンジナビア諸国による高脱商品化クラスターは，1950年以前には見られない。これも戦後の社会民主主義勢力のパワーが及ぼした影響を示す好例である。しかし，最も注目すべきは，ドイツ，オーストリア，フランスなど，大陸ヨーロッパの「保守主義—カトリック」的あるいは国家主義的レジームが，歴史的に一貫して同じポジションを維持しているという事実である。すなわち，こうした国々はすべて，1930年代においても1950年においてもそして1980年においても脱商品化に関して中位から高位のスコアを示しているのである。このことから我々は，次章以下でさらに掘り下げるべき以下の仮説を指針として提示できよう。

① 保守主義的および（あるいは）カトリック的改良主義の歴史的伝統を長期にわたって保持してきた国は，早い段階に脱商品化をかなりの程度すすめる傾向がある。しかしながら，こうした福祉国家においては，市場の拘束からの離脱は強力な社会的コントロールの装置によって制約されている。具体的には，しっかりした雇用関係にあったことが記録として証明される必要があったり，家族責任を十分に全うすることを求められるなどである。1950年以降の，オーストリア，ベルギー，そしてオランダなどの国家では脱商品化がさらに高度なものとなっているが，このことはたぶん社会民主主義的な労働運動が政治的に強力になったことと最も深く関連している。

② 自由主義的な伝統が強力であった国は，政治権力の構造によって二分される。デンマーク，ノルウェー，スウェーデンのように社会民主主義が政治的に支配的になったところでは，自由主義的な仕組みは解体され，高度な脱商品化効果を有した社会民主主義的福祉国家レジームによって置き換えられる。他方で，労働勢力が国

家の政治経済を再編しこれを支配することに失敗したところでは，その結果として脱商品化は引き続き低水準であるか，あるいはせいぜいのところ中位のものに留まる。具体例を挙げれば一方の極にイギリスがあり，他方の極にカナダやアメリカがある。イギリスにおいて労働党が躍進したことは，1950年の脱商品化度においてイギリスがトップになったことからも明らかである。戦後に導入されたベヴァリッジモデルの普遍主義的社会権が，国際比較の上でイギリスの脱商品化スコアを最も高いものとしたのである。この体制は80年代になってもたしかに解体したわけではない。しかし，さらに発展することに失敗した。労働党の戦後の権力はスカンジナビアのような達成をなすにはあまりに弱く，またしばしば継続を阻まれた。これに対してアメリカやカナダの場合は，自由主義のヘゲモニーが貫徹した純粋ケースといえる。ここでは社会主義からの根本的な代替策によっても，あるいはこの点にかんしては保守主義的な改良主義からも脅かされることはなかったのである。

附録　脱商品化指数の測定手続き

年　金

　老齢年金の脱商品化度は以下の特性を加点していくことで測定した。すなわち①平均賃金を得る標準的生産労働者一人あたりに対する年金給付の最低保障水準。ここでの置換率の測定は（他の場所でも同様であるが）その給付額が当該年度の労働者の標準所得に占める割合である。給付も所得も課税後のネット値。②標準的労働者に対する年金給付の平均額。計算の仕方は同様。③拠出期間。これは平均的な給付額を得るのに要請される拠出（あるいは雇用）年限によって計算する。④年金財政に占める個人負担の割合。以上の四つの指標のそれぞれの数値に基づいて，18か国に対して，脱商品化低位に対して 1，脱商品化中位に対して 2，脱商品化高位に対して3のスコアを与えた。三つのスコアへの分類は平均値からの標準偏差に基づいておこなった。極端な外れ値については調整をした。最後に，プログラムによってカバーされている（関連）人口の割合（年金についての捕捉率）によってスコアに対して加重値を与えた。オーストラリアにおけるように，年金がミーンズテストに基づいて支給される場合は，拠出期間に関して0のスコアを与え，受給人口に関して0.5の加重値を与えた。このように「ネガティブ」なスコア化をおこなったのは，ミーンズテストに基づくプログラムは，権利付与という点からしてきわめて制限的であるという事実を反映している。所得置換率は人々が福祉か労働かを選択する上で格段の重要性をもつことを考慮して，所得置換率には特に加重値を加えた

（2 を乗じた）。

疾病，失業給付

疾病および失業関係のプログラムにおいては，その脱商品化度を以下のような値によって測定した。①病気あるいは失業の最初の26週間における標準的労働者の所得に対する給付による置換率（ネット値），②受給資格を得るのに必要な雇用期間を週換算でみた値，③給付が支払われるまでの待機日，④給付が持続する期間を週換算でみた値。年金の場合と同じように，標準偏差に基づき1から3のスコアを与えた簡易脱商品化インデックスをつくった。そのうえで，この数値にプログラムによってカバーされている（関連）労働人口の割合を加重値として与えた。ミーンズテストつきのプログラムについては年金の項で記述したのと同じ処理をおこなった。年金の場合と同様に，所得置換率には2を乗じた。

（宮本　太郎）

第 3 章
階層化のシステムとしての福祉国家

　福祉国家はサービスと所得保障を提供するが，同時にそれは社会階層化のシステムでもある。福祉国家は，階級と社会的秩序を構造化する最も重要な制度である。社会的連帯，階級分化および地位分化の具体的表れ方は，福祉国家の組織的特徴によって規定されるところが大きい。

　福祉国家が階層化のあり方と密接に関係しているということはよく認められているが，不幸にも狭い視野で捉えられていたり，誤った観点から認識されているのが通例である。こうした視点は，これまでのところ理論的にも経験的にも，かなり軽視されてきた。理論上，支配的な二つの見解がある。一つは，多くのネオ・マルクス主義に共通している見解で，先進福祉国家ですら既存の階級社会を単に再生産しているにすぎない（涵養さえしている）というのが，その典型的な主張である（Offe, 1972; O'Connor, 1973; Muller and Neussuss, 1973）。オコナーは，福祉政策は独占資本主義の求める正統性と社会的安定を提供しているとさえ断じている。ピヴンとクロウォードの研究によると，貧困救済をおこなうとする政府の意欲は，差し迫ったニードよりも，社会的安定性が脅かされているという認識に基づいているという（Piven and Cloward, 1971）。

　第二の見解は，T・H・マーシャルの流れをくむ理論系譜に位置づけられ，さらにはマーシャルの戦前期の先学であるハイマンにも遡ることができる。この立場によると，福祉改革は階級分化を緩和することに大きく貢献するものとして捉えられる（Lipset, 1960; Crosland, 1967; Parkin, 1979）。ここでは，福祉は階級闘争の根本的原因を除去し，労働者階級を包摂し，国民の国家へのアクセスを民主化するとか，あるいはパーキンのように，福祉は階級闘争を社会地位をめぐる競争に転化するといった主張が展開される。

　経験的に言って，これまでのところ，ほとんどの文献がもっぱら所得再分配に焦

点を合わせてきた。もとより，そこでの問題は，全般的な所得不平等が次第に解消されつつあるかどうかという点ではなく——これはほとんど論争の余地のない事実である——，租税を集めそれを支出する福祉国家が所得分配上どの程度まで決定的な役割を演じているかという点にある。クラウスが指摘したように，こうした問いに解答を与えることは，経験的かつ方法論上の問題が多く含まれており，不可能ではないにしろかなり厄介である（Kraus, 1981）。その結果，横断的な比較分析にせよ時系列的研究にせよ，いずれの研究分析によって得られた知見も依然として推論の域を出ていない。それにもかかわらず，ほとんどの研究成果がかなり似通った結論を引き出している。すなわち，横断的な比較研究によれば，福祉国家の平等化能力には，国別に相当大きなバリエーションがみられることが示されているのである。ドイツやフランスのように，福祉国家の再分配効果がごく小さな国々もあれば，それと対照的に，スカンジナビア諸国のように大きな効果をもっている国々もある（Sawyer, 1976; Hewitt, 1977; Stephens, 1979; Cameron, 1987; O'Higgins, 1985; Ringen, 1987; Ringen and Uusitalo, 1992）。

権力や平等についての関心に比べると，こうした研究も，福祉国家のインパクトそれ自体についてはさほど強い関心を払ってこなかった。したがって，なぜさまざまな福祉国家構造の下で異なった分配結果が生まれるのかという問題には，ほとんど説明が加えられず未解明のままになっている。キャメロンの研究のように，福祉国家自体を分析対象としている場合でも，福祉国家を曖昧な仕方で社会的支出のレベルと等値しているにすぎない。そのなかでも，オヒギンスとリンゲンの二つの研究業績は，福祉国家の政策プログラムの内容とその分配効果をより直接的に関係づけている点で，数少ない研究例である。

この問題が長期的な時系列研究において取り扱われる場合，そこから導きだされる結論は往々にして千差万別である。いくつかの研究によれば，福祉国家の再分配能力は，現象面での成長とは裏腹にほんの僅かしか向上していないと結論づけられている（Sawyer, 1982; Kenneth Hansen, 1987）。再分配の主要な武器としては租税制度に代わって社会的移転が次第に重要になる。こうしたトレンドは，スカンジナビアの福祉国家に顕著に見られる（Esping-Andersen, 1985a; Kenneth Hansen, 1987）。この転換の理由はごく単純である。福祉国家の規模が増大するにつれて，中低所得世帯に対してすら重税を課さなければならなくなるほどまで財政需要が膨張するからだ。その結果，福祉国家における再分配効果は社会的移転の構成に大きく依存するようになる。逆説的にも，大規模な福祉国家は租税再分配能力を喪失するという説明が成り立つ。社会的移転に関して言えば，中産階級が社会的移転によって低所得

層以上に利益を受ける蓋然性が高くなると，それによって平等主義的な志向が抑えられる場合もある（Le Grand, 1982）。こうした中産階級バイアスは国によって多様な形態で現れるが，現在のところ比較可能な材料はない。福祉国家自体のあり方が平等についてどのような直接的インパクトを及ぼすかという問題は，以下でより詳細に論究する。

　最近，いくつかの比較研究は，所得分配それ自体に焦点を合わせるのではなく，多様な視角から問題を捉え成果をあげ始めている。たとえば，ミクロレベルでの所得分配に関して世界で唯一，真に比較可能なデータを集積しているルクセンブルク所得研究（The Luxembourg Income Study）は，主要な社会集団における貧困の減少もしくは除去にかかわる福祉国家の能力に関する一連の分析を企ててきた。ヘドストロームとリンゲン（Hedstrom and Ringen, 1985），スミーディング，トーレイおよびレイン（Smeeding, Torrey and Rein, 1988）は，貧困高齢者の割合に関してイギリス29％，アメリカ24％からドイツ11％，スウェーデン1％以下にいたるまで，驚くほど国ごとの差異が存在することを発見している。同様の国ごとの分岐は，有子家族に関しても認められた。高齢者や有子家族は移転所得にとりわけ依存しているため，こうした研究を通して，多様な福祉システムが階層化に及ぼすインパクトの相異を直接明らかにすることができる。

　標準的な所得分配アプローチの枠を出て先駆的な成果を挙げた第二の例は，「生活水準」研究である。もっとも，この研究はこれまでのところスカンジナビア諸国に限定されている。その研究上の着想は，所得というファクターだけに基づいて機会と不平等の構造を描写しようとしても，それではあまりに論拠が狭すぎるという点にある。このアプローチでは，資源という概念は拡大され，保健，住宅，ワーキング・ライフ，教育，社会・政治的影響力，その他，人間の再生産にとって重要な諸要素を含めている。国内での資源配分がどのようにおこなわれているかを測定するために，各種の全国調査が利用されている。1968年にスウェーデンで始められ，その後デンマークやノルウェーで実施された後，こうした研究は広く普及し，資源配分の長期的変化についてモニタリングするのを可能にした。スウェーデンやデンマークのデータは，福祉国家の分配効果に関する最も興味深い評価基準を提供してくれる。その理由は，両国のデータが多年にわたって同一の人々を対象に調査してきたという点，それに，当該研究が長期に及んだ高失業・景気停滞の時代を射程に収めている点にある。これらの研究から得られる知見は，経済状態の悪化にもかかわらず（特にデンマークの場合），生活状態は全般的に改善され，慢性的な窮乏層が減少して，平等化の進展に向けたトレンドが継続しているということである

(Erikson and Aaberg, 1984; Hansen, 1988)。したがって，少なくともスカンジナビアにおいては，福祉国家が経済システムに内在する不平等主義的圧力に抗する力強い対抗要因になっているというのはきわめて明白である。

いずれにせよ，貧困と所得分配は福祉国家における階層化の（重要ではあるが）一つの側面を構成しているにすぎない。たとえ生活水準の不平等が無くなりつつあるとしても，本質的な階級もしくは地位クリービッジは存続しているというのが現実である。ここでの関心事項は，所得の問題よりもむしろ，社会的市民権の構造が国によってどう違うのかという問題である。

それでは，福祉国家における階層化の主要な諸次元は一体何によって構成されているのか。福祉国家は，純粋な所得分配上の役割を演じる一方，多様な方途で階級や地位を形成している。たとえば教育システムは明白な，これまでも研究が蓄積されてきた例の一つである。教育システムは，個人の移動可能性に影響を与えるだけでなく，階級構造全体をうみだす。本書の第Ⅱ部で後述するように，社会サービス，とくに女性を対象とする社会サービスの組織は，当該国の雇用構造に決定的な影響を与える。ここでは，階層化が所得保障（福祉国家の伝統的で今日なお支配的な活動）に及ぼすインパクトに関心を絞って論じていく。

ベヴァリッジとT・H・マーシャルは，普遍主義こそが先進福祉国家の証しであるという独自の，本質的に自民族中心主義的な考えを世界に向けて説いた。階級的区分があまり重要でなくなっているという理論の背景となっていたのは，イギリス戦後改革に内包されていた普遍主義に他ならなかった。とはいえ，社会保障の組織特性がさまざまに大きく異なっていることを知るためには，なにもそこまで遡る必要はない。一部の国では，社会保障政策の対象範囲がきわめて包括的でありながら，社会保障体制が，年金から疾病手当に至るまで，職域上区分された無数の制度スキームのうえに構築されている。そのような制度スキームは，旧来の地位区分を是認し擁護するように明示的にデザインされているのである。また別の国では，たとえば公務員のような主要な社会集団が特権的地位を付与されている。さらに別の国では，社会保険がコレクティブな連帯でなく個人主義や自立心を涵養するように組織化されている。またさらに別の国では，社会プログラムが正真正銘の困窮者を第一義的に対象とし，貧困者（福祉国家に依存している）と中産階級（主に市場の民間保険に加入している）との二重構造を作り出している。

換言すれば，同じように大規模であったり包括的な福祉国家が，社会構造に全く異なった効果を及ぼしていることがあるのである。階統制や地位の区分をむしろ拡大する場合もあれば，二重構造を創出する場合や，普遍主義を発展させようとする

場合もある。いずれの場合も，社会連帯に関する独自の仕組みを構築しようとしている。先に脱商品化という視点から三つのレジーム類型を明らかにしたが，階層化と連帯についてもこの類型に直接対応する三つのモデルあるいは理念型を見出すことができる。

1 保守主義的社会政策における階層化

すでに述べたように，伝統的保守主義のもとでは，社会秩序のあるべき姿に関する多様なモデルがうまれている。それらのモデルに共通するのは，社会権に関する場合と同様，資本主義によって引き起こされた社会的平準化と階級的敵対関係が混在する状況に対する嫌悪感である。そのモデルは厳格な階統制を指向する場合も，コーポラティズムや家族主義を指向する場合もあるが，いずれにしてもその共通の主題は，社会統合のためには伝統的地位関係を維持する必要があるという点にある。

権威主義的パターナリズムに基づく保守主義は，福祉国家構造の発展にとって歴史的に重要な意義をもっていた。その起源はヨーロッパやロシアにおける封建荘園制や絶対王制に求められ，指導的原理は階統制，権威，および個人（あるいは家族）の家父長もしくは国家に対する直接的従属である。ヘーゲルの国家理論に触発され，19世紀の学者，社会改革者，政治家たちは国家組織についてのこのような考え方を非常に熱心に唱えた。この傾向は特にドイツ，オーストリアといった国で顕著であった（Bower, 1947）。アドルフ・ワグナーの「国家経済学（Staatswirtschaftliche Oekonomie）」に示された考え方は，国家がすべての経済活動を直接指導し組織すべきであるというものであった。ビスマルクの「労働戦士（Soldaten der Arbeit）」という概念は軍隊から借用された考えで，それによると，国家（将軍）に対して責任を負っている管理者（指揮官）の直接権限の下に，中隊単位の規模で労働者（兵士）を組織化すべきであるとされる（Guillebaud, 1941）。

ビスマルクは，最初の社会保険計画を導入しようとした時，二正面からの戦いを強いられた。一つは市場での解決を優先する自由主義者との戦いであり，いま一つはギルド・モデルないし家族主義を主唱する保守主義者との戦いであった。ビスマルクは国家主義の優位を望んだ。ビスマルクは，国家が社会給付に関する財政運営と分配に直接当たるべきであると主張したが，その時ビスマルクが狙っていたことは，労働者を職域ごとの基金や貨幣関係のいずれにでもなく，君主の家父長的権威に直接むすびつけることであった。現実には，彼の企ては妥協を余儀なくされた。1891年年金法では，ビスマルクが意図した国家恩賜金はほんの部分的に盛り込まれ

たにすぎなかった（Rimlinger, 1971）。実際，後に創設された年金システムは，ヴィルヘルムⅠ世期に導入された大半の社会プログラムと同様，自由主義（保険数理主義）と保守主義的コーポラティズム（強制的職域制）に部分的に譲歩した国家主義として解釈できよう。

　国家主義的パターナリズムは，今日でもなお，社会政策の二つの分野にとくに強い痕跡を残している。第一に，公務員に対して過剰とも言える福祉を提供する伝統であり，オーストリア，ドイツ，フランスといった国々に見られる。その意図は，適切な忠誠心や従順な態度に対して報酬あるいは保証を与える点にあったと言えよう。しかし同時に，社会政策のイニシアティブによって階級構造を形づくろうとする深謀があったことも明白である。コッカは，帝制ドイツの年金政策が公務員（Beamten）と民間俸給職員（Privatbeamten）という二つの特別な階級を形成するのにどのような積極的役割を果たしたか，を明らかにしている（Kocka, 1981）。オーストリアにおいても同様の政策が実施された（Otruba, 1981）。その結果，現在でも，国家官吏と国民との間，そして労働者とより高位の「身分階級」との間には一目瞭然の身分格差の壁が存在している。ここに，国家主義とコーポラティズムの遺産との間に緊密な類縁関係を認めることができる。

　パターナリズムの第二の主要な遺産は，社会扶助の展開過程において見出される。多くの論者が認めているように，貴族主義体制（たとえば，イギリス・ディズレーリ体制，ドイツ・ビスマルク体制，デンマーク・エストロプ体制など）の下では，自由主義体制下と比べてかなり慈悲深く寛大な貧民救済が実施されていた（Briggs, 1961; Rimlinger, 1971; Evans, 1978; Viby Morgensen, 1973）。基礎的な所得保障の範囲拡大に前向きな姿勢を示すだけでなく，進んで救済支援に取り組む保守主義者の対応は，「ノブレスオブリッジ」という伝統的原理で知られていた。

　コーポラティズムは，常にこれまで保守主義者にとって国家主義に代わる主要な代案であった。その淵源は，中世都市経済において社会経済生活を組織化していた身分階級・ギルド・独占体・団体の伝統に求められる。ギルドは18・19世紀において解体してしまったが，他方でその基底的原理は団体協調主義や相互扶助主義に取り入れられた。コーポラティズムは，市場や産業によって生み出された社会的断片化と個人主義化に対する保守主義的対応の基軸として展開した。それは，アノミーの克服方法を分析したデュルケムにとって中心テーマであった。コーポラティズムは，ローマカトリック教会の社会政策の根幹として現われ，さらにファシスト・イデオロギーにおいて最大限に強調された。

　コーポラティズムの統一的原理は，地位アイデンティティに基づく仲間意識，強

制的で排他的なメンバーシップ,相互扶助主義,利益代表の独占である。近代資本主義に引き継がれたコーポラティズムは,典型的には伝統的に認知されてきた地位を維持しようとする職業集団を基礎として構築され,社会や経済と組織的にかかわっていく上でこうした地位を利用した。共済組合や友愛組合のような団体は,鉛管工や大工といったより特権的な労働者によって,しばしば旧来のギルドに直接に範をとって結成された。また,鉱夫や船員の場合のように,コーポラティブ(協同組合的)な社会福祉が国家の関与を伴って設けられることもあった。19世紀後半になって社会立法の歩みが急展するにつれて,コーポラティズムも急速に増殖した。

　国家が特定の地位特権を承認したためか,それとも組織化された集団がすべての地位の垣根を越えたより包括的な立法に組み入れられるのを拒んだためか,いずれの理由にせよ,地位によって差別化された無数の社会保険制度を構築する伝統が現われた。しかも,それらの社会保険制度はそれぞれ特定のルール,財源,給付構造を備え,受給者の相対的な地位上の位置がはっきりとわかるように組立てられていた。したがって,ビスマルクの労働者年金は,鉱夫年金と混同されてはならなかったし,まして公務員やホワイトカラー従業員を対象とする社会政策とは明確に区別されなければならなかった(Kocka, 1981)。さらに進んでオーストリアでは,コーポラティブな原則がより徹底され,公証人は特権を享受して固有の年金プランを持つことが公式に認められていた。同様の展開が第二次世界大戦後のフランス年金立法に見られ,さまざまな俸給集団(カードル)が社会的保護における地位上の独自性を主張し首尾よく成果を収めた。イタリアの年金制度は,120以上にのぼる職域年金基金を含んで迷路のように錯綜しており,国際的に見てコーポラティズムのリーダー格と言ってもよいであろう。

　コーポラティズムは,ヨーロッパ大陸諸国において最も根強く定着した。その理由を明確にするのは難しいことではない。第一に,これらの国々が後発産業国家であり,そこでは旧来のギルドの伝統がごく最近まで残されていた。そのため,社会的保護の生成期に,制度として展開していくことが可能なモデルがすでに存在していたことになる。第二に,ある意味では第一の点の結果として,地位,階統制および特権の強制力が非常に強かった。第三に,これらの国々では,カトリック教会が社会改革の推進役としての役割を首尾よく果たしていた。19世紀末,ローマ法王の回勅「レルム・ノヴァルム」では国家主義とコーポラティズムの混合が唱導され,また1931年の回勅「クワァドロゲシモ・アンノ」でもコーポラティズムの要素が一層鮮明になっている。

　カトリック教会は元来,伝統的な家族の維持に腐心し,社会主義と資本主義の両

者に代わる有効な代案を求め，また社会階級間の調和ある関係の組織化が可能であると信じていた。そうしたカトリック教会にとって，コーポラティズムは当然の対応であった。コーポラティズムは，カトリシズムの「補完性」原理（家族の相互扶助能力が不能になった場合に限って，より大規模な高次の社会的集合体が介入できるという思想）に容易に組み込まれた。ギルドの集団連帯性，同胞意識あるいは相互性といった属性は，はるかに遠い存在である中央国家と比べて，明らかに家族に近く，それゆえ家族ニーズをよりよく充足できた（Messner, 1964; Richter, 1987）。

1920年代から30年代にかけて，コーポラティズムは，ヨーロッパのファシスト体制のなかで準公式的イデオロギーになった。その意図は，補完性の追求にあったというよりは，大規模で包括的な階級組織に代わって，中央の政治統制により従属的な代替組織を構築することにあった（Guillebaud, 1941; Rimlinger, 1987）。

2 自由主義的社会政策における階層化

自由主義の目標とは何か。保守主義的階層化の残滓を一掃すること，と理解するのが最も適切であろう。自由主義は，身分階級，ギルド，独占，中央集権的絶対主義王制などの廃棄こそが個人の解放，自由，機会均等および健全な競争を実現するための条件であると考えた。専制国家や統合力あるコーポラティズムの編成はいずれも，自由市場，ボランタリズム，起業家精神を束縛する足枷であった。

積極国家に対する自由主義の抵抗を，社会政策に関する受動性と解する傾向がある。ポランニー（Polanyi, 1944）が指摘したように，これは神話にすぎない。古典的な自由主義国家は，援助をさし控えたり，伝統的な社会的保護システムを除去するのに尽力したり，またそうした伝統的なシステムの代替として市場以外のものを拒絶することを通して，貨幣関係に対して社会経済生活の組織における主導的な役割を与えようとしたのである。国家にとって市場が生み出す階層化を改変するのを正当化できる根拠など何一つとしてない，というのが自由主義的ドグマの要諦であった。市場による階層化の結果は公正無比であった。なぜなら，それらは努力や意欲，熟練，自律を如実に反映しているからであった。

普遍主義と平等という二つの原理は，古典的な自由主義思想における主要原理である。それらが現実のものとなるのは，組織的な権力が抑止され，市場の自律的な「自浄メカニズム」を妨げられなかった場合である。したがって，レッセ・フェールに基づいて社会政策を最小限のものにとどめることこそ，自由主義の理念と調和していたのである。社会政策は，パターナリズムとエリート主義，国家依存および

窮乏の永続化といった社会階層の固定化がもたらす好ましからざる帰結と同一視された。国家も（労働組合のような）独占体もないようなところでは階級もなく，存在するのは自由に行動する個人の集合体だけである。その際に個人は，おそらく原子化されてはいるが，法，契約および貨幣関係の前に平等である。

　自由主義の普遍主義的理念は，二重構造および二重構造が現実にうみだす社会的スティグマと矛盾するようになる。市場は何ら制約を受けることなく貨幣関係に応じて市場参加者を階層化する。その一方で自由主義国家は，この市場の失敗によって引き起こされた貧困を救済するのに，きわめて懲罰的でスティグマ化された救貧制度を用意した。ディズレーリの著作『シビル』は，当時のイギリスにおいて二つの国民からなる社会の形成に自由主義がどのように寄与したかを描きだした最良の教材であろう。

　やがて自由主義は，社会的な圧力を受けて近代的なミーンズテストつきの社会扶助の導入に向かったが，その際にも救貧制度の社会的恥辱は残っていた。デンマークは，意図せずしてうみだされた二重構造の格好の例である。1891年に導入された高齢者扶助計画は，単に救貧制度を改善したものにすぎなかった。それが事実上普遍的な国民年金に改められたのは第二次世界大戦後になってからであった。その場合でも，大多数の中産階級の年金受給者は，貧困や扶養に伴う伝統的なスティグマを嫌って年金権を放棄した。

　それにもかかわらず，ミーンズテストを要件とする救済は，自由主義的社会政策においては残余的な要素であった。その核心となるものは，保険数理上適正な任意の契約に基づく民間個人保険であった。この枠組みによると，「社会政策の成果」は市場の成果と一致することになる。そこでは，質素で起業家精神に富んだ自立心旺盛な人々が報酬を受けるだろう。

　しかしながら，歴史的に見ると個人生命保険モデルはうまく作動せず，国民の社会保障ニーズを到底満たすことができないまま，同じ民間市場でもこれに代わる方法か，あるいは国家による解決方法に委ねざるをえなかった。後に第4章で詳論するが，民間の福祉市場は国家による助成を受けてはじめて成長を遂げることができたのである。したがって，より現実的な自由主義的対応は，市場の福祉資本主義と公共部門の社会保険とを統合する方向で進んでいった。個人主義は最小限のコレクティヴィズムと調和させられなければならないという原則は，世紀の転換期における自由主義的「改革運動」の時代に生まれた。

　自由主義的改革運動は，通常，イギリスのロイド・ジョージと関連づけて考えられるが，ロイド・ジョージに相当する人々は他の西欧世界にもいた。その運動の起

源は多面的なのである。イギリスでは，ラウントリーとブースの研究によって，都市労働者階級に蔓延していた貧困，疾病，窮状が明らかにされた。ボーア戦争は，イギリスの兵士が極貧状況に置かれていることを如実に示した（Beer, 1966; Evans, 1978; Ashford, 1986, p. 62）。自由主義的改革運動を促進したより一般的な要因は，労働者階級の選挙権獲得であった。さらに，新しいタイプの資本主義が展開しつつあるという実感も，改革運動を促したと言える。新しい資本主義とは，大規模な企業結合，組織，官僚制，人的資本，より複雑な分業を含んだ経済であった。このような経済秩序の下では，労働者からその汗の最後の一滴までも搾りとることだけでは，進歩や効率性，利潤はもはや生まれない。したがって，いくつかの局面で運動の主導権を発揮したのが，「自由主義的企業家（Corporate liberals）」（Weinstein, 1972）や新たな科学的管理学派の人々，あるいはアメリカのアルビオン・スモール，ウィリアム・ジェームスのような自由主義的改革者たちであったということは驚くにあたらない。彼らは，市場に対して深くコミットすると同時に，その危難を救うためには，より大きな社会的責任を果たしていく必要があると考えていたのである。

　改革派の自由主義者が，かなりの規模のコレクティヴィズムを支持しようとしたのは，市場の外部性の問題，公共財の必要および自助支援政策を認めたからであった。改革的自由主義は，市場の生みだす社会病理を抑え，社会がコレクティブなかたちで組織化されつつあるという新しい現実に対応して個人主義を再編成しようとしただけであり，市場から逃れる避難路を用意するつもりはなかった。自由主義が支持する社会政策にはこのような新しいロジックが反映されている。自助に対する援助は，大衆教育や平等機会の保障によって促進されるべきであった。職域的なフリンジ・ベネフィットもしくは福祉資本主義という考えは，賃金協定の集団的な締結を容認したことの表れであり，同時に必要な福祉プログラムをこの領域に組み入れるのが可能であるという見通しに基づいていた。そして社会保険は，基本的に任意制で保険数理に基づき運営され，かつ勤労インセンティヴや競争性を妨げない限りにおいて，次第に受け入れ可能な政策になった。オーガス（Ogus, 1979）が指摘したように，自由主義者は，個人契約の原則，過去の努力に連動した給付，自立，市場同調性といった一連の自由主義的理念が社会保険に含まれているのを発見して驚いた。国家をもう一つのタイプの保険運営者と見なす場合もあった。改革的自由主義における社会的市民権は市場を基盤として構成されているのである。

　以上のような理念を堅持する一方で，自由主義的改革主義は現実にはそこからのかなりの逸脱も許容した。1908年，ロイド・ジョージは無拠出制で，したがって保険数理に反する老齢年金を導入した。ケア・ハーディと独立労働党が指摘したよう

に，こうした無原則な企ての背景には，労働者階級における下層労働者と上層労働者との間に亀裂を作り出したいというやむにやまれぬ事情もあったろう。しかし，給付レベルは個人的な倹約を促すように最低水準で維持された (Hay, 1975; Pelling, 1961; Gilbert, 1966)。アメリカ社会保障法の場合にも，かなり似通った事態が展開した。当初，同法の狙いは保険数理主義の厳格な適用にあったが，すぐにかなり再分配的な指向を強め，強制加入方式を採用した。しかし，イギリスの年金と同様，アメリカの社会保障の場合も民間年金市場と個人主義を締め出そうという意図はなかった。したがって，給付と拠出が相当低い水準に維持され，一般的な目標はシステムを可能なかぎり市場と調和的にするという点に置かれた (Derthick, 1979; Quadagno, 1988)。

　以上要約すると次のようになる。階層化に関する自由主義的な理念の核心にあるのは明らかに競争的個人主義である。そして，この競争的個人主義は市場によって涵養されるものと想定されている。しかしながら，自由主義は，国家政策にこの概念を適用するにあたって重大な問題点を抱えていた。自由主義は，純粋の貧困者だけを政府援助の対象とするニーズ調査指向型アプローチへ強くこだわった。このことは本来的に論理的ではあるが，社会的スティグマや二重構造という予期せざる結果を引き起こす。これに代替するアプローチとしては，一方に民間保険と協約に基づく職業福祉，他方には社会保険があり，これらもまた，自立，正義，保険数理主義および選択の自由といった自由主義的原理に照らすと論理的だが，その一方でこうした解決策は特有の階級的二重構造を引き起こす傾向がある。協約もしくは契約に基づく民間福祉は，論理的に市場における不平等を反映する。また，主として労働力における特権的な階層に普及するであろうということも明らかである。こうした民間福祉は，最も不安定な状況に置かれている労働者の福祉ニーズに応えないことは確実なのである。同様に，自由主義的な社会保険計画も，保険原理に固執する限り，市場の階層性を再生産し，より恵まれた人々を対象とした民間ベースの保護を奨励することになろう。

　三つの自由主義的アプローチを組み合わせると，予想される帰結は個人の自己責任と二重構造との奇妙な混合物となろう。それは，主にスティグマを伴う救済に依存する下層集団，社会保険の主たる対象者である中間集団，および市場から主要な福祉を入手できる能力をもつ特権的集団の三者によって構成される。事実，これは程度に差こそあれアメリカや，さほど顕著でないにせよイギリスの福祉システムを特徴づける階層化の構図である (Esping-Andersen, Rein, and Rainwater, 1988)。

3 社会主義的社会政策における階層化

　保守主義や自由主義の場合と同様，社会主義的改良主義が展開される際にも常に階層化について特定のあり方が念頭に置かれていた。労働運動にとって連帯性の構築こそが重要な課題であった。

　社会主義者は常に長期にわたる集団動員を展開できる団結基盤をどのようにして構築するかという問題に直面していた。通俗的なマルクス主義者はしばしばその問題をブルジョワ階級社会に対する闘争として描写する。これは完全にミスリーディングである。社会主義者は多様な歴史的オルタナティブに対する闘争を強いられたのであり，そのうちのいくつかは，彼らと同じ階層のなかにも強い支持基盤を有するものであった。一方で彼らは，初期の労働組合主義や友愛組合にも浸透していた偏狭な身分上の連帯に基づく排他的コーポラティズムとも闘わなければならなかった。また，雇用主や国家のパターナリズム（労働者の忠誠心を拡散し分裂を引き起こすようなパターナリズム）に対しても攻撃を加える必要があった。最後に彼らは，原子化・個別化を促そうとする市場の強力な作用とも闘いを余儀なくされた。

　初期の社会主義者の著作が大抵の場合指摘しているように，コレクティヴィズムにとって持続的失業がもたらした二重構造は深刻な障害となった。1891年にカウツキーが指摘した「スラム・プロレタリアート」が一般的に重大な脅威として受けとめられた（Kautsky, 1971）。彼らは頽廃的で，家や土地を逐われ組織化されておらず，資力もなかった。そのため，反動的な扇動に屈しやすく，組織化も難しく，低賃金で働きストライキを妨害する傾向が強かった。彼らの問題は，すでに第一インターナショナルのローザンヌ大会での主要テーマであった。当時，大会代議員たちは，協同組合運動を通してルンペンプロレタリアートの道徳的精神や経済状態を改善できると信じていた。

　第二の重大な障害は，初期の保守主義・自由主義的改革によって制度化された社会的分断のうちにあった。旧救貧法体制は，プロレタリアートの分裂を促すとともに，受給者の公民権を剥奪するのが通例であったため，当然ながら第一の敵であった。したがって，ミーンズテストおよび劣等処遇原則の廃棄には，最優先の政治的プライオリティが与えられた。同様に改革派は，コーポラティズムや排他主義を伴う雇用主主導のパターナリスティックな福祉に反対し，また，国家による労働者保険に対しては，労働者を社会的平和主義者に仕立てあげ，分裂を引き起こし，不平等を制度化する怖れがあると反対した。

確かに社会主義者は支配階級の改良主義に内在する危険に気づいていたが，それに代わる真の改革論を定式化するのには四苦八苦していた。ブルジョワ的な社会改良に対する初期の批判のなかには当時の社会主義者の考え方の萌芽が窺える。マルクスとエンゲルスは，社会的平和主義に基づく改革が社会主義の実現を遅らせる可能性に頭を悩ませていた。ナポレオンⅢ世やフォン・ターフェ，ビスマルクたちが社会主義を抑止することが改良の目的であることを公然と認めていた点を考え併せれば，マルクスとエンゲルスがこうした怖れを抱いたとしても無理はない。しかし，マルクスですら必ずしも全面的にこうした考えに固執していたわけではなかった。マルクスは，イギリス工場法に関する分析のなかで，ブルジョワ的改良が有意義であるばかりか将来的に労働者の地位を強化すると結論づけている (Marx, 1954-6, ch. 10)。『共産党宣言』の結びのページでは，後の自由主義とさほど大差のない改革が唱えられている。

　社会主義者は，社会的救済を求める現実のニーズに応えると同時に，社会主義運動による権力奪取に寄与するような社会政策を案出する必要があった。いかなる連帯原理を掲げるかが問題の焦点になった。とくに熟練労働者や技能労働者の間では，コーポラティズムと友愛組合がひとつのモデルとして広く受け入れられた。しかし，このコーポラティズムや友愛組合は，広汎な階級的統一の構築と「スラム・プロレタリアート」の生活改善を目指すとなると問題を含んでいた。

　第二のアプローチは，労働組合に社会問題の解決を委ね，団体交渉を通じて譲歩を勝ち取るという方途であった。しかし，これには安定した強力な交渉力と雇用主側の承認が必要であった。また，労働市場の不平等性をそのまま反映したり，もっぱら労働貴族を優遇する結果になる怖れがあった。この戦略もまた，広汎な連帯を創出できそうになかった。それにもかかわらず，この方途は二つの社会で主要なアプローチとして発展した。まずオーストラリアでは，労働組合が交渉上非常に有利な位置を占めていたため，この方法が支配的になった。次にアメリカでこの方法が重要な意義をもつようになったが，その背景には，信頼に足る政治同盟の欠如，国家に対する徹底した不信といった状況が存在していた。

　初期の社会主義運動は第三のオルタナティブであるミクロ社会主義的な「ゲットー戦略（ghetto strategy）」を選択する場合が多かった。この戦略によれば，運動それ自体が労働者福祉の供給者と位置づけられた。これは，とくに社会主義者が国家権力から排除されている場合，魅力的な手段であった。この戦略をとおして，労働運動の指導者は労働者の差し迫ったニーズに積極的に対応できることを示した。この戦略にはもう一つの魅力があった。すなわち，ミクロ社会主義的な安息地がう

みだされることで，組織やメンバーが拡大し，社会主義教育が促進され，労働運動が労働者階級のニーズを代弁する魅力的なスポークスマンの役割を果たすようになったという点である。ミクロ社会主義は，来るべき将来の良き社会の実物例を提示する方途であり，ブルジョワ社会の非情さや野蛮性をいっそう際立たせる方策であった。

　初期社会主義において，ミクロ社会主義は強力に追求され，ある程度成功を収めた。しばしばこのような運動は，レクリエーション施設，チェスクラブ，劇団，音楽，ボーイスカウト組織，スポーツクラブばかりか住宅組合や協同組合などの生産企業体すら備えた組織帝国を構築した。

　ゲットー・モデルのかかえる問題は，それ固有の目的，すなわち組織拡大による動員に基づき階級連帯と権力を形成するというまさにその点にあった。ゲットー・モデルでは，労働者自身によって財政基盤が支えられていたため，長期化した経済危機や損失の大きい労働争議に対して脆弱であった。そればかりではなく，ミクロ社会主義はメンバー対非メンバーという二重構造を内包していた。例によって，特権的な労働者とより不安定な地位に置かれている集団との間に分断があった。もし当時の社会主義者が広汎な階級的統一を実現し議会内多数派を形成することを望んでいたなら，彼らは連帯のあり方に関する純粋に普遍主義的な構想（現実にはかなり階層化し分節化した労働者階級の統一を促すような普遍主義）を採用せざるをえなかったであろう。

　広汎な民衆に根ざした普遍主義の原理は，民主的権利の拡張と強化と歩調をあわせて形成された。1920年代後半，ペール・アルビン・ハンソンのレトリックである「国民の家」福祉国家に示されたように，スカンジナビア諸国がそのパイオニアであった。実際，それはすでに，1880年代のデンマークでの社会主義者による年金提案や，20世紀初頭のスウェーデンにおけるブランティングの社会政策に明確に示されていた（Elmer, 1960; Rasmussen, 1933）。第一次世界大戦後，オットー・バウアーは，社会福祉政策の対象範囲の拡大を通して労農同盟という構想を追求した（Bauer, 1919）。ドイツ，オーストリア，イタリアなどの高度なコーポラティスト体制においては，社会主義者もしくは共産主義者は，国民保険（Volksversicherung）や制度統一（unificazione）を求めて，常に普遍主義のために戦ってきた。

　普遍主義とデモクラシーとの一致は偶然ではない。議会主義は社会主義者に新たな改革主義的展望を提示したが，他方で，ゲットー戦略では到底生み出せないような強固な多数派有権者の動員を迫った。労働者階級が選挙上の少数派にとどまりがちな場合には，多数派獲得の問題はよりいっそう重要なものとなった。

1898年にベルンシュタインは古典的著作『社会主義の諸前提と社会民主党の任務』のなかでこの問題を強調していたが，後年になって議会派社会主義者もそれを認識しはじめた（Bernstein, 1961）。社会主義者にとって対応は，少数反対派としての地位に甘んじるか，それともより広範な政治的同盟をつくりだすか，いずれかであった。後者の選択をした場合，階級を越えた普遍主義の政治に着手する必要があった。

　この同盟構築という選択肢がバウアーの構想の着想の源となった。あるいはよりはっきりした例としてはスカンジナビア諸国での「国民の家」理念に基づく福祉政策を挙げることができる。戦間期において農村階級は広範な国民同盟を糾合する要であり，社会主義者は農民階級の動員に努めたが，その首尾は分かれた。スカンジナビア諸国のように，社会主義的なゲットー・モデルが弱かった場合には，農村の社会構造への社会主義の浸透力がかなり強まった。「赤いベルリン」や「赤いウィーン」のように，社会主義が都市労働者階級の拠点において集中的に影響力を強めた場合には，イデオロギーやレトリックが伝統的な革命指向の労働者主義的な色彩を残す傾向がいっそう強かった。そのため，農村部への進出は好ましい反応を受けることが少なかったと思われる。

　民衆的普遍主義への移行は，ただ単に投票極大化の便法であるだけではなかった。それは，支配的な社会構造のあり方や，社会的連帯についての社会主義者自身の考え方にまで必然的に影響を及ぼした。社会構造は，農村と都市の「庶民（little people）」と呼ばれる大衆が支配するところとなった。連帯という問題に関しても，必ずしも労働者間に限定されたそれである必要はなかった。なぜなら，労働者以外の多くの集団が制御不能な強制力の犠牲になり貧困や基本的な社会的リスクに直面しているからである。かくして，普遍主義が指導的原理になったのであるが，その理由は，普遍主義が市民の地位，便益および責任を平等化し，かつ政治的連合の構築を促進するという点にあった。

　それにもかかわらず，普遍主義は競合する労働運動の目標と衝突することがあった。多くの場合，労働運動は自主財政の下で運営する福祉基金を大きな財政的・組織的な権力源としてきた。普遍的な連帯を確保するためにこれを放棄することは，常に好意的に受け取られたわけではなかった。ドイツでは，労働組合は疾病基金に対する自らの支配を維持するのに必死になっていた。普遍主義の先駆者であったデンマークやスウェーデンの労働運動であっても，失業保険基金に対する支配を失うことになったらそれを容認しなかったであろう。

　オーストラリアとニュージーランドは，労働運動が強力であったにもかかわらず，

必ずしも全面的に普遍主義的理念を採用しなかった二つのケースである。両国の労働者は，伝統的に対象を限定したインカムテストつきの給付に対して，その方がより再分配的であるという理由で広範な支持を与え続けていた。しかし，こうした選好の主要な理由は，何十年にもわたって労働組合が享受してきた労使交渉上の優位性であるように思われる。キャッスルズが述べているように，社会的保護を求める労働者の要求は，この優位性ゆえに賃金交渉を通して，よりよくとは言えないにせよ，ほぼ同程度充足されることができたのである（Castles, 1986）。

　普遍主義に対する社会主義者の支持は，社会構造の近代化の過程で改めて問いなおされることになった。先進的な経済の下では，「庶民」は姿を消し，それに代わって，基礎部分の均一給付では満足しないような新しいホワイトカラーの「サラリアート」やより裕福な労働者が登場している。その結果，社会保障の水準が高まらないなら，民間市場における給付への大規模な流出が招来され，新たな不平等が惹起される可能性もある。そこで，普遍主義的な福祉国家の連帯性を維持するために，社会主義者は社会的給付を中産階級の水準に合わせることを余儀なくされた。

　スウェーデンの社会民主主義者は，「中産階級」水準の普遍主義を導入した先駆けであった。その方式は，普遍的な資格要件と高度な報酬比例給付を組み合わせるもので，それによって福祉国家の給付・サービスを中産階級の期待に応えるようにした。社会的市民としての平均的労働者は，こうした改革の結果として上昇移動を経験した。福祉国家にとっては，その結果，国民大多数が福祉国家の擁護の側に回ることになった。「中産階級」の普遍主義は福祉反動的な感情に対して福祉国家を擁護してきたのである。

4　福祉国家の階層化に関する比較次元

　仮にすべての福祉国家が社会的階層化の過程に関係しているとしても，その態様は多様である。保守主義，自由主義および社会主義のそれぞれの初期に形成された歴史的遺制は，多くの場合その後1世紀にわたって制度化され定着した。その結果，先に脱商品化の分析を通して発見したのと著しく似通った諸レジームのクラスター化がみられる。

　福祉国家のクラスターを識別するには，階層化の諸次元についての特質を識別する必要がある。コーポラティスト・モデルは，社会保険が明確な職域別・地位別プログラムに格差化され分立している度合に最も特徴がある。またこの場合には，給付の最低額と最高額との間に大きな差があることが予想されるであろう。国家主義

を識別する上で最も単純なアプローチは，公務員に付与されている相対的特権を確認することである。対照的に，自由主義的原理は，福祉国家の残余主義，とくにミーンズテストの相対的な重要度，被保険者に課せられる財政責任の重さ，およびボランタリー／民間部門による福祉の相対的なウェイトという点に照らして確認されるであろう。また，社会主義的理念を見極めるには，明らかに普遍主義の度合が適切な尺度である。当然ながら，社会主義レジームの下では給付格差が最低レベルを示すであろう。

　どの程度まで明確なレジーム・クラスターが存在するかは，レジーム特性を示す特徴が一つのタイプのクラスターにどれだけ集中的に見られるかにかかっている。一例を挙げれば，(強固なコーポラティズムあるいはまた公務員特権が存在する)保守主義型体制が同時に自由主義的特質(たとえば，大規模な民間市場)もしくは社会主義的特質(たとえば，個人主義)を示すことを期待することはできないであろう。しかしながら，現実の福祉国家の世界はハイブリッドな形態をとる傾向がかなり強いため，明確な体制クラスターが出現するにたる共分散がどの程度まで存在するのかを見極める必要がある。

　表3-1は，レジーム別のプログラム属性に関するデータを示している。表によれば，まず第一に，階層化の「保守主義」原理は地位的分離もしくはコーポラティズムの度合によって表されており，それは現行の(主要な)職域別年金制度の数で測定される。第二に，表では「国家主義」の度合が示されており，それは公務員年金支出の対ＧＤＰ比として測定される。

　また表3-1では，「自由主義」の主要属性を識別するためにデザインされた三つの変数が示されている。第一に，ミーンズテスト付き給付の相対的な比重で，この変数は公的な社会支出総額(公務員への給付分を除く)に占めるパーセンテージによって測定されている。第二に，年金および医療における民間部門の重要性に関するデータで，前者については年金支出総額に占める民間部門のシェア，後者については医療支出総額に占める民間セクターのシェアによってそれぞれ測定される。

　最後に，表3-1には，「社会主義」的レジームに最も明確に関係する二つの属性が含まれている。すなわち，政策プログラムに見られる普遍主義の度合(16-64歳人口における疾病・失業・年金各給付の受給資格者の平均比率で測定される)と給付構造における平等性の度合である。後者の場合，ここでの尺度は，上記の三つのプログラムに関して，法的に可能な最高給付に対する基準給付の比率の平均である。その際，明らかに社会主義指向のレジームでは給付の平等性が強調されるであろうし，他方で，保守主義レジームにおいては不平等が最大になるにちがいない。

表 3-1　18の福祉国家におけるコーポラティズム、国家主義、普遍主義、ミーンズテスト付き給付、市場影響力、給付平等性（1980年）

	コーポラティズム[a]	国家主義[b]	ミーンズテスト付き救貧扶助[c]（公的社会支出総額比％）	民間年金（全体比％）	民間医療支出（全体比％）	普遍主義平均[d]	給付平等性平均[e]
オーストラリア	1	0.7	3.3	30	36	33	1.00
オーストリア	7	3.8	2.8	3	36	72	0.52
ベルギー	5	3.0	4.5	8	13	67	0.79
カナダ	2	0.2	15.6	38	26	93	0.48
デンマーク	2	1.1	1.0	17	15	87	0.99
フィンランド	4	2.5	1.9	3	21	88	0.72
フランス	10	3.1	11.2	8	28	70	0.55
ドイツ	6	2.2	4.9	11	20	72	0.56
アイルランド	1	2.2	5.9	10	6	60	0.77
イタリア	12	2.2	9.3	2	12	59	0.52
日本	7	0.9	7.0	23	28	63	0.32
オランダ	3	1.8	6.9	13	22	87	0.57
ニュージーランド	1	0.8	2.3	4	18	33	1.00
ノルウェー	4	0.9	2.1	8	1	95	0.69
スウェーデン	2	1.0	1.1	6	7	90	0.82
スイス	2	1.0	8.8	20	35	96	0.48
イギリス	2	2.0	—[f]	12	10	76	0.64
アメリカ	2	1.5	18.2	21	57	54	0.22
平　均	4.1	1.7	5.9	13	22	72	0.65
標準偏差	3.2	1.0	5.1	10	14	19	0.22

(注) a 職域別公的年金制度の数を基準とした。主要な年金制度のみを含めた。
b 政府被用者に対する年金支出のGDP比を基準とした。
c 支出の推計では通常のインカムテスト付き給付を除外している（たとえば、スカンジナビア諸国の住宅手当、ドイツの失業扶助、あるいはオーストラリア、ニュージーランドの老齢・疾病給付）。こうした2タイプの評価に基づく個人的状況に関する評価に基づいている。ここでの推計は、各国でのシステムの作動状況に関する個人的評価に基づいている。
d 疾病給付、失業給付、年金給付の平均（オーストラリア、ニュージーランドの失業・疾病給付のようなインカムテスト付き給付については、すべての市民に受給権を認めていないためスコアを0とした）。
e 疾病・失業・年金の各社会給付の基準額と最高額との平均額と平均値に基づく）。給付格差は、当該システムにおける法定の最高限度の給付額に対する基礎給付として保障された給付額の比に基づいている。
f 利用可能なデータがない。

(出所) G. Esping-Andersen (1987 b, table 3); United States Government Printing Office, *Social Security Programs Throughout the World* (1981); ILO, *The Cost of Social Security, basic tables* (Geneva: ILO, 1981); OECD, *Measuring Health Care*, 1960-1983 (Paris: OECD, 1985, p. 12); SSIB data files.

まず，保守主義的属性について見ると，コーポラティズムと国家主義の両者に関して，基本的に双峰的な分布を示しているのがわかる。さらに，これら二つの特徴の一致は非常に際立っている。オーストリア，ベルギー，フランス，ドイツ，イタリアなどの国家群は二つの属性に関して非常に高いスコアを示している。おそらくフィンランドもこのグループに属するであろう。この国家群が，本書で先に脱商品化について保守主義的伝統に属すると確認したグループと合致しているという点は注目に値する。

　次に，自由主義的特徴についてであるが，そのパターンはかなり複雑である。まず救貧扶助という変数によって，国家群は三つのグループに分かれる。スコアが非常に高いグループ（カナダ，フランス，アメリカ），中程度のスコアのグループ，救貧的扶助がごく周辺的な位置づけしか与えられていないグループ（北欧諸国）の三者である。対照的に，民間年金という変数は，民間年金が圧倒的に優勢なグループとそれがほとんど存在しないグループとを明確に区別する。民間医療保険という変数も，救貧扶助と同様，国家群を三つのグループに分ける。その際，ドイツ，オーストリアのような国では，かなりの程度「プライヴァタイゼーション」が進展しているのに気がつくが，このことは民間福祉団体という言葉の曖昧さを示している。両国では，「民間の」医療ということは自由な企業家精神ではなく，伝統的な教会の影響力（たとえばカリタス）を反映している。しかし，全体に目を配ると，自由主義的属性に関して総体的に高いスコアを示している一群のグループがある。アメリカ，カナダ，およびこの二国ほど明瞭ではないが，オーストラリア，スイスなどである。

　最後に，社会主義レジームの尺度について検討してみると，普遍主義がスカンジナビア諸国の社会民主主義における支配的原理であり，カナダ，スイスなどいくつかの自由主義体制においてもある程度まで当てはまるというのがわかる。その対極には，社会的権利が際立って未発達な状態にある自由主義的な事例が数多く存在している（アメリカ，オーストラリア，ニュージーランド）。他方で，保守主義に関して高いスコアを示す傾向のあるヨーロッパ大陸諸国は，ここでは中位に位置することになるが，この点はさほど驚くにはあたらない。というのも，ヨーロッパ大陸諸国では，職域ごとに社会保険への強制加入がおこなわれ，その結果大部分の労働力が保険によってカバーされているからである。給付格差の尺度は，少数の例外を除けば「社会主義的」事例と「保守主義的」事例との明確な区別をいっそう際立たせる。前者の場合，平等性の強調が格差を小さくし，後者では，地位および階統制の維持原則がはっきりした不平等を引き起こす結果になっている。この変数を正確

表 3-2　18か国の福祉国家における階層化の属性に関する 2 変量相関マトリクス

	コーポラティズム	国家主義	救貧扶助	民間年金	民間医療	普遍主義
コーポラティズム	1.00					
国家主義	0.55					
救貧扶助	0.16	−0.11				
民間年金	−0.40	−0.64	0.49			
民間医療	−0.02	0.01	0.60	0.45		
普遍主義	−0.02	−0.03	−0.05	0.00	−0.28	
給付格差	0.40	0.14	0.73	0.21	0.51	0.21

に解釈するには，当面オーストラリアとニュージーランドの問題を除外して考える必要がある。両国のシステムは均一給付による社会扶助の伝統に基盤を置いているため，給付は当然のことながら実質的に平等になる。この二つのケースを除けば，給付格差をめぐる傾向は予測されるとおりである。たとえば，スカンジナビアの社会民主主義諸国は最も平等主義的な国々に属する。しかし，表では，（高度な格差を示している）コーポラティスト・レジームと（同様に非常に極端な格差を示している）自由主義レジームとを区別することはずっと難しい。

どの程度までレジーム・クラスターが存在するのかを確認しようとする最初の試みは，表 3-2 でゼロ次相関マトリクスにより提示されている。表に挙げられた諸レジームに関して，レジームを識別する特定の特性の間に強い相関が存在するのは間違いない。また逆に，別のレジームの属性との間には負の相関もしくは無相関も明瞭に認められる。表 3-2 に見られる相関関係は，本書ですでに予測したようなレジーム・クラスターの存在を示唆している。保守主義的属性（コーポラティズムと国家主義）は正の相関（0.55）にあり，他方で自由主義レジームの 2 属性（救貧扶助，プライヴァタイゼーション）や社会主義的な普遍主義変数とは負の相関もしくは無相関にある。また，給付格差との間には正の相関関係があり，これによって保守主義レジームが福祉国家において不平等を再生産する傾向があるということが示されている。

自由主義レジーム・クラスターの存在も，同じく明確に示されている。救貧扶助は民間年金と民間医療保険のいずれとも強く関係しており（それぞれ r ＝0.49および0.60），さらに民間年金と民間医療保険は正の相関にある。大きな給付格差は，自由主義レジームの諸変数と強力に結びついている。以上のことから，福祉給付に見られる高い不平等性は階統制システムからも市場追随的傾向からも現れるという結論が引き出されよう。自由主義レジームの特性がすべて保守主義的および社会主義的属性との間で負の相関もしくは無相関の関係にあるという点で，自由主義レ

表3-3 保守主義・自由主義・社会主義体制の属性に応じた福祉国家のクラスター化
（カッコ内は累積集計スコア）

	保守主義		自由主義		社会主義	
高	オーストリア	(8)	オーストラリア	(10)	デンマーク	(8)
	ベルギー	(8)	カナダ	(12)	フィンランド	(6)
	フランス	(8)	日本	(10)	オランダ	(6)
	ドイツ	(8)	スイス	(12)	ノルウェー	(8)
	イタリア	(8)	アメリカ	(12)	スウェーデン	(8)
中	フィンランド	(6)	デンマーク	(6)	オーストラリア	(4)
	アイルランド	(4)	フランス	(8)	ベルギー	(4)
	日本	(4)	ドイツ	(6)	カナダ	(4)
	オランダ	(4)	イタリア	(6)	ドイツ	(4)
	ノルウェー	(4)	オランダ	(8)	ニュージーランド	(4)
			アメリカ	(6)	スイス	(4)
					イギリス	(4)
低	オーストラリア	(0)	オーストリア	(4)	オーストリア	(2)
	カナダ	(2)	ベルギー	(4)	フランス	(2)
	デンマーク	(2)	フィンランド	(4)	アイルランド	(2)
	ニュージーランド	(2)	アイルランド	(2)	イタリア	(0)
	スウェーデン	(0)	ニュージーランド	(2)	日本	(2)
	スイス	(0)	ノルウェー	(0)	アメリカ	(0)
	イギリス	(0)	スウェーデン	(0)		
	アメリカ	(0)				

ジームの固有性は明確に認められる。

　最後に，社会主義レジームの場合，構成要素である二つの変数（普遍主義と平等主義的給付）が相互にさほど強い相関関係にないため，その存在を確定するのが他のレジームに比べて困難である。別の側面では非常に自由主義的な国であっても普遍主義への傾斜を強めている場合（カナダ，スイスなど）もあれば，本質的に均一最低給付中心のシステムを採用している自由主義的な国であっても給付格差が小さい場合（オーストラリアなど）もある。それにもかかわらず，普遍主義という特性はそれ自体で固有の意義を有しており，保守主義的および自由主義的レジーム変数と（無相関である点で）区別される。それでも平等主義と普遍主義との間に強いむすびつきを見出せないというのは意外ではある。

　第2章で見たように，以上のデータは，重要な国別クラスターを明瞭かつ簡潔に識別できるよう集計指標に変換できる。従前通り，ここでも，各変数毎の分布における平均および標準偏差に基づいて（概略的に）この作業を試みよう。表3-3で

「保守主義」,「自由主義」および「社会主義」に関する累積集計スコアが示されている。附録で説明している通り，スコアが高ければ高いほど，保守主義，自由主義および社会主義それぞれの度合が増大する。表ではクラスターを高・中・低の3群に分けている。

表3-3から，クラスターが現に存在しているという結論が必然的に導き出される。保守主義に関する集計指標で高いスコアを示している国（イタリア，ドイツ，オーストリア，フランス，ベルギー）はすべて，自由主義および社会主義に関する指標のスコアが低位もしくはせいぜいのところ中位である。ついで，強い自由主義によって特徴づけられる国（オーストラリア，カナダ，日本，スイス，アメリカ）は，保守主義および社会主義に関するスコアが低位もしくは中位である。最後に，社会主義クラスターには，スカンジナビア諸国やオランダをはじめとして，他二つの体制クラスターに関するスコアが低位（もしくは中位）の国すべてが含まれている。

以上のことを別の観点から言えば次のようになろう。福祉国家が社会的階層化のパターン形成に重要な役割を演じているという点を積極的に認めた上で，不平等や地位，階級分化に関する人々の経験や実感にきわめて重要な意味をもつ階層化の諸属性に着目するならば，福祉国家を単にどれほど平等であるかという点から比較するのはミスリーディングであることが分かる。それに代わって，本書では新たに，福祉国家の構造に埋め込まれた社会的階層化という全く異なったロジックを提示している。このような意味で我々は，先の脱商品化に関する議論と同様に，諸レジームについて論じている。

加えて，我々は脱商品化に関するクラスター化と階層化に関するクラスター化が近似していることを確認し始めている。第2章で提示した証拠を想起すれば，スカンジナビアの社会民主主義的な福祉国家では，高度な脱商品化と強力な普遍主義との一致が明らかに存在している。また同様に，アングロ・サクソン諸国では，低度な脱商品化と強力な個人主義的自立との一致が明確にみられる。最後に，ヨーロッパ大陸諸国は，コーポラティズムと国家主義の傾向が強く，それとともにかなり穏やかな脱商品化を示す点で似通った一群を形成している。

第4章では，福祉国家のプログラムのうち最も重要な一つである年金において，国家と市場との境界がどのように形成されたのかを分析し，それによって福祉国家のレジーム・クラスターを確定する議論を結論づけたい。脱商品化と階層化いずれの形成にとっても，公私ミックスが中心的な役割を演じているという点はすでに明らかになっている。ここでさらに立ち入って検討したいのは，政治経済システムに

おいて社会政策，とくに年金の全体構造がいかに形成されたかという問題である。

附録　階層化指標に関する数量化手順

　第2章でみたように，各変数毎の平均・標準変量に関する国別分布に基づいた指標を展開してきた。保守主義レジームの属性は，コーポラティズムおよび国家主義といった変数によって把握される。そして，自由主義レジームの属性は，社会扶助および民間医療保険と民間年金の相対的重要性によって識別される。また，社会主義レジームの属性は，主に普遍主義の度合によって捕捉される。最後に，給付格差という変数に関しては，社会主義レジームの場合，そのスコアが低いことが予想される。

　コーポラティズムの指標を構成するにあたって，まず，独立した職域年金プログラムが2以下しかない国のスコアを0とし，次に，2ないし5の職域年金プログラムを有する国のスコアを2とし，さらに，5以上の職域年金プログラムを有する国はすべてスコアを4とした。

　国家主義の変数は，どの程度公務員に特別の福祉特権が付与されているのかを表しており，公務員を対象とした年金支出のGDP比で測定される。その比率が1％より小さい場合はスコアを0とし，1以上で2.1％までの場合はスコアを2，2.2％以上の場合にはスコアを4とした。

　社会扶助の相対的重要性を測る指標は，ミーンズテスト付き給付の支出が社会移転支出総額に占める割合（％）に関するデータに基づいている。古典的なタイプのミーンズテスト付き給付とより現代的な所得準拠型移転（income-dependent transfers）との境界線を正確に引くのは非常に難しい作業である。本書では，オーストラリアとニュージーランドを本質的にインカムテスト型の福祉国家として位置づけることにした。したがって両国のスコアはかなり低くなるだろう。同様に，スカンジナビア諸国における住宅手当を除外している。言い換えれば，ここではこの変数を構成するにあたって，伝統的な救貧観に沿った純粋なミーンズテスト付き社会扶助プログラムに対する支出を捉えるように留意した。したがって，アメリカのAFDC，ドイツ系諸国の社会扶助（Sozialhilfe），北欧諸国の社会扶助（socialhjaelp）などのプログラムが変数に含まれている。イギリスの場合，ミーンズテスト付き給付とインカムテスト付き給付をともに「補足給付」という一般的名称で統合する方式が採用されてきたため，特別の問題が生じる。ここでは，比較のために，イギリスのシェアをほぼ1％程度と（控えめに）見積もることにした。

この変数に関する指標の構成にあたっては先に採用した論理に従っている。つまり，移転支出総額に対する社会扶助支出の比率が３％以下の場合はスコアを０とし，３％より多く８％以下はスコアを２，８％より大きい場合についてはスコアを４とする。

　年金支出総額に占める民間年金支出の比に関する指標は，次のように展開されている。シェアが10％より小さな国はすべてスコアを０とし，シェアが10％以上15％以下の場合にはスコアを２，16％以上のシェアの国についてはスコアを４としている。

　民間医療保険が占める割合に関して，シェアが10％より小さな国はスコアを０とし，10以上20％以下のシェアの場合にはスコアを２，21％以上のシェアについてはスコアを４としている。

　普遍主義の変数は，各プログラムがその対象とする人口（16歳から65歳までの労働力）の割合を評価する。人口の60％以下しか対象とされていない場合が低度の普遍主義と定義づけられ，スコアは０である。対象範囲が61％以上85％以下の場合はスコアが２，86％以上が対象とされている場合はスコアが４である。留意する必要があるのは，オーストラリア，ニュージーランドにおける失業給付や疾病給付の制度のように，インカムテストを基本とするプログラムについてはスコアが０とされている点である。その理由は，このタイプのプログラムは自動的に普遍的権利を保障しているわけではないからである。

　最後に，給付格差に関する変数は，普通の標準的な労働者が基準給付として受け取っている給付と，当該体制の法令で規定されている最高給付に基づいて構成される。基準給付が最高給付の55％より少ないシステムの場合にはスコアが０とされる（きわめて高度な格差を示している）。55％以上80％以下の範囲にあるシステムはスコアが２，80％以上のシステムではスコアが４である。

（藤井　浩司）

第 4 章
年金レジームの形成における国家と市場

1 公私ミックスへの視点

　国家であれ市場であれ福祉供給の拠点として予め決定づけられていたわけではなかった。しかしながら，ほとんどすべての社会政策に関する教科書は，そうした決定論的な観点から読者を納得させようと試みるだろう。社会学者は，一般的に，福祉の配分を政府の社会政策と同一視する。自由主義のドグマや現代の経済理論が人々に信じ込ませようとしているのは，国家は人工的な創造物であり，市場こそが，不当な干渉から免れているかぎり多様な福祉ニーズを充足することのできる唯一の制度であるということである。しかし，市場こそがニーズ充足の最善の制度であるという論法は，自動車に関しては当てはまるかもしれないが，社会保障については全く通用しない。

　すべての先進諸国には，福祉供給においてなんらかの公私ミックスが見られ，この公私関係にこそ福祉国家の最も重要な構造特性が見出されるであろう。本章では，社会的移転全体のなかで最も重要な分野である年金を対象にこの関係を検討する。我々は，国家が市場を創造し，市場が国家を形成したということを発見するであろう。少なくとも年金については，それが存立可能な民間市場を形成し発展するには国家権力の発動が必要であった。そしてその年金を育成する国家について言えば，市場の性質と限界が，国家がどのような役割を担うかを決定的に方向づけた。国家と市場，あるいはこう言ってよければ，政治権力と貨幣関係との間で継続的な相互作用が営まれてきた結果，社会的供給の固有の混合形態が作り出され，福祉国家レジームが規定されることになった。

　年金の分析というと，なにか重箱の隅をつつくようで興味がそそられないと思わ

れるかもしれない。そうであるとするなら，次の二つの事情を想起する必要がある。まず第一に，年金は多くの現代国家でＧＤＰの10％以上も占めているという点，第二に，年金は仕事と余暇，稼働所得と再分配，個人主義と連帯，貨幣関係と社会的権利といった二項対置をつなぐ連結軸になっているという点である。その意味で，年金に着目することによって，長い間相互に対立してきた一対の異なった資本主義原理を浮きぼりにできるのである。

2 国家と市場との関係における福祉国家レジーム

　すでに第１，２章で論じたように，福祉国家レジームの概念を定義すると次のようになる。すなわちそれは，社会政策に関連する政策決定，支出動向，問題の定義づけ，さらには市民や福祉受給者が社会政策にいかに反応し何を要求するかという構造について，これらを統御，形成する制度的な配置，ルールおよび了解事項，である。短期の政策，改革，討論および意志決定は，各国の歴史を通して質的に異なった制度形成がおこなわれてきたその枠組みのなかで実施される。政策レジームはその環境を指し示している。社会的市民権とむすびついた権利や要求資格の範囲は，このような，歴史的に一貫した傾向をもつ制度的パラメーターの一例である。したがって，どのような人間のニーズに社会的権利の地位を与えるかという問題は，福祉国家レジームを識別するうえで中心的な指標である。ティトマスの理論枠組における「制度的」福祉国家は，「残余的」福祉国家とは対照的に，社会的権利について予め制約を認めていない福祉国家である（Titmuss, 1974; Korpi, 1980）。

　したがって，福祉国家レジームを識別するうえでとくに重要な要素は，公的に定められた社会的権利と民間のイニシアティブとの混合という問題とかかわっている。言い換えれば，本質的な人間のニーズを，私的責任かそれとも公的責任かのいずれに委ねるのかという観点からレジームを比較することができる。

　社会的保護について公私でどのように分担するかによって，福祉国家レジームにおける脱商品化，社会的権利および階層関係についての構造が定まる。皮肉なことに，福祉国家を識別するためには民間福祉を分析する必要がある。そして，以下でも指摘するように，逆もまた真なのである。しかし，この問題が類型化の試みに対してもつ有意性はさておくとしても，民間の福祉供給がどのような役割を果たしたかという問題は，福祉国家の発展に関する因果理論をいくぶんとも厳格に検討するならばまず分析されるべき問題である。なぜなら，国家供給と民間供給はきわめて密接に混じり合っているからである（Rein and Rainwater, 1986）。

3 先進資本主義の民主主義体制における
社会的供給の公私ミックス

　公私ミックスに関する研究は一様に大変厄介な障害に直面する。第一に，信頼できるデータの不足である。特に過去に遡る場合は深刻である。第二に，何が公的で何が私的であるのかを正確に定義づけることの困難性である。

　定義上の問題は，本書での理論関心に照らして解決する必要がある。システムを区別するための第一の原理は，法の存在にかかわっている。なぜなら，これこそが確立した社会的権利と多様な契約関係とを区分する唯一有意な方法だからである。その意味で，ⓐ年金が直接国家によって法制化され管理されている場合，あるいはⓑ民間部門による一定のタイプの年金の提供を求める明確かつ明示的な政府による取り決めがある場合には，こうした年金をすべて「公的」という標題の下に含める必要がある。その結果，本書では，フィンランド，イギリス，オランダにおける2階部分の産業年金は公的年金として取り扱う。しかし，（1982年以前の）スイスの労働市場年金のように，政府による明示的な指定を欠く場合には民間年金として分類される。同様の議論がオランダの「企業年金」にも当てはまる。フランスは唯一の曖昧な事例で，政府による委任はおこなわれているが正式には法制化されていないのである。フランスの制度運用の趣旨は，実際に法制化されている事例に見られる立場とまったく同じであるため，ここではフランスの職域年金を「公的年金」として取り扱うことにした。民間年金から公的年金へと移行については，政府による委任があった年度を特定してその区切りとする。

　特化する必要のある第二のカテゴリーは，政府公務員年金である。ここでは政府が雇用主として現れているのであり，したがって公務員年金は本質的に職域年金である。政府予算によって財政運営され経費支出されているにもかかわらず，法制化された社会的権利とほとんど関係なく，特定の地位区分と深く関係している。政府公務員年金は，国家主義と団体特権の遺制を反映している。

　「純粋な」民間年金として位置づけられるものには，職域年金と個人年金という二つの種別がある。二つのタイプの年金はそれぞれ異なった論理に依拠しているため，両者を区別することは重要である。職域年金については，厳格にはこれを単に市場の論理に沿ったものとして見るのは困難である。職域年金は（伝統的な賞与的年金の形式をとって）雇用主のパターナリズムを反映している場合が多い。また，（団体年金という形式をとって）団体保険の所産であることも多く，この意味で

コーポラティズム型の社会保険に近い民間年金と言える。さらに，労働市場における団体交渉の成果であることもあり，その場合には，ある種の延べ払い賃金とも言える。今日，パターナリズム型の職域年金は（日本を除いて）あまり中心的なものではない。したがって，本書では，民間職域年金を主に団体保険もしくは労働組合主義の一形態として見ることにする。最後に，生命保険のような個人年金のカテゴリーは，競争的契約関係の枠組みのなかでの個人の自助自立という伝統に基づいている。

　先に指摘したことだが，一般に民間年金については統計的に補捉されている部分が少なくしかも不揃いであるため，経験的研究にはかなり厄介な問題が存在する。通常，生命保険，政府委任に基づく職域年金もしくは信託に基づく労働市場年金については，信頼できる情報がある。主に欠けているのは，無基金の「恩賞的年金」に関するデータである。したがって，いくつかの国，特に日本の場合には，民間の制度の範囲をどうしても過少評価せざるをえない。さらに，歴史的データについてはその収集はほとんど不可能である。この点は，本書での現状分析にとって制約となっている。オーストリアとイタリアの2か国の場合も，利用可能な情報はほとんどない。しかし，両国では民間年金がかなり周辺的な位置を占めているにすぎないという点については，広く一般的に合意されている。したがって，両国については，サンプル国のなかでも最もスコアの低い国と同程度のスコアしか与えられないであろう（イタリアの場合，1970年度の民間年金支出に関する既知のデータからの推量で手がかりが得られる）。

　以下で経験的検証を試みるにあたって，二つの異なった指標を提示する。一つは，プログラムのカテゴリー別の支出総額である。次に，高齢者世帯の所得源である。前者に関しては，カヴァリッジに関するデータもしくは財務のデータに比べて，支出データのほうが現実情勢を反映しているため，より適切であった。ただ，長期的な資金供給が捉えられる場合には，財務データは可能な将来シナリオを映しだす。また，カヴァリッジのデータについては，たとえ包括的であっても，それによって必ずしも民間年金が重要な役割を演じているということを意味しないという問題がある。たとえば，スウェーデンにおける職域別の民間年金は実質的に普遍的性格をもっているが，支払われる給付は非常に僅かである。

　高齢者世帯の所得源泉に関しては，数か国のサーベイ・データがあり，それによって公的年金と民間年金間の相対的重要度，ならびに高齢者世帯の所得パッケージ全体のなかでの就労所得と個人貯蓄間の相対的重要度を評価することができる。さらにこれによって，就労の一貫した重要性を検証することもでき，またデータの信

頼性を確認するための手段として支出ベースのデータと所得源泉データを比較することも可能になる。年金支出に関する定義およびデータ・ソースをめぐる論点については，本章の附録で詳細に論じている。

4 国家と市場による年金供給

いくつかの国に関しては，1950年代以降の職域年金の支出推移を検証することができる。表4-1は，12か国における1950-80年期の職域年金支出の対ＧＤＰ比推計を示している。表からは次の二つの重要な現象が読み取れる（この点については後に再論する）。まず第一に，民間の（基金に基づく）職域年金は，ごく近年までさほど重要な役割を演じていなかったという点である。1950年当時，民間年金が吸収しているナショナルな資源は僅かであった（この点では公的年金も同様である）。第二に，表は国別動向の相違を示している。いくつかの国，とくにオーストラリア，スイス，アメリカでは，民間年金が急成長してきた。デンマーク，カナダ，オランダでもかなりの成長が見られた。フィンランドやスウェーデン，イギリスでは，全く逆の傾向が見られるが，いうまでもなく，こうした国々では政府による立法もしくは委任が民間部門を周辺的な位置に追いやったのである。民間年金に関する双峰型の国別分布は，表4-2で示されているように，1980年時における年金支出の内訳をより詳細に検討してみても変化していない。

この表は，18か国を対象に，法定の社会保障年金，政府被用者年金，民間職域年金および個人年金の相対的重要性を各年金の対ＧＤＰ比で示している〔訳注：原文の social security pension は政府被用者年金を除いた，法的根拠のある公的性格の強い年金という独自の意味で用いられている。ここでは混乱を避けるために「法定（の）社会保障年金」とする。以下同じ〕。四つの年金カテゴリーすべてについて，国家間での差異がかなり見られる。法定社会保障年金の場合，日本の２％強を最低として約10％のスウェーデンを最高にバリエーションに富んでいる。政府被用者年金では，１％を下回るカナダ，オーストラリアから最高の約４％のオーストリアまで幅が見られる。民間職域年金は，オーストリアやイタリアではさほど重要ではないが，スイスやアメリカでは広範に普及している。個人年金（いくつかの団体年金も含む）に関しては，カナダ，デンマーク，ドイツで支配的な役割を演じているが，フィンランド，イタリア，イギリスでは周辺的な位置づけである。

表4-3で示されているように，年金支出総額（公・私年金）に対して四つの年金カテゴリーそれぞれが占める比率を提示すれば，相対的な年金ミックスの構図を

表4-1 民間職域年金の対象範囲

（GDP比推計，1950年以降）

	1950	1960	1970	1980
オーストラリア	0.1	—	—	1.3
カナダ	0.13	0.5	0.7	0.6
デンマーク	—	—	0.34	0.65
フィンランド	—	0.2	—	0.1
フランス	—	0.7	—	0.3
ドイツ	0.2	0.1	—	0.5
イタリア	—	—	0.09	—
オランダ	0.3	—	0.4	0.8
スウェーデン	0.4	—	—	0.5
スイス	0.25	—	1.1	1.4
イギリス	—	1.2	—	1.0
アメリカ	0.14	0.34	0.74	1.4

（出所）G. Esping-Adersen, 1988, *State and Market in the Formation of Social Security Regimes*. European University Institute Working Papers, Florence, Italy.

表4-2 各種公私年金および個人生命保険年金の支出

（GDP比%，1980年）

	法定社会保障年金	政府被用者年金	民間職域年金	個人保険
オーストラリア	3.8	0.7	1.3	0.6
オーストリア	8.65	3.8	—a	0.3
ベルギー	5.6	3.0	0.4	0.3
カナダ	2.9	0.2	0.6	1.3
デンマーク	6.1	1.1	0.65	0.8
フィンランド	6.2	2.45	0.1	0.2
フランス	8.3	3.1	0.3	0.6
ドイツ	8.3	2.2	0.5	0.8
アイルランド	3.4	2.2	0.1[b]	0.5
イタリア	6.15	2.2	—a	0.1
日 本	2.15	0.9	0.45	0.45
オランダ	6.9	1.8	0.8[c]	0.45
ニュージーランド[d]	8.1	0.75	0.35	0.0
ノルウェー	7.1	0.9	0.1	0.55
スウェーデン	9.7	1.0	0.5	0.15
スイス	7.3	0.95	1.4	0.6
イギリス[e]	6.4	2.0	1.0	0.1
アメリカ	5.0	1.5	1.4	0.3

（注）a 基本的に該当するシステムがない。
　　　b 「個人基金」への支出に関するデータがない。これについては拠出比率に基づいて推計した。
　　　c 1981年データ。
　　　d このデータは1977年に関するもの。
　　　e 1979年データ。政府被用者給付の場合を除いて，雇用契約によって法適用が排除されている時には労働市場年金は民間市場に割当てられる。

（出所）G. Esping-Andersen, 1988: *State and Market in the Formation of Social Security Regimes*. European University Institute Working Papers, Florence, Italy.

表 4-3　公私年金ミックス（年金支出総額比%, 1980年）

	法定社会保障年金	政府被用者年金	職域年金	個人保険
オーストラリア	59.4	10.9	20.3	9.4
オーストリア	67.8	29.8	0.8	2.3
ベルギー	60.2	32.3	4.3	3.3
カナダ	58.0	4.0	12.0	26.0
デンマーク	70.5	12.7	7.5	9.2
フィンランド	69.3	27.4	1.1	2.2
フランス	67.5	25.2	2.4	4.9
ドイツ	70.4	18.6	4.2	6.8
アイルランド	54.8	35.5	1.6	8.1
イタリア	71.6	26.0	1.2	1.2
日本	54.4	22.8	11.4	11.4
オランダ	69.4	18.1	8.0	4.5
ニュージーランド	87.9	8.2	3.8	0.1
ノルウェー	82.0	10.4	1.2	6.4
スウェーデン	85.5	8.8	4.4	1.3
スイス	71.1	9.3	13.7	5.9
イギリス	67.3	21.1	10.5	1.1
アメリカ	60.9	18.3	17.1	3.7

（出所）　G. Esping-Andersen, 1988: *State and Market in the Formation of Social Security Regimes*. European University Institute Working Papers, Florence, Italy.

より鮮明に描き出すことができる。ここでは，オーストリアおよびイタリアの職域年金支出をＧＤＰの0.1％程度と推計していることに留意されたい。

　表4-3では，国別にかなり顕著なクラスターが形成されている。年金ミックス全体で法定社会保障年金が低水準である場合，その一方で民間供給が大きなシェアを占めるのが通例である。しかし，これはほとんど同語反復であると言えよう。政府被用者年金が占める比重に関しては，驚くほど双峰型の国別分布になっている。そのうちの一方の国家群の場合，政府被用者年金の規模がきわめて大きい（オーストリア，ベルギー，フィンランド，フランス，アイルランド，イタリア，日本）。これらの国は，当然のことながら先に国家主義的・コーポラティスト的特性の強いレジームとして位置づけた国家群と一致している。対照的に，自由主義的および社会民主主義的な福祉国家クラスターでは，政府被用者年金は低位である（オーストラリア，カナダ，デンマーク，ニュージーランド，ノルウェー，スウェーデン，スイス）。自由主義的か社会民主主義的かは，主として法定社会保障と民間供給との相対的位置づけによって区分される。オーストラリア，カナダ，アメリカは，慎ましい法定社会保障と強い民間関与の例であり，他方，ノルウェー，スウェーデンは

（おそらくデンマークも）その逆の例である。以上のことから，「年金レジーム」の予備的分類を試みれば次のようになろう。

① コーポラティズム的国家優位型保険システム。このシステムでは，地位が年金プログラム構造におけるキー要素になる。このレジームの下では，民間市場は一般的に周辺的な位置を占め，また法定社会保障は職域ごとに著しく分化されていると同時に公務員の特権が目立っている。オーストリア，ベルギー，イタリア，日本など。さらにフィンランドもこれに含まれよう。

② 残余主義システム。法定社会保障もしくは公務員特権のいずれか（あるいは両者）を犠牲にして市場が優越的な位置を占めている。オーストラリア，カナダ，スイス，アメリカなど。

③ 普遍主義的国家優位型システム。このシステムの下では，社会的権利が国民の間に行き渡り，その結果，地位特権や市場原理が排除されている。ニュージーランド，ノルウェー，スウェーデンなど。さらにデンマーク，オランダもこれに含まれよう。

この分類に含まれていない唯一の真の混合型ケースがイギリスである。イギリスでは，均一給付の国家による基礎年金が二階建て部分にあたる公的な所得比例型年金によって十分に補完されなかった。その一方で，適用除外原則がある程度民間年金の発達を促してきた。しかし，いずれもシステム全体のパターンを決定するほど強力に進展しなかった。

当然のことながら，高齢者世帯の所得源泉に関するデータからも同様のクラスターが抽出される。したがって，残余主義的レジームの下では，世帯の所得ミックス全体のなかで勤労所得・投資所得・民間年金所得が相対的により大きな役割を演じていると言えよう。

以上の点は，少数の例外はあるにせよ，表4-4で確認される。残念なことに，データからは公務員年金と一般的な法定社会保障とを区別できない。残余主義的レジームであると考えられる国（カナダ，アメリカ，デンマーク，アイルランド，イギリス）では，勤労所得が重要な位置を占めている。イギリスやデンマークの場合，その理由はごく単純で，第一に法定社会保障システムが慎ましい均一給付年金しか支給していないという点，第二に二階部分の年金が存在しないか，あったとしてもごく最近導入されたために十分な年金所得を支給できないという点に求められる。アイルランドの場合，その理由は主に，自営農民が依然として重要な位置を占めている状況と関係している。しかしながら，表が世帯を対象としている点を前提とすれば，勤労所得は配偶者の収入ともかなり関連しているかもしれない。

表4-4 65歳以上高齢者世帯の所得源泉（世帯所得総額費：％）

	勤労所得[a]	資産収益	民間年金	社会保障移転[b]
カナダ(1980)	27.0	22.6	11.3	37.0
デンマーク(1977)	27.7	11.1	10.4	46.9
フィンランド(1980)	15.3	7.1	0.3	77.3
ドイツ(1978)	11.9	11.6	3.9	68.5
アイルランド(1980)	49.1	3.9	12.3	34.7
ニュージーランド(1980)	13.9	18.9	4.4	59.4
ノルウェー(1982)	20.4	7.2	0.8[c]	71.5
スウェーデン(1980)	11.1	8.8	—	78.1[d]
イギリス(1980)	23.8	9.1	5.5	54.6
アメリカ(1980)	26.8	15.4	5.5	37.3

（注）「その他特定されない」所得源のカテゴリーは表から割愛している。したがって、数値も合計しても必ずしも100％にならない。カナダ、ドイツ、スウェーデン、イギリス、アメリカについては、データは65～74歳高齢者世帯に関するものである。退職年齢が67歳であるノルウェーとデンマークについては、データが67歳以上を対象にしている点に留意せよ。デンマークのデータは単身男性、単身女性、夫婦世帯の加重平均で、下記の出典から再計算した。
　a　勤労所得には自営所得も含まれる。
　b　高齢者に対する社会保障年金およびその他の公的所得移転。公務員年金も含む。
　c　ノルウェーの民間年金の数値には、世帯所得統計の公務員年金も含まれる。国民会計上、民間職域年金に対する公務員年金の比率は9：1で、ここではそれに応じて数値を調節し、「社会保障移転」に90％を割当てた。
　d　これには個別に推計できない民間職域年金も含まれる。
（出所）カナダ、スウェーデン、イギリスそしてアメリカについては LIS ファイルから、デンマークについては H. Olsen and G. Hansen, *De Aeldres Levevilkaar 1977* (Copenhagen : SFI, 1981, pp. 263ff.)、フィンランドについては、フィンランド中央統計局から直接にデータを得た。アイルランドについては J. Blackwell, *Incomes of the Elderly in Ireland* (Dublin: NCA, 1984, table 12) およびパリの OECD の M. マッカイアー博士からの直接の聞き取りによる。ニュージーランドについては *New Zealand Household Survey 1980-1981* (Wellington : Department of Statistics, 1983, table 10)、ノルウェーについては *Inntektsstatistik 1982* (Oslo: Statistisk Sentralbyra, 1985, p. 58)、ドイツについては *Einkommens -und Verbrauch Stichprobe 1978* (Wiesbaden : Statistisches Bundesamt, 1983, p. 308) から再計算した。

　表4-4における投資所得と民間年金との区別は、個人の自立と団体交渉との関係と対応している。この意味で個人主義は、カナダ、ニュージーランド、アメリカで特に顕著に現われ、ノルウェー、スウェーデン、フィンランドでは最も希薄である。さらに、これらの国のうち数か国については、1960年代初期における世帯所得に関するサーベイ・データがある。これによって、デンマーク、カナダ、イギリス、アメリカに関する主要な構造変化を検証することができる。基本的なトレンドとし

ては次の三つを挙げることができる。第一に労働の意義の低下（特に，デンマーク，カナダの場合），第二に決定社会保障の進展，第三に投資所得の役割の増大（特に，デンマーク，カナダの場合）である（OECD, 1977; Goodman, 1986）。

　ここで取り上げた二つのタイプの指標の間における統計上の対応関係はかなり強い。利用可能な世帯所得データがある10か国のサブ・サンプルに基づいた場合，世帯所得に占める民間年金のシェアと全体に占める職域年金支出の比率とのゼロ次相関は，＋0.602 である。同様に，法定社会保障のシェアに関する2指標間の相関は，＋0.683 である。世帯所得に占める勤労所得のシェアと民間年金のシェアはともに法定社会保障変数と強い負の相関関係にある（それぞれ−0.694, −0.636）。

　以上の証拠によって，年金の公私ミックスに関してここで抽出した多様な指標の間に実証性の高い対応関係が存在しているのがうかがわれる。同時に，これは，福祉国家の国際比較に際して「レジーム・アプローチ」が実り多いということを意味している。本書で提示した基本的諸次元に基づくクラスター形成は，単一の指標について十分に明瞭であるだけではなく，異なった指標を同時に用いる場合でも確認されるのである。

　次に，現代の年金ミックスに関する定量的な説明からさらに議論を進めて，異なった公私構造がどのような歴史的展開を遂げてきたのかという問題について論じていく。

5　年金構造の歴史的起源

　年金や退職について今日通用している考え方をそのまま19世紀に当てはめるべきではない。退職は，第二次世界大戦までは周辺的な現象にすぎなかった（Graebner, 1980; Myles, 1984a）。人は一定の年齢に達すれば能動的な勤労生活から引退し老年を悠々自適に暮らすものとは考えられていなかった。そのような想定は，公共政策の面でも私人の人生選択という点でもありえなかった。もちろん，年金を受給する人はいたが，それで勤労所得や貯蓄に代えることは難しかった。ごく最近になってようやく，高齢者の大半が何者かへの依存，貧困あるいは強制的就労といった状況に陥らないだけの退職所得を保障されるようになったのである。

　社会保障年金は19世紀末に登場し，戦間期に急速に普及した。しかし，年金が退職者の収入源として制度化されるのは，第二次世界対戦後になってからである（Perrin, 1969）。とはいえ，それ以前の年金の世界が民間年金優位の領域で，後に国家によって取って代られたというわけではない。実際，年金はその形成期から今

日に至るまで一貫して，複雑な公私ミックスとして発展してきた。国家は，公私両分野の発展を促す役割を担ってきたのである。

19世紀における高齢者に対する所得保障は，労働能力を喪失したり稼得者を欠いたりすることに対する保護の問題であった。（規範としての）就労は別にして，高齢者の所得保護の主要な源泉は，家族扶養，倹約もしくは民間部門におけるチャリティ，そして公的部門における貧困救済であった。年金の実現とともに，国家の役割が中心的なものとなった。国家は，雇用主としての役割において職域年金構想の先駆者になった。イギリス政府は，早くも1834年に公務員年金を導入した。皮肉にも，これは，新救貧法が劣等処遇の原則を打ち出したのと同じ年であった。1857年，ニューヨーク市は市職員を対象とした年金の支給を開始した。民間部門の年金を促進するうえで，租税政策が決定的に重要な役割を演じるようになった。年金に対する非課税措置に関する政府規則，そしてまた初期の共済組合に対する政府規制は，民間年金の発展方向をかたちづくるのに直接的な影響を及ぼした。そして最後に，当然ながら，国家制度のあり方が間接的にも非常に大きな影響を与えた。たとえば，年金立法が実現しなかったり，対象範囲が不十分であったり，給付が貧弱あるいは受給資格要件が厳格であるなどの場合は，ほとんど自動的に民間年金の発達が促されたと言えよう。

年金の歴史について論議する場合，初期の産業資本主義には今日とはかなり異なった構造的条件が存在していたという点を考慮する必要がある。階級構造や人口統計上の条件に応じて，客観的ニーズは絶えず変化してきた。

19世紀において人口の大半は農村に居住していた。つまり，自営業が依然として重要な意義をもっていたのである。1870年当時，総就業者に占める農業従事者の割合は，概ね50％を超えていた（オーストリア65％，デンマーク52％，ドイツ・アメリカ50％，イギリス23％）。ここから，労働の商品化があまりすすんでいなかったことがうかがわれるが，同時にそれは，高齢期において賃金もしくは保険収入に依拠することがさほど一般的ではなかったことを示している。

雇用構造の如何にかかわらず，人口統計上の一般的条件が老齢年金に対する大衆の要求を抑えていた。1820年当時，平均寿命は通常40歳以下であった。1900年頃でも，依然として50歳以下であった（平均寿命が70歳以上の現代社会と比較せよ）。乳幼児死亡率が高かった点を考慮しても，20世紀初頭での20歳成人の平均寿命が60歳以上というのは一部の例外を除いてごく稀であったといえよう（たとえば，オーストリア60歳，フランス61歳，アメリカ62歳，スウェーデン66歳）（United Nations Statistics Office, 1949）。言い換えれば，大方の人にとって65歳以上生き延びるとい

うのは非常に珍しかったのである。もちろん，これは年齢別人口構成全体に直接反映された。1870年当時，65歳以上人口比は3～5％であった（1970年代半ばの11～15％と比較せよ）（Maddison, 1982）。

19世紀の産業社会における老齢年金の必要性はさほど喫緊なものではなかったが，全くその必要が欠如していたというわけではなかった。労働の商品地位が固定化されるにしたがって，労働能力の喪失によって生存が危うくなるという危険が顕在化した。寡婦，障害者，高齢者は容易に極貧の犠牲者になった。フォン・バルゼックによれば，1867年当時のベルリンで施しを受ける人の大半が寡婦もしくは60歳以上の高齢者であったという（Von Balluseck, 1983, p. 219）。しかし，絶望的な状況からであれ，何らかの見通しを伴ってであれ，保護を求めるニードが生じた時，それに応えられるだけのキャパシティは存在しなかった。

19世紀には，高齢者の所得保護はさまざまな方法でおこなわれていた。まず第一に，ほとんどの人は仕事を続けた。それはひとつの規範であって，20世紀になっても根強く共有されていた。ボールによれば，1890年代当時，アメリカの65歳以上男性の70％が働いていたという（Ball, 1978, p. 80）。ギルマーによると，フランスでも同様の数字であったという（Guillemard, 1980）。事実，初期の社会保障制度や雇用主による年金プランの意図は，勤労所得を代替するのではなく，減退した労働能力を部分的に補塡することにあった（Myles, 1984）。雇用主は，高齢の従業員や生産性の低い従業員に対して保護的就労を提供することもあった（もっともこれは，現在でもなお広く行き渡った慣例として受け継がれている）。

家族は，高齢期の生計を確保する第二の主要な手段である。家族は二重の意味で重要である。第一に，生産手段は伝統的に若年世代の手に移され，その上で，高齢者が「利益配当」で暮らしを立てていけるという見通しが立てられた。第二に，家族は一般的な福祉機能の提供者であった。1929年のニューヨーク調査では，当時の高齢者の半数以上が家族や友人からの援助に依存していることが示された。

第三の方途はチャリティであり，多くの国々では主に教会によって組織化されていた。先のニューヨーク調査によれば，チャリティのみに依存しているのは高齢者全体の3.5％にすぎないとされていた。しかし，この結果からだけではチャリティの真の意義を読み取ることはできない。1927年当時のアメリカでは，民間チャリティによる給付金の総額は公的福祉支出総額の6倍にも達していた（Weaver, 1982, p. 20）。

第四の方法は，公的に提供される貧困救済であった。すでに述べたように，この方法は少なくとも20世紀初頭までは事実上唯一の政府による所得維持プログラムで

あった。ドイツの例が示すように，救貧登録台帳が仕事も財産もない高齢の労働者で埋め尽くされることが多かった。1954年当時のイギリスですら，社会扶助に依存する高齢者が100万人もいた（Brown and Small, 1985, p. 136）。しかしながら，徹底した自由主義への政治的支持が強固であるところでは，貧困救済事業はさほどあてにできる所得源とはならなかった。アメリカでは，要援護者に対する現金給付を峻拒する州が少なくなかった。（Weaver, 1982）。またイギリスでも，救貧施設を処遇の中心に据えることで，最も困窮した層を除いて公的救済以外の道を探るように仕向けた。

　第五，第六の方策として国家年金制度もしくは民間年金制度のいずれかが挙げられる。これらは，今日では主要な役割を果たしているが，19世紀ではごく周辺的な位置を占めるにすぎなかった。年金保険のパイオニアとなったビスマルクの社会保険が初めて導入されたのは1889年であった。多くの国々では，20世紀になってようやく労働者を対象とする公的年金の導入に成功した。だからといって当時の国家が総じて消極的な姿勢をとっていたというわけではない。実際，いくつかの国は（公務員を対象とした）職域年金の原理を先駆的に導入したし，船員，鉱山労働者などのように危険度や優先度の高い特定の職業を対象として職域年金の導入を図ったこともあった。しかし，言うまでもなく，この種の計画には最大の潜在的ニードをもった市民，つまり膨大な財産なき賃金労働者がカバーされていなかった。アメリカのように，退役軍人年金が少なからず重要な意味をもつ場合もあった。スコチポルとアイケンベリーは，アメリカにおいて年金立法に対する国民大衆の圧力が驚くほど欠けていたのは，南北戦争年金のバラマキ給付が原因だったと指摘している（Skocpol and Ikenberry, 1983）。

　民間部門の保険は，家族，チャリティ，国家との大きなギャップをを埋め合わせることができなかった。19世紀の先人たちは，通常，民間部門の年金に関する二つの選択肢に直面した。まず第一に，最も重要であったのが，共済組合やそれに類する非営利の相互扶助組織であった。これらは，一般的に職能団体や労働組合など特定の社会集団のための節倹組織であった。場合によっては，旧来のギルドから発達したものもあった。いくつかの国では，その活動範囲がかなり広範に及んでいた。ギルバートがかつて試算したところでは，1880年当時のイギリスで労働者階級の成人男性のうち約50％が共済組合に加入していたという（Gilbert, 1966）。また1890年頃のアメリカでは，労働力の5％にあたる370万人が共済組合のメンバーであった（Weaver, 1982, p. 46）。アッシュフォードの指摘によると，1902年当時のフランスで相互扶助組織への加入者数は200万人に上るという（Ashford, 1986, p. 151）。ただ

し，老齢年金支出全体のなかでの共済組合の寄与度はほんの僅かでしかなかった。共済組合の活動は，疾病保障，失業，葬祭費，遺族支援に集中していた。さらに，加入者の大半が経済的に余裕のある熟練した労働者階級であった。彼らは求めに応じて週払い拠出金を支払うことができた。こうした事情から，共済組合は，高齢者に年金所得を保証できる能力という点では，見るべきものはなかった。1920年代のアメリカがその好例である。当時，加入者は500万人にも上ったが，1928年時での年金受給者総数は１万1000人にすぎなかった。(Weaver, 1982)。

　民間部門による年金保護の第二の源泉は，雇用主によるプランであった。ごく僅かだが，特に鉄道，鉱業および船舶関係など，初期の段階で私的な年金を確立していた産業部門があった。さらに，こうした産業年金の先駆者たちは，多くの場合，政府による援助を受けていた。加えて，19世紀に多くの私企業が企業年金を確立し始めた。これらの企業はほとんど例外なく新進の企業で，たとえば，アメリカではアメリカン・エキスプレス，ＡＴＴ，カーネギー製鉄，コダック，ドイツではクルップ，ジーメンス，ヘキスト，イギリスではキャドバリー，リーバー，ラウントリーなどであった。しかしながら，このような計画はもっぱら給与従業員を対象としており，何よりもパターナリスティックで慈恵的な性格をもっていた。給付は裁量的で，たいてい終身の忠勤を条件にしており，財政的にも不安定であった。したがって，給付は契約に基づく受給資格の原則を前提とせずにその都度の企業収益から支出されていた。こうして個人の年金の将来展望は，行方定まらぬ企業の盛衰と一体だったのである。

6　公私ミックスの歴史的展開

　19世紀の年金市場は明らかに残余的で未発達な状態にあった。したがって，国家年金保険が導入された当初は，さほど重大な「クラウディング・アウト」効果は生じなかった。事実，19世紀の民間市場の下で年金はしかるべき位置づけを与えられていなかった。

　逆説的ではあるが，公私の年金が相互に密接な関係の下で登場し発展した。その発展によって，家族，チャリティといったプレ資本主義的な社会保護の遺制や貧困救済，共済組合などが次第に役割を縮小していった。

　年金発展の因果論的構造は，社会学的変数（人口統計，雇用）と政治的変化の組合せによって規定される。とりわけ家族構造や平均余命に関する人口統計的構造は，19世紀末頃から劇的に変化し始めた。20世紀はじめから30年間に，ほとんどの国で

男性の平均寿命は約10年も延びた。その結果，65歳以上高齢者の人口比が増大した（United Nations Statistics Office, 1949）。さらにこの時代には，自営業から賃金労働へ，農業から工業への移行が急激に進んだ。ドイツやアメリカなどの国では，農業就業者の比率が1870年から1910年の間に50％から約33％にまで落ち込んだ。もはや家族や農園には，新しい社会秩序の下で登場した平均的労働者に対して，十分な老後の保護を提供するだけの余裕はなかったといってよい。その一方で，ニードは増大し続けていた。

同時に，その時代は労働や雇用の意味が見直された時代でもあった。すなわち，職人作業や小規模な工場制手工業から近代的大量生産へと転換がすすみ，労働集約性の重視から生産性をいかに向上させるかに関心が移っていった。革新主義の時代のアメリカやそれと同時代のヨーロッパでは，科学的管理法を導入し労働力の最も効率的な利用を図る考え方が台頭し始めていた。他方で，高齢化する労働者を切り捨てようとする管理の発想も顕在化してきた（Myles, 1984a; Graebner, 1980）。

年金に対するニードの増大が顕著になる一方で，年金を要求する市民の集団的能力も確実に強まった。公私の年金についての提案や構想ならば，19世紀を通じて，あるいは18世紀に遡っても，無数に存在していた。たとえば，ダニエル・デフォーはすでに1697年に「年金事務所」という構想を示していた。またトマス・ペインは，年金が基本的人権の一つであると主張しただけでなく，現実に下院に対して立法案を提出した。フランスでも，市民革命期とナポレオン時代に高齢者保護が論議された（Alber, 1982, pp. 32-33; Ashford, 1986）。これらの構想は，それを実現する政治的意志が欠如しており，また大衆からの圧力も僅かだったために，何一つとして実現しなかった。しかしながら，19世紀末になると政治的意志の表明を可能とするような状況の変化が見られた。労働市場では労働組合が結成され，次第に産業別組合や全国的労働団体が出現した。19世紀末には労働組合に対する法的承認が確立され，労働組合はほとんどすべての国で急激に増加した。第一次世界大戦期には，普通選挙制の普及によって台頭した労働者政党が，議席を獲得し影響力を発揮するようになった。言い換えれば，「社会問題」が政治問題になったのである。

以上のような歴史的文脈のなかで，近代的な公私ミックスの高齢者保護が登場してきた。民間部門では二つの基本的システムの実現をめざして運動が展開された。第一は個人（生命）保険であり，第二は団体型の職域・産業別年金であった。公的部門では，通常，まず最初に公務員年金が出現し，ずっと遅れてそれ以外の法定社会保障年金が登場した。

初期の社会立法は二つの経路を辿った。一つは，基礎的な，通常は均一給付によ

る最低水準保障で，社会扶助の伝統に根ざしていた（たとえば，デンマーク，オーストラリア）。いま一つは，個人拠出と証明可能な雇用実績に基づく数理的保険プランであった。端的に言えば，かつての共済組合から近代的な保険会社へと年金の担い手が移り，雇用主による恩賞的年金も，次第に団体交渉での契約に基づくフリンジ・ベネフィットへと形態を変え，さらに政府による貧困救済は社会保障へと転換したのである。

初期における制度形成のイニシアティブは，公的年金であれ民間年金であれ，多くの場合，労働運動を弱体化させたいという願望によって動機づけられていた。民間部門の雇用主は被用者を分断し管理を称揚する手段として年金を制度化した（Myles, 1984a; Graebner, 1980; King, 1978; Jackson, 1977）。雇用主は，従業員の間に見られる地位や権限に基づく区分を堅持する手段として年金を利用し，ホワイトカラーないし給与従業員を厚遇したり，歴然とした格差を設けた年金を作り出したりした。労働組合が概して敵対的な姿勢を示したのは，一つにはその動機が労働者の忠誠心の獲得にあったからであり，また労働者の分断を促進することが意図されていたからである。それにもかかわらず，メンバーが限定された職能組合は，しばしば排他的なフリンジ・ベネフィット計画を支持した。

同様に，初期の年金立法は概して，労働運動の成長を妨げ，既成秩序に対する労働者の忠誠心を喚起するための手段として企てられた（Rimlinger, 1971）。これは，ドイツ，デンマーク，オーストリアにおける初期改革の背景にあった明確な論理であった。同時に，それは1891年のローマ法王回勅「レルム・ノヴァルム」の指導原理でもあった。初期の年金発展を主導したのは労働者ではなかったのである。

国家においても市場においても権力関係で劣位にあった労働運動が，社会的保護のための独自のシステムを構築することに精力を注いだのは当然の成り行きであった。19世紀末から20世紀初めにかけて，こうしたシステムは急成長した。すでに指摘したように，アメリカでは，労働組合による共済組合の加入者数が1890年から1900年の10年間に370万人から530万人に増加した。加入者数は大恐慌まで増加し続け，その結果大恐慌時には労働組合の共済組合は厳しい財政困難に陥り，次第に民間保険会社，雇用主による年金プラン，公的年金に浸食され衰退した（Weaver, 1982, pp. 46ff.）。労働組合のプランの膨大な加入者のうちおよそ4分の1程度しか年金の適用対象にならず，実際に受給者になったのはごく少数であったという点に留意する必要がある（Weaver, 1982, p. 48）。イギリスでも1938年までに労働組合基金の加入者数は550万人に増加し，その数は同時期のイギリス労働力の24％に匹敵していたが，年金についての状況はほぼ同様であった（Brown and Small, 1985）。

労働運動の観点から，共済組合という戦略は最適とは言い難い代物であると認識された。すでに見たように，その戦略には，労働者階級の最も弱い層を排除することで労働者階級を分断するリスクが伴った。さらに，周期的失業，コストの大きいストライキ行動，景気循環が原因となって財政困難に陥る傾向が強かった。ウィーバーによれば，アメリカにおける労働者基金の衰退の第一の原因は基金が恐慌を切り抜ける能力を持っていなかった点にあるとされる（Weaver, 1982）。

　民間年金と公的年金の制度化は20世紀に入って数十年の間に同時に進んだ。市場を拡大するうえで決定的な役割を果たしたのは公共政策であった。まず第一に，政府は中央，地方の両レベルで公務員を対象とした職域年金の構築に本腰を入れて取り組み始めた。たとえばイギリスでは，1898年までにすべての地方政府が教員年金を制度化し，さらに1937年までにこの制度を拡大して地方公共団体の被用者すべてに拡げた（Brown and Small, 1985）。アメリカでは，連邦政府の公務員年金が急成長するとともに州および地方公務員年金の適用対象がこれも急拡大した。1928年には，全公務員の適用対象が全体のおよそ25％にあたる約100万人に達した（King, 1978, p. 200; Weaver, 1982, p. 48）。同年，退役軍人年金は依然として年金収入の最大の源泉で，アメリカの年金受給者全体の85％に及ぶ約50万人に給付を支給していた（Weaver, 1982, p. 48）。またこの時代は，運輸，ガス，電力など多くの公的サービスが国有化された時期でもあった。その結果，政府被用者の年金プランの加入者が増加した。アメリカでは，連邦政府が鉄道事業の救済にも乗り出し，1935年に鉄道産業の年金計画を国有化する結果となった。

　政府の職域年金計画が民間部門の成長に与えた直接的なインパクトには，二つの側面があった。一方で，政府の計画は年金というアジェンダの設定役として重要な役割を演じ，これに刺激されて他の被用者団体の間でも対等な保護を求める要求が高まった。他方でそれは，民間部門において個人，団体，産業別の年金が発展していく上での鍵となる保険会社の育成強化にも寄与した。つまり，政府被用者の年金計画が民間市場の形成を促進したといえる。

　政府はまた，その財政政策や規制政策を通して影響力を発揮した。とりわけ戦間期には，政府は社会保護の分野における民間起業家精神の喚起を促すための租税特別措置という考えを導入した。その典型的な手法は，保険料拠出に対する税控除措置であった（たとえば，イギリス1921年財政法，デンマーク1922年／1924年歳入法，アメリカ1926年歳入法）。また，政府が税制上の特権を認めた場合，政府は民間部門の計画について財政上の健全性や説明責任を確保し，契約上の権利の実効性を高めるために，積極的にこれを規制しようとした。このようにして，政府は保険会社

の重要性をいっそう高めた。同時に，政府は，雇用主による年金の性格についてもこれを見直し，伝統的な裁量的恩賞金原理を廃止するように働きかけ，労使交渉に基づいた正規の協約上のフリンジ・ベネフィットプランの普及を奨励した。

　当初より企図された結果であるか見通しが外れたのかは別にして，社会保険制度の法制化に伴い結果的に民間年金が成立する余地が広がった。アメリカのように立法化が遅れたところでは，そのインセンティブは明瞭であった。立法化されたところでは，当初は民間部門はクラウディング・アウト効果を懸念して反対することが多かった。たとえば，1911年ドイツで給与従業員（salaried employees）を対象とする年金が法制化された時，保険産業は猛烈に反対した（Jantz, 1961, p. 149）。

　しかしながら，年金立法が民間年金の発達に及ぼした効果は決して明瞭であるわけではない。第二次世界大戦以前に導入された社会保障改革は，きわめて不十分な給付と不完全なカヴァリッジしか提示できず，保険モデルが採用されている場合は，拠出要件の点で受給資格を有するのは基本的に将来世代のみという結果にならざるをえなかった。イギリスでは，1908年法は70歳以上の高齢者市民にミーンズテストつき給付をおこなうにすぎなかった。その後，1925年の拠出制年金では拠出期間を40年とし，いずれにせよ最低限度額のみ支給し代替的所得で補足するよう設計された。ドイツでは，労働者の年金保険は労働不能な人々を対象とする障害年金として開始され，70歳以上の労働者を対象に35年の拠出期間を条件としていた。マイルスが指摘しているように，年金を受給していたドイツ人が年金で暮らしを立てることはたぶん不可能であった（Myles, 1984a）。スウェーデンでも同様である。老齢年金保険が法制化されたのは1913年だが，数十年間ほとんど給付がおこなわれなかった。以上いずれの国の場合も，社会保障は年金所得を確保する上でせいぜいのところ周辺的な役割を果たしたにすぎなかった。しかし，民間年金市場は際立ったギャップを十分埋め合わせるのに役立たなかった。

　一般的に言って，第二次世界大戦以前の政府年金立法は，市場を阻害したり労働供給を妨げたりしないように，厳格な保険数理主義と最小限保護の精神に依拠していた。年金だけでは足りない必要分は民間市場で調達すべきであると考えられていた。アメリカでは，最低限度主義の精神は類例のないくらい極端であった。しかし基本原理としてはヨーロッパにおいても事情は同じであった。「福祉資本主義」という言葉は，この時代全体に通用する政府責任の所在を的確に表現したスローガンであった。

　20世紀初期における年金ミックスの展開は福祉資本主義モデルを基礎としている。それは，19世紀の基本的には前資本主義的なレジームと戦後期の福祉国家主義とを

架橋する発展形態である。年金に対する客観的なニードが存在していたことは明白である。賃金生活者に具体的な対応を要求する力があるというのは次第に動かしがたい現実になった。工業では新たな生産主義が拡がったために高齢の労働者はあまり役に立たなくなった。国家は年金市場を奨励するだけでなく自ら市場を形成するために重要な措置を講じた。その一方で公的な社会保障が始動していたが，主導的な役割を演じるまでには至らなかった。

20世紀前半の数十年間に民間の年金計画は急速に発達した。しかし，その量的な発達よりも，その質的な変容の方が重要な意味を持っていた。民間年金は，裁量的恩賞金から契約上の制度に変わり，無基金のプランから保険契約上の受託された制度へと変化した。その対象は，ごく一部の高級公務員層から現業労働者へと拡大された。さらに，この過程で旧来の節倹の伝統も変化した。共済組合（あるいは家族の小口貯金）は近代的な保険会社の生命保険プランに取って代わられた。家族経営農家に典型的に見られた貯蓄も，やがて次第に都市の持ち家所有というかたちに移っていった。

福祉資本主義の理念の下でなら，近代的な資本主義企業が，共産主義的なイメージのつきまとう公的な社会保険に代わる役割を果たせるという期待が拡がった。革新主義の時代には，近代的企業が出現し，科学的管理法が普及し，良好な労使関係が目指されていたが，福祉資本主義はこの時代の新しい世界に対応していたのである。

アメリカでは，個別企業においても産業全体でも，保険会社との連携を深めつつ，独自の基金で受託された年金を構築し始めた。1930年までに，保険産業は総計8300万の保険証券（個人，団体，企業を対象としたプランすべてを含む）を保有し，総額20億万ドルにのぼる給付を支払っていた（これは，チャリティ，公務員年金，多様な国家年金すべてによって支払われた給付総額を上回っていた）（Weaver, 1982, p. 42）。こうした巨額な支払い額には年金以外の保険も含まれていた。しかし，生命保険産業の最も急速な伸びが見られたのは年金の領域であった。1915年当時，団体年金（大半が製造業の会社によって契約されていた）は業務の1％を占めるにすぎなかったが，1935年には15％にまで伸びた（Weaver, 1982, p. 47）。

現業労働者を対象とした産業年金は1920年代に急速に発達した。1928年には，産業年金は労働組合の独自の年金を凌ぐほど発展し，対象範囲で後者の4倍の労働者をカバーするまでになった。1920年から29年の間にその資産総額は10倍にふくれあがった。年金プランの数も，1900年に15プランだったのが29年には440プランに増加した（Weaver, 1982, pp. 47ff）。しかし，高い成長率といってもほとんどゼロに近

い水準から出発したのであり，大恐慌までは福祉資本主義は単なる信仰箇条にとどまっていた。適用範囲に関して言えば大恐慌の直前期での保険証書総数（鉄道を含む）は400万程度で，全労働力の7.5％をカバーしていた。すべてのタイプの年金保険を含めると，カヴァリッジは全体の14％を占めていた（Weaver, 1982, p. 48）。ただしカヴァリッジの割合は，当時実際に年金を受給できる可能性がきわめて低かったという事実を隠蔽している。年金通算権の欠如，継続勤務要件，その他様々な事情が重なった結果，実際にはカバーされた層の約10％のごく少数者しか給付を受けることができなかった（Latimer, 1932）。給付されたとしても，給付水準は一般的にかなり低額で生計を維持できないほどだった。1927年当時，年金は月平均45ドルだった（1980年時の貨幣価値では月200ドルに相当する）。

　アメリカの福祉資本主義は失敗であった。何よりも市場との同調性すら伴っていなかった。アメリカにおける福祉資本主義の要諦は，民間産業での多様な地位集団や地位階層に応じて特権を格差化するという点で，コーポラティヴィズム的（corporativist）であった。受給資格を得るために長い間勤務する必要があり，また異なった年金を通算する方式がなかったために容易に会社奴隷制が生み出された。コーポラティヴィズム的傾向は，単に経営戦略の所産であるだけでなく，初期の団体交渉の帰結でもあった。第二次世界大戦以前の労働組合運動は排他的な熟練労働者主体の職能別労働組合が中心であった。

　アメリカの場合と似たり寄ったりの事情は，老齢年金制度が法制化されていた国を含めて他の国でも見られた。なるほど確かにドイツでは1889年法と1911年法によって民間年金の発達がかなり抑制された。しかし，民間年金は完全に排除されたわけではない。伝統的な無基金の共済金庫（Unterstutzungskassen）も企業年金プランもともに一貫して年金ミックスを構成する要素であり続けた。1933年には，生命保険の支給総額はＧＤＰの0.6％を占めていた。これをアメリカと比較すると，アメリカでは1929年に1.9％だった。また，1933年にドイツでは民間年金の支出額はＧＤＰの0.2％に相当していたが，これに対してアメリカの場合1940年で0.3％であった（Skolnick, 1976; Munnell, 1982; Statistisches Bundesamt, 1972, p. 217）。ドイツでは，民間年金がカヴァリッジという点で次第に成長していたが，給付規模に関しては依然として周辺的な位置にとどまっていた。

　イギリスでも，社会保障の法制化が進められていたにもかかわらず，民間の職域年金が急速に発展した。職域年金の加入者は，1908年の約100万人から1936年には260万人（およそ半数が公務員年金の加入者）に増加した。労働力全体でのカヴァリッジの範囲はアメリカと比較しうる水準で，10％から12％であった。イギリス・

第4章　年金レジームの形成における国家と市場　　*105*

モデルの特徴は，雇用主と被用者の双方からの拠出金に依存しているという点にあった。現業労働者に関しても拠出，給付ともに均一制が適用されていた。1936年での年金額は通常，週当り約20シリングであった（労働者の標準賃金の約25-30％）。法定社会保障に基づく年金は，週当り約10シリングであった（Brown and Small, 1985）。以上のように，イギリスで試みられた年金ミックスはアメリカのそれと比べて福祉資本主義として僅かながら進んだものだった。

1920年代に登場した民間年金は，大恐慌のインパクトに対して驚くほど耐久力をもっていた。犠牲になったのは，主労働組合の共済組合であった。実際，恐慌の最も深刻な影響を受けた二つの国，ドイツとアメリカでは民間年金が成長の勢いを維持していた。その理由として，一つには，民間年金が次第に再保険化され，基金によって運営されるようになった点が挙げられる。

また，民間年金にはホワイトカラー（失業のリスクが際立って低い）を優遇する傾向がかなり根強く見られた。二つめの理由としては，民間年金は政府の租税政策によって優遇され，場合によっては政府の直接的な財政援助を受けることもあったという点を挙げることができる。

7　戦後期における構造再編

資本主義と福祉との調和の下で最小限国家と市場の活力が相互にうまく補完しあうという期待は，早くから裏切られてきたが，大恐慌によって粉々に打ち砕かれた。このことを痛感していたのはアメリカの高齢者であった。（社会保障が開始されたばかりの）1940年当時，65歳以上人口の33.5％が年金（公・私すべてのタイプの年金支給を含む）によって保護されていたと推計される。民間年金から給付を受けていたのは高齢者の1.8％にすぎなかった。法定社会保障年金については1.2％であった。高齢者の23％が老齢扶助（OAA）を受給し，その他4％が退役軍人手当を受給していた（Bureau of the Census, 1976; section H. による推計）。当時，65歳以上男性の半数弱が引き続き就労していた。しかし，保護の内容には文字通り雲泥の差があった。明らかに大多数の人々は市場から便益を受けることができなかった。おそらく3分の1が家族，チャリティ，あるいは地域の貧困扶助からの援助を求める必要があったと考えざるをえない。

他の大半の国々でも，十分な年金市場もなく国家による保障範囲も満足なものではない点では同様だった。表4-5は，1939年時の法定社会保障年金と政府被用者年金の2種の年金に関する65歳以上高齢者の年金捕捉率を示している。大多数の高

表4-5 各国における65歳以上高齢者の社会保障年金受給率および（税引き後）純年金の平均勤労者賃金比（1939年）

	65歳以上高齢者の年金受給率	税引き年金置換率（純賃金比%）
オーストラリア	54	19
オーストリア	35	—
ベルギー	46	14
カナダ	24	17
デンマーク	61	22
フランス	0	—
ドイツ	66	19
イタリア	16	15
オランダ	52	13
ノルウェー	53	8
スウェーデン	79	10
スイス	5	—
イギリス	67	13
アメリカ	5	21
平均	40	15.5

（注）年金には，社会保障年金，政府被用者年金が含まれるが公的扶助は除外されている。税引き後の補充率とは，老齢年金の平均給額を生産労働者の平均賃金の%比で示したもの。

（出所）SSIB data files.

齢者が年金を受給していたのはごく少数の国だけであった。フランスのように，社会保障年金がまだ導入されていなかった国も若干あった。また，年金の平均額が高齢者の所得の唯一の源泉としてはあまりにも低額であったことが表からも窺われる。当時の民間年金の適用対象に関するデータはまったくといっていいほどない。スイスの場合，アメリカと同様に法定社会保障のカヴァリッジは極端に狭いが，それでも1940年に生命保険会社が支給した年金は約2万9000件にすぎなかった（Statistisches Bundesamt, 1982, p. 335）。デンマークでは，表4-4に示されているように平均を若干上回っており，戦後直後における民間年金の適用対象は10万人足らずであった（OECD, 1977）。イギリスでは，職域年金受給者が20万人いただけで，しかもその半数は公的セクターに属していた（Brown and Small, 1985, p. 13）。

　第二次世界大戦は年金発展の分岐点だった。戦争によって国民的連帯を高める必要が生じ，実際に高められた。その結果，労働運動は急遽，政治的意思決定の中心に引き込まれた。過剰雇用状況の下での厳格な戦時賃金・価格統制の結果，雇用主は魅力的なフリンジ・ベネフィットを提供せざるをえなくなり，他方で労働組合もそれを強く要求するようになった。戦争は，旧来の社会保険システムを崩壊させた

り（ドイツの場合），あるいは戦後の福祉国家構想の枠組みを構築した。また戦争によって莫大な財政支出と過重な租税水準が必要とされたが，そのおかげで，戦後期になってその水準が戻った時ですら，国民の財政についての寛容度は高いままに維持されることができた。

　1940年代は，上記の理由の他に社会保障が依然として不十分なままであったことも手伝って，民間年金の成長期であった。アメリカでは，その動きはとくに劇的であった。近い将来に社会保障切手を当てにできたのはマイノリティだけであった。1939年に「包括適用」条項が設けられても（そしてそれ以後も），給付はいずれにせよ非常に低かった（1939年時で月平均25ドル）。ニューディールの労働改革の結果，大衆的な労働組合主義の台頭が促進され，戦争が完全雇用を達成した。賃金・価格統制という状況の下で，（統制の適用を免れた）フリンジ・ベネフィットの成長を促すための舞台条件が整えられたのである（Ball, 1978; Myles, 1984a; Graebner, 1980）。

　多くの場合，民間年金の発達は目覚ましかった。イギリスでは，民間年金の加入者は1936年に160万人だったのが1953年には310万人に増加した（1960年には550万人になった）。労働組合会議（TUC）は，戦前期の立場と対照的に，年金実現をめざして団体交渉をするよう加盟組合に懸命に働きかけた。アメリカでは，戦時中に250万人の労働者が新たに民間年金の適用対象に組み入れられ（King, 1978 p. 200），1950年代以降も引き続き民間年金の規模拡大の勢いは衰えなかった。民間年金の給付額は1945－50年の間に68％増加し，さらに1950－60年の10年間に364％も増加した（Munnell, 1982, table 8.4）。実際，戦後期のほぼ全体を通じて，特に1960年代後半から70年代初めにかけて，民間年金の給付額は法定社会保障とほぼ同じペースで増加した。産業ごとの労使交渉に基づく協約年金という新たな方式がほとんどすべての先進資本主義国に普及した（オーストリア，ドイツ，イタリアは数少ない例外であった）。フランスでは，複雑な補足年金が迷宮のように張りめぐらされ，後には補足的退職年金制度組合（ARRCO）と管理職退職年金制度一般組合（AGIRC）の下に組み込まれた。オランダでは，産業レベルの年金と企業レベルの年金が発達し，前者は実質的に政府の監督下に置かれた。フィンランドとスウェーデンはともに年金の2階建て部分を国家管理の下に置いた。

　戦争はまた，少なくとも二つの側面で年金の制度形態を決定的に変えた。第一に，マンネルが指摘している通り，民間年金が労働組合の交渉戦略の主要な目標になり，同時に将来の約束のもとで現在の賃金増を先延ばしにする手段になった点である（Munnell, 1982）。第二に，労働組合の制度的参入に伴い（アメリカにおいてはそ

れは1948年連邦労働関係委員会裁定の帰結であった），伝統的な恩賞的年金は次第に衰微し，団体交渉に基づく協約年金が優勢になった点である（Rein, 1982）。ある意味で，労働組合は前資本主義的システムの残滓の一掃を促し，コレクティブな市場契約化をそれに代わるものと位置づけた。

　戦後における職域年金の急成長は単に戦争や労働組合パワーの副産物であるだけではなく，政府の多様なイニシアティブで発展が促されたともいえる。それどころか，戦後資本主義における国家の役割はむしろかつてなく強大になった。まずなによりも，社会保障に関する国家の決定はいくつかの重大な影響を与えた。二つの基本的なタイプの国家年金が登場した。一つは，普遍的な均一給付の年金で，通常その給付額は旧来の最低限の老齢年金に若干上積みした程度であった。したがって，給付は平等だが低額で，民間年金によって補足されるものと考えられていた。こうした点は，イギリスの1944年白書やデンマークの1956年改革で明示されていたし，同様にオーストラリア，ノルウェー，スウェーデンの各システムでもごく当然のことと受け取られていた。

　第二のタイプは，社会保険年金に基づくもので，給付を拠出額に応じて決定し，保険数理主義の思想と強くむすびつき，就労継続を受給資格の前提とした。この制度では，多数の市民（たとえば，女性や流動性の高い労働者）が排除され，多くの場合システムの成熟化が非常に緩慢であったため，大半の労働者にとって満足いく年金を期待することができなかった。その結果，ここでも民間市場の活性化が促されることになった。かかる状況が顕著に見られたのはオランダとアメリカであった。こうしていずれのケースでも，公共政策が補足的な民間年金に大きく拡大する余地を与えてきた。

　次いで民間年金の成長にとって決定的に重要な前提条件になってきたのは政府の租税政策であった。大半の，とは言わないまでも，多くの国が戦後，租税立法を施行し，民間年金の拠出金に対する非課税措置の扱いを大幅に改善，同時に場合によっては受給者に対する特別控除を認めた。このように租税特別措置（tax expenditure）をとおして，政府は民間年金市場に主要な財政支援をした。現在，民間年金関連の租税特別措置のＧＮＰ比は，オーストリア，デンマーク，アメリカなどでは1％前後，イギリスでは約0.7％である（OECD, 1984a; Vestero-Jensen, 1984）。したがって，民間年金は延べ払い賃金の一形態でもあるが，同時に課税猶予のしくみでもあるのである。戦後，各国市民に高率の限界税率が課せられるなかでは，フリンジ・ベネフィットとしての職域年金の魅力は確実に高まった。

　租税効果が持ち家所有におよぼす影響は，概して等閑視されているが，最も重要

な問題のひとつである。言うまでもなくアメリカでは，高齢者にとって持ち家所有はきわめて重要な「所得」源である。現在，高齢者夫婦の約75％が持ち家を所有し，うち80％が抵当を設定していない。高齢者世帯の60％がおよそ15-20％の事実上の所得補助を享受していることになる（Ball, 1978 p. 92; および著者の計算による）。

　課税特権が増大するにつれて，年金市場に対する政府規制も拡大していった。ブラウンとスモールが指摘していることだが，イギリスの社会政策は，1947年財政法が年金に関して個別に財源調達したうえでの計画承認を求めたことによって，しだいに税務官僚によって策定されるようになった（Brown and Small, 1985）。政府は断固とした対応で市場を拡大したり閉鎖したりした。多くの場合，国家は実質的にイニシアティヴを発揮して，年金貯蓄のための新たな市場を作り出した。たとえば，デンマークの「インデックス契約」（Index Contracts）やアメリカのキーオー・プラン（Keogh Plan）と内国歳入庁（ＩＲＳ）の個人退職積み立て口座の場合がそうであった。1972年，ドイツ，アメリカ両国政府は，職域年金を規制して被用者に対する保証を義務づける立法を導入した。当時はこの立法によって職域年金が将来発展する見込みは小さくなったと信じられたが，いずれの国でもこのような見通しは根拠のないものであった。

　政府が民間年金に対する統制と委託を開始した時，政府は同時に民間年金の市場形成を助けたのである。これは，イギリス，オランダ，（1982年以後の）スイスで見られたことであった。フランスの場合は，事実上の義務づけであったと言えよう。もちろん結果的には，補完的な職域年金の供給が大幅に増加している。その他の国では，基礎部分を補完する年金を公的制度として法制化する決定がなされた（ノルウェー，スウェーデン，フィンランド，デンマーク）。しかし，代行委託のケースが年金市場を拡大するのに対して，法制化がクラウディング・アウトに直結するのかと言えば，それを判定するのは非常に難しい。明らかに，委託されたシステムもコレクティブな性質の強制を私企業に課すという点では，公的な制度化とさほど違いはない。ノルウェー，スウェーデンで見られるように，ナショナルな制度とすることで財源調達も管理も政府制度内でおこなうような場合，市場は間違いなく周辺的な位置に置かれる。ただし，フィンランドのように，ナショナルな制度の下でも民間部門が管理面で関与することが許容される場合には，市場が周辺化されるとは限らない。

　以上のように歴史的に概観すれば，公私ミックスについて顕著に見られる国際的な相違は，二つのタイプの国家介入の関数であるように思われる。第一は，公務員や政府被用者に特権的な地位を付与する政府の伝統である。第二は，ほぼすべての

国の民間市場で発展してきた年金の二階建て部分を法制化する(もしくは直接的に統制する)政府の決定である。

8 結　論

　年金の構造形成についてこれまで検討してきたところによれば，国家はインプットとアウトカムをむすぶ主要なリンクであった。すでに述べた通り，アメリカの場合のように，市場バイアスのあるレジームを可能にしたのは積極的かつ直接的な政府政策であった。地位特権は，言うまでもなくコーポラティズムと権威主義的国家主義の遺制である。そして普遍主義的な社会的市民権モデルが成立可能なのは，国家が市場とコーポラティズムをともに締め出す場合に限られるという点も明らかである。かくして国家は，レジーム類型をどのように定義するかという問題の中心に位置する。

　また，これまでの検討を通じて指摘してきたように，福祉国家について，それが何をおこなうのか，どれほど支出するのか，あるいはこれまで何を立法化してきたのかという観点からのみ捉えようとするべきではない。福祉国家が市場や代替的な民間部門の仕組みとの間でどのような相互作用を営んでいるのかという点を明確にする必要がある。年金受給者の視点に立てば，これはごく当たり前で分かりきった問題であろう。退職者は，自分の退職所得がどのような構成で成り立っているのかよく理解している。政府の観点から見た場合のほうが，年金ミックスが不明確で分かりにくいこともある。国家関与の大半の領域が，そしておそらく決定的に重要な領域ですら，徴税業務の壁の向こうに隠されている。どれくらいの民間年金が税制上の特別措置を受けているか，何らかの正確なデータを有しているのはほんの数か国にすぎないのである。

　いずれにせよ，福祉システムの論理は，公私供給の相互作用を検証して初めて明確にすることができる。この相互作用の検証を通してこそ，分配構造の全体，社会的権利と私的契約の関係，階級，ジェンダーないし地位の不平等が明らかになり，その上で分析の最終段階において福祉国家レジームが明確にされる。

　福祉供給に関して公私の両部門に目を配ると，各国家の「福祉努力」についても自ずとかなり異なった評価に行き着くであろう。理論検証という点で，これは重要な意味をもっている。福祉国家の形成要因に関して経済成長説，人口構造説あるいは労働者階級動員説などいずれの理論を支持するにせよ，公的部門による福祉努力の水準という点だけでその主張を評価してはならない。公的部門の年金アウトプッ

トの水準はごく低調だが，その一方で民間部門での年金は手厚いという国もある。たとえば本書が，仮に，経済発展もしくは人口構造が年金支出額を規定すると主張する理論を提示するとしても，公私両部門の年金支出を検証しないのは誤りであるように思える。

より一般的に言えば，本書の関心事項が福祉国家の相違点を説明することにあるとしても，公私の相互作用を本書の論述内容に含める必要があるのは自明であり，その相互作用が説明されるべき問題対象の一つを構成していることは言うまでもない。この問題については第5章で取り扱う。福祉国家の制度特性に関するより注意深い検討をおこない，公私両部門の供給について検証するならば，福祉国家に関する従来の仮説は根本的に再検討される必要があることが了解されるであろう。

附録　第4章の説明とデータソース

「年金」には，老齢，障害年金が含まれる（労働災害年金は除く）。退職一時金が典型的特徴である場合（通常，民間職域年金もしくは個人年金に限られる），これも年金に含まれる。しかしながら，日本のデータでは雇用主によって直接支給される一時金は除外されている点に留意せよ。

法定社会保障年金，政府被用者年金に関するデータの出所は，ILO, *The Cost of Social Security, 1980* (Geneva: ILO, 1983)。ニュージーランドについては，ILO, *The Cost of Social Security, 1977* (Geneva: ILO, 1983)。アメリカについては，*Statistical Abstract of the United States*, 1981 (Wasington, DC: Government Printing Office, 1982)。

民間職域年金，個人生命保険年金に関するデータの出所は，当該国の政府データソース。以上のすべてのデータソースに関する詳録は，Esping-Andersen, 'State and Market in the formation of Social Security Schemes', European University Institute Working Papers, No. 87/281 (Florence,1987) で見ることができる。

（藤井　浩司）

第5章
権力構造における分配体制

　社会的保護における市場原理の浸透は，なぜ一部の国々で他の国々より進んでいるのであろうか。なぜ北欧諸国では普遍主義が優勢で，ヨーロッパ大陸諸国ではコーポラティズムが優勢なのか。なぜ一部の国々では社会政策の責任を非常に狭く規定しているのに対して，他の国々では雇用の権利を保障することを最低限の義務であると考えるなど，19世紀的な自由主義者ならば（そして社会主義者であったとしてもこの点に関しては）驚嘆するほど自らの公的責任を広げているのであろうか。そして最後に，なぜ諸国民国家ははっきりと異なったレジームへとクラスター化されるのであろうか。

　本章の課題は，どのような力が福祉国家の発展を推進しているのかを確認することである。この問題に関する積年の議論においては，機能主義的な近代化理論が権力理論と対抗するという構図が一般的であった。その問題は理論的に重要である。なぜならば，それが社会科学におけるパラダイム上の分裂を浮き彫りにするからである。権力を重視する理論は，政治と社会との連関に関するある特定の見方に基づいている。まず第一に，それらは政府が中立の仲裁者でもなければ，生起する社会的ニードに自然に対応していくわけでもないと考える。政府の活動は権力の行使によって方向づけられるのである。それゆえ，当該社会における権力バランスは，福祉国家がどのようなものになるかという点で決定的に重要である。これと対照的な見解は，福祉国家は現実には権力構造の如何にかかわらず生起すると考える。マーシャル派経済学では，再分配が生じ得るのは経済発展が一定水準に達した時のみである，ということが理論的出発点となっている（Marshall, 1920）。だが，社会政策発展の真の源泉を辿っていくと，産業主義や，都市化，人口変動に突きあたる。これらは，伝統的な家族やコミュニティ，市場によっては容易に満たし得ないような，新たな緊急の社会的ニードを生み出す。

ここで我々は二つのはっきり異なった研究スタイルに直面しているのであり，その限りにおいて，この議論は決着つけ難い。歴史的アプローチ，すなわち，リムリンガー（Rimlinger, 1971），アシュフォード（Ashford, 1986），ギルバート（Gilbert, 1966），ワイアー，オロフ，スコチポル（Weir, Orloff, and Skocpol, 1988）によるもの，さらにはフローラ（Flora, 1986）によるヨーロッパ各国研究の集成等は，詳細なものであるが，一般に国家間比較が欠如している。これに対するもう一つの潮流として，定量的で，通常はクロスセクショナル（横断比較的）でかつ相関的な研究が現れてきた。カットライト（Cutright, 1967），ウィレンスキー（Wilensky, 1975）は，このアプローチの第一世代である。彼らの研究では，社会的支出が主たる変数であり，多くの国々についてのクロスセクショナルな分析が主たる方法論であった。ついでここ10年の間に第二世代が生まれ，（プールされた時系列分析 Pooled time-series analysis のような）より洗練された技法を適用したり（Hicks, 1988; Griffin, O'Connell and McCammon, 1989; Pampel and Williamson, 1988），福祉国家の顕著な差違についてもっと詳細に説明したり（Korpi, 1980; Myles, 1984a; Esping-Andersen, 1985b），またその双方をおこなうなどした（Korpi, 1987; 1988）。

　もしも，これらの研究が単一の明白な結論に達することができなかったならば，それは努力不足だからではなくて，方法論的に双方が両立困難であるからである。詳細な歴史的研究と回帰係数表とを突き合わせて分析することは困難である。歴史的研究は，無数の出来事がいかに寄り集まって社会政策の構造をかたちづくっていったかを詳細に描き出す。定量的研究は，説明の無駄を省くことを追求し現実を最低限の変数に還元する。歴史的研究において特定の事例を超えた一般化を導き出すことは困難であるし，定量的研究において歴史は存在しない。

　加えるに，主な相関アプローチは，しばしば理論的意図と研究手続きとのミスマッチという問題をかかえている。まず第一に，いかなる変数に「福祉国家らしさ」（welfarestateness）を代表させるかという問題について，財政支出のデータだけを使っているということがある。

　これに先立って，なぜ財政支出は福祉国家の相違について錯綜した，そして多分ミスリーディングな像を描き出すか論じておいた。我々が関心を持っているものが社会権の強さとか，平等性，普遍主義，市場と政治との制度的な役割分担であるならば，社会的支出の水準のみに注目すると，問題を解明するよりも覆い隠してしまうことになりかねない。

　第二に，標準的な相関アプローチは，線形的関係（linearity）という問題のある仮説を採っている。すなわち，諸々の福祉国家は（支出に関してであれ，再分配に

関してであれ，何にかんしても），「多い」とか「少ない」とかの形によって比較し得るとしているのである。福祉国家のある一定の次元に関しては，線的に比較できる場合もあるが，注目するべき多くの次元については「多い」「少ない」の比較は決してできない。それゆえに，階層化や，公私のミックス，社会権の強さという観点から見た時，我々は福祉国家のクラスター化やレジーム類型を発見するのである。多様な相関関係に関する研究のほとんどに見られる問題点は，説明されるべき野獣（beast）の本性について明らかにすることなく，その仮説を検証しようとしていることである。つまり，福祉国家は依然として理論化が不十分なままなのである。

　福祉国家の理論化はなぜ不十分なままなのか。その理由は，福祉国家を論ずるほとんどの学者が，福祉国家そのものに対してよりも，権力や，近代化，産業化についての自らの理論の説明力を実証することに強い関心をもっているということを考えれば理解できる。福祉国家は，理論を検証するための媒体の一つにすぎないのである。にもかかわらず，理論化が不徹底であるという問題は，説明変数にも及んでいる。権力の役割を採り上げてみよう。福祉国家に関する権力論的な説明では，一般に，労働者階級の動員を社会改良の背後にある推進力だと想定している。それゆえ，広く組織され強力に動員された労働者階級が存在する国では，より進んだ福祉国家が生み出されるはずである。だが，ごくまれな例外（たとえば，Korpi, 1983 ; Wilensky, 1981 ; Castles, 1981）をのぞいて，強力な労働者階級の指標として問題となるのは労働組合の組織化なのかそれとも政党なのか（そして，どんな政党なのか）についてあまり注意が払われてこなかったし，また労働運動の力がしかるべき成果にむすびつくまでにどの程度の時間を必要とするのかということについても留意されずにきた。権力をめぐる構造連関（structuration）のあり方がいつも無視されてきたのである。

　この最後の点については，ちょっと考えてみただけでも明白である。1930年代の危機に向かう時期を採り上げてみよう。たとえば，イギリス，ドイツ，オーストリア，スウェーデン，デンマークにおける労働者階級の力（労働組合組織化，左翼政党への投票）の差は，それほど大きくはなかった。だが，労働運動がどのような権力構造のなかで闘うことを強いられたかとなるとそれは各国で異なっており，この点が欧米先進国が発展を遂げていくプロセスにおいて決定的な意味を持っていた。あるいは，戦後期を採り上げてみよう。ほとんどすべての研究が，労働者階級の権力について，オーストリア，スウェーデン，ノルウェーをほとんど同じように評価する。だが，これら3国においては，「同水準」の権力資源を活用するための社会民主主義の能力は，別個の制約条件下にあった。スカンジナビア諸国の社会民主主

義は，右派が長期にわたって分裂していたおかげで大いに助けられた。オーストリアの社会民主主義勢力はそうではなかった (Esping-Andersen and Korpi, 1984; Castles, 1978)。おそらくこうした相違は，福祉国家の大きな差異につながっていったのではないか。

では，福祉国家の相違を生みだした要因について，どのようにすれば，理論的に満足のいく命題を定式化できるのか。その作業は，問題設定の仕方そのものの再検討から始めなければならない。労働者階級動員の影響を仮定するのであれば，労働者階級のインタレストと要求に対して福祉国家の諸特徴のうちどれが深く関係しているのか，まずその点を確認することから始めなければならない。この点から言えば，社会的支出の水準は二次的な現象である。なぜならば，おそらく労働者は社会的支出の増大それ自体を要求したわけではないからである。また，一定水準の労働者階級のパワーが，どのようにしてそれにふさわしい社会政策の結果を生みだすのかを，もっと正確に述べる必要がある。このことは，議会制度や，労働運動の分裂，社会の様々な政治勢力間の関係について考察することを含んでいなければならない。もしも，正しい社会学的研究をしようとするのならば，権力を事物として見るのではなく関係として見なければならない。

1 資本主義の社会民主主義化

それゆえ，労働者階級動員理論は，労働者は何を要求し，何を闘いとるために動員し得るのかを具体的に述べることから始めなければならない。その上で，その理論は，労働者階級の権力と，そのような労働者階級の要求に応える福祉国家の達成との間に対応関係があるという証拠を提示しなければならない。

この種の企てにおいては，我々は直ちに次のようなパラドクスに直面する。すなわち，福祉国家への第一歩は常に旧支配階級によって踏みだされたのであり，保守主義的な貴族層であれブルジョアの自由主義者であれ，そのような人々こそが真に現代福祉国家の基礎を築いたと見なされるべきだ，というパラドクスである。

多くの歴史家が教えてくれているように，保守的な改革者達は，労働者達の要求からは遙かにかけ離れた関心によって動機づけられていた。ビスマルクは，「社会国家」(Sozialstaat) を社会主義に対抗する処方箋だと考え，ウィルヘルム皇帝の専制支配に対するプロレタリアートの忠誠を新たに勝ち取る手段だと考えた (Rimilinger, 1971)。初期の社会政策では，労働者階級は，通例その主体ではなく客体であった。場合によっては，支配階級の改良主義が労働運動の誕生に先だって展

開されたことさえあった。たとえばスウェーデンの場合がそうであった。

　それゆえ，労働者階級動員の役割を理論化する際，わが福祉国家は労働運動と社会主義の双方とに対抗して生み出されたことをまず想起するべきである。このことは，初期の福祉政策のデザインに関して明らかなことである。たとえば，ドイツやオーストリアのコーポラティスト・モデルは，生起しつつあるコレクティヴィズムの脅威を分裂，分断させることを意図していた。示唆的なことに，これらの国はナチズムの前であれ後であれ世界でも先導的な福祉支出国であったが，それは労働組合や社会民主党の政策と激しく争っている状況下でのことであった。

　したがって，福祉国家に関する労働者階級動員理論を論証しようとする際，福祉国家の起源から始めることはできないのである。また，労働者もしくはそのコレクティヴな利益表出が，理想的な社会政策について歴史的展開に左右されないような一貫したモデルをもっていたとも想定できないのである。こうした事情から，我々はこの理論について論証不能に陥るのであろうか。否，そうではない。個人としての，また政治集団としての労働者からわき上がってくる緊急のニードを理解すれば，そこに労働者階級動員テーゼに適合的な諸特徴を確認することは十分に可能であるからである。

　個々人について見れば，賃金生活者は，その不安定な地位の故に，所得の安定や，社会的救済，そして自己のコントロールを超えた力に巻き込まれないような保障を要求するだろう。労働者は市場の力に囚われているのであるから，僅かなりとも「脱商品化」されることを求めるのは当然であり，さもなければその選択は非合理である。

　しかしながら，社会権は様々な形で保障されうる。そして，集合行動の緊急性という問題を考慮しなければならないのは正にここにおいてである。労働者はそれぞれ異なった形で組織化されてきたし，多様な社会政策モデルを発展させてきた。伝統的なギルド・手工業者組合はおそらくは狭い基盤の上で友愛組合や職域福祉制度をつくりだすであろう。キリスト教徒，とくにカトリックの労働運動は，当然ながら広範な階級的連帯よりも，コーポラティズムや教会がもっと重大な役割を演ずるような家族主義的モデルを求めて闘う。だが，今日支配的な労働者階級動員理論は，本質的には集合行動に関する労働者主義的，社会主義的，社会民主主義的モデルという，20世紀に入ってしばらくして初めて支配的になったモデルを前提としているのである。

　あらゆる種類の労働運動に共通する社会政策の諸原則が，ごく少数ではあるけれども存在する。明らかにその一原則を構成するのは，市場という鞭からの脱商品化

である．もしもこの原則がなかったならば，集合行動そのものが不可能となる．労働者は，スト破りになったり，また低賃金で仲間の労働者を出し抜いたりしないですむためにも，そして連帯に支えられたコミュニティで影響力のある信頼される参加者であるためにも，あるリソースを支配できなければならない．初期の労働運動は，ルンペン・プロレタリアートがコレクティヴィズムにとって恐ろしい脅威になることを学ぶのに，カール・カウツキーやローザ・ルクセンブルグに登場願うまでもなかったのである．

　第二の原則は，社会政策は労働者の生活にとってきわめて重要な要素であるがゆえに，社会政策によって集合的アイデンティティの適切な範囲を画定することができる，というものである．社会的保護の制度が組織化される方法そのものが，社会的アイデンティティや地位によるコミュニティや，連帯意識を境界づけることになる．労働者階級の大衆政党が影響力を拡げつつあった時，それが狭い職域別の制度や，コーポラティズムや，地位に応じて分化した特権に反対し，代わりに包括的，平等主義的，かつ普遍的な社会保障を求めたのは，まさにこの理由からである．

　したがって，労働者もしくは労働者階級の運動が，当然にもしくは必然的に，福祉国家のある固有のモデルに行き着くと想定するのは誤りである．ここで福祉国家形成にかかわるアクターを，「労働者階級」（Therborn, 1978 のように）あるいは「動員された労働者階級」（ほとんどの論者のように）のいずれかに限定するならば，我々は大きな誤解の世界にはまり込むことになろう．

　実際に使える「労働者階級動員」理論では，そうではなくて，そのアクターを特殊な種類の政治的な階級形成（political class formation）という観点から定義する．戦後の労働運動は賃金生活者の大衆運動という方向で収斂しているが，この点を考慮すれば我々の分析作業はもっと容易なものになる．社会民主主義の旗の下であれ，共産主義や，労働主義の旗の下であれ，ほとんどすべての議会主義的な労働運動は，その社会政策についての諸原理や福祉国家改革についての構想という点で収斂傾向を辿る．

　本質的には，これは社会民主主義モデルと呼ぶのが最も適切と思われるものへの収斂である．実際，議会における多数派形成をとおして政権をとると公約している左翼政党ならば，先に社会民主主義レジームモデルとして定義しておいた路線を回避することは困難である．ナショナルな範囲で連帯を実現し普遍主義を達成するという理想は，おそらくはこうした路線の最も明らかな例である．実のところ，左翼政党のパワーは，社会的諸集団が市場をとおしての財の供給とむすびついている場合に生じる地位の分化や二重構造を根絶し，一部の集団がスティグマ化されること

を極力なくす，その能力にかかっているのである。スカンジナビア諸国のような普遍主義的な，完全雇用の福祉国家は，各国の労働者政党にとっての国際的公準となっている。

　我々はすでに，福祉国家の形成に多くの歴史的な諸勢力が決定的な役割を果たしてきたことを知っている。この事実こそ，なぜ福祉国家は相互に異なっているのか，どうして，見てきたようなかたちでクラスター化するのか，そのほとんど確実な理由である。ヨーロッパ大陸の初期資本主義において，教会，貴族政治，権威主義的国家が抜きん出たパワーを有していたという事実はこのレジーム類型を説明する際の鍵となるものである。逆に，アングロサクソン諸国において，絶対主義の弱いことや，自由放任を吹き込まれたブルジョアジーが支配したことが，「自由主義」体制を説明するのに大きな役割を果たす。どちらのケースも社会政策は決して中立的ではなかった。社会政策は，社会主義の勢いを弱めあるいは吸収し，政治的に望ましい社会組織のあり方を持続的に確実に制度化するための，より一般的なキャンペーンの一部であった。

　こうしたことを念頭に置くならば，福祉国家の社会民主主義化プロセスという観点から労働者階級動員理論を検討することは十分根拠のあることといえよう。ここで我々が意味するのは，自由主義もしくは保守主義レジームに支配的な特性に代えて，包括的で，普遍主義的でかつ「脱商品化作用のある」完全雇用の福祉国家を推し進める能力のことである。

　このようなかたちで問題を設定するならば，ある程度の線形分析は是認されようが，それはあくまである範囲までである。福祉国家の発展の国際的多様性をたんに権力動員の水準の相違に還元することはできない。それは，明らかに権力がいかに構造化されているかという視点から理解すべきものである。現代の議会主義の文脈においては，この構造化についてなかでも二つの条件が重要である。すなわち，政治的連合形成のパターンと，労働運動の構造，とりわけ組合と政党との関係である。我々はとくに，宗派を基盤とする政治的動員が労働者階級の要求を汲み上げこれを政治に媒介するその方法や，カトリック政党やキリスト教政党が社会主義政党や労働者政党の立場に影響を与えてきたそのやり方に注意を払わなければならない。オランダや，イタリア，ドイツ，ベルギーのような国において，戦後のキリスト教民主政党が優位となりえたその一つの理由は，労働者の間で首尾よく票を獲得したからであった。政権を長期化しえたのであるから，こうした諸政党は，一貫して労働者の社会政策のニードをとりあげこれを活用してきたと言える。

2 権力の影響力を測定する

　権力は様々な形で現れるし，社会のあらゆるレベルに存在するのであるから，我々は権力をめぐる多様なアプローチから一つを選択しなければならない。我々は，たとえば家父長制を，家庭や企業においても，そして国家においても見出すことができる。もしくは「ネオ・コーポラティズム」論の文献に従い，利益集団の頂上レベルでの利益調整を，権力が表出する主要な様式と見なすことができるかもしれない。だが，我々の主たる関心事が福祉国家という体制原理である場合は，家父長制アプローチも「ネオ・コーポラティズム」アプローチもいずれも最適なものとは言えない。社会政策の決定に際しては，利益集団や官僚制が大きな影響力を持つこともあろう。しかし，最も明白で，直接的で，しかも目に見える分析の焦点は議会と内閣の権力であり，我々が焦点を当てようとしているのもこのレベルの権力表出である。

　我々の分析は，18の主要な工業化のすすんだ資本主義的民主主義諸国に限られている。我々は，あくまで比較可能な政治制度，経済，社会構造を分析しているのだということを確認する必要がある。したがって，我々の分析対象は比較可能な国々のサンプルではなくて，その比較可能な国のすべてである。それゆえ，この固有の特質を帯びた政治経済体制の域を超えて，いかなる一般的結論も引き出そうとするものではない。

　我々の検証しようとしているモデルは，構造化（structuration）の差異に関係する指標を提示するであろう。まず第一に，我々の労働者階級動員変数は，1918-33年，1918-49年，1949-80年のいずれかの期間について，左翼政党・労働者政党が立法府と内閣において議席を占める割合の加重平均からなりたっている。この変数は，「加重内閣占拠率」（Weighted Cabinet Shares）と呼ばれる。多くの研究によって示唆されているように，労働組合もまた政策に影響を与えるかもしれないが，ここでは大部分除外されている。なぜならば，まず第一に，経験的に言って労働組合の強さは政党の強さと代替しうるからである（相関係数は，0.816である）。そして第二に，実際のところ我々の分析上の焦点は議会主義にあるからである。

　多くの研究では，権力の測定についてあいまいな測定方法が提示されている。例えば，政党の強さを得票率で測定することが一般的におこなわれている。しかしながら諸々の選挙ルールでは投票数そのままに議席を配分しないことが多いのであるから，この方法は疑問である。また，政党権力を短い期間で測定する研究が多いが，

これはいわゆる「ブルム」（Blum）効果の危険性を犯すものである。すなわち，左派政党で，政権に就いたものの数年後に追放されて，何ら永続的な影響を持たなかったことがあった。
　また，我々はカトリックとキリスト教民主主義による政治的動員の役割を捉える変数を導入する。1950年以前の年にかかわる分析については，我々の指標はただ国民に占めるカトリック教徒の割合を測定しただけのものである。キリスト教民主主義を掲げる大衆政党がフルに発展してきたのはその後のことである。だが，変数を確定するにあたって，ここでは，カトリックが強いと社会正義に関する支配的な考え方は教会の世界観に影響されやすい，という仮説に基づいている。実際のところ，ここでの変数は，社会政策に関するカトリックの教えが一般的に広まっていることを捉えようとしている。今日にいたる時期の分析に関しては，1946-80年の間にカトリック政党が立法府の議席を占めている割合を使う。実のところ，どちらの方法を使おうとも大差ない。第一の測定法と第二の測定法とのゼロ次相関は，0.848である。
　新絶対主義と権威主義的国家主義の歴史的影響がいかなるものであったかを明らかにする必要があることは疑いない。このような歴史的経験の複雑さを測定可能なものに要約するために，我々は次のような二つの基本的な特徴に着目することができる。すなわち①絶対主義支配の強さと持続性，②政治的民主主義の全面的な実現の遅れ，である。第一のものの測定については，ロッカンの分類方法に由来する（Rokkan, 1970, ch. 3）。そしてその結果，三つのグループ，つまり，①強くて耐久性のある絶対主義，②弱い絶対主義，③絶対主義以外，に分かれる。この分類によって与えられたスコアは，普通選挙権が（男性と女性とに）全面的に制度化された年によって，加重値を加えてある。
　すべてのモデルにおいて，我々は，福祉国家の発展に関して理論上考えられる権力以外の要因のうち，最も有力にして説得力のある二つの要因をコントロールする。第一番目のものは，経済成長である。これは，ⓐ経済成長率が資源の再配分を可能にする，もしくは，ⓑ経済進歩の水準が産業の成熟度全般と社会的近代化の水準を集約している，という理由から影響力があると主張される。ⓐの場合，我々がその指標とするのは1960-80年代（現代福祉国家が真に成長し完成した時期）における実質ＧＤＰの年平均成長率であり，ⓑの場合，指標は国民一人当たりのＧＤＰである。第二番目のものとしては，人口に占める高齢者（65歳以上）の割合を社会政策（年金は通例，社会移転の主要部分を占める）に明らかにむすびついている人口構成上の変数として含める。

経済発展と人口構成上の圧力が，福祉国家の根拠に関する「第一世代」の研究においては，通例，主要な説明要因であった（Cutright, 1965; Wilensky, 1975; 1987）。これに加えてウィレンスキー（Wilensky, 1975; 1987）は，官僚制増分主義理論を提唱した。その理論では，いったん官僚制が成立すると，官僚制はその拡大に対してインタレストを有し，またその促進を図る力を持つようになるだろうと考える。実際のところ，社会政策の歴史上の決定的な出来事は，福祉国家において活躍する官僚の働きかけに遡ることできる（Derthick, 1979; Skocpol, 1987; Weir, Orloff and Skocpol, 1988）。本書のような定量的な比較研究において，官僚制の影響を測定可能な形で特定することは非常に困難である。官僚制の影響を説明しようとするとたいていの場合，歴史的過程において鍵的な役割を果たした特定の人々の断固たる行動と切っても切り離せないのである。さらには，説明されるべき事項が福祉国家全体にかかわる場合は，官僚制を表す有意味な変数を作ることが困難である。特定の社会プログラムは，かなり長期にわたって存続するという事情も，この官僚制変数をつくることを難しくしている。以下の分析では，官僚制の影響を年金制度についてのみ検討することにする。このように限定すれば，官僚制は，潜在的に影響力のあるものとしてよりはっきりと認識可能になる。

3 福祉国家レジームを測定する

これまでの議論で，本書が総支出という指標は福祉国家研究においてあまり価値をもたないと考えていることは明らかであろう。我々は，構造的，制度的特質を重視してきたし，またこれからの我々の分析がその中心にしようとしているのも，こうした点についてである。福祉国家の発展要因に関する以下の分析では，次のような四つの段階を辿ってすすめられる。まず第一に，福祉国家の支出指標に関しても限定的な分析を試みることにする。すなわち，社会保障支出がGDP（1933, 1950, 1977年のもの）に占める割合と，年金支出総額（民間部門と公的部門）である。この二つの変数のケースでは，たぶん人口構成上の変数や経済的変数が要因として浮上しやすい。

第二の分析局面では，我々の関心は年金，とくに年金給付の構造関係に集中する。年金に焦点を当てようと決めたのは，年金が福祉国家活動の中でもずば抜けて重要な要素であるからである。また，福祉国家について詳述するにあたって，極めて抽象的な総支出のレベルから，もっと詳細に制度上の特徴が確認できるようなレベルにシフトしたいという思いがあったからでもある。年金に関しても，我々はレジー

ム間の決定的な相違であると論じたのと同様の相違を見出せよう。したがって，年金についても，プログラムの性格におけるコーポラティズムの程度（地位によって決められている多くの別個の年金制度），国家主義への偏り（GDPに占める公務員年金支出の割合），民間年金部門の相対的重要性（総年金支出に占める個人・企業年金の割合），そして仮に法的社会保障バイアスとでも呼べそうなもの（民間年金でもなければ公務員年金でもない年金の割合）について検討しよう。

　第三の局面では，福祉国家の一般的な構造上，制度上の特質について検討する。そしてここでも，保守的，自由主義的，社会主義的福祉国家レジームの主要な特色を取り出すことを狙っている。ここでは，以下のような変数に焦点を当てよう。すなわち給付対象を絞り込むことやミーンズテストを実施することの相対的重要性，つまり福祉国家の残余主義（ミーンズテストのある社会扶助支出が社会的移転全体に占める割合として測定されるもの），給付構造の不平等主義や，脱商品化（これらは，第2章，第3章で測定されている），そして，完全雇用を保障することにおける福祉国家の役割（1960-80年代における調整済みの平均的失業率，そして1970-80年代における公共セクターでの雇用の増大）についてである。

　最後に，第四の局面として，第3章で確認されたような福祉国家レジームについての説明に取りかかる。つまり，社会的階層化のシステムとしての，福祉国家の三つの主要なモデルを論じる。

4　方法論的デザイン

　福祉国家に関するほとんどの理論は，動態的な，歴史的議論を試みている。だが，こうした議論が検証されるときは，たいていが純粋にクロスセクショナル（横断比較的）なデータをとおしてである。ここに，経験的な論証を適切におこなうことに対する大きな障害がある。動態的な仮説に取り組むためにクロスセクショナルなデータを使うことは，きわめて妥協的な仮定を用いることによってのみ可能である。主に我々は，異なった時点間での差異に代えてある同一時点におけるクロスセクショナルな差異を活用している。このことのよい例は，スウェーデンが福祉国家のいかなる特性（支出，平等主義，給付の寛容さなど）についても最高点を獲得するというのが比較研究の常である，ということにも表れている。我々がクロスセクショナルな研究をする場合に暗黙のうちに仮定していることは，スウェーデンは福祉国家の発展要因となる特性（社会民主主義，労働組合の強さ，ネオ・コーポラティズム，経済発展，高齢化）に大変恵まれているが，もし他の国もこのような要因を備

えれば，スウェーデンの水準にまで近づくであろう，という考え方である。

　スウェーデンのようなある一つの国が，権力のインパクトに関するどのような研究においても常に福祉のリーダーとして現れるならば，クロスセクショナルな研究デザインは，シャリフ（Shalev, 1983）のいうスウェーデン中心主義（Swedocentrism）ないし「社民中心主義」（social democratism）という誤った考えに陥りやすい。クロスセクショナルな研究では，ある説明変数（たとえば権力）によって引き起こされる変化がその焦点となる。だが，しばしばその理論の構造からすると相関関係の深さ（回帰係数B，もしくは回帰曲線の傾き）こそが関心の的となりがちである。これに対して我々は，たとえば左翼権力パワーの増大は，どの程度まで社会的平等の伸長を引き起こすのかを知りたいのである。

　データが少ないこともあり，適切な時系列分析はごく少ない。そして，長い時系列が存在している少数の変数を研究しようとすると，しばしばひどい自己相関の問題に直面する。たとえば，今年の支出という変数を最も上手く説明する理由は，去年の支出ということになってしまう。それにもかかわらず，今日利用可能な若干の時系列指向の研究をみるだけで，クロスセクショナルな研究から引き出された多くの仮説が修正されなければならないということが分かる。たとえば，グリフィン，オコンネル，マキャモン（Griffiin, O'Connell and McCammon, 1989）によれば，社会民主主義の支配と失業との相関がクロスセクショナルな分析では－0.544であるのに，時系列ベースでは－0.150と，とるに足らないものであると明らかにされている。

　本研究では，主にクロスセクショナルな分析に依拠しなければならない。実際上すべての変数に関して，適切な時系列を構成することは不可能であるし，データがひどく偏っているので統計的識別が不可能である。換言すれば，動態的な結論はかなり制限されねばならないだろう。

5　総体としての福祉国家

社会的賃金

　先に指摘しておいたように，ＧＤＰに占める社会保障支出が，「福祉国家主義」の程度を示す指標として最も良く使われてきている。それは，社会的賃金の総額，つまり，厳密な市場の基準に応じてではなくて社会的基準に応じて分配されている一国の資源の割合を大雑把に表わしている。我々の議論が示してきたように，このような支出へのコミットメントそのものが左翼政党権力とむすびつくと信ずる理由

は何もない。高水準の社会的賃金は権威主義体制からもカトリック主義からも生じることがあろう。実際，左翼権力の動員が社会支出に影響を与えたとしても，それは福祉国家の発展のかなり後の時期である。戦後期に至るまでは，左翼の単独政権はもちろん，内閣参加自体が，限定的で散発的な事態であった。

　現代の福祉国家の規模を，第二次世界大戦以前のその規模から予測することはできない。実際，1933年の社会的支出（ＧＤＰに占めるその比率）と1977年のそれとのゼロ次相関係数は負数で−0.120であった。だが1950年と1977年とに関して言えば，その関係は，相当強い（0.617）。過去の福祉国家の規模が，今日のその規模をきわめて強く方向づけているのであれば，過去においてそのバリエーションを生み出したものを説明するしかないであろう。だが，1930年代から今日にかけて起こったことが，社会的支出の大きさに従った国々の分布を根本的に変えてしまった。

　すべての国々で社会的賃金が増大したこと自体はそれ程驚くべきことではない。我々の関心は，現代の諸国家の間で差異が生まれるにあたって何が関与したか，それを説明することである。今日，規模の点から言えば，諸福祉国家の差異は昔以上に大きくなっている。すなわち，平均からの標準偏差は，1933年の2.7（平均はＧＤＰの4.6％）から1950年の2.6（平均は7.2％），1977年の6.0（平均は18.3％）へと増大している。

　もしも歴史のパノラマを分解するならば，なぜ，今日の国々の順位が過去の状況とほとんど関係がないのかがよく分かる。1933年には，社会的賃金のリーダーは，ドイツや，イギリス，オーストリアであった。遅れていたのは，フィンランドや，オランダ，イタリアであったが，これらの国々は今日ではリーダーの中に入っている。アメリカ合衆国は，当時はまだ一片の社会保障法も導入していなかったが，中位に位置していた。1930年代のランキングは，今日あるのとはほとんど全く別のプログラム・ミックスを反映している。当時支配的だったのは，ミーンズテストを伴う救貧政策や，公務員のための給付であり，とくにアメリカでは恩寵的に供与される退役軍人恩給である。だが，福祉国家の構造上の差異という問題に取りかかる前に，社会的賃金に関する主な説明がどれほど適切なものであるかについて検討しよう。

　表5-1は，1933年，1950年，1977年における，社会的賃金（社会保障支出 social security expenditure が，ＧＤＰに占める割合）に対する，経済的，人口構成的，政治的変数がもたらす影響についての二変量回帰の結果を示している。

　表5-1から出てくる結果でおそらく最も重要なものは，どの説明変数も戦後に入るまでは有意ではないということである。1933年と1950年に関して言えば，福祉

表 5-1 社会的賃金のクロスセクショナル（OLS）分析（1993年, 1950年, 1977年）

	相関係数	回帰係数	回帰決定係数[a]	F 値
従属変数				
GDPに占める社会保障支出(1933年)				
1人当たりGDP(1933年)	0.078	N.S.	—	—
高齢者人口比率(1930年)	0.178	N.S.	—	—
加重内閣占拠率(1918-33年)	0.287	N.S.	—	—
カトリック政党	0.122	N.S.	—	—
絶対主義	0.070	N.S.	—	—
従属変数				
GDPに占める社会保障支出(1950年)				
1人当たりGDP(1950年)	−0.106	N.S.	—	—
高齢者人口比率(1950年)	0.613	0.892 (3.10)[b]	0.336	9.61
加重内閣占拠率(1918-49年)	0.254	N.S.	—	—
カトリック政党	0.262	N.S.	—	—
絶対主義	0.289	N.S.	—	—
従属変数				
GDPに占める社会保障支出(1977年)				
1人当たりGDP(1977年)	0.088	N.S.	—	—
高齢者人口比率(1977年)	0.727	1.823 (4.23)	0.498	17.89
加重内閣占拠率(1950-76年)	0.558	0.236	0.268	7.23
カトリック政党(1946-76年)	0.251	N.S.	—	—
絶対主義	0.270	N.S.	—	—

（注）　a　調整済。
　　　　b　カッコ内はt統計量。
（出所）　SSIB data files.

　国家の発展にとって影響力があると通例考えられているほとんどの変数について，その効果はとるに足らないものである。左翼権力の影響（加重内閣占拠率）がないことは当然のことながら予測される。だが1933年において（また1950年においても），カトリック主義や絶対主義の影響の無いことは，我々の予測と矛盾する。先に論じておいたように，初期の福祉国家制度の成立の要因として挙げられるべきは，これらの二つの歴史的な勢力なのである。

　福祉支出の分配のあり方が変わったことを説明する上で重要なものとして浮かび上がってきた二つの変数がある。一つは，人口に占める高齢者の割合（高齢者人口比率）であり，1950年と1977年において重要である。もう一つは，左翼権力の動員（「加重内閣占拠率」）であり，1977年において重要である。

　換言すれば，政治的要因が支出傾向に影響力を持ったのは，戦後においてのみで

ある。このことも，我々のまさに予想していたことである。すべての国が完全な民主主義を確立し，労働者階級や社会主義政党が政権を握る，いや少なくとも政権に参加する純粋な機会が生まれたのは，第二次世界大戦後のことなのである。「経済成長」による説明が上手くいっていないのは明らかである。どの年においても，ＧＤＰでは社会的支出の成果を説明できない。だが，高齢者人口比率という変数の強さは，人口構造的・機能主義の理論がある程度妥当性を持っていることを示唆している。

1950年と1977年において，高齢者人口比率という変数が最も強く，社会的支出の分散のそれぞれ34％と50％を説明している。1977年に関しては，加重内閣占拠率という変数が分散の27％を説明している。ここで我々は，権力に基づく理論と機能主義的人口構造論との並立という古典的問題に直面していることになる。両者の相対的な強さを推計するために，二つの変数は単純多変量ＯＬＳ（通常の最小二乗法）モデルに同時に入れられる。

ＧＤＰに占める社会保障支出（1977年）＝－2.860＋0.058（加重内閣占拠率）
(t＝0.42)(t＝0.58)
＋1.596（高齢者人口比率）　（回帰決定係数＝0.477）
(t＝2.72)

もしも高齢者人口を制御するならば，左翼権力はその説明力を失う。つまり，ウィレンスキー（Wilensky, 1975）や，パンペルとウィリアムソン（Pampel and Williamson, 1985）が明らかにしているように，人口構造は社会支出にかんする各国間の相違を説明する最も有力な要因である。

これは，本書で提示された議論と全く一致する結果である。すなわち，なぜ社会的支出水準それ自体が労働者の要望や労働者政党の業績を反映すべきものなのかについて納得いく理論的説明はない。また，「カトリック」や「絶対主義勢力」の影響がなかったことは，とくに初期の時代については驚きである。もちろん第二次大戦後については，社会民主主義と「キリスト教民主主義」勢力がともに連合して社会支出を増大させた（たぶん社会主義者の方がより強力であった）。そして，この事実のみが，1950年以降に「カトリック主義」の独自の影響がなかったことを説明するだろう。だが，1933年と1950年においては，カトリックや絶対主義の影響はもっと鮮明に現れてよいはずである。このことは，我々の予想と矛盾するけれども，我々の議論を無効にするものではない。決定的な争点は，総支出ではなくて福祉国家の構造化である。政治勢力に関する我々の議論が真に試されるのは，構造上の差異を分析し始めたときである。

年　金

　社会的賃金をなぜその構成部分に分解するべきかについては，多くの理由がある。福祉国家の全パッケージのなかには，労働者階級の福祉にとって他の項目よりも重要な項目がある。そして，（高齢化のような）人口構造的要因は，すべての社会プログラムに同じように関係するものではない。権力的変数と人口構造的－経済的変数の相対的影響に関する検討は，年金に厳密に焦点を当てることによってよりよくおこなうことができる。

　これまでのところ，マイルス（Myles, 1984a）や，パンペルとウィリアムソン（Pampel and Williamson, 1985）は，この方向で最も洗練されたアプローチをとっている。この二つの研究が年金を測定する方法は相当違っている。マイルスは，主に年金制度の質に焦点を当て，左翼権力要因が国家間の差異を決定的に説明する要因であることを明らかにしている。パンペルとウィリアムソンは，年金支出に取り組み，人口構造が最も有力な説明要因である（高齢者が有力な投票集団となっている）ことを明らかにしている。それにもかかわらず，この種のアプローチには偏りがある。パンペルとウィリアムソンのように，年金に関して福祉国家支出のみを採り上げることは，年金という世界のうち，公的部門というそのごく一部だけを検討していることを意味する。この場合問題となっているのは，年金の構造化なのである。

　人口高齢化の影響を適切に検討するには，あらゆるタイプの年金支出，つまり公的な年金と民間の年金の支出を対象としなければならないことは自明に思える。この場合関心の対象となっているのは，構造化ではなく，マクロ経済的資源配分なのである。その結果として，経済的な，人口構造的要因の影響力が政治的変数の影響力を上回る可能性が高まる。要するに，年金支出を公的部門の支出と民間部門の支出の双方に関して検討すると，収斂論に行き着きがちなのである。対照的に，年金制度の構造上の差異を検討すると，政治的変数の重大な影響を発見する可能性が高まる。

　表5-2は，総年金支出に関する我々の発見を要約している。従属変数は四つのタイプの制度への支出，すなわち，個人年金，団体職域年金，公務員年金，法定の社会保障年金への支出を含んでいる。この変数に関して我々が活用しえたのは1980年のデータのみである。

　予測されたように，人口高齢化は，結合された総年金支出の背後にある推進力である。これは，同語反復とは言わないまでも，論理的に必然的であると思われる結果である。だが，高齢者の割合の重要性を理解しようとすると困難が生ずる。それ

表5-2 公的・民間年金総支出(がGDPに占める割合)についての
クロスセクショナル(OLS)分析(1980年)

独立変数	相関係数	回帰係数	回帰決定係数[a]	F 値
1人当たりGDP(1980年)	0.052	N.S.	—	—
GDPの成長率(1960-80年)	−0.557	−0.23	0.267	7.21
		(−2.69)[b]		
高齢者人口比率(1980年)	0.791	5.170	0.602	26.69
		(5.17)		
加重内閣占拠率(1946-76年)	0.423	0.072	0.128	3.49
		(1.87)		
カトリック政党	0.329	N.S.	—	—
絶対主義	0.217	N.S.	—	—

(注) a 調整済。
　　　b カッコ内はt統計量。
(出所) SSIB data files.

は，機能主義の理論，すなわち，ニードは発生したそばから満たされていくという考え方によっても分析されうる。だが他方で，それは，高齢者が投票行動をとおして政治システムに圧力を加えた結果としても分析されうる。

機能主義の解釈は次の場合により説得的に思える。つまり，ⓐ政治上の変数が全く無関係（irrelevant）である場合，そして，ⓑ経済上の変数が因果関係的に重要である場合，である。ⓐに関して言うと，表5-2によれば，どの政治権力変数も年金支出に有意な形では影響を与えていない。ⓑに関して言うと，意外なことに，経済的水準（1人当たりGDP）は完全に無意味であり，戦後の経済成長率は，年金支出と負の相関関係にあることが分かる。このことは，もしも経済成長がもっと鈍かったならば，1980年の総年金支出の規模がもっと大きかったかもしれないということを示唆している。この一見矛盾する結果についての最も上手い解釈は何か。

まず第一に，年金支出がGDPとの関係で計算されていることに留意しなければならない。それゆえ，GDPがゆっくりと増大し，同時に高齢化率が急速に増大するならば，年金増大の速度はGDPよりもきっと急速であろう。別な言い方をすれば，人口構造上の圧力は経済状況とは無関係に存在するということである。この仮説は，以下のOLSモデルで取り扱われている。

　総年金額＝1.580＋0.679（高齢者人口比率）−0.010（GDP成長率）
　　　　　（t＝0.61）（t＝4.14）　　　　　　（t＝−1.58）

このモデルでは，分散の64％を説明し（F＝15.84），GDPの成長率にはその重要性がないのであるから，これは人口構造変数が単独の要因として重要なものであ

ることを確証している。

　だが，先に論じたように，政治的変数の決定的インパクトは総福祉アウトプットでは現れにくく，むしろ構造上のバイアスを検討する際に現れやすい。これから我々が着手しようとしているのはまさにこの検討である。まず第一に，福祉国家レジームを反映している三つのタイプの年金制度を順次分析することから始める。「自由主義」レジームは，民間部門の年金が全体に占める割合によって測定される。「保守的」レジームに関しては，GDPに占める公務員年金支出の割合によって測定される国家主義の程度と，（第3章におけるように）地位に付随した公的年金制度の数によって測定されるプログラム上のコーポラティズム（program corporatism）の程度との，両方を分析しよう。最後に，「社会民主主義」レジームは，法定の社会保障年金の支出が全体に占める割合という形で確認しよう。

6　年金体制

「自由主義」市場バイアス

　連帯や，統一，脱商品化のために，左翼政党は民間の年金を法定の社会権に基づいた年金に置き換えようとすることが予測されている。したがって，加重内閣占拠率が，年金ミックス総体のなかにおいて民間年金部門に与える，強い，負の影響を我々は予想する。同じように脱商品化を指向し，他方で地位やヒエラルキーを好むという理由から，カトリック政党や強い絶対主義的あるいは権威主義的伝統を持つ国家においても，同じような影響が見られると予測する。

　民間年金には，二つのタイプがある。すなわち，（通例は，生命保険の一種としての）個人契約年金と，（典型的には）団体交渉に基づく職域年金制度である。この二つのタイプはそれぞれ大きく異なった論理に基づいていることは容易に窺える。個人契約年金は，厳格な市場型の個人主義の原理に最も近い。これに対して，職域年金がそれ自体として拡大するのは，労働者が強く組織化されている場合であり，なかでも労働者政党が弱いのに労働組合主義が強力であるという状況下においてであろう。換言すれば，職域年金というのは，組織労働者にとってみれば議会主義的労働戦略に代わるもう一つの道であったと言ってよいかもしれない。このことを念頭において，我々は労働組合の強さについて別個にテストする。表5-3においては，従属変数は，（個人年金と職域年金とを）合算した民間部門の年金の支出が，1980年の総年金支出に占める割合（市場年金の割合）である。

　表5-3からの結果は，我々の一般的な理論上の想定と一致する。どの政治的変

表5-3 年金の市場への偏りについてのクロスセクショナル（OLS）分析（1980年）

独立変数	相関係数	回帰係数	回帰決定係数[a]	F 値
1人当たりGDP	0.508	3.330 (2.36)[b]	0.212	5.58
GDP成長率	0.262	N.S.	—	—
高齢者人口比率	−0.530	−2.209 (−2.50)	0.236	6.26
加重内閣占拠率(1946-80年)	−0.412	−0.290 (−1.18)	0.118	3.27
カトリック政党	−0.405	−0.229 (−1.77)	0.112	3.14
絶対主義	−0.348	N.S.	—	—

（注）従属変数は，私的年金（個人年金と職域年金）が，1980年の公的・私的年金の総結合支出に占める割合である。
　　a　調整済。
　　b　カッコ内はt統計量。
（出所）SSIB data files.

数も実質的に統計上有意ではないけれども，符号は，予想されたようにすべてマイナスである。労働組合主義の役割については，全体の一部としての職域年金に関してのみ，別個に分析されてきた。回帰係数はマイナスであり，有意ではなく，B＝−0.179（t値は1.48）である。労働組合主義と加重内閣占拠率が相互に関連が強い（したがって，代替可能である）ということは想起に値するが，この結果は，民間職域年金制度が労働運動の掲げるオルタナティブとして主要なものではないことを示している。

　年金の市場バイアスは，主に二つの変数に関連していることが表5-3によって示されている。すなわち，1人当たりGDPに関して（ただしGDP成長率に関してではない）正の相関があり，人口年齢構成に関して強い負の相関がある。経済水準の変数を解釈することは難しいけれども，高齢者人口比率の強い負の影響は我々の先の見解を補足するものとして興味深い。人口構造上の「圧力」の理論がすべての種類の年金に同じようにあてはまる訳ではない。また，高齢者は，年金支出に影響力を行使するそのやり方に関して，ある意味では中立的ではないと思われる。この相関係数が示しているのは，高齢者が民間市場年金に対して負の選好を抱く，ということである。

　こうした考察は，二つの追加的なモデルテストを要求する。第一に，1人当たりGDPをコントロールする場合でも，（負の）高齢化の影響があてはまるのかどうかということを確証する必要がある。第二に，高齢者が民間年金に対して負の選好

を持つということが正しいならば，このことはたぶん，左翼政党の役割に影響を与えるであろう。以下ではまず，ＧＤＰをコントロールして，高齢者の説明的効果を分析しよう。

　　　市場年金率＝12.150＋3.615（一人当たりＧＤＰ）－2.381（高齢者人口比率）
　　　　　　　　　（t＝0.96）（t＝3.30）　　　　　　　　（t＝3.42）

　（調整済みの）決定係数が0.528（F＝10.49）なので，高齢者人口比率とＧＤＰ変数の双方を含む重回帰は，先の二変量モデルのどちらよりも，はるかに上手くあてはまっている。また，両辺数は統計的に有意なままである。だが，第二のモデルにおいては，高齢者の年金選好が左翼政党の与える影響へと単純に「伝送」されるものではないことを示している。

　　　市場年金率＝38.860－0.076（加重内閣占拠率）－1.910（高齢者人口比率）
　　　　　　　　　（t＝2.76）　（t＝－0.37）　　　　　（t＝－1.58）

　このモデルにおいて説明されている分散は，高齢者人口比率に関する二変量モデルにおけるよりも実際のところ小さい（20％）。換言すれば，それは年齢構成と民間年金バイアスとの間の関係を確定することに失敗しているのである。

　左翼政党権力が民間年金に強いマイナスのインパクトを与えているということがないことは，理論的に興味深い。影響力がないということは，民間年金変数に関して諸国家が二つの根本的に異なったモデルに分かれているということと関係があるかもしれない。すなわち，ある集団（アメリカ，カナダ，スイス，オーストラリア）では，民間年金率が非常に高く，他方，他の集団ではその率は非常に低い。これは，線形アプローチが限られた有効性しか持たない明白な事例である。

年金給付における国家主義バイアス

　国家主義バイアスは，公務員に対して特別な恩恵を賦与する傾向として先に定義されている。我々の議論では，国家主義は福祉国家の保守主義モデルにむすびついており，したがって，カトリックや絶対主義が，高い水準の国家主義に強いプラスの関連があると予想する。逆に，我々の社会民主主義論に従えば，左翼政党の権力動員（加重内閣占拠率）が国家主義に対してマイナスの方向で影響を与えるはずである。年齢構成や経済発展のどちらかが，どのようにして一国の公務員に対する固有の取り扱い方に影響を与えられるものなのかを見るのは困難である。表5-4では，従属変数は，（1980年の）ＧＤＰに対する政府被用者年金への支出の割合として定義されている。国家主義に関して，人口構造変数や経済的変数は予想されたように重要ではない。左翼政党権力（加重内閣占拠率）に関しては，仮説としても述

表5-4 国家主義的特権についてのクロスセクショナル（OLS）分析（1980年）

独立変数	相関係数	回帰係数	回帰決定係数[a]	F 値
高齢者人口比率	0.458	0.187	0.160	4.24
		(2.06)[b]		
１人当たりＧＤＰ	−0.385	N.S.	―	―
加重内閣占拠率(1946-80年)	−0.060	N.S.	―	―
カトリック政党	0.667	0.037	0.397	12.21
		(3.58)		
絶対主義	0.534	0.198	0.241	6.39
		(2.53)		

（注） a 調整済。
　　　 b カッコ内はt統計量。
（出所） SSIB data files.

べたように，その関係はマイナスであるが，有意ではない。労働組合と左翼政党の双方はともに，通例は地位に付随する特権を攻撃しているので，このことは，政権に就いている労働者政党が公務員の特権を抑制できない（もしくは，したくない）ということを意味していると解釈できる。

次に，表5-4は，カトリック政党の強さと強固な絶対主義の遺制が，実に有力な影響力を持つことを示している。これはまさに予想されていた通りである。次の疑問は，カトリックと絶対主義が同時にモデルに入れられたら一体どうなるのかというものである。一つの理論的可能性は，ある変数がもう一つの変数を圧倒するというものである。もう一つの理論的可能性は，双方がそれぞれ独自に全体的な説明に貢献するというものである。以下のモデルにおいては，絶対主義とカトリックの双方の加法的（additive）な影響について検討する。

　　国家主義＝0.599＋0.014（カトリック政党）＋0.127（絶対主義）
　　　　　　（t＝1.76）（t＝2.84）　　　　　　　（t＝1.82）

結合された加法的なモデルは，分散の54％を説明し（F＝8.65），表5-4の二つの二変量モデルのいずれよりも優れている。だが，一緒に取り扱うとカトリック政党変数が絶対主義を圧倒する。つまり，絶対主義はもはや有意ではなくなってしまう。

以上の結果は，保守的な福祉国家レジームの特色とその政治的な表現との，予想された対応関係を確認するものである。この対応関係は，次の年金制度におけるプログラム上のコーポラティズムについての節においても再確認されるであろう。

表5-5 年金におけるコーポラティズム的社会的成層化についての
クロスセクショナル(ＯＬＳ)分析(1980年)

独立変数	相関係数	回帰係数	回帰決定係数[a]	F 値
加重内閣占拠率(1946-80年)	−0.178	N.S.	—	—
カトリック政党	0.463	0.085	0.166	4.38
		(2.09)[b]		
絶対主義	0.923	1.124	0.843	92.54

(注) a 調整済。
　　　b カッコ内はt統計量。
(出所) SSIB data files.

社会保障年金におけるコーポラティズム

　繰り返し論じてきたように，権威主義国家の政策やカトリック主義のいずれにおいても，地位による格差とコーポラティズムがきわめて強調されてきた。だが，職域的なコーポラティズムは，初期の労働運動のなかでも広まっていたことを忘れてはならない。

　社会民主主義化についての理論に従えば，労働者政党は地位による差別化を解体するように積極的に活動して当然と思われる。逆に，カトリック政党の強さと絶対主義の遺制が，コーポラティズムに積極的な影響を与えるはずである。労働者政党がコーポラティズムからの離脱を試みれば，右派やカトリック政党からの反対が予想されるが，それ以外にも，職域的な分化と特権の制度化によって利益を享受している層からも反対されよう。したがって，加重内閣占拠率は，コーポラティズムに対してマイナスの影響力が予想されるが，その影響力はあまり強力ではないと考えられるのである。

　純粋に理論的に考えた場合，年齢構成もしくは経済発展のいずれかがプログラム上のコーポラティズムに影響を与えるはずだという根拠はない。表5-5は，第3章で定義され測定されたような年金制度コーポラティズムに関する分析を示している。すなわち，個々の，職域に限定された，公的部門の年金制度の数に関する分析を示している。表5-5の結果は，我々が予測したとおりである。左翼政党（加重内閣占拠率）は，コーポラティズムに対して，有意ではないけれども，マイナスの影響力がある。その一方で，カトリックの影響力，そしてとりわけ絶対主義の影響力はきわめて大きい。実際，絶対主義だけによる説明力は驚くほど高い（分散の84％）。前の時と同じように，加法的な多変量モデル（additive multivariate model）において，絶対主義とカトリック主義との相対的な因果関係を検討する必

要がある。

　　　コーポラティズム＝1.072＋0.014（カトリック政党）＋1.054（絶対主義）
　　　　　　　　　　　（t＝－1.85）（t＝1.66）　　　　　　　（t＝8.87）

　モデルは，絶対主義が真に決定的な変数であることを確証している。このモデルで説明される分散は，絶対主義に関する二変量モデルにくらべると僅かに増大しており（86％；F＝52.68），カトリック政党変数は有意ではない。

年金における法定社会保障バイアス

　年金ミックスにおける法定社会保障バイアスは，福祉国家の「社会民主主義化」と最も密接にむすびついているに違いない。法定の社会保障年金が全体（民間年金，公的年金，公務員年金）に占める割合を測定してみると，そのスコアが高いときは，必ずしも国家主義やコーポラティズムを意味しないけれども，民間年金が締め出されていることを意味するのは間違いない。

　「官僚制」理論が最も良くあてはまるのは法定社会保障年金に関してである。この理論は，ウィレンスキーが述べたように，次のような仮説に基づいている。すなわち官僚制は，いったん確立されると独立した権力を蓄積し，利己的な組織上のインタレストのために自らの永続化と膨張を目指すであろう（Wilensky, 1975）。それゆえ，パーキンソンの法則と付合して，制度が古く（その制度が設立された年度で測定して）なればなるほど，その制度は大きくなるであろうと我々は予測する。表5-6においては，政治的，経済的，人口構造的，官僚制的変数が法定社会保障バイアスの国ごとのバリエーションにもたらす影響について分析している。

　表5-6から，官僚制も経済発展も法定社会保障バイアスに影響を与えていないことは明らかである。官僚制の影響に関するウィレンスキーの議論は，ＧＤＰに占める社会保障支出について検証されたのであり，我々の問題にしている構造的バイアスに関して検証されたものではないことに留意すべきである。そこで，ここでの変数に代えて，我々の研究対象の18か国において1980年度の法定社会保障年金がＧＤＰに占める割合についてその命題を検証してみても，官僚制の影響はゼロのままである。

　人口高齢化は，法定社会保障バイアスに対して，僅かではあるが影響を与えている。民間年金バイアスに関しては人口高齢化がマイナスの影響を持っていたのを思い出すとき，このことは少し驚きである。この点に関しては，高齢者が市場依存よりも法的な拠拠のある制度を望む政治的圧力団体であるという仮説を提示しておいた。これに対して，加重内閣占拠率という変数だけで，分散の47％を説明する。こ

表5-6 年金ミックスにおける法定社会保障バイアスについての
クロスセクショナル（OLS）分析（1980年）

独立変数	相関係数	回帰係数	回帰決定係数[a]	F 値
高齢者人口比率	0.443	1.812	0.146	3.90
		(1.98)[b]		
1人当たりGDP	0.050	N.S.	—	—
官僚制	−0.078	N.S.	—	—
加重内閣占拠率(1946-80年)	0.706	0.488	0.468	15.94
		(3.99)		
カトリック政党	−0.164	N.S.	—	—
絶対主義	−0.150	—	—	N.S.

(注)　a　調整済。
　　　b　カッコ内はt統計量。
(出所)　SSIB data files.

のことは，労働者政党が市民権を拡大し民間による供給を抑制することに熱心であるという我々の考え方と一致する。

　左翼権力の重要性は，高齢者人口比率をコントロールする際，さらに確認される。以下の多変量OLSモデルにおいては，高齢者人口比率変数は有意さをことごとく失っている。かくして，加重内閣占拠率による説明が確固としたものであることが確認される。説明されているすべての分散は43％（F＝7.50）であり，これは，加重内閣占拠率と法定社会保障バイアスに関する単純二変量モデルよりも劣る。

　　　法定社会保障バイアス＝63.750＋0.508（加重内閣占拠率）−0.185（高齢者人口比率）
　　　　　　　　　　　　　　（t＝5.54）（t＝3.02）　　　　　（t＝−0.185）

　政治的変数の影響力に関して，我々の予測は支持されている。実際のところ，法定社会保障バイアスの背後にある唯一の確認できる勢力は，政権についている労働者政党である。

7　福祉国家の構造関係

　福祉国家を生み出してきた因果メカニズムについて，福祉国家の規模という点から，また年金については福祉国家の構造上のバイアスという点から検討してきた。ここで我々は，福祉国家のより一般的な構造上の差異の説明に取りかかろう。ここでは次のような三つの特徴を取り扱う。そのいずれもが，労働運動が提起した社会政策の歴史を通して中心問題となってきたものである。最初に，ミーンズテストを伴う救貧的政策の相対的重要性について検討する。これは残余的な，自由主義的な

表5-7 福祉国家におけるミーンズテストを伴う救貧扶助についての
クロスセクショナル(OLS)分析(1977年)

独立変数	相関係数	回帰係数	回帰決定係数[a]	F 値
1人当たりGDP	0.580	1.860 (2.85)[b]	0.295	8.12
高齢者人口比率	−0.380	N.S.	—	—
加重内閣占拠率(1946-80年)	−0.652	−0.224 (−3.44)	0.389	11.83
カトリック政党	0.118	N.S.	—	—
絶対主義	−0.063	N.S.	—	—

(注) a 調整済。
b カッコ内はt統計量。
(出所) SSIB data files.

福祉国家体制にとくに顕著な特徴であり,通例,労働者階級が激しく反対してきたものである。したがって,左翼権力は救貧政策が周辺的な政策となるように力を尽くすと考えられる。ついで,脱商品化と完全雇用についてのパフォーマンスについて分析する。両者が,「社会民主主義的」福祉国家の基礎となっているからである。

ミーンズテストの重要性

　古い救貧政策の伝統に対して労働運動は反対している。なぜならば,労働運動は強固な市民権を求めて闘ったからであり,またミーンズテストがスティグマを拡げたり人々を社会的に分断するからでもある。我々の対象としている18か国のなかでは,救貧政策の伝統は社会民主主義の政治的影響の強い北欧諸国においてはほぼ完全に除去されている。アメリカやカナダのような国においては未だかなり顕著であり,大陸ヨーロッパ諸国においては穏健なかたちではあるが存在している。社会保障全体の支出においてミーンズテストのある扶助給付 (assistance benefits) が占める相対的重要性は,伝統的な自由主義的社会政策に体現されている原理をはっきりと指し示すゆえに,福祉国家の構造関係に関する非常に適切な尺度となっているのである。

　表5-7においては,1977年のデータに基づいて,救貧政策バイアスについての分析を提示しておいた。ここでは統計的重要性を持つ二つの変数が見出せる。一つは,1人当たりGDPであり,驚くべきことには,救貧政策に関してプラスに有意に関係している。そしてもう一つは,加重内閣占拠率であり,予測されるように,強いマイナスの影響力を持っている。高齢者人口比率はもちろんのこと,カトリック政党の強さおよび絶対主義は,すべて有意ではない(ただし符号は予測される方

向を示している）。

　1人当たりGDPの強い説明力を考慮して，これを，加重内閣占拠率に関するコントロール変数として扱う。以下に示されたモデルでは，加重内閣占拠率と一人当たりGDPの両方が，相変わらず有力である。両変数あわせて分散の72%を説明する（F=22.38）。

　　　救貧政策＝－6.922－0.221（加重内閣占拠率）＋1.830（一人当たりGDP）
　　　　　　　(t=－1.86) (t=－4.97)　　　　　　　　(t=4.40)

　救貧政策バイアスに対する1人当たりGDPの持つ強い加法的（additive）で，線形の影響力は，見かけ上のものであると解するのが最も妥当であろう。1人当たりGDPで最高に位置する（アメリカやカナダ）国が，また救貧政策でも最も高いスコアを出しているのである。実際，この結論は誤差の検定によって確証されている。重要なことは，「社会民主主義化」に対する左翼政党権力の中心的影響力についての我々の議論を，このモデルが確認しているということである。加重内閣占拠率は，福祉国家においてミーンズテストへの依存が高まることを規制するのに決定的な力を持っているのは明瞭である。

福祉国家における脱商品化

　脱商品化に関する我々の尺度は，第2章で作り出された複合指標に基づいている。この変数は，社会的なプログラムにどれだけ労働者を貨幣関係の束縛から解放する能力が備わっているかを測定しようとするものである。

　左翼政治権力には，明らかに脱商品化に対する非常に強いプラスの影響力があると予想されよう。もしもそうでないのならば，我々の理論的な枠組みは大部分崩壊してしまう。経済発展変数をコントロールしても，加重内閣占拠率の影響力は強いままであるはずである。このことは重要である。なぜならば，脱商品化という目標は不利なマクロ経済状況下でも追求されなければならないからである。

　保守主義政治についての我々の解釈に従えば，脱商品化に対する保守主義の影響力はマイナスであるよりも僅かばかりプラスであるだろうと予測される。自由主義は，脱商品化に対して最も頑強に反対することが予想される。だが，この自由主義の強度を見ようとすると，悲しいかな，我々は明白な指標を持っていない。次善策として，表5-8では，自由主義に対する代理変数として救貧政策を採り入れている。

　表5-8は，二変量関係においては二つの説明だけが有効であることを示している。加重内閣占拠率は，我々が予測したように，脱商品化と強い有意な関係にあり，

表 5-8 福祉国家における脱商品化についてのクロスセクショナル（ＯＬＳ）分析（1980年）

独立変数	相関係数	回帰係数	回帰決定係数[a]	F 値
１人当たりＧＤＰ	−0.026	N.S.	—	—
高齢者人口比率	0.672	2.173	0.417	13.18
		(3.63)[b]		
加重内閣占拠率	0.681	0.371	0.430	13.81
		(3.72)		
カトリック政党	0.161	N.S.	—	—
絶対主義	0.284	N.S.	—	—
貧民救済	−0.412	−0.654	0.118	3.27
		(1.81)		

（注） a 調整済
    b カッコ内はｔ統計量
（出所） SSIB data files.

分散の43％を説明している。人口における高齢者人口比率はほぼ同様に強いインパクトを持っている。ＧＤＰ変数は，加重内閣占拠率変数と一緒に取り扱われるとき，少しも有意ではないし変化をもたらさない。

自由主義的政治権力を代理する救貧政策という変数は，我々が予測したように，脱商品化に関してマイナスで関わっているが，有意には達していない。そこで，ここでは次の点を検分することが最も適切なテストとなる。すなわち，高齢者人口比率変数の強いパフォーマンスはそれが独自の説明力を持つからなのか，それともその影響力は加重内閣占拠率によって媒介されているのか，そのどちらかなのかという点である。

以下のモデルでは，前者の場合があてはまっていることを示唆している。なぜならば，両変数は脱商品化に対してそれぞれの影響力を（同程度）保持している。しかしながら，統計上の有意さは両者ともかなり失われている。このモデルで説明されている分散は49％（F＝9.18）である。つまり，加重内閣占拠率や高齢者人口比率にかんする二変量モデルよりも，決して良くはない。

　　脱商品化＝7.898＋0.229（加重内閣占拠率）＋1.275（高齢者人口比率）
　　　　　（t＝0.92）（t＝1.81）　　　　　　　（t＝1.71）

明らかなことだが，高齢者人口比率の影響が加重内閣占拠率を経由して伝わるのでもなければ（両変数間のゼロ次相関は0.663であり，このことはこのモデルにおける両変数の貧弱なパフォーマンスを説明するのに役立つ），脱商品化が両変数の加法的影響によってうまく説明されるものでもない。

それにもかかわらず，我々の研究結果はここでの理論仮説を十分支持している。

すなわち脱商品化が，労働者階級の権力動員プロセスの背後にある唯一の中心的目標ではないにせよ，その重要な目的であるという理論である。経済的変数が影響力を持たないということは「産業主義」理論が妥当性を持たないということを示唆している。他方，人口構造上の要因は明らかに重要であるので，福祉国家の発展に関する機能主義的見解と完全に決別するわけにはいかない。

完全雇用達成

完全雇用は，単に個々の賃金労働者に利益を与えるという点で望ましいものであるに留まらない。カレツキは，持続的な完全雇用によって労使の力関係は労働者階級に有利なように大きく変化すると確信していたが，この確信はおそらくはすべての労働運動が共有している（Kalecki, 1943）。労働運動の強さは，タイトな労働市場から引き出されるものである。

多くの国々では，第二次大戦後，完全雇用を達成するという公約が唱えられたり，憲法のなかに書き込まれたりした。だが，完全雇用へのコミットメントが誓約されるその程度は様々であったし，ましてどれだけが現実に移されたかとなると大きく分かれた。ノルウェーのように憲法で完全雇用を保証するものから，1967年から1974年に至るドイツのように通常のケインズ主義的な反景気循環策を展開するものまであった。さらには，1958年までのデンマークや1967年以前のドイツ，あるいは戦後ほぼ一貫してアメリカに見られるように，政府の役割は現実には消極的なものに留まるものもあった。

ダグラス・ヒッブスは，左翼政治権力が物価の安定よりも完全雇用を好むことを明らかにしている（Hibbs, 1977）。その他の点ではきわめて洗練されている彼の研究の欠点は，データが限られた国しかカバーしていないということと，対象としたのが経済成長期に限られているということである。1973年以降は，完全雇用を維持するためにはおそらく従来にも増した権力動員を必要とするであろう。積極的な雇用政策には，財源が必要とされるし，被用者の間での負担面での連帯が必要である。

多くの国々では，1973年以後の失業に対して，労働供給を減少させることを目的としたプログラムで対応した。それには，早期退職や，外国人労働者の排出，女性の家庭復帰を促進することが含まれていた。当然のことながら，これは，労働力率を最大のままに留めて完全雇用を維持しようとするケースに比べれば，完全雇用へのコミットメントとしてははるかに穏和なやり方である。

以下の分析では，労働供給をめぐる各国間の差異をコントロールしようとしている。その指標は，労働力率で加重値を加えた，長期平均失業率（標準化されたＯＥ

表5-9 完全雇用達成についてのクロスセクショナル（ＯＬＳ）分析（1959-1983年）

独立変数	相関係数	回帰係数	回帰決定係数[a]	Ｆ　値
ＧＤＰ成長率	0.160	N.S.	—	—
加重内閣占拠率	0.557	5.880 (2.68)[b]	0.267	7.18
カトリック政党	−0.448	−3.806 (−2.00)	0.150	4.01
絶対主義	0.014	N.S.	—	—
貧民救済	−0.492	−15.137 (−2.26)	0.195	5.11

（注）　完全雇用指標＝1959-78年の平均失業水準に，1978-83年の平均失業水準を加えたものに，15-64歳人口の非労働力率を掛けたもの。指標は，プラスの記号が有益な達成を示すように記号が逆にされていることに留意せよ。
　　a　調整済
　　b　カッコ内はt統計量
（出所）　SSIB data files.

ＣＤの定義に基づいている）である。かくて，低い労働力率の国は，「罰を受ける」ことになり，拡大を生み出した国は「報賞を受ける」ことになる。つまり，指標は，単に失業を捉えるばかりでなく，雇用創出の観点から見た達成度を捉えている。

　明らかなことながら，完全雇用の達成に関する分析においては，適切な経済変数は実質ＧＤＰの平均成長率である。我々の仮説では，残余主義的福祉国家は完全雇用への取り組みがきわめて消極的であると考えるのであるから，モデルに救貧政策変数を採り入れる（表5-9を見よ）。

　左翼権力が完全雇用の重要な前提条件であるということは，表5-9から明らかに窺える。加重内閣占拠率が，分散の約27％を説明する。失業（1978-83年）と加重内閣占拠率とを相関させても，有意さという点ではやや劣るが，同様の関係が得られる。ゼロ次相関は，−0.384である。また，その表は，経済成長率が完全雇用達成に全く影響を与えていないことを示している。このことは，完全雇用達成が概して政治的な意志の問題であるという主張に，追加的な根拠を与えるものである。

　完全雇用の「政治的」要因説は，救貧政策やカトリック政党の強さが完全雇用達成に対して与える有意なマイナスの影響によってさらに支持される。前者の場合，（自由主義もしくは残余主義的福祉国家の代理変数としての）救貧政策の役割は，マイナスであると予測されている。なぜならば，自由放任のイデオロギーは，（労働）市場への介入を避けるはずであるからだ。後者の場合，マイナスの影響は，カトリック主義に特有な種類の社会政策を反映していると言える。つまり，家族の福祉のためには補助を与えたいが，雇用は保証したくないというものである。

第5章　権力構造における分配体制

対抗する政治勢力との関係で加重内閣占拠率の説明力を確認するために二つの別個のモデルを作動させる。一つは，救貧政策をコントロールするものであり，二つめは，カトリック政党の強さをコントロールするものである。

完全雇用＝－293.015＋4.337（加重内閣占拠率）－6.909（救貧政策）
　　　　　　　（t＝－3.35）(t＝1.48)　　　　　　　　(t＝－0.81)

このモデルは分散のわずか25％を説明するにすぎない（F＝3.84）。そして，それは，加重内閣占拠率の有意さを弱める（そして救貧政策の影響力を除去する）けれども，この点は考慮せずにおいてよい。このモデルでは，加重内閣占拠率だけに関する二変量回帰よりも結果は弱い。（下記の）二つめのモデルにおいては，カトリック主義と加重内閣占拠率との一体化した影響力が，もっと強い説明力を持っている。説明されている分散は40％に増大し（F＝6.64），完全雇用に対するカトリック政党のマイナスの影響力は加重内閣占拠率のプラスの影響力を明らかに圧倒している。

完全雇用＝－253.100＋3.681（加重内閣占拠率）－1.860（カトリック政党）
　　　　　　　（t＝－4.14）(t＝1.64)　　　　　　　　(t＝－2.13)

結局，左翼権力動員は，強いカトリック／キリスト教民主主義政党と競争している場合は，完全雇用を維持するうえでの影響力を低下させると解釈することができる。

完全雇用へのコミットメント

完全雇用の維持は，説明できる分散のパーセンテージが低かったことからも窺えるように，左翼権力の支配にかかわる要因と，それ以外の要因との，双方の要因に依存していることは明らかである。各国は国際的な環境の影響を受けやすいと考えられ，（1970年代において見られたような）大きなショックは，精一杯努力しても救済できないような水準の大量失業を生み出す。それでも，左翼政党はその精一杯の努力をおこなうのであり，ここで検討しようとしているのはこのような努力についてである。

市場経済では，労働側の政府は景気循環や失業に対抗するための一連の政策に訴える。そのなかでも最も重要なものは，積極的なマンパワー政策（再訓練，労働移動，保護的な雇用政策）と，公共セクターの雇用の増大である。

左翼権力動員が，積極的なマンパワー制度の発展に対して与える影響を評価することは容易ではない。このような制度への支出（当然のことながら，失業給付への支出を除く）を活用するにあたって，分析を15か国に限る。（1975年の）ＧＤＰに

表5-10 公共セクター雇用増大率（1970-1980年，年平均）についての
クロスセクショナル（OLS）分析（1980年）

独立変数	相関係数	回帰係数	回帰決定係数[a]	F 値
1人当たりGDP	−0.152	N.S.	—	—
GDP成長率	−0.259	N.S.	—	—
加重内閣占拠率	0.748	0.109	0.532	20.33
		(4.51)[b]		
カトリック政党	−0.018	N.S.	—	—
絶対主義	−0.009	N.S.	—	—

（注） a　調整済
　　　　b　カッコ内はt統計量
（出所）SSIB data files.

占める積極的なマンパワー制度への支出と，加重内閣占拠率を回帰させると，その結果は強く有意な影響を示している。ゼロ次相関は0.695であり，加重内閣占拠率が分散の44％を説明している。

雇用拡大のためのもう一つの戦略としては公共セクターがあるが，次にこちらに目を移し，18か国に関する1970-80年の公共セクター雇用平均増大率を計算した。表5-10に示されている分析によれば，公的雇用を増大させるための国の能力は，豊かさ（一人当たりのGDP）や実質GDP成長率の関数でなく，もっぱら左翼権力動員（加重内閣占拠率）の関数である。

要するに，ここで浮き彫りになっているシナリオは，左翼権力は雇用を増大させ失業を防ぐ政策を展開するのに役立ったが，長期にわたって完全雇用を維持することはできなかった，というものだと思われる。そこで出現する問題は，完全雇用達成の度合いに差異があるという事実が，左翼政党の労働市場政策によって説明され得るかどうかということである。この問題を検討するために，以下では1970-80年の，加重内閣占拠率と公共セクター雇用増大率との加法的な回帰モデルを提示している。

　　完全雇用＝−330.011＋8.360（加重内閣占拠率）＋22.618（公共セクター雇用増大）
　　　　　　（t＝−6.76）（t＝2.53）　　　　　　　（t＝1.00）

このモデルは分散の27％を説明する（F＝4.09）が，公共セクター雇用を増大させる政策が雇用達成に対して独自の影響力を持つものではないということを明らかにしている。

8 福祉国家レジームを説明する

　第3章で我々は福祉国家レジームによって階層化の特性が異なることを確認したが，ここでようやくその特性に対して政治的な変数が与えるインパクトを検討できるところまでたどり着いた。

保守的福祉国家レジーム
　第3章において，保守主義レジームとは，コーポラティスト的な組織構造と国家主義が特に顕著なレジームであるとされた。このレジームに関しては，左翼権力がマイナスの影響力を持つ一方で，カトリック政党の強さや，強い絶対主義と権威主義の国家という歴史的背景が，主要な推進力であると論じた。経済的・人口構造的変数については，福祉国家の階層化特性の研究においてはそれらが役割を演ずる理由がないように思われるため，我々の分析においては省略されている。表5-11における従属変数は，第3章で展開されたような階層化の保守主義的特質に関する指数である。

　我々の検討している保守主義レジームの特質は，早い時期に（通常，労働者階級を弱体化させることを目的として）制度化されているので，それらは社会に深く浸透した構造的特質になってしまっているであろうし，この構造の維持に利益を見出す勢力も強力である。それゆえ，加重内閣占拠率が，予想されたようにマイナスの影響力を示しているが，その程度が弱く有意でないことも驚くに当たらない。このことは，左翼政党が政権に就いたとき（そして，もしも就く場合に），受け継いだコーポラティズムと国家主義を根本的な形では修正できなかったことを意味すると思われる。これは，少なくとも，以前の分析と一致している（Esping-Andersen and Korpi, 1984）。

　しかしながら，階層化の保守的な特質は，カトリック政党の強さと絶対主義の双方に強くむすびついている。これは，我々の理論全体が予測するものとまさに一致する。それにもかかわらず，カトリック政党と絶対主義は，相互に互換可能な政治的な勢力であると信じる理由はない。強いカトリック政党は，なるほど，長期間にわたる，強い権威主義的そして（もしくは）絶対主義的遺制のある国に集中しがちである。だが，必ずしもすべてのケースがそうだとも限らない。アイルランドやオランダにおいては，絶対主義はきわめて弱かった。

　カトリック政党と絶対主義それぞれの社会政策上の原則は異なっているために，

表5-11 保守主義的福祉国家体制の階層化についてのクロスセクショナル（OLS）分析

(1980年)

独立変数	相関係数	回帰係数	回帰決定係数[a]	F 値
加重内閣占拠率	−0.149	N.S.	—	—
カトリック政党	0.608	0.111	0.331	9.40
		(3.07)[b]		
絶対主義	0.705	0.859	0.456	15.81
		(3.98)		

(注) a 調整済。b カッコ内はt統計量。
(出所) SSIB data files.

両変数の相対的な影響をもっと詳細に検証するべきことは当然である。「絶対主義的−権威主義的」社会政策は国家こそ中心的な存在であるとするが、カトリック主義の補完性の原則は、民間組織（主に教会）が社会サービスにおいて主導的たるべきであると一貫して強調してきた。両者の相対的重要性を分離するべく、次のような二つのモデルを提示する。すなわち、一つはカトリック政党の強さと絶対主義が同時に投入されているものであり、もう一つは両者間の相互作用の影響を調べるためのものである。

保守主義レジーム＝−0.069＋0.071（カトリック政党）＋0.670（絶対主義）
　　　　（t=−0.07）（t=2.26）　　　　　　　（t=3.19）

この加法的なモデルは、分散の57％を説明し（F=12.47）、表5-11の二変量モデルのどちらよりも優れている。カトリック主義も絶対主義も共に有意のままであるし、両者は相互に独立に結果に寄与している。相互作用の項（絶対主義×カトリック政党の強さ）を加えることは、変数の有意さを弱め、モデルの説明力に何も付け加えない。両者の相互作用の影響を擁護するものは何もないことが示される。有意さが相当少なくなることは、部分的には、モデルの「過重負荷」によるものであると言える。わずか18か国のサンプルに基づいて、三つの独立変数の回帰モデルを作成してみると、誤差項目が非常に大きくなるのである。

保守主義レジーム
　＝0.426＋0.035（カトリック政党）＋0.475（絶対主義）＋0.005（絶対主義×カトリック政党の強さ）
　（t=0.40）（t=0.77）　　　　（t=1.74）　　　　（t=1.11）

要約すると、保守主義レジームの「レジームらしさ」に関する唯一最善の推定は、カトリック主義と絶対主義との加法的影響の複合であると結論づけることができる。

表5-12 自由主義福祉国家体制の階層化についてのクロスセクショナル（OLS）分析（1980年）

独立変数	相関係数	回帰係数	回帰決定係数[a]	F 値
1人当たりGDP	0.524	1.326 (2.46)[b]	0.230	6.07
加重内閣占拠率	−0.738	−0.200 (−4.38)	0.517	19.16
カトリック政党	0.100	N.S.	—	—
絶対主義	0.000	N.S.	—	—

(注) a 調整済。
　　 b カッコ内はt統計量。
(出所) SSIB data files.

自由主義レジーム

　階層化の特徴については，ミーンズテストをとおしての選別がなされることや民間市場に依存していることをもって我々は自由主義の特質と見なした。先に指摘しておいたように，自由放任の自由主義的政治勢力に関する直接的な指標を作り出すことはできない。そしてここでは，先の分析のようにその直接的指標の代わりに救貧政策変数を用いることができないのも明らかである。なぜならば，その変数は従属変数の定義の一部として含まれているからである。

　結果として，自由主義的福祉国家レジームに関する検証は，ストレートな「社会民主主義」仮説に関する検証とほとんど同じことしかできない。つまり，左翼権力動員が自由主義的福祉国家の特性を少なくすることにむすびつく度合いである。

　表5-12は，次の二つの変数だけが自由主義的階層化の程度を説明するのに重要な役割を果たすことを示している。すなわち，加重内閣占拠率と1人当たりGDP（1980年）である。加重内閣占拠率は，自由主義に対して，予想通り強いマイナスの影響力を持つけれども，1人当たりGDPの持つプラスの影響力は，おそらくは見せかけのものであると見なされるべきである。すでに指摘したように，自由主義体制は，最も豊かな国々（たとえば，アメリカ，カナダ，オーストラリア）に多いのである。

　左翼権力動員（加重内閣占拠率）のマイナスの影響は，保守主義的な階層化に関する分析における場合よりも強力である。自由主義に対立する加重内閣占拠率は，分散の52％を説明するが，このことは左翼権力動員が保守主義的な階層化の要素よりも自由主義的な階層化の要素を排除するのにはるかに影響力があることを示している。このこともまた予想されたことであった。一般に，「絶対主義」国家は，自由主義国家よりもはるかに早く社会政策を導入した。結果として，保守的原則がよ

表5-13 社会主義福祉国家体制の階層化についてのクロスセクショナル（OLS）分析（1980年）

独立変数	相関係数	回帰係数	回帰決定係数[a]	F 値
1人当たりGDP	0.036	N.S.	—	—
加重内閣占拠率	0.698	0.115 (3.90)[b]	0.455	15.22
カトリック政党	−0.384	N.S.	—	—
絶対主義	−0.359	N.S.	—	—

（注） a 調整済。
　　　　b カッコ内はt統計量。
（出所） SSIB data files.

り強力に制度化されて，変革を拒んできたという解釈が可能である。対照的に，「自由主義」国家では，社会改革がおこなわれてもそれはもっと後で，しかも規模がずっと小さく，労働者政党が有力な勢力となった時に，社会立法に関して，巨大な空白が残されていたというのがしばしばであった。それゆえ，このような場合，左翼は福祉国家の発展を自らの固有の原理に沿って実現していく見通しという点で勝っていたのである。

　以下に提示しているモデルにおいて，GDPをコントロールする場合も，加重内閣占拠率のマイナスの影響力は決定的なままである。モデルは，分散の78％を説明し（F=31.41），表5-12の二変量分析のどちらよりも優れている。

$$自由主義体制 = -2.304 - 0.198 \left(\frac{加重内閣}{占拠率}\right) + 1.295 （1人当たりGDP）$$
$$(t=0.90)\ (t=-6.44)\ \ \ \ \ \ \ \ (t=4.52)$$

したがって，我々は二つの結論を出すことができる。まず，自由主義の「レジームらしさ」に関する唯一最強の説明は，加重内閣占拠率のマイナスのインパクトである。そして，加重内閣占拠率と1人当たりGDPとの結合が最善のモデルではあるが，1人当たりGDPの理論的曖昧さを考慮すればこのモデルの解釈は難しい。

社会主義レジーム

　社会主義レジームにとって，普遍主義と平等性が福祉国家に基づく連帯を実現する上での指導原則である。我々の仮説は明確なもので，「社会主義」の程度は左翼政党動員の強さ（加重内閣占拠率）に左右されるし，絶対主義とカトリック主義がその「宿敵」である，というものである。

　これはまた，表5-13が示唆していることでもある。加重内閣占拠率は単一のものとしては最も重要な変数であり，分散の45％強を説明する。絶対主義とカトリック政党の権力は有意ではないが，予測されたようにマイナスの符号を示している。

それゆえ，単純な結論は，左翼政党権力が社会主義レジームの発展するための前提条件であるということである。

9　結　論

いくつかの分析段階を経ながら，福祉国家の特質に対して政治的変数の与えるインパクトを確認しようとしてきた。その結論は，我々の基本的な理論にとってたいへん心強いものである。これまでの結論は以下のように要約されるであろう。

まず第一に，社会政策について非構造的な特徴を検討する場合，政治や権力の影響は小さなままであるのに対して，経済的変数やとくに人口構造変数が主要な役割を果たす。このことは，社会的（そして／もしくは私的）サービスが，経済発展や人口高齢化に促されて出現するものであるという議論と一致する。このことはまた，社会的支出それ自体が，大きな政治闘争の中心になることはめったになかった，ということを示唆している。

第二に，政治的な権力関係が説明力を増すのは，我々が，福祉国家の構造上の差異を捉えようとする時である。このことは，年金制度や，もっと一般的な福祉国家の特徴，たとえば脱商品化の程度や，完全雇用へのコミットメント，あるいは残余主義について当てはまるはずである。労働者階級の権力動員や，カトリック主義，それに国家制度の伝統が相互作用し始めるのは，まさにこうした問題に関してである。分析によれば，左翼政党権力が，脱商品化や，完全雇用への努力，一般的な社会民主主義化に対して決定的な要因であることは疑いがない。また，カトリック政党や権威主義的国家の歴史的遺制が，コーポラティズムや国家主義のバイアスに影響を与えることは明白である。

第三に，福祉国家レジームと政治勢力とのかなり明白な対応関係を確認することができた。保守主義的階層化の原則は，カトリック政党の勢力の強さや絶対主義の歴史によってはっきりと説明されうる。次に，社会主義的階層化は強い社会民主主義に依存している。そして最後に，強い労働運動は，自由主義的福祉国家的な階層化に対する効果的な抑止力になるようである。

それにもかかわらず，データの少ないことや方法論上の制約のため，我々の分析がどこまで我々の理論の予測と合致するかというと，その程度は限定されてしまっている。権力のインパクトを相関分析することができても，それは左翼権力とカトリック権力との結合したインパクトの分析や，また国家形成史の反映としての「絶対主義」の分析に留まってきた。

このような線形モデルが達成できていないものこそ，最終的に解答を出さなければならないものである。すなわち，政治権力は決定的な変数なのか，それとも単なる見せかけの歴史的な変数に過ぎないのか。たとえば，脱商品化や普遍主義に対する労働者階級動員の独自の影響（加重内閣占拠率）を捉えようとする場合，社会主義政党の媒介力はどの程度まで影響するのか。特定の福祉国家の達成をあらかじめ決定するような，もっとほかの歴史的な影響力があるのか。この種の疑問に対する解答は，福祉国家発展に関する統計的分析の新たな飛躍的発展を待たねばならない。

（松渓　憲雄）

第 II 部

雇用構造における福祉国家

本書の第Ⅰ部の関心は，福祉国家の間に見られる決定的な差異を明らかにし，その結果として形成される三つの異なる福祉国家レジームのタイプについて主な仮説を検討することにあった。ある意味で，われわれは社会科学の積年の問題に取り組んだわけである。比較研究の次の課題は，変化を引き起こす独立変数としての福祉国家の役割を研究することである。福祉国家のタイプの相違は，先進資本主義国の社会的・経済的なビヘイビアにどのような体系的影響を与えているのか。本書の第Ⅱ部が対象としているのは，このような問題である。
　家族や社会階層化，社会組織を主題とする社会学の文献をよく知る者や，労働市場論の文献を研究してきた者は，そこに福祉国家についての分析が欠落しているという事実を抵抗感なく承認するであろう。だが，現代のスカンジナビアや西ヨーロッパにおいて，あるいは北アメリカにおいてすら，福祉国家はほとんどすべての市民の日常経験の中に深く浸透しつつある。わたしたちの個人的な生活は福祉国家によって構造化されているのであり，政治経済体制全体についても同じことが言える。福祉国家の規模やその中心的役割を考えるならば，福祉国家をモデルに組み込むことなしに，現代社会について多くを理解することは困難であろう。
　福祉国家によって直接に形成され方向づけられる多くの社会制度の中でおそらく最も重要なものは，職業生活，雇用，労働市場である。一方では，社会政策の中心理念は常に，ライフサイクルの中で人々が直面する緊急事態や危険とりわけ労働能力を喪失することから個人を護る，という点にあった。最小限度の福祉国家を求める伝統的な主張の背後にある哲学とは，就労に不適あるいは就労不可能であることが明らかな人々のためにセイフティネット，いわば最後の避難所を確保するということだった。
　他方で，現代の先進的な福祉国家は，このような最小限度の福祉国家という哲学を意識的に放棄するようになった。そして，ライフサイクルにおいて福祉国家が果たすべき役割に関してまったく新しい原理を掲げている。今では福祉国家は，人々が仕事を見つけ働くことや，労働する能力を高めることを責任を持って支えている。あるいは人々をして給与や労働環境が申し分ない仕事を得ることを期待させるまでになっている。その目標は，個人が労働生活と家庭生活を調和させることができる

ようにすることや，子どもを設けるか働くかというジレンマを解消すること，また，生産的活動と有意義かつ有益な余暇を両立させることにある。少なくともいくつかの国では，最近数十年間の社会政策の発展はこうした哲学に支えられてきた。現代福祉国家の正統性の基盤となり，現代福祉国家とは何であるかという共通理解の背後にあったのは，しばしばこのような哲学であった。

とはいっても，これらの原理に誰も異議を唱えず，揺るがぬコンセンサスが生まれているわけではない。いくつかの保守政党，多くの雇用主，たいていのエコノミストは古典的な危惧を持ち出してくる。すなわち，福祉の諸権利は勤労意欲を阻害するし，政府が雇用創出に積極的に関与することは，経済の均衡を乱すだけだというのである。

本書の第II部が問題にするのは福祉プログラムが勤労意欲に与える効果ではない。そうではなく，第II部で探求されるのは，福祉国家のような中心的制度が，どのようにしてその伝統的な活動領域を超えた事柄にかかわるようになったのか，という問題である。

以下の三つの章では，福祉国家レジームについての第I部の知見に基づいて，雇用の領域で進行している大きな変化が研究される。現代の資本主義経済が一連の根本的な構造変化の過程にあることを疑う者はほとんどいないだろう。そのような構造変化の大部分，とは言わないまでも多くは，労働生活についてのこれまでの常識をくつがえしてしまった。女性の居場所はもはや家庭の中ではなく労働市場の中にある。福祉国家は何千人いや時には何百万人もの就労していない健常者に対して金銭を支給している。大多数の人々はもはや工場ではなく，オフィスやファーストフード店で働いている。今日では，ごくあたりまえの労働者でも，そのライフサイクルのうちの最大の部分を，労働の外で，すなわち教育や余暇の中で費やすという見通しを立てることができる。戦後の楽観主義的な時代に広がった完全雇用への大きな期待はもはやなく，先進諸国の大多数の雇用状況には暗雲がかかっている。だが，政治的公約としての完全雇用に関しては，根本的な考え方の変化が生じていることにも留意したい。ベヴァリッジ卿やその仲間である戦後の社会改良家にとって，完全雇用の概念は国民のうちの半分，男性だけに適用されるものであった。現

代の政治家はジェンダー障壁を一切認めないような完全雇用を約束しなければならない。

　ここでは，三つの問題に焦点をあてて，異なるタイプの福祉国家が雇用の変化に与える影響を検討しよう。まず，第 6 章における我々の目的は，福祉国家レジームのタイプと労働市場のビヘイビアの一般的な特質との間に，体系的な関連を見出しこれを考察しようというものである。我々の基本的な仮説は，福祉国家の特性が，労働市場が組織化されるそのあり方に反映しているということである。これまで見てきた三つの福祉国家レジームは，それぞれ特有の「労働市場レジーム」を伴っているということが示唆されよう。

　次に，第 7 章で検討されるのは，戦後の完全雇用を維持する国家の力がいかに福祉国家によって決定的な影響を受けたかということである。そして最後に，第 8 章では我々はより射程が長くかつ野心的な作業に向かう。それは，形成されつつある「ポスト工業」社会において，福祉国家が進行中の雇用の変化と社会階層化に対していかなる影響を与えているか，その実態を追跡することである。

　我々は本書の第Ⅱ部において，研究方法について若干の変更をおこなう。ここでは，以前の18か国の比較の代わりに，三つの国の比較による方法が採られる。これらの国は，第Ⅰ部で確定されたレジームの中からそれぞれサンプルとして選ばれたものである。アメリカは自由主義レジームの代表例としての役割を果たす。スウェーデンは社会民主主義レジームの代表例である。ドイツは保守主義レジームを（完全ではないにしても）体現するものとして扱うことができる。

　　　　　　　　　　　　　　　　　　　　　　　　　　　（北　明美）

第 6 章
福祉国家と労働市場のレジーム

　本章の目的は福祉国家と労働市場との相互作用について初めて概念的に考察してみようとするものである。その作業は，労働市場の三つの基本的な要素に沿って進めていく。第一には，労働市場から退出し，福祉国家のクライアントとなる際の諸条件（ここでは特に退職に焦点をあてる），第二には，欠勤に対する補償を受けるための諸条件，第三には，職業に就く，つまり労働市場に参入する条件についてである。

　労働市場が福祉国家によって組織的にかつ直接的に形成されているとすれば，福祉国家レジームの特徴に応じて労働市場のビヘイビアにおける各国家間の違いが生じると考えることができるだろう。しかしながら，この捉え方は一般的な新古典派経済学における通常の労働市場モデルとは異なるものである。新古典派経済学では，労働市場は閉じた自律的なシステムとして扱われ，そこでの行動主体はばらばらに独立しており，基本的には市場価格に反応して行動する。そして標準的な仮定の下では，労働市場は自ら問題を解決し自ずと均衡に向かうと考えられている。

　主流派の経済学者が現代福祉国家の影響を考察する場合，一般的には二つの視点がある。①「ケインズ主義的な（Keynesian）」需要喚起と，②それが，賃金，労働供給，労働コストに影響を与えることによって，自動的な均衡メカニズムを歪める可能性についてである。新古典派モデルでは福祉国家が介在する余地はほとんどないことになる。

　こうした問題は近年の「制度学派」モデルではあまり見られなくなっているが，それでも国家を内生変数として扱うケースはまれである。二重労働市場論や労働市場の分断化理論であれ，あるいは内部－外部労働市場モデルや効率的賃金契約理論であれ，いずれにおいても，分析の焦点は基本的には産業組織と労使関係のあり方にあてられている。福祉国家が，労働移動のビヘイビアや在職期間，より一般的に

は労働市場の硬直性と階層性に対してどんな役割を果たすかという理論はいまだにない。

近年になって，一部の制度派経済学者が労働者の行動に対する「社会的賃金」と解雇費用との重要性に注目しはじめている（Shore and Bowles, 1984; Bowles and Gintis, 1986）。こうした研究はより体系的な分析に向けた礎石といえるかもしれない。

経済学が労働市場でのビヘイビアと社会政策との関係をことごとく無視してきたわけではない。たとえば，社会的給付が労働供給と労働移動に与えるミクロレベルでのインセンティブ抑止効果については膨大な研究があるし，また，そうした影響のマクロレベルでの研究も少数だがある。（Danziger et al., 1981; Lindbeck, 1981）。また，就労行動，とりわけ女性のそれを，税制や社会サービスの供給などの政府の制度と関連づけた文献も新しく出現している（Blundell and Walker, 1988; Gustavsson, 1988）。しかし，通常こうした研究では，福祉国家は所与のものとして扱われたり，市場の自由なプロセスを歪めるものとして扱われている。さらに，ほとんどの研究がある一国を扱うに留まっており，しかも一つの政策分野に限定するのが通例である。これらの研究の目的は，社会的給付が労働供給に与える影響を推計することにある。

さらに同じ理由で，本章でのアプローチは，労働市場に関する一般的な社会学モデルとも異なっている。社会学は職業・仕事の取得にかかわる制度的メカニズムを研究してきた長い伝統を誇っている。一方では，社会的に受け継いだ就労機会，およびもしくは，生育環境や教育の媒介的効果を強調してきた。それゆえ，経済学者の立場からは次のような批判がある。すなわち，労働市場においてアクターが，ⓐ独立に行動したり，ⓑ就労と報酬を求める競争で平等にスタート地点に立つ可能性を，かかる社会的要因に注目することで排除してしまっているのではないか，という点である。社会学の文献が注目するのは，労働市場を分断する社会学的な要因，たとえば父親の階級が子どもの労働移動の機会に影響をあたえる傾向等なのである（このアプローチの代表的研究は，Blau and Duncan, 1967; Featherman and Hauser, 1978; Jencks et al., 1982; Colbjornsen, 1986）。

他方で，社会学は労働市場を構造的に分断するもの，とりわけ，産業・企業相互間での，およびその内部における組織的編成に焦点をあてる（Berg, 1981; Baron, 1984; Baron and Bielby, 1980）。このアプローチは経済学における二重労働市場論や労働市場の分断化理論の社会学版にほかならない。労働社会学では，社会的制度が労働市場のあり方にいかなる影響を及ぼすかについて考察している。たとえば，職業上の地位への参入，あるいはその地位に基づく行動のあり方は，職業団体の独占

的な行動様式によって決定されると主張されることなどはその典型例である。しかし，社会学では，労働移動の研究において教育の役割が扱われることを除けば，就労が福祉国家と関連づけられるのは非常にまれである。

近年の社会科学は，労働市場のパフォーマンスにおける政府の役割に注目し始めてきた。この傾向は，完全雇用の達成における各国家間の格差を規定する要因を説明しようとする近年の研究にはっきりと見られる。たとえば，マンフレッド・シュミット（Schmidt, 1982; 1983）とセルボーン（Therborn, 1986b）は，完全雇用を維持する国家の機能が，積極的労働市場政策の役割，ケインズ主義的な需要管理，労働組合の構造，ネオ・コーポラティズム的な利益調整のあり方によっていかに異なったものとなるかを明らかにしている。さらに，サービス部門での雇用に関する比較研究では，福祉国家のあり方がサービス部門の雇用における国際的相違をもたらす主要な要因であることが指摘されている（Rein, 1985）。シャープフは，社会サービスにおける雇用を増大させる福祉国家の機能を分析するためには課税水準が重要な役割をもつと主張した（Sharpf, 1985）。キューサックとノターマンとレインは，こうした機能を福祉国家の財政構造と関連づけて考察している（Cusack, Notermans and Rein, 1987）。

数は少ないが，マルクス主義的な観点から，階級理論を再構築する試みも現れた。たとえば，ヴァン・パリスは，福祉国家のクライアントとなる失業者が増大していることについて，この集団を独自の社会階級として分析することを提案している（Van Parijs, 1987）。

政治から独立した労働市場という考え方は，イデオロギーによって支えられ，時代遅れの理論によって守られている，一つの神話である。だがその神話は，歴史的な現実の中で生命を与えられてきた。それゆえ，伝統的な政策規範においては，社会政策が労働市場のメカニズムに干渉してはならないことになっている。初期の福祉政策を設計した人々は，社会的な保護を，労働市場において活動できない者，すなわち高齢者，障害者，病弱者，失業者に限定すべきであるという原則に固執していた。福祉政策が労働市場における行動様式を左右してはならないという原則は，「劣等処遇」というイデオロギーの伴った19世紀の救貧政策や，厳しい保険数理主義，長期の雇用もしくは拠出を要件とする初期の社会保険立法に明らかに表れている。また，初期の社会扶助制度は，ミーンズテストや給付額の抑制によって労働の限界効用が福祉に依存するよりも高くなるようにしていたが，ここにもそのような原則が表れていた。

戦後の社会政策を見ても，不干渉の哲学から決別したことをはっきり示すものは

ない。イギリスのベヴァリッジ・モデルや，スカンジナビア諸国の国民の家モデルは，労働市場からの退出を促進するものではなかった。逆に，それらは労働市場への依存を最大化するように設計されていた。そして，社会行政についての伝統的な考え方に基づいて，福祉国家と労働市場の分離状態を維持することを社会改良をすすめる上での基本原則としていた。第二次世界大戦後，各国政府が「ケインズ・プラス・ベヴァリッジ」主義に向かったときでも，社会的保護にかかわる官僚制および行政と労働市場とを体系的にはっきりと分離し続けたのである。

　虚構としてではあれ労働市場を国家や社会制度から切り離すという考え方は，古典的な自由主義理論，とりわけ，平等と効率性とのトレードオフについての仮説に基づいている。レッセ・フェールの筋金入りの提唱者であれ，あるいは，ミルやその後のアルフレッド・マーシャルのようなもっと穏健で理性的な自由主義的政治経済学者であれ，そのような理論家達は，平等性を高めようとする政府の試みが経済的パフォーマンスを損ねるだろうという認識では，例外なく一致していた。

　それにもかかわらず，こうした理論的先駆者たちの多くは，この種のトレードオフにおいて相互利得的（positive-sum）な結果を得るためには，制度調整こそが必要な（そして，しばしば望ましい）手段であることを認識していた。したがって，前に見たように，保守的な政治経済学においては労働者を商品として捉えることに強く反対した。効率的な配分や生産性への要請に対しては，「労働戦士」（Soldaten der Arbeit）制度に見られたような，忠誠，統合，ヒエラルキーの強調によって応じた。ナチスドイツは自由な労働市場に信を置こうとすることなく，そのかわりに国民に職を割り当てたり，徴用したり，強制的な作業計画書に基づき労働移動を統制する方を好んだのである。改良主義的な社会主義の伝統のもとでは，効率性を高め最高の生産性をあげるためには，教育を受けた，健康で，栄養状態の良い労働者が存在するだけでは不十分と考えられた。労働者に充分な所得が保証されているときにこそ，近代化や急速な技術革新がより容易に推進できると考えられていたのである。

　このように，我々が受け継いできた理論的，政治的遺産の多くにおいて，社会政策は労働市場でのビヘイビアにとって絶対不可欠のものと見なされていた。したがって，現代の学問がそれを無視していることは驚くべきことである。過去数十年の間に，三つの忍び寄る「革命」が労働と福祉との関係を根本的に変えてしまった。この変化のなかで，福祉国家は労働市場に埋没してしまったのである。

1 三つの忍び寄る革命

　戦後形成された福祉国家の仕組みが，経済成長と完全雇用に関して依拠している前提は，しだいに崩れつつある。産業主義の最盛期には，経済成長は多くの新しい雇用を供給するものとして期待されていた。しかし現在では，雇用なき経済成長が見られる。こうした状況は，一定水準の投資によって完全雇用を維持するのが難しくなったことを意味するだけでなく，福祉国家財政に関する深刻な問題を惹起することになる。

　このような文脈のなかで，完全雇用の概念について，静かだが，重要な革命が起きている。ベヴァリッジ（そして他国の研究者も）が完全雇用を公約とした時，彼らが言及していたのは，労働能力のある男子労働者だけであった。戦後の資本主義に生じた最大の注目すべき出来事は，完全雇用の基礎が拡大し，女性と働きたいと望む者のすべてが雇用の対象に含まれるようになったことである。このことは，完全雇用を保障すべき人口が急激に増大したことと，政治的なマネジメントの役割が相当大きくなったことを意味している。

　こうして新たなジレンマが生じるなかで，伝統的な福祉国家プログラムがこうした新しい課題のために活用されるようになった。たとえば，教育や退職のための諸制度が，稼働労働力人口を減少させるのに役だった。また，福祉国家の社会サービスは，新しい，とりわけ女性労働力の参入を引き受ける手段となった。

　われわれが論じたように，現代福祉国家は，労働市場と福祉国家との間にはっきりとした境界線が維持されるように設計されていた。したがって，福祉国家は完全に労働能力を欠いた人々のみを相手にすべきとされていたのであって，人々に退職して福祉に向かうように誘導することなどは想定されていなかった。ここにおいてもまた，静かな革命が起こっている。たとえば，退職制度は条件が改善されただけではなく，大幅に拡張されてきている。こうして西ヨーロッパにおいては，近年，早期退職制度によっておそらくは数百万人の労働能力のある人々が労働市場を離れて福祉国家のもとに入っていったのである。

　多くの事例において，早期退職は失業増大への対策となった。しかし，福祉国家が労働生活から退職への大量離脱を援助すると，言うまでもなくその財源はしだいに逼迫してくる。また，早期退職は企業による合理化とリストラの手段としても役立つことになった。この意味において，社会が企業の競争力改善を組織化しその資金を提供する，という事態が生じているのである。その結果は，企業のミクロ・レ

ベルでの合理性と全体の利益との間の緊張の増大である。福祉国家はミクロ・レベルの効率性を高めるが，同時に，マクロ・レベルでの非効率を生みだす。すなわち，潜在的マンパワーを活用できずまた公共予算の赤字をつくりだす。他方，もし福祉国家が労働市場メカニズムへの非介入という古典的なドグマに忠実であったなら，それらの諸国は産業上の競争力を維持することが困難になろう。

　第三の静かな革命は，現代の福祉国家はもはや単に社会的給付をおこなう制度に留まるものではなくなった，という点である。福祉国家は，多くの諸国において，実質的な雇用機構となっており，しばしば雇用拡大を実質的に生みだす源泉としては唯一のものとなっている。今日，デンマークとスウェーデンの福祉国家は，労働力の約30％を雇用している。このことは，労働市場は自己調整する有機体であるという理論に照らして現実がはっきりと逸脱していることを示している。このように福祉国家は，完全雇用の約束を守るためだけではなく，可能な限り多くの労働が必要であるという福祉国家自身の経済的要請の故に，労働を吸収するのである。福祉国家にとっては，働かない過剰労働力に補助金を出すよりも，それを雇用するほうがよりコストの上で効率的であるとも言える。

　以上をまとめれば，福祉国家と労働市場との関係に新たなパターンが現われつつあり，またそこに，著しい緊張関係が生じつつある。雇用のためであれ，より全体的な経済目標のためであれ，福祉国家の伝統的な責任は拡張され変化してきた。その結果，社会政策と労働市場は絡み合い，相互依存的な機構となった。福祉国家は，労働市場の均衡を担う存在となったと言っても過言ではない。福祉国家は，家族政策によって女性が労働市場から退出することを容易にし，また早期退職制度によって高齢者が労働市場から退出することを容易にしている。福祉国家は，医療，教育，福祉の分野で人々を雇用することで労働需要をつくりだす。福祉国家は，必要な社会サービスを供給することで女性労働力の供給を促進する。福祉国家は，有給の長期休暇や一時休暇の権利を労働者に与えることによって，人々が，経済的生産者であると同時に，社会的市民でありまた家族の一員でもあるという，その多様な役割をこなしていくことを可能にする。

　これから先，我々は労働生活と社会政策とが最も明らかに絡み合っている三つの事例（「窓」）をより詳細に検討する。これらの事例は，労働契約を構成する諸要素から選択されている。第一には，労働供給に焦点を当てる。人々が労働力として留まるか，それとも，そこから退出するかを決定するものは何なのか。ここでの経験的事例は，主に高齢労働者の退職行動である。

　第二の窓として検討されるのは，労働契約のもとでの行動を形成する諸条件であ

る。基本的に労働契約は労働時間と給与との交換を規定するものである。この時間は原則として雇用主によって「所有」されており，労働者は労働時間の配分に対してほとんど権限をもたない。ここで問題は，この契約のもとで，どの程度までまたどのような条件において，労働者は自ら選択に基づいて行動することができるのかという点である。その時，彼らの地位はどの程度まで脱商品化されているのか。この点を考える上で適当な経験的事例は，欠勤に対する補償である。

第三の窓は労働需要，すなわち労働が雇用関係に入っていく諸条件にかかわる。少数の例外を除いて，支配的な理論は労働需要を限界生産力と価格の関数として置いている。もちろん，多くのケインズ派のマクロ経済学理論は，福祉国家の総需要効果が労働需要に影響すると見なしているし，社会保障給付の賃金への影響も認識されている。しかし，主要な雇用主としての福祉国家の役割は，どこでもあまり研究されていないのである。

2 労働市場からの退出と労働供給

社会政策によって労働供給が左右されるという認識は，取り立てて新しいものではない。グレーブナーは，退職制度の原理が生じたのは，失業問題に対処する手段としてであると同時に，雇用主が生産性の劣る労働力を排出するためであったと論じている（Graebner, 1980）。

経済学者たちは，退職を余暇と労働のトレード・オフの関数として研究してきた（Aaron and Burtless, 1984；Danziger *et al.*, 1981；Boskin and Hurd, 1978）。この種の研究は，たいていミクロ・レベルにとどまっており，そのためにミクロ・レベルでの選択とマクロ・レベルでの帰結とがどのように相互に関連しているのかを明らかにできない。経済理論から見て非効率的であっても（たとえば，人々が年金給付が得られるゆえに労働より余暇を選択する），それが企業にとっては効率的なことがら（より高い生産性と利潤を獲得しつつその刷新が納税者によって賄われる）へと変わることがありうるのである。マクロ・レベルで考えると，早期退職は，労働供給を抑制し，全体の生産性を引き上げ，生産アウトプットを生み出さない活動（退職）にリソースを振り向けるという，三つのことを同時におこなうことを意味する。

これまでの学問的研究は，福祉国家の多様性が労働供給の構造に異なる影響をもたらす仕組みについて，ほとんど関心を払ってこなかった。高齢男性の退職に見られる国際的な相違が，年金給付のレベルや受給の容易さの違いだけから生じるとは信じ難い。早期退職制度が求められるかどうかは，利用可能な他の代替策の存在

表6-1 男性高齢者における労働市場からの退出の推移：
55-64歳の男子労働力率　　　　　　　　　（％）

	1960/62	1970	1984/85	変化率
ノルウェー	92	87	80	−12
スウェーデン	90	85	76	−14
フランス	80	75	50	−30
ドイツ	83	82	58	−25
オランダ	85	81	54	−31
カナダ	86[a]	84	71	−15
イギリス	94	91	69	−25
アメリカ	83	81	69	−14

（注）　a　カナダについては，1960年の数値のかわりに1965年の数値を使用している。

（出所）　ILO, *Yearbook of Labor Statistics*, current volumes; and *National Statistical Yearbooks*.

（パートタイム職，保護のための雇用（sheltered employment），再訓練，失業保険）や，労使関係制度の特質（雇用保障），および経済状況次第であろう。そしてこれらの代替策もまた，福祉国家の活動ゆえに選択可能になっているのである。

　早期退職の範囲についての国家間の差異は驚くほど大きく，その差異は過去数十年間の間に拡大してきた。ここでは，55-64歳の男性労働者グループに焦点を置くことが適切である。たいていの国では，慣行上の退職年齢は通常65歳くらいであるが，女性には主婦としての伝統的役割があるため，女性の退職を比較することは困難となる。表6-1は，われわれが先に展開した福祉国家レジームのタイプと労働力の退出との間に体系的な関連があることを示唆している。北欧諸国はこの年代での労働市場からの退出の割合が低いのが特徴であるのに対して，大陸ヨーロッパ諸国では非常に高く，アングロサクソンの世界ではイギリスを除いて中程度である。これは，年金制度の質と早期退職の利用しやすさの関数なのだろうか。ある程度まではそう言えそうである。ドイツ，オランダ，フランスは，1970年以来，先頭を切って柔軟性のある早期退職制度を発展させてきたのに対し，アメリカ，イギリス，カナダの早期退職制度ははるかに魅力に乏しいものに留まっている。また，ノルウェーがいまだに心身障害を原因とする早期退職しか制度化していないことにも注意する必要がある。

　年金制度による説明は，退職が福祉給付の有利さによって誘発されると見なしている他の研究の知見とも一致している（Boskin and Hurd, 1978; Feldstein, 1974; Parsons, 1980; Hurd and Boskin, 1981）。しかしながら，まったく逆の結論を下す研究もある。これは，とりわけ比較研究の場合に当てはまる。ハイブメントら，ダイアモ

ンドとホースマン,パンペルとワイスは,国家間の年金給付の相違から退職行動の相違を説明することはできないと結論している (Havement *et al.*, 1984; Diamond and Hausman, 1984; Pampel and Weiss, 1983)。パンペルとワイスは,退職は主に経済の近代化の関数であり,したがって,厳密な定義,測定は困難な現象であると言う。他方,ダイアモンドとホースマンは,高齢労働者における失業の重要性を強調する。彼らの発見したところによれば,アメリカでは,レイオフされた高齢労働者の33％が,他に雇用を見つける可能性がまったくないという理由から早期退職を選択していたのである。

退職パターンをレジームの特質との関連で把握するためには,より深い分析が必要である。二つの要因が特に関連するように思われる。それは,高齢労働者における長期的失業のリスクと,退職所得を受給しうるかどうかの可能性である。

高齢労働者の長期失業の可能性(すなわち,失業中の高齢労働者に占める長期失業者のパーセンテージ)は,ドイツ,フランス,オランダ,イギリスのような諸国ではきわめて高く (35～50％),スカンジナビア諸国,カナダ,アメリカではたいへん低い (10～12％)。もちろん,これは「失業対策」仮説を裏付ける結果である。給付面で見ると,カナダとアメリカの年金は貧弱であるが,しかし,スウェーデンとノルウェーの年金制度は,十分な給付額と緩やかな資格制限の両面において,大陸ヨーロッパ諸国のものよりもはるかに優れている。したがって,この点では相互作用効果が認められるようである。高齢者の労働市場参加の機会が乏しい場合は,大量の早期退職が発生するが,それは給付が魅力的な場合だけである。これは大陸ヨーロッパのシナリオである。給付が十分であっても,労働市場の状況が良好であれば退職を誘発しないだろう。これはスカンジナビア諸国での状況である。そして最後に,イギリスのように,給付はかなり劣るとしても,労働市場の状況が非常に劣悪なため依然として退職を誘発する場合もある。

労働市場からの退出の仕方に見られる相違が,失業のリスクと退職給付との組み合わせに応じて生じるものだとすれば,福祉国家の役割をもっと広い文脈のなかで検討しなければならない。何よりもまず,高齢労働者の退出傾向の一部は,早期退職制度が成立した時(通常は1970年代の初頭),体の一部に障害を抱えひそかに退職の機会を待っていた労働者のグループが存在していたという事実からこそ説明することができる。各国に共通する傾向はこの点から説明可能である。しかし,各国間の相違に関しては別の説明が必要である。

雇用についていかなる権利保障がされているかという点は,失業と退職の関連に影響する第二の特質である。これらの権利の強いところでは,高齢労働者はレイオ

フされにくい。しかし，雇用の権利は，スカンジナビア諸国と大陸ヨーロッパ諸国では大体同じように強く，アメリカではかなり弱いのだから，雇用の権利によって退職における差異を説明することはほとんどできない。おそらくより重要なのは，高齢労働者が失業に脅かされている状況のもとで福祉国家が提供する選択肢である。スカンジナビア諸国と大陸ヨーロッパ諸国との対照性が最もうまく説明できるのは，この点においてである。スウェーデンでは，積極的労働市場政策をとおして労働市場に残るための一連の選択肢が高齢労働者に提供されるが，大陸ヨーロッパ諸国ではそうではない。スウェーデンでは高齢（余剰）労働者は，パートタイム労働や有給の再訓練および保護目的の雇用と組み合わされた部分退職を選択できる。ドイツにはこのような選択肢はない。

しかし，退職行動をめぐる因果連関は，1970-80年代の失業の増大と大規模な産業のリストラに関する国家の戦略とも深くむすびついている。早期退職制度が，経済危機に対処する手段としてあからさまに導入されることはまれであった。それらが危機管理の手段として役立てられるようになるのは，たいていもっと後のことである。労働組合が強力で，先任権ルールの厳格な国々においては，従業員を削減したり，高齢で生産性が劣りがちな被用者を排除する方法を探していた雇用主にとって，早期退職制度は格好の贈り物となった。ここでは，早期退職制度の特質が，産業合理化のための前提条件となっている。

しかしその一方で，早期退職制度（また労働供給を減少させるその他の手段，たとえば外国人労働者の送還や女性が家庭に留まることを奨励するなど）は，完全雇用を維持するというより大きな目標に役立つようにもなったのである。とくにドイツ，オランダ，フランス，ベルギーのような諸国では，財政・通貨政策は抑制的で，積極的なマンパワー政策はすみに退けられていたので，早期退職制度が役立った。加えて，これらの福祉国家は，政府の社会サービスの拡大に対しきわめて消極的であった。したがって雇用創出戦略の一つとして福祉国家による雇用を拡大することにも消極的であった。対照的に，スウェーデンやノルウェーのような国々においては，労働供給を減少させるような政策は不適切とされていた。事実，完全雇用へのコミットがなされ，積極的な景気循環対策，および1970年代における社会サービス雇用の大規模な拡大があったので，労働供給削減策は必要とされなかったのである。

3 欠勤に対する補償

疾病給付とその関連給付は，年金と同様に，もともとはほんとうに労働能力を喪

失した者だけの援助を意図していた。欠勤に対して補償するという考え方は，その内容と範囲の両面において，決定的に変化してきたのである。今日，ほとんどのヨーロッパ諸国では，疾病給付は通常の収入と同等の水準である。いくつかの国々，とりわけスカンジナビア諸国は，立法をとおして多様な事故に対する高水準の給付を実現し，意識的に個人を労働の強制から解放しようとした。具体的には，疾病，妊娠・出産，育児（母親と父親の両方に対して），教育，労働組合関連の諸活動，休暇などに対する補償である。統制や制限は撤廃されるか緩和された。待機日は廃止され，病気の診断書が求められるのは一週間を超える欠勤の後だけである。受給資格を得るために前もって必要な勤続期間というものはなく，受給期間もたいへん長期にわたる。

　欠勤に対する補償の機会が豊富にあると，雇用主のコントロールの行使条件が根本から変わることは明らかである。したがって，これに関連する所得移転の諸給付が，「労働意欲阻害」効果について論じる文献の格好の題材となったとしても驚くには当たらない。アブセンティズム（恣意的欠勤）は，多くの場合，現実の労働不能状態をそのまま反映しているのであって，労働意欲の喪失はごく一部の問題でしかない。しかし，労働者に提供される諸制度が，働くかあるいは個人的に優先する別の活動をおこなうか，わずかなりとも自由選択を可能にするものであるとすれば，社会政策は雇用契約の論理全体を変化させてしまうことになろう。

　労働意欲の阻害を問題とするほとんどの研究は，アブセンティズムは規則の緩和と受給資格の拡大との関数として上昇すると予測している（Salowski, 1980; 1983）。しかし，アブセンティズムの正確な理解のためにはこれ以外にも考慮するべき多くの説明がある。診断書の提出が求められるところでは，医療上の判断が決定的なものとなる。労働者が失業を恐れているか，雇用主が強硬なときは，欠勤に対する補償の権利の行使を控えるかもしれない。劣悪な労働条件はしばしば疾病につながるだろう。しかし，そのような労働条件は，労働者がアブセンティズムを「対抗手段」として利用するように仕向けるかもしれない。雇用主は，商品需要が落ち込んでいる期間の労働力温存策として，逆説的にも従業員にアブセンティズムを「奨励」することがありうる。疾病給付が税によって賄われている場合はとくにその可能性がある。最後にアブセンティズムは，人々が自らの労働者としての役割と家族あるいはコミュニティーの成員としての役割とを両立させようとする努力の現れなのかもしれない。

　アブセンティズムという現象が並外れて複雑なものであることは明らかである。それゆえに，ほとんど総ての実証的研究，とりわけ「労働意欲の阻害要因」を扱う

表6-2 給付対象となった欠勤：年労働時間に対する
欠勤時間の割合，1980年　　　　　　　　　（％）

	病気欠勤	欠勤合計	欠勤合計に占める病気欠勤の割合（％）
デンマーク	3.9	8.8	44
ノルウェー	3.2	7.0	46
スウェーデン	4.3	11.2	38
フランス	5.1	6.6	77
ドイツ[a]	6.1	7.7	79
アメリカ	1.3	—	—

（注）a ドイツの数値は全雇用者数に対する取得者数の割合を使用している。
（出所）WEEP data files, based on data National Labor Force sample surveys.

諸研究が論争を引き起こし，大部分は結論が出ないままになっているのである。

　病気による欠勤は着実に増加してきたと考えられることが多い。しかし，これは真実ではない。全体的なデータは，病気による欠勤が1960代から70年代にかけて急激に増加したことを示している。このことは，制度を原因と見る説明を支持するかもしれない。なぜならば，疾病に関わる制度が利用しやすくなりまた給付も改善されたのはまさにこの時期だったからである。米国で変化が生じなかったこともこのことによって解釈できるかもしれない。この国は何ら立法が行われなかった唯一の事例だからである。しかし，ドイツでは1960年代末に制度が刷新されたにもかかわらず，欠勤の増加は見られなかった。

　各国間の欠勤率の相違には驚かされる。ＯＥＣＤの最近の研究によれば，各国は三つのグループに分かれる。第一のグループ（スウェーデンとイギリス）では，病気による欠勤率はきわめて高く，労働者1人当たり年平均で20日間にのぼる。第二グループ（アメリカとカナダ）では，この率はきわめて低く，労働者1人当たり年平均5日間である。ドイツ，フランス，オランダのような諸国は10～13日で，それらの中間にある（OECD, 1985）。また，この研究はアブセンティズムが過去において単線的に増加してきたのではないことを示している。実際，6か国中5か国においては，1970年代半ばから欠勤は減少してきているのである。

　ほとんどの研究は病気による欠勤にのみ焦点を当てているが，福祉国家が労働市場のビヘイビアに与える影響を理解しようとするなら，これでは狭すぎる。対象を拡げて，給付が支払われたアブセンティズムのすべてのタイプを含むならば，欠勤率は実際は倍加するかもしれない。表6-2に，総労働時間に占める欠勤時間数の割合という形で，病気による欠勤と総欠勤（休日と休暇を除く）の両方のデータを示してある。

表6-2が明らかにするのは，スカンジナビア諸国においては，給付対象となる欠勤事由は，従来のような病気を理由とするものを大きく超えて拡がっているということである。ある意味で福祉国家は，労働契約の範囲内で，被用者が労働に無関係な活動を追求することを承認するようになったと言える。疾病給付以外のプログラムで有給休暇の次に大きな比重を占めるのは，出産・育児休暇——事実上，女性に労働生活と出産との両立を可能にさせる制度——である。したがって，ここで示されている総データの背後には，スウェーデンでは，どの日をとっても雇用されている女性の20％以上が補償を受けて仕事を休んでいるという事実が隠されている。スウェーデンでは，女性の労働力率を最大化することが社会政策の原則の一つとなっている。そのことは，80％を超える世界最高の女性労働力率という現実に表れている。しかし，それに伴うコストとして高い欠勤率という問題があることは明らかである。

　スウェーデンでは，乳児（0～2歳）を持つ母親の労働力率は，女性全体の平均とほぼ同じくらい高い。それは1970年の43％から1985年の82.4％へと跳ね上がった。しかし，どの日をとってみても，その同じ女性グループの半数近く（47.5％）は仕事を休んでいるのである。これは女性の平均の2倍の率であり，全国平均の4倍である。

　別の研究（Esping-Andersen and Kolberg, 1989）で，著者らはスカンジナビア諸国における男性と女性の欠勤行動を，時系列的に，また各産業部門を比較しつつ研究した。その結果は，ここで示された筋書きを裏付ける。女性は男性の2～3倍欠勤するだけでなく，その傾向は公共セクターで最も強く，どの一日をとっても女性被用者の30％以上が仕事を離れているのである。このことが示唆するのは，旧来の手法ではアブセンティズムと労働の問題にアプローチすることはできないということである。北欧諸国では労働と「余暇」の関連は，福祉国家の諸活動が織りなす複雑な網の目の中で決定されており，そこには，女性雇用を最大限化するための給付（公共セクターの雇用と労働供給を促進する広範な諸サービス）から，アブセンティズムを奨励する給付までが含まれるのである。

　このスカンジナビア・モデルはドイツと対置させることができる。ドイツにおいてアブセンティズムの率がはるかに低いのは，女性の労働力率がきわめて低いことや高齢労働者の早期退職率がきわめて高いことと関連しているに違いない。しかしドイツやオランダのような国々は，アメリカに比べれば分かりやすいといえる。アメリカでは，女性労働力がスカンジナビア諸国と同じくらいに急増した。何らの法的な給付もなく，団体交渉に基づく給付に関してもその適用範囲は限定されており，

疾病，出産給付や育児休暇に対する給付はしばしば極めて貧弱でありながら，アメリカの女性はすべての年齢にわたってきわめて高い労働力率を示しているのである。

スウェーデンのように，常時労働者の約15％が給付を受けて仕事を離れているとすれば，労働市場を導くのは純粋な交換原則のみであるという理論を維持することは困難である。通常は労働時間と見なされているものの非常に多くの部分が，実際には「福祉時間」なのである。その選択の余地がたいへん大きいので，スウェーデン人は他国と比べて脱商品化されていると言える。すなわち，彼らは，ただ単に雇用主に自らの時間を引き渡すだけではない。雇用主が，自ら購入した労働力商品を支配しようとする時，その支配力は大きく制限されているのである。

社会政策の諸側面のうち，このような脱商品化の可能性を決定するものは少なくない。社会立法の存在していることは第一の条件であり，アメリカの欠勤率がきわめて低いのは，単に立法化された制度が存在していないことの反映であるといってもよい。待機期間（ノルウェーとスウェーデンでの待機日なしからカナダでの14日まで）と医療診断書提出の義務も明らかに重要な意味をもつ。スウェーデンでは7日目までは疾病に関する診断書は必要とされない。ノルウェーでは4日目まで不要である。他の諸国では初日から提出が義務化されている。補償水準が決定的な要因であることも明らかである。つまり，自由選択の程度は，労働者が彼あるいは彼女の生活水準を維持できるかどうかにかかっている。さらに，給付を支払うのは雇用主なのか，それともそのコストは社会化されているのかという点も，決定的な違いを生み出すに違いない。ドイツとアメリカでは，給付は雇用主によって支払われる。スウェーデンでは国家が支払う。このことは，ミクロ・レベルとマクロ・レベルの制度が一体となるなかで，アブセンティズムがどのような帰結を招くかという点に確実に影響する。スウェーデン企業にとって，アブセンティズムはそれほどコスト高ではなく，実際には利益をもたらす。それは，不況時には比較的コストのかからない労働力温存手段として役立つのである。しかしながら，スウェーデン全体を一つの集合的アクターとして見た場合，アブセンティズムは，完全雇用を最大化するための，必要ではあるが割高のコストとなるのである。ドイツやアメリカのような諸国では，こうした制度ミックスの効果は異なるであろう。これらの国のシステムは，雇用主がアブセンティズムを最小限に抑えるように促す。またこうしたシステムのもとでは，ドイツ企業は女性労働者を採用することにそれほど熱心となるべきではないということになる。さらに，高齢労働者を排出しようとする追加的なインセンティブも与える。こうしてドイツでは，アブセンティズムについて，マクロ経済的には節約が行われるのだが，それは人的資源の未活用と重い年金負担という犠

牲のうえで実現されているのである。

4 雇用主としての福祉国家

　国家による雇用それ自体は何ら新しいものではない。しかし，国家雇用の拡大によってその意義の再検討が必要になっている。公共セクターは他の雇用主と同様に賃金を支払い，労働契約を提供するにしても，それは真の市場ではなく，伝統的な市場原理はごく部分的にしか働かない。終身的地位保障，利潤動機（お望みなら剰余価値と呼んでもよい）の欠如，俸給を受けとる身分，伝統的な生産性の論理がまったく働かないこと，以上は，労働市場に関する正統派経済学のモデルがほとんど当てはまらないことを意味する。

　直接の雇用主としての従来からの役割は別として，政府は伝統的に種々の手段をとおして雇用への参入に影響を及ぼしてきた。その範囲は，暫定的な労働プログラムや賃金補助金，総需要管理から，産業への補助金や全面的な積極的労働力政策にまでわたっている。だが，労働需要と雇用配分に対する福祉国家の影響について研究する際，最も直接的な手がかりになるのは，雇用主としての福祉国家の役割である。また，福祉国家が，われわれの労働市場に対する理解を根本的に変えてしまうのは，この役割においてである。

　それでは，雇用への参入過程を左右し労働需要の構造を形成する福祉国家の役割とは何であろうか。ここでの我々の関心事は公共セクターそれ自体ではない。我々の関心が福祉国家と労働市場の相互作用にある場合には，公営企業や運輸，通信は対象として適当ではなく，行政や司法・警察という伝統的分野もまたそうである。ここでの関心事は，公共の社会福祉が，雇用の配分において，どの程度まで市場を支配するかという点にある。

　各国間の差異について最初に理解をするために，二つの指標を検討しよう。すべての社会サービス雇用（医療，教育，福祉サービス）に占める福祉国家の割合と，総雇用に占める福祉国家の社会サービス雇用の割合である。最初の指標は公私のミックス度を示し，二つ目の指標は，その国の雇用全体に占める福祉国家の比重を表す。表6-3を参照されたい。

　ここでもまた，国家は各グループに分かれる。北欧諸国は，福祉国家による雇用が総雇用の20-25％を占め並外れて大きいために，第一のグループを形成している。第二のグループの国々も同じように一つにまとめられる。これらの国では，社会福祉の雇用の発展が全体として非常に遅れており，公共セクターとしての福祉国

表6-3 雇用構造における福祉国家の役割：医療，教育，福祉サービス分野における雇用と公共セクターの占める割合，1985年 （％）

	総雇用者数に占める医療・教育・福祉分野の雇用割合	医療・教育・福祉部門の総雇用者数に占める公共セクターの雇用割合	総雇用者数に占める医療・教育・福祉の公共セクターの雇用者数
デンマーク	28	90	25
ノルウェー	22	92	20
スウェーデン	26	93	25
オーストリア	10	61	6
フランス	15	75	11
ドイツ	11	58	7
イタリア	12	85	11
カナダ	15	44	7
イギリス	16	77	12
アメリカ	17	45	8

（出所） WEEP data files.

家の役割，雇用配分全体の中でまったく周縁的なものに留まる。オーストリア，ドイツ，イタリアは，その最も明白な事例である。さらに第三のグループがあり，これらの国では福祉サービスの雇用はかなりよく発展しているが，支配的であるのは明らかに民間セクターである。このグループにはオーストラリア，カナダ，アメリカが含まれる。

雇用変動における福祉国家の役割は，第8章でさらにより詳しく検討される。しかし，これらの三つのグループが，これまで展開してきた福祉国家レジームの三つのタイプにほぼ全面的に一致していることは，すでに明らかであろう。

5 レジーム・クラスターの出現

労働市場からの退出，アブセンティズム，そして参入について，これまで明らかにしてきた諸点を総合すると，福祉国家の構造が労働市場の動向を体系的に方向づけているという主張には十分な根拠がある。第一に，いくつかの福祉国家は，労働供給を極大化しようとする強い傾向をもち，高齢男性の退出率は低く，女性の労働力率はきわめて高い。ここでの主な例はノルウェーとスウェーデンである。対照的に，労働市場からの退出と労働供給の削減を強力に促進するドイツ，オランダ，イタリア，フランスのような福祉国家がある。最後に，アメリカとカナダを例とする第三のグループがあり，ここでは，労働市場からの退出であれ女性の労働力参加であれ，福祉国家がそれらを奨励することはほとんどない。どちらの現象も確かに生

じているのだが,社会政策が大きな誘因となったとは言えないのである。福祉国家の政策によってすべてを説明することはできないにしても,育児関連サービスの相違は,女性の労働力供給に影響するであろうし,休暇制度や課税政策もそうであろう。スカンジナビア諸国では共働きカップルが税制上から就労意欲をそこなわれることはないが,ドイツではその効果はきわめて大きい (Gustavsson, 1988)。

しかし,社会サービスの供給に対する福祉国家のコミットメントは,別の面からも雇用に対して影響する。スカンジナビア諸国のように,福祉国家が積極的かつ意識的に社会サービスの拡大をおこなってきたところでは,女性の雇用には何重ものめざましい効果が生まれる。社会サービスは女性の労働を可能にするとともに,女性が雇用される大きな労働市場を創り出す。これらの点でもまた,スカンジナビア諸国の福祉国家は一方の極を,大陸ヨーロッパ諸国は他方の極を代表している。

アングロサクソン諸国では,全体の労働力率も女性の労働力率も高いが,福祉国家による直接の影響は明らかに限られたものである。それぞれの「窓」から見た各国の行動の諸特徴を総合した結果,いやおうなく浮かび上がってくるのは,各国がそれぞれのグループに分かれるという傾向である。このことは,福祉国家レジームと雇用レジームは一致する傾向にあることを示している。

したがって,本書の当初の仮説に基づき,福祉国家を現代の経済組織とその階層化の基本的推進力として位置づけることは,根拠のあることである。このことが以下の実証分析で裏付けられていくならば,我々が直面するのは労働市場と社会の階層化に関する支配的な諸理論をつくり替えるという困難な理論的課題である。ここで,そのような仕事に踏み込むことはできないが,そうした課題に取り組むのに必要ないくつかの要素を指摘することは可能である。第一に,福祉国家と労働市場の確固たる分離を創り出し維持した境界線は,もはや機能しない。福祉国家という「静かな革命」は,自律的な市場メカニズムのイデオロギーだけでなく,その実態をも弱体化させる効果をもった。社会的諸制度は,労働供給や労働需要,労働契約期間中の労働と余暇のトレードオフをめぐる人々や企業の選択に対して影響を強めた。それだけではない。真に根本的な点は,労働市場の均衡化メカニズムを再創出するという意図のもとに,社会政策が体系的に再編されてきたということなのである。

静かな革命の結果生じたこの変容は,決して取るに足りないものではない。我々の設定した複数の「窓」に立ち戻ってみるだけでも,それは明らかである。まず雇用からの「退出」だが,経済理論においても歴史的現実においても,企業と労働者との行動を導く主要なメカニズムは価格であった。今日では,企業は——少なくとも多くの国では——,早期退職,失業,積極的労働力政策のいずれに依拠するので

あれ，福祉国家に頼らずに合理化や労働力の削減をおこなうことはできない。労働者が，仕事を辞める，引退する，あるいは仕事を変えるといった決定をすることも，同じように社会政策のメニューに誘導されている。女性の労働力化（いくつかの国では，今や総労働力の半分に達しようとしている）の決定のパターンは，福祉国家のサービス提供（育児）や，所得移転システム（休暇の権利が行使できること），租税システム，労働需要（社会福祉職）の点で，よりいっそう密接に福祉国家にむすびついている。

　雇用への「参入」について言えば，そこに見出される像は，退出をめぐる姿の鏡像（ミラーイメージ）と言える。場合によっては，「労働市場」の3分の1以上が，通常の意味ではまったく市場とは言えないもので，それは，公共財の生産を政治的に組織したシステムとなっていることがある。もちろん，福祉国家による雇用もまた，労働時間と賃金を交換する労働契約に基づいてなされている。だが，その論理は質的に異なる。生産性の概念はほとんど当てはまらず，賃金はある程度まで政治的に決定される，たいてい終身的な在職権が保障されている。被用者は，通常，時間の使い方や仕事のやり方，また労働か福祉かという間の選択について相当大きな自律性・自由・権限を享受している。福祉国家は，経済総体の一部としての労働市場の（おそらくは一風変わった）当事者と言うよりは，それ自体が独自の職務「市場」，あるいはゲットーとさえ言えるものを形成していると言ってよい。その成長は新しいタイプの二重経済の形成を告げるものかもしれない。そして，そうだとすれば，我々は奇妙な逆説に到達することになる。現代福祉国家は，国家と経済の伝統的な境界を根本的に解体したが，代わりに，新しい種類の境界線が現れた。これらは，産業社会における階級闘争の旧来の基軸，すなわちこれまで社会組織や政治的動員やあるいは理論形成の中心であったものに取って代わるかもしれない。事実，我々は，第8章においてこのことを発見するのである。

（西村　万里子）

第7章
完全雇用のための制度調整

1 完全雇用をめぐる制度上の諸問題

　戦前に社会改革に携わった著作家たちは，完全雇用政策が，福祉政策とともにより人道主義的でより生産的な資本主義を確立するだろうと予想していた。ベヴァリッジのような自由主義者であれヴィグフォシュ，ミュルダールのような社会民主主義者であれ，この点においては基本的に一致していた。彼らはケインズ的な福祉国家政策の推進を信念としていたのである。

　ミハウ・カレツキが，『完全雇用の政治的側面』という今日では古典となった分析において取り組んだのは，この問題に対してである (Kalecki, 1943)。彼の見るところによれば，主要な問題は，資本主義が階級間の新しい権力バランスにどのように適応できるのか，ということにあった。カレツキは，二つの異なる対応を指摘した。一つは，「政治的ビジネスサイクル」が安定政策として頻繁に採用されるレジームである。このモデルにおいては，賃金上昇圧力が生じ労働者の規律確保が困難になると，政府は不況も辞せずに景気を沈静化する政策で対処する。したがって，完全雇用は景気循環のピーク時にただ間欠的にのみ達成されるだけである。これに対してオルタナティブとなるもう一つのレジームがあるが，残念なことにカレツキはこちらについては曖昧にしか議論をしていない。ただ，完全雇用の資本主義は，労働者階級の増大した力を反映するような新しい社会的政治的組織を発展させるに違いないと主張している。

　私企業に基づくとともに，完全雇用と社会的公正を実現することを約束している経済においては，制度調整の問題は，再分配を求める労働者の力がバランスのとれた経済成長と背反するという事態をいかに回避するか，という点に尽きる。中心的

な問題は,ゼロサム的な対立の可能性を,いかにして,持続的な物価の安定と完全雇用とを両立させる相互利得的(positive-sum)な交換条件に転換するかである。どのような種類の制度的枠組みが,私企業と強力な労働者階級の共存を許すのであろうか。

戦後,工業化の進んだ資本主義の民主主義諸国は,すべてこの問題に直面してきた。ほとんどの国においては,平和への急激な転換が進むに際して,完全雇用を維持するという強いイデオロギー的なコミットメントがなされるようになった。もっとも,そのコミットメントの現れ方は,(ノルウェーのように)事実上,法的な義務となっていると言えるものから,(アメリカや西ドイツのように)一般的に望ましい目標に留まるものまで広い範囲にわたるのであるが。

予測とは裏腹に,諸国家が直面した現実の課題は非常に異なったものだった。イギリス,アメリカ,スウェーデンのようないくつかの国では,戦後すぐに完全雇用のもとでの分配に伴うジレンマが現れた。他方,他の国では,この問題は何年もの間,表面化することはなかった。

現実には,正真正銘の持続的な完全雇用の達成は,一時的なものであると同時に国際的にもまれだった。ごくわずかの国だけが(ノルウェー,スウェーデン,スイス),戦後の期間の全体にわたって,常に2−3%を下回る失業水準を保つことができた。大多数の場合は,完全雇用は1960年から1974年の間の短い幕間劇に留まったのである。

ボルドーニャがおこなっている区別は有益である(Bordogna, 1981)。すなわち,一方には,実際に完全雇用が政府の義務となっている一握りの国(ノルウェーやスウェーデンなど)があり,他方では,賃金上昇圧力を規制する一手段として失業を伴うストップアンドゴー政策に訴える国がある。この区別は,カレツキの元々のレジームの筋書きと合致しているが,戦後の発展に照らしてみるとき,新たな問題も提起する。第一に,ある国はどのような状況のもとで,これらの二者択一的なレジームの選択をおこなうのか。第二に,完全雇用下の労働者階級が引き起こしがちな賃金圧力を抑えるために,どのような制度調整がなされ,そして同様に重要な点として,どのような政策手段が採用されるのか。カレツキが予測したように,新たな制度構造が必要条件なのかもしれない。しかし,もしゼロサム的な対立を克服しうる政策手段を生み出し得ないならば,このような新しい構造も十分条件とはなりそうもない。第三に,いかに完全雇用をもたらすかについての従来の考え方を根本的に変えてしまう決定的な事態が,少なくとも二つ存在する。一つはグローバルな経済統合が生まれたことである。(1950年代後期から1973年のあいだの)国際的な

経済的拡張の時期の完全雇用問題は，1973年以降のそれとは区別して分析する必要がある。この点において，ノルウェーやスウェーデンといった国の，後者の時期における著しい成果は，とくに注目に値する。このような国は制度形成や政策的解決によって，フィリップス曲線という難問を何とか解いたのであろうか。もう一つの状況としては，第6章で論じたように，女性を労働市場の通常の参加者として迎えたことによって完全雇用の意味が根本的に変化した点が挙げられる。統計的には，これは完全雇用政策の対象者が革命的に増大するという結果になろう。[1]

　この章の分析は悲観的な結論になるだろう。制度調整や政策選択の仕方に国ごとに根本的な相違が見られた（特に1970年代末以降）にもかかわらず，先進資本主義の民主主義体制は次の一点に収斂していくように思われる。すなわち，いずれの体制も完全雇用と均衡のとれた経済成長の双方を同時に実現することができなくなるのである。このことは，スウェーデンとノルウェーのような完全雇用の顕著な事例にも，「政治的ビジネスサイクル」レジームにも当てはまる。その主な理由は，（いかなるものであれ資本主義諸国でこれまで試みられてきたような制度的枠組みの範囲内では）ゼロサム的な対決を有効な交渉へと誘導するために利用できる手段が限られているということである。この限られた範囲の手段のなかでも，福祉国家は主要な（そして問題をはらんだ）役割を果たすようになった。

　結局のところ，完全雇用政策の目標を追求するために必要な種類の交渉，あるいは協定は，私企業の裁量権の維持を前提とする。したがって，賃金抑制その他の犠牲を強いるために利用できる手段は，主には公共領域に限られるだろう。社会政策が分配問題の解決を追求する主な舞台となったことは驚くに値しない。しかし，これは福祉国家を板挟みの状態に置くことになった。

　福祉国家は，完全雇用を達成すると*同時に*分配の調和を実現する責任を負わされるのである。この二つの機能は，以下で論じるように，本質的には相容れないものである。

2　戦後の制度モデルと政策レジーム

　たいていの国にとって，1930年代から1950年代までは，社会的・政治的再編をめぐる歴史的な分岐点にあたる時期であった。分配をめぐるコンフリクトに対処するために，新たな制度上の調整がおこなわれた。それにはいくつかの異なるモデルを見て取ることができる。一つは，スウェーデンが有名な例であるが，強力で包括的かつ中央集権化された労働組合を前提とするモデルである。この組合は通常，労働

党政権（もしくは政権担当可能な労働党）と連携しながら，国の中央レベルや産業レベルで雇用主と交渉しようとしていた。その制度的基盤は，産業社会における私的所有の権利や専決権に対する労働側の承認に基づいており，このことは，組合も労働党政権も私企業の決定には介入しないということを意味する。したがって，コンフリクトは社会の生産物をどのように分配するかという問題に限られていた。簡単に言えば，公私の境界線を変更するために，労働側の権力資源が動員されることはないだろうし，また，それはできないということが承認されていたのである。このモデルにおいては，労働側の権力が，完全雇用と社会的権利実現のための文字通りのコミットメントを強いるのである。このように強力かつ集権的で，階級全体を包括的に組織する利益諸団体が存在したために，フリーライダー（ただ乗り）の問題や囚人のジレンマをほとんど伴うことなく，安定的な「社会協定」というかたちで制度調整が実現されたのである。分配上のコンフリクトは，長期的な射程に立った洗練された政治的交換によって対処できた場合が多かった。

　戦後に現れた制度的再編のもう一つの基本的モデルは，おそらくアメリカが最もよい例であろう。そこでは，市場と政治のどちらについても階級的な組織形成は不完全であり，もしくは細分化されていた。分配問題に関して包括的な交渉を行う制度上の手段がないので，フリーライダーや囚人のジレンマの問題が生じやすく，また分配をめぐる闘争も相互に排他的で，時には近視眼的なものになりがちである。このような条件のもとでは，労働側は自らの取り分を最大化する戦略に基づいて交渉することになりがちであるから，その結果，その時々に強力なインフレ抑制策を採る必要も大きくなる。さらに，雇用主側は制度についてはっきりと承認しているわけではないので，労働運動の力を認めさせること自体がコンフリクトの目的になる。実際，この種のシステムにおいては，組織的な力は均衡のとれた経済成長の大きな妨げと見なされることになろう。

　こうした対極的な二つの事例は，オルソンが析出した再分配連合や，シュミットの二つの完全雇用モデルによく似ており，また，それぞれが我々が言うところの福祉国家・労働市場レジームの類型を代表している（Olson, 1982; Schmidt, 1987）。もちろん，二つの事例を強調すると，戦後の諸制度の豊かな多様性が覆い隠されてしまう。大多数の国家は両者の複雑なミックスを示しているのであり，それぞれの国は戦後数十年間にわたり独自な歩みを続けてきたのである。しかし，ここでの課題は諸制度のモデルの膨大なカタログを精巧につくり上げることではなく，明らかに異なる「対照的事例」がどのように完全雇用問題を解決しようとしてきたのかを追跡することである。

以下では主に，次の三つのレジームに焦点を当てて検討を行う。すなわち，アメリカ，スカンジナビア諸国，ドイツであり，このうち，特に興味を引くのはドイツである。というのもこの国は，1950年代後期と1960年代初期の労働側の興隆のもとで北欧的な方向に向かいながら，その後の1970年代にはインフレ抑制政策を優先する元の道に舞い戻るからである。

3 戦後期の制度形成

　第二次大戦後には，多くの国が徹底的な社会民主主義化を公約とするようになった。これは社会的市民権を確立し失業の廃絶を目指すことを意味していた。アメリカでは，こうした努力は社会保障や農業補助金さらには雇用の積極的促進に見られるニューディール改革としておこなわれていた。フランクリン・D・ルーズヴェルトの時代の民主党は，スカンジナビアにおける農民と労働者の赤緑連合のアメリカ版として，また，ほぼ同じ政策綱領を持つ政党として現れた。しかし，この国では全国的に強力に組織化され，高い結集力を備えた「赤」と「緑」の階級組織が欠けていた。アメリカにおける同盟は，階級組織の代わりに政治システムに媒介されており，さらに南部が労働コストの上昇や黒人層の解放につながる福祉政策と雇用政策に執拗に反対したために，常にもろさをかかえていた。ルーズヴェルトが，1936-37年に，均衡予算という正統派の伝統に復帰する決定を下したことは，技術的には失敗であったとしても，政治的には不可避のことと見なされた。これは，賃金・価格の上昇を沈静化するという意図に基づく「政治的ビジネスサイクル」の最初の例であった。戦後直後には，保守派が，ワグナー法とタフト－ハートレー法が（前者では強く定式化された形で，後者ではより弱い形で）約束していた社会保障の改良と完全雇用の双方に攻撃を開始したために，均衡型経済への復帰がさらにすすんだ。ニューディールは現代的な先進的福祉国家をめざすというパイオニア的な歩みを体現していたが，この歩みは1945年から1950年の間，事実上停止していた（Skocpol, 1987）。あらゆる政府の第一の優先課題は物価の安定であるということが制度化された。その達成のための主要な政策ミックスは，インフレ抑制的な「政治的ビジネスサイクル」と組み合わされた抑制的予算政策で，これはとくに朝鮮戦争によるインフレーションの脅威に対する対策とされた。1960年代半ばまで，福祉国家としての前進はなく，失業率はきわめて高かった。物価の安定を長期にわたって優先して維持していくために，連邦準備銀行が政治から相対的に自律することが重要な制度的手段となった。

アメリカと同じく，他の国も戦後まもなく同様のジレンマに直面した。イギリスの戦後の労働党政府は，ベヴァリッジ・プランの線に沿って福祉国家を制度化するという強力な要求に押され，また完全雇用についての同じく強い合意に促され，政治運営に当たった。そしてこの二つの課題の実現に成功したことによって，インフレ圧力が大きく刺激された。労働党は賃金と価格を統制する所得政策を課すことで対処しようとしたが，これはすぐに労働組合の離反を招いた。労働組合運動内の団結が欠如していたために，まず第一に，当面の賃金と将来の利益との間で明示的な政治的交換をおこなったり，そのための交渉を実施することは不可能であった。第二にそれは，受け入れがたい所得政策に対してもストップアンドゴー政策の無限の進行に対しても，労働組合運動が代替戦略を推進することが制度的に不可能であったことを意味した。ヒギンスとアップルがイギリスとスウェーデンを比較して述べているように，スウェーデン労働組合連合（LO）が開始した「相互利得的（positive-sum）」な解決策は，同じ時期に，同様の状況のもとにあったイギリスでは現れようがなかった。それは，政策能力の不足のためではなくて，制度的な障壁のためであった（Higgins and Apple, 1981）。

　しばしば，北欧の社会民主主義国は，完全雇用と福祉国家のバランスのとれた成長のモデルとして描かれている。イギリスやアメリカと同様に，北欧諸国も，再分配・完全雇用の公約とインフレ・スパイラルという厳しい現実との間でジレンマに直面した。規模が小さく開放度が高い北欧諸国の経済においては，過大な需要は，直接かつ即座に国際収支の危機を煽ることになる。したがって問題は，過大な賃金上昇圧力によって競争力が損なわれるということである。こうした同じような状況の下でも，北欧の社会民主主義の対応は分かれた。

　デンマークでは，戦後制度の形成という重要な時期に，労働運動が政治的中心にはいなかった。デンマークは，大恐慌を労農同盟を基礎に完全雇用の福祉国家政策で乗り切ったが，この同盟は行き詰まっていた。強力な（自由主義的）農民層が，農産物輸出の維持のために，緊縮予算と価格安定化政策を要求したためである。したがって，デンマークにおいて福祉国家の改良政策と完全雇用が政治的路線の一部として据えられるようになったのは，1950年代の終わり以降からであった。（朝鮮戦争の最中のような）賃金と物価の断続的な上昇圧力に対しては，アメリカやイギリスと同様に，ストップアンドゴー政策という「政治的ビジネスサイクル」に依拠した道が採られた。

　したがって，資本主義的民主主義体制の全体で見ても，スカンジナビア諸国の中で見ても，完全雇用の公約を現実化できたのは，ノルウェーとスウェーデンだけで

ある。これら二つの国およびデンマークに共通するのは，1930年代に社会民主主義が勃興し積極的な福祉政策と雇用政策を開始したということである。その基盤も同じであって，強力で包括的な労働組合が存在していたし，社会民主主義が優勢となるための第一の条件である農民と労働者の政治的同盟を統括できる労働者政党が存在していた。

しかし，ノルウェーとスウェーデンでデンマークと明白に制度的に違うことは，労働組合運動がはるかによく統一されており，交渉について中央レベルで調整をおこなうことができ，他方，農民は政治的にも経済的にもより周縁的な存在であったということである。デンマークと異なり，ノルウェーとスウェーデンの労働者政党は，ブルジョア陣営の統一連合にとって代わられる心配がなかったため，政治の領域を支配することができた。こうして，これらの労働者政党は完全雇用と福祉国家の改良という両方の要求に対応できた。イギリスと同様に，戦後間もない時期にこれらは実行に移され，労働運動は，賃金－物価の圧力の問題に対するより恒常的で安定的な解決策を見出すことを余儀なくされた

スウェーデンでは，国際収支が悪化した1940年代の末にこの問題が持ち上がった。イギリスと同様に，スウェーデンの社会民主党政府も，所得政策による賃金凍結に同意するよう労働組合に求める他はどんな対策も見出せなかった。事柄の性格上，賃金統制の影響を最もひどく受けるのはより弱い立場の労働者であり，最も強い立場の労働者への影響は最も小さい。このことは労働組合に二つの問題を課すことになる。第一に，将来のシナリオとして所得政策が繰り返されることになれば，労働組合運動の団結や連帯はおそらく破壊されるであろう。第二に，所得政策は，賃金を抑制することによってセクターごとに不均等に利潤がかさ上げされることを意味する。スウェーデンでは，イェスタ・レーンとルドルフ・メイドナーが構想し，労働組合が推進した積極的労働市場政策が所得政策に代わって完全雇用を実現するための手段となった。この手段の素晴らしさは，その単純さにあった。収益性を問わない一律の賃金圧力と，衰退産業で余剰となる労働者を吸収し，再訓練し，移動させる，手厚い積極的労働市場政策が組み合わされた。同時にこの政策は，成長産業に対しては，高い利潤と，質の高い労働力を潤沢に供給するように計画されていた。最後に，不可避な賃金上昇圧力は（反景気循環的な）抑制的財政運営によって抑制されることが想定されていた。

この手段の適用は，二つの決定的な制度的条件を前提していた。一つは，中央集権化された連帯主義的な労働組合組織が政府の政策に政治的に協調する立場にあることであり，もう一つは，高い投資水準を維持しようとする使用者側の信頼と意志

である。こうした制度的条件はだいたい1970年代までに整い，完全雇用下の賃金圧力という問題に対する「相互利得的」な解決が可能となった。

　ノルウェーの対応もスウェーデンと同様であったが，独自の制度的特性もあった。何にもまして，戦後のノルウェーの労働党政権は，議会の絶対的多数派であるという状況を享受しており，並外れて広範な政治的コンセンサスを当てにすることができた。事実，ブルジョア諸政党は，福祉国家と完全雇用の確立を誓約した戦後文書の共同署名者であった。制度調整は，当初から「ネオ・コーポラティズム」的な利益媒介を想定していた。政府委員会は，組合の協力のもとに経済成長目標と組み合わされた賃金ガイドラインを設定する。賃金ガイドラインを遵守させるための最も重要な手段は，産業金融と投資に対する政府の強力な統制であった。こうして，労働組合は賃金抑制の見返りとして投資がおこなわれるということを信じることができた。この意味で，金融政策はスウェーデンの積極的労働市場政策のノルウェー版となったといえる。この二つはともに，完全雇用下の労働側の交渉力を「相互利得的」な方向に誘導しようとして構想された。この二つは，次のような制度的条件が備わっている場合にのみ適用可能であった。すなわち，労働側と資本側が組織内部のコンセンサスを得ることが可能で，また両者が比較的長期的な見とおしのもとで政治的交換をおこなうことができ，さらに政府と協調しながら労使の個別利益を国民的利益に移し替えることができる場合である。

　ドイツは戦後の発展の第三の型を代表する。名高い「社会的市場」モデルにおいて，物価の安定をともなった急速な経済成長は，レッセフェールの市場条件と限定的な財政・金融政策の結合から生じた。そこでは，公共予算がＧＮＰより早く増大することは明確に禁止されていたのである。しかしながら，適合的な制度的条件に支えられることがなければ，こうした試みはおそらく失敗に終わるだろう。戦後の西ドイツ独特の条件（外国による占領，国土の大きな荒廃，領土の分割）を別とすれば，決定的な条件は，三つの主な要因にまとめられる。第一に，ドイツの中央銀行である連邦銀行の自律性は，抑制的な金融政策によって賃金と公共支出の増大を抑える基本的な制度的手段の一つであった。第二に，社会民主党と労働組合が事実上周縁的な存在に留まっていたことは，再分配を求める圧力が依然として弱いことを意味した。第三に，（東側地域からの）恒常的な大量の（質の高い）労働力供給の結果，長い間，労働運動は賃金上昇圧力を高めることができなかった。この点で，ドイツの解決策は，（南部の労働力に依存できる）イタリアと同じであり，また，ある程度までは（ヒスパニックの労働力に依存できる）アメリカとも同じである。

　労働供給が産業の雇用拡大よりも急速であるかぎり，ドイツの「経済的奇跡」は，

インフレ的な賃金圧力もなく，大きな社会改革を迫る政治的要求もなく，進行することができた。しかし，1960年代初頭に労働供給が枯渇したとき，制度的再編の必要性は明らかとなった。

労働側に再分配を求める力が現れたことに対する制度的対応は，1966年のキリスト教民主同盟（CDU）と社会民主党（SPD）の「大連合」とともに始まった。ルードヴィッヒ・エアハルトの新自由主義的な正統派の経済理論は，「包括的経済誘導」（*Globalsteuerung*）を掲げるシラーのケインズ主義によって棚上げされた。完全雇用に伴う不可避の賃金上昇圧力を規制するために，「協調行動」（*Konzertierte Aktion*）の可能性に相当の期待が寄せられるようになった。「協調行動」の目的は，分配上の諸目標が調整され得るような制度的枠組みを，労働組合，雇用主，政府に提供することにあった。ドイツの政治再編成は，1969年の社会民主党—自民党連合の形成とともに，第二の重要ステップを踏み出した。この同盟は，新たな権力関係に対応するようにデザインされた主要な政策手段を推進した。なかでもきわめて重要であったのは，スウェーデン型の積極的労働力政策と，社会給付プログラムにおける大幅な改善であった。

4 完全雇用への国際的収斂化

1960年代になると完全雇用への国際的な収斂現象が出現した。その結果，基本的に異なる制度体系間においてすら，規制的手段の選択に関しては驚くべき類似性が見られるようになったのである。福祉国家は，何よりも，再分配上の均衡をはかり，賃金圧力の脅威に対処するための格好の解決策として出現した。労働側は，完全雇用とともに，戦後当初に試みられた「社会契約」の再交渉を要求した。

1950年代から60年代にかけて，失業レベルは急激に低下した。1950年から60年に，アメリカの平均は4.5％，ドイツでは4.6％，デンマークでは4.3％，そして，ノルウェーとスウェーデンではそれぞれ2.0％と1.8％だった。アメリカを除いて，その他の諸国の失業率は1960年代に約1.5-2.0％へと収斂した。[4]

第二次世界大戦にまで遡って，賃金上昇圧力の推移を時系列的に確定することは困難である。それにかなり匹敵する測定方法は，製造業における時間当たりの生産高の年変動に対して，時間当たり給与額の年変動の弾力性を計算することであろう。しかしながら，ただ一年間だけの高い弾力性は必ずしも賃金上昇圧力を意味しないかもしれない。それは，交渉による賃金増大の初期効果を示しているだけで，翌年には吸収されてしまうものなのかもしれないのである。したがって，この問題を解

表7-1 スウェーデン,アメリカ,ドイツにおける有意な賃金圧力の発生
(1950-1983年)

	有意な賃金圧力の年	有意な賃金抑制の年
スウェーデン	1951-2	1955-7
	1957-8	1959
	1971-2	1963-5
	1975-7	1967-8
		1973-4
		1978-80
		1982-3
ドイツ	1962-3	1953-4
	1970-1	1959
		1967-8
		1976
アメリカ	1951-2	1962
	1965-7	1968
	1969-70	1971
	1972-4	1976-7
	1978-9	1981-3

(注) 賃金圧力は、製造業における時間当たり報酬の年変動率を、労働時間当たりの製造業生産高の年変動率で除したものと定義される。「有意」の賃金圧力(あるいは抑制)は、傾向線からの十分な乖離が認められるものをいう。各国には独自の傾向があるので、この決定方法はそれぞれの国に適合している。

(出所) OECD, *National Accounts*, detailed tables; current volumes (Paris, OECD).

決するために2年以上にわたる有意な高さの弾力性の存在を確認することが必要である。当該諸国について、そのような賃金上昇圧力が現れた期間を概観したものが表7-1である。1950年代において有意な賃金上昇圧力が現れた事例は、(完全雇用が達成された)スウェーデンと、(失業レベルが3.2%、2.9%と記録的に低かった)1951年から52年のアメリカだけである。それ以外では、他のほとんどの国と同様に、有意な賃金上昇圧力は1960年代に出現し、1969年から1973年の間に最高潮に達した (Flanagan *et al.*, 1983; Ulman and Flanagan, 1971; Crouch and Pizzorno, 1978; Sachs, 1979)。

1960年代の賃金上昇圧力の高まりは、収益性の低下、インフレーション、国際収支の悪化と同時に起こった。この新たな状況に対しての主な対応策として次の四つがあった。一つは、経済の極度の過熱状態に対処するためのデフレ政策だった。これは、1963年にイタリア、フランス、デンマークで、1965年に西ドイツで、1966年

にイギリスとスウェーデンで試みられた。ここで平価切り下げも含めるなら，1967年のイギリス，デンマーク，ノルウェーもこの中に入る。デフレ政策は，主に突然の国際収支悪化に対するものであり，ドイツを除いて比較的穏やかなものだった。いずれにせよ，それらを，カレツキの言う「政治的ビジネスサイクル」の論理への復帰と見なすことはできない。それらは，危機対応の一回きりの手段であった。

二つ目の対応は所得政策で，それは，あからさまで包括的な交渉というタイプから，労働組合に自制を求めるより曖昧で間接的な試みまで，広い範囲に及んでいた。前者のタイプに属する先駆的試みとして知られるのは，デンマークの1963年の「包括解決交渉」（Helhedsloesningen）である。これによって，政府は，すべての重要な利益団体と協議しつつ，民間部門の所得・消費の抑制の見返りとして一連の社会福祉給付を総合的に提供したのである。これは，完全雇用の圧力によって，どのように福祉国家が拡大されていくかを示す先駆的事例である。

実行可能な所得交渉をおこなう能力は，階級の組織的団結と政治的交換をおこなう能力に応じて様々である。1964年のフランスの試みは，公共セクターの労働者だけを含むものだったが，その賃金抑制は他へも波及していくことが期待されていた（そうはならなかったが）。この政策は数年間継続したが，1968年には社会全体を揺り動かしたストライキと賃金の激しい高騰を引き起こす契機となった。（Ulman and Flanagan, 1971; Crouch and Pizzorno, 1978）。イギリスでは1966年に（6か月の賃金凍結とともに）法律で所得政策が実施されたが，それは，フランスと同じく，ストライキを引き起こしたり，TUCと労働党の関係を悪化させるきっかけとなった（Crouch, 1977; 1978）。ドイツでは，1966年に開始された新大連合による「協調行動」（*Konzertierte Aktion*）が，賃金ガイドラインの設定に労働組合を引き入れようとしていた。ガイドラインはその後2年間守られたが，「社会的対称性」の欠落（すなわち賃金抑制は利潤ブームと結合していた）のために，1969年の山猫ストの激増とそれがもたらした賃金高騰という結果に終わった（Mueller-Jentsch and Sperling, 1978）。

新たな完全雇用秩序に対する第三の対応は，労働側の新たなパワーに対応する制度的再編，すなわち利益調停と協調による「ネオ・コーポラティズム」構造の出現である。この「ネオ・コーポラティズム」現象については，非常に多くの文献がある。[5]

周知のように，これはイギリス，フランス，イタリアでは失敗し，最良の場合でもドイツのようにはかない実験に終わった。スカンジナビア諸国やオーストリアのように，前提条件に大いに恵まれた国では，利益協調構造は強化された。とくに，分配交渉のための一連の手段は拡大された。こうして，スウェーデンでは，交渉の

機会は，付加年金（ＡＴＰ）基金，積極的労働市場政策のための装置，投資基金制度等の発展とともに大きく拡大された（Martin, 1981; Esping-Andersen, 1985a）。同時にこうした諸制度には，労働組合が枢要な意志決定者として組み込まれていた。同じようにノルウェーでは，公的信用と投資機関の制度的なネットワークが拡大し，より貧しく開発が遅れている地域に優先的に再分配をおこなうなどの新たな政策が可能になった。主に分配上の優先順位をめぐる交渉に労働運動を関与させるという目的から，新たな諸制度が急成長したが，それは国によって成功した所もあり，また，構造的に未成熟なままに留まる所もあった。

同じくらい重要なことは，そのような制度的な再編成の試みが，分配上の不満を満たす回路を何としてでもつくりだそうとする動きと結合していたことである。その一つの道は投資促進政策で，賃金抑制が確実に新たな職をもたらすことを保証するように設計された。しだいに中心となったもう一つの方法は，福祉国家をとおしての「賃金の延べ払い」を促進すること，すなわち現在の賃金抑制の見返りとして将来の社会給付の改善を約束することである。これらは，どちらも巨額の公共予算の増大につながる。

最後に第四の対応は，新たな労働予備軍を動員することだった。一つの方法は外国人労働者を招き入れて不足人員を埋めることであり，もう一つは女性の労働力率を高めることを促進することだった。前者はドイツ，スイス，オーストリアで優勢となり，後者はスカンジナビア諸国で普及した。[6]

5 完全雇用の維持をめぐる矛盾

1960年代が終わりに近づくときにはすでに，たいていの国々は長期にわたる完全雇用を経験していた。しかし，制度上の再編成と様々な政策対応にもかかわらず，新たな安定的均衡はいまだに見出されていなかった。階級的・組織的権力バランスの変化が進み，そのことは，インフレ圧力の増大（Hirsch and Goldthorpe, 1978）や，労働組合間のあるいは労組と労働者政党間の緊張関係（Crouch and Pizzorno, 1978），激増するストライキ，企業の収益性の減少というかたちで現れていた。[7]また，表7－1に示されているように，賃金上昇圧力も1969年から73年の期間に激化した。

1960年代の完全雇用圧力に対して政府と利益団体がひねり出した解決策は，せいぜい一時的な息継ぎを許すだけで，より長期的な調整に成功することはなかった。第一に，政府主導の景気引き締めも新規の労働予備軍の包摂も，いずれも継続的完全雇用というシナリオの軌道修正に効果を発揮しなかった。第二に，一般に1960年

代の所得政策のもとで交渉された賃金抑制に対する交換条件は，労働者の要求をなだめるには不十分であり，とりわけ賃金抑制が利潤ブームをひき起こしたり実質所得がインフレに影響されたりした時にはそうだった。第三に，所得政策，再分配的な要素も伴った賃金交渉，そしてインフレーションが同時進行したために，労働市場の中で公平を求める激しいコンフリクトが引き起こされた。賃金格差が縮小され，賃金水準で最上位にある労働者は通常は賃金ドリフトによってなんとか格差縮小分の埋め合わせをした。

　結果的に新たな再分配交渉が繰り返しおこなわれた。大多数の国が直面した基本問題は，どのようにして物価と労働コストの上昇を抑え，国際収支を改善し，収益性が低下するなかで持続的な投資を確保するかということだった。分配に関しては，問題は，いかにして賃金上昇に対するオルタナティブを打ち出すかということだった。1960年代末から1970年代初期にかけての政治的経済的状況のもとでは，デフレ政策に訴えることはできなかったのである。

　その上，労働組合内部での緊張が高まり，コンセンサスを生みだすことが困難になっていたために，新しく獲得した成果によって，一般組合員（ランクアンドファイル）をもっと引き付け，連帯の再興を図る必要があった。福祉国家は，賃金抑制の基礎的手段となった。しかし，1960年代と比べると，給付の改善と新しい社会プログラムという形で現れる「延べ払い賃金」は，相当なコストの増大をもたらした。

　延べ払いされる社会的賃金という戦略が採られたことは，ほとんどの国で量的に確認できる。たとえば，ワイスコップは，本来の賃金に対する社会的賃金の（傾向的）比率が，景気循環のサイクルが一巡するたびに跳ね上がったことを示している（Weisskopf, 1985）。最も急激な増加は，1960年代後半（おおよそで言えば1963年から68，69年まで）の景気循環と，それに続く1970年代初期の景気循環（1968年から71年，および1971年から74，75年）の間に起こった。表7-2は，7つの国の社会的賃金の1965年から82年までの上昇を示している。延べ払いされる社会的賃金という戦略は，それぞれの国の制度的プロフィールにより様々な形をとって現れた。アメリカでは，それは主に二つの形態をとった。一つは，企業部門内での（医療や職域年金のような）団体交渉による被用者給付の改善であり，もう一つは，通常は選挙をテコとした社会給付の改善だった。強固な階級基盤，もしくは選挙基盤がないというアメリカの状況のもとで，ヨーロッパ社会民主主義に典型的な政治交換モデルに代わって機能したものは，得票の最大化が目指される選挙制度という枠組みであった。

　したがって，デフレ政策を背景に選挙に臨んだ現職大統領は，一人だけだった

表7-2　「延べ払いされる社会的賃金」の増加：賃金・俸給の年間平均増加に対する所得移転支出の年間平均増加の割合（1962-1982年）

	1962-5	1965-9	1969-73	1973-8	1978-82
デンマーク	1.02	1.07	1.04	1.04	1.07 [a]
ノルウェー	1.04	1.06	1.07	1.01	1.05
スウェーデン	1.07	1.07	1.04	1.16	1.05
ドイツ	1.00	1.02	0.98	1.08	1.02
オランダ	1.13	1.13	0.91	1.08	1.06
イギリス	1.03	1.06	1.00	1.11	1.10
アメリカ	0.99	1.05	1.10	1.06	1.06

（注）　a　1978-81年。
（出所）　OECD, *National Accounts*, detailed tables; current volumes (Paris, OECD).

（1979年から80年に在職したジミー・カーター）。アメリカでは，大きな社会給付の改善は事実上すべて下院選挙か大統領選挙の年におこなわれた。タフトによれば，社会保障を改善する13の立法のうち9件までが選挙の年に実現した（Tufte, 1978）。しかしながら，タフトの分析では明らかにされていないが，得票最大化政策は賃金圧力を抑制する役割も果たしている。社会的賃金の比率は，アメリカでは1950年代全般から1960年代中頃まで一貫して一定のままだった。この期間，賃金が生産性に対して全般的に立ち後れ，失業水準は高いまま推移した。この状況は1965年以降はっきりと逆転した。1962-65年から1965-69年の間に，生産性に対する時間あたり報酬の弾力性は年平均で3倍になった（Sachs, 1979）。アメリカの福祉国家に第二の拡大が起こったのもこの期間である（Myles, 1984b）。

「貧困に対する戦争 War on Poverty」（それは主に崩壊の危機にある民主党との同盟に貧困層と黒人の有権者をむすびつけておくために計画されたものだったが）以外にも，ジョンソン政権は，ケインズ主義的景気刺激政策（1964年減税）を新たに開始し，メディケイド／メディケアを立法化し，受給資格要件を緩和し，社会保障給付の二度にわたる大幅な引き上げ案を議会通過させた（1965年, 1967年）。

社会的賃金戦略を完全に前面に打ち出したのは，逆説的だがニクソン政権だった。1969-72年に，連邦政府は社会保障給付の大幅な引き上げを立法化し，物価スライド制の導入と適用対象の抜本的拡大を実施した上，補足的保障所得（SSI）も成立させた。年金の対賃金比は急激に上昇した。これらの改善は，1971年後半の所得政策（賃金・価格統制）の適用と同時に生じたのである。だが，それらが1972年の大統領選挙の勝利をめざして導入されたものであることもまた疑いを容れないのである。もっとも，アメリカの制度的ロジックの中では，戦略として後者は前者を排除

しないのである。

　1960年代後半から1970年代初期にかけて，大規模な社会的賃金交渉が頻繁におこなわれるようになった。スウェーデンでは，1973年に公然の交渉がおこなわれ，労働組合が賃金要求を控えることに合意した一方で，その見返りとして年金における被用者拠出の廃止が立法化された。デンマークでは，1960年代初頭以来，社会的賃金は賃金圧力の事実上唯一のはけ口となった。こうして，ほとんどすべての公式の所得政策において，交渉による賃金抑制や，平価切り下げ，労働者の所得の制限は，給付の改善と社会改良によって相殺された。年金が引き上げられ，1970年代初期には失業・疾病に対する現金給付制度の大幅な改善が立法化された。他のほとんどの国と同様に，この頃に社会的給付改善のパターンは最高潮に達した。この結果，世界で最も寛大な現金給付制度が発展したのである。

　ドイツについて言えば，社会民主党政府が労働組合に「協調行動」の範囲内で賃金ガイドラインを遵守することを受け入れさせることができた能力は，福祉国家を発展させる政府の政策と密接にむすびついていた。雇用促進法に続き，政府は1969年に疾病期間の賃金継続に関する法律を通過させた。これは，労働組合が10年前から最優先課題の一つとして要求してきたものである。しかし，労働組合は社会的復興途上の当初こそ賃金抑制に協力をしていたものの，その後には新たな戦闘主義と賃金圧力の時代がやってきた（国民所得に占める賃金の割合は，1968年の61.3％から1974-75年の66.3％へと跳ね上がった）。福祉国家が大きく進展する第二局面は1972年に到来し，大幅な年金の増額，年金の最低給付制度の導入，そして早期退職制度の利用機会の拡大がおこなわれた。1971年のアメリカの場合と同様に，これは社会的賃金交渉と得票最大化策の混合物だった。なぜなら，選挙上の理由から，キリスト教民主同盟は社会民主党の改良計画をよりいっそうの拡大策へと競り上げようとしたからである。

　延べ払いされる社会的賃金は，労働者がその交渉力によって直ちに実現できたはずの消費拡大を，自ら後延ばしにするということを前提している。しかしながら，それは複雑な交渉事項である。これが広く受忍されるための前提は，賃金生活者の間の連帯だけでなく，一方における賃金生活者と，他方において直接の受益者になる可能性が最も高い人々すなわち主として高齢者との連帯でもある。延べ払いされる社会的賃金戦略は並立する二つの動機に基づいていた。つまり，この戦略は賃金要求を抑制しようとすると同時に，またインフレーションをも抑制しようとしていたのである。だが，福祉国家の支出の大幅な増大は増税を引き起こすに違いないし，また，完全雇用という条件の下での急速な公共支出の増大は，既存のインフレ圧力

をさらに高める可能がある。したがって，オルタナティブとなりうる，よりコストが低い，誘導的な抑制手段が模索されることになる。

　1960年代末から1970年代初頭にかけて提出された主なオルタナティブは，労働生活を民主化し企業の意思決定に対する労働者の影響力を強化する目的をもった多様な諸制度であった。これらは，福祉国家財政の観点から見ても魅力的であり，また，労働組合が存在するその正統性を問う組合内部の声にも応えていた。労働者の権利を拡張させることは，労働組合の最優先課題の一つとなった。このことは，1970年代初期のノルウェーや，スウェーデン，そしてもっと規模は小さいけれどデンマークにおける「産業民主主義」立法の成立に明らかである。1970年代中頃の「共同決定法」の拡張をめぐる西ドイツでの紛争もこれに当てはまる。スウェーデンでは，この代償措置は明示的なもので，かつ大きな比重を占めていた。一連の法律によって，労働者は，企業の重役会議に代表を送り，雇用保護の権利を獲得し，安全・健康問題に対してだけでなく技術的な決定についてさえコントロールを及ぼす広範な権限を与えられた。

　社会的賃金の拡張が政府予算を逼迫させたとすれば，産業民主主義の拡大のほうは，雇用主の専決権というこれまでの慣行を脅かし，その結果，深刻な緊張を引き起こしまた実際に紛争を勃発させた。産業民主主義の導入は，戦後福祉国家と完全雇用モデルが前提としてきた「階級間コンセンサス」からの事実上の離脱を意味した。しかもそれは，労働者の賃金欲求を抑えることにはほとんど成功しなかったのである。

　二つのアプローチが実現困難であることがすぐに明らかになった。労働者統制を拡張する立法は，雇用主が受け入れることのできるような相互利得的な解決策をまったく提供できなかった。そして法の成立以来，スウェーデンの経営者団体と保守政党によって体系的かつ強力な攻撃を受けてきた。それは，疑いもなく，過去10年の間に団体交渉に生じてきた緊張関係をさらに強化するものとなった。産業民主主義立法は，既存の「社会契約」を清算し，戦後のスカンジナビア諸国で支配的だった階級間コンセンサスの一般的諸条件を侵食した。

　社会的賃金をめぐる交渉につきまとう矛盾はいっそう複雑である。レーニン主義者であればこうした交渉が労働運動リーダーに対する一般組合員（ランクアンドファイル）の反乱を引き起こすことを予測するであろうが，そこに弱点があったとは思われない。むしろ問題は財政的な帰結にある。雇用と産出が増大している場合には，社会的賃金の拡張によって新たに必要になる財政収入は，税率の顕著な増大なしに確保することができる。しかしながら，1970年代初頭および中葉は，成長は

表7-3 スウェーデン,ドイツ,アメリカにおける平均労働者世帯の税負担(1965-80年)

	1965	1970	1975	1980
スウェーデン				
個人税率平均	22	30[a]	33	33
限界税率	26	45	59	59[b]
ドイツ				
個人税率平均	17	21	26	26
限界税率	20	28	33	34[c]
アメリカ				
個人税率平均	13	15	16	19
限界税率	13	20	31	24

(注) 個人税率平均は社会保険拠出を含む。限界税率は,1人の稼得者と2人の子どもをもつ家族を想定した労働者収入に対するパーセントである。
　　a 概算. b 1982年の数字. c 1982年の数字
(出所) OECD, *The/ Benefit Position of a Typical Worker* (Paris: OECD, 1981); and SSIB data files.

わずかでインフレーションは猛威を振るっていた時期だった。その結果,必然的に,平均的な労働者の家計に対する課税は劇的に増大することになった。表7-3は,明確にこの問題を示している。労働者たちは,延べ払いされる(社会的)賃金の多くを,結局のところ自分たちで負担したのである。

　インフレーションと増税の結合のもとで,労働組合は経済安定と完全雇用の維持をしばしば脅かすような賃金交渉戦略に追い込まれた。状況によっては,実質賃金をわずか2-3%増加させるために,名目賃金を20-30%大幅に増額させることが必要となった。したがって,労働組合にとっては減税が最優先事項となり,賃金抑制をめぐる交渉においてはこれが主要な交渉材料となった。スウェーデンでは,1973年に社会保険の拠出を雇用主負担とすることが法制化されたので小休止が訪れたが,しかし,真の問題は限界税率にあった。税の引き下げにもインフレーションの抑制にも失敗したことが,1975年の賃金高騰につながった。大改革が限界税率の引き下げを促したのは1981年になってからであり,それまでの間労働組合は国際的な経済危機が深化し完全雇用維持に伴う緊張が増す状況のさなかにあっても,なお賃金を最大化する交渉を続けざるをえなかった。1975-77年の間,賃金は生産性より急速に上昇し,1981年にも同じことが起きた。

　デンマークでは状況はいっそう劇的であった。その一つの理由は,福祉国家がほとんど直接所得税にのみ依存していたためであり,またもう一つの理由は,より激

しいインフレーションとより急激な限界税率の上昇のためであった。したがって，1970年代の初期まで，多くの家計は，よりたくさん働くと結果的に可処分所得が減少するという事態に直面した。結果は，モーゲンス・グリストラップの進歩党に主導された有名な1973年の反税運動であった。この時以降，頻繁に交代する議会少数派内閣のどれ一つとして，追加的な所得税を課して急激に増大する公共支出を埋め合わせることはできなかった。

イギリスでも，クラインが述べているように，同様なロジックが働いた（Klein, 1985）。労働党政府は，賃金抑制の見返りとして，公共支出を増大させ続けたが，その後は（1978年には）TUCの大幅な減税要求に譲歩せざるを得なかったのである。

アメリカでは，予測されるように，補償的な減税要求の圧力は，確固たる基盤をもつ利益団体からではなく，（最初は）地方的な，そして（後の時期には）全国的な反税運動から出てきた。減税が経済にもたらす有害な影響については，広範な専門家たちの意見の一致があった。にもかかわらず，こうした運動は1981年のレーガン政権の減税政策をして事実上は抵抗不能な至上命令としたのである。

6 賃金抑制に代わるものとしての雇用の再登場

OECDの代表的な先進国は，デンマークであれ，アメリカ，西ドイツであれ，1973年のOPECによる石油価格ショックやブレトン・ウッズ金融秩序の崩壊，産業利潤の低下と国際貿易の停滞に対して，矛盾したやり方で対応した。一方で，賃金延べ払い戦略や社会的市民権の抜本改善は非常に巨額の公共支出を必要としたが，同時に，追加的な税収を引き出す政府の能力は事実上制限されていたからである。この二点を共に示していたのは，次の10年間続くことになる差し迫った財政危機で，これは経済成長の配当による解決という伝統的な方法や歳出カットによっては解決できなかったのである。

また，1973年以降一般的となった状況の下では，完全雇用の公約を引き受けることはいっそう困難になった。福祉国家は，完全雇用を維持するか，少なくとも大規模な失業を防止するという追加的な責任を負わされることになった。1973年以前には，完全雇用下の賃金問題に対しては，後に課税面で制約が生じるとしても「延べ払いされる社会的賃金」戦略を採るという方向で各国の対応が収斂していたとすれば，1973年以降は，新たな基本的分岐が生じた時代であった。

体制に心じて，完全雇用の維持と価格安定のどちらに政治的力点をおくかの相違

が現れた。加えて，雇用を維持するために採用される手段に関しても重要な分岐が見られた。1973年以降の状況，とりわけ1979年以降の状況についての各国間比較が示すのは，主な制度モデルのどれも，完全雇用と均衡のとれた継続的成長とを *同時に* 実現することはできなかったということである。抑制的通貨・財政政策を通しての反インフレ政策は失業をもたらした。雇用促進政策は，反景気循環的財政政策や通貨政策から積極的な雇用創出策あるいは大規模な生産補助金に至るまで選択メニューは多様であったが，いずれも均衡のとれた成長を実現できないことが証明された。もう一つの選択肢たりうるものとして，実効的な賃金抑制の見返りとして雇用促進を図るという方法があるが，これはこれまでのところ制度上困難である。

経済的停滞が長引いている時期には，労働組合組織は，完全雇用を維持するうえでの大きな障害となる。雇用拡大の追求が，民間セクターの大規模投資によってなされる場合であれ，公共セクターの社会サービスの増大によってなされる場合であれ，可処分賃金の削減によって財源が生み出されなければならない。しかしながら，労働組合が代表するのは一般に雇用されている労働者に限定されているため，社会的賃金あるいは税金に関する交渉のためであれば連帯が可能であるとしても，失業者向けの雇用促進政策のために団結するのは，はるかに難事となる可能性が高い。こうした政策は，単に実質所得の増加率を抑制するだけでなく，実質所得を実際に減少させることになるからなおのことである。さらに言えば，雇用保護法のおかげで，平均的な組織労働者たちは，失業者の境遇を我が身のこととして深く考えない傾向がある。

第二の主要な障害は，福祉国家の財政不均衡に関するものである。徴税能力が減退するなかで社会的賃金へのコミットメントが拡大するという事態は，失業が増大することでさらに深刻化した。そのような条件下では，財政赤字が，福祉国家が社会福祉と完全雇用という二重の要請に応えるための数少ない手段の一つとなるのである。

第三の重要な障害は，高度な産業化と国際競争の激化のなかでの経済再生というその論理にかかわる。すなわち，新しい産業投資がもたらす雇用の数は少なく，国際競争力の回復のためには労働コストの削減か合理化による人員整理が求められるのである。しかし，労働コストの削減と人員整理は，福祉国家のパフォーマンスに直接に影響をもたらすようになっている。労働コストの削減は雇用主の社会拠出の減少を伴う。他方，人員整理がおこなわれれば，レイオフされた労働者を吸収するためにも，早期退職制度のような福祉国家のプログラムが機能していなければならない。要するに，問題がどのように認識されようとも，福祉国家はコンフリクトの

主要な焦点として現れるのである。

　アメリカ，スカンジナビア，西ドイツの相違に例証されているような，三つの福祉国家レジームは，戦後の完全雇用問題に対しそれぞれ別のかたちで対応してきた。三つのレジームは，1973年以降の状況に対する政治的対応のパターンについても，それぞれの独自性を保持している。第一のモデル（アメリカ）の支配的な特色は，政治的ビジネスサイクルに沿ってこれを市場規制とミックスするというものである。第二のモデル（スカンジナビア）では，福祉国家が，部分的には直接の雇用主として，また部分的には補助金を通じて，完全雇用を維持するための主要な力となった。第三のモデル（ドイツ）で見出されるのは，保守的な緊縮政策と高齢労働者の非就労化を促す福祉国家政策との混合である。前の二つのモデルでは雇用は増大を続けている。最後のモデルでは，それは縮小している。だがいずれの場合でも，福祉国家は財源の手当のないままコストを吸収しなければならないのである。どのモデルにおいても，完全雇用を基礎とする安定的な成長へすぐに回帰することはない。

　次のことが想起されよう。アメリカでは社会的支出の大幅に増大する中で1973年以降の時代に突入したが，その社会的支出については税や社会保険拠出の引き上げで賄われることはなかった。とくに失業が財政収入を減少させたり，人口の高齢化とともに支出を増大させたために，制度的に自己財源に基づく社会保障システムは，破産の危機に直面した。政府の税収入の増大は，主にインフレの影響によるものであった。インフレによって上昇した所得には，より高い税率が適用されたからである。減税政策に対し広範な支持が湧き起こったのは，こうした事情からであった。[11]

　カーター政権はインフレと失業の両方に対処しなければならなかったが，その能力は，財政手段と政策上の選択とが限られていたことによって厳しく制約されていた。一つの方法，すなわち公共セクターの雇用を拡大することは，財政的に（また政治的にも）阻止されていた。63歳からの早期退職制度を利用しやすくしたことは，企業が生産性の劣るいくらかの労働力を排出することを助けたが，社会保障財政をさらに逼迫させた。積極的労働力政策を導入しようという希望は，経営側の一致した抵抗によって挫折させられた。ＣＥＴＡ（包括的教育訓練法）制度はたくさんの労働予備軍を吸収したが，ほとんど一時しのぎの場を提供したに過ぎない。

　高い失業をもたらすインフレ抑制的な景気循環規制に政策上のプライオリティがあることは明らかであった。1978年と1979年の間の雇用増大と経済成長は，賃金圧力の再来を伴った（1978-79年の生産性の伸びに対する賃金の伸びの弾力性は約1.30であった）。カーター政権の（選挙では致命的な）対応は，1979年にデフレ政策を導入することであった。

その結果として起こった非常に深刻な不況は，大恐慌以来での最悪の失業率を生み出した（1982年と1983年に年平均9.5％）。そして，それ以前の不況とは対照的に，労働市場の中心にいる組合に組織された労働者層が深刻な打撃を受けた。このことは，労働組合，とくに大きな産別組織をして，団体交渉レベルと政治レベルの双方での交渉に乗り出すように強く後押しをした。この時の考え方は，雇用保障と就業促進策のためならば賃金抑制もやむを得ないというものであった。雇用を見返りとした交渉は，民間レベルで（たとえば自動車産業）散発的に起こったが，新しいレーガン政府の政策とはあまり調和しなかった。レーガン政権の優先課題は，ＣＥＴＡをただちに解体し，減税，福祉の削減，規制緩和，そしてインフレ抑制をおこなうことにあったからである。

政府による雇用促進という考え方とは相容れない性格のものであったが，それでもレーガン政権も景気刺激策に訴えた。第一に，巨額の防衛費の支出をとおして財政の赤字が急増したが，このことは需要を刺激した。ＧＤＰに占める政府の純債務の割合は1980年の1.4％から1983年の約5％に増大した。第二に，1981年の減税は，実質的には経営側に対する補助金となった。法人収入に占める法人所得税の割合は，1980年の20％から1983年の11.4％に低下した。

政府雇用の割合が実質的に低下したにもかかわらず，そして失業率はきわめて高い水準にあった（1984年まで）にもかかわらず，アメリカの雇用改善率はきわめて強固であった。この成果には目を瞠るものがあるが，レーガンのリフレーション政策によっては説明できない。というのは，リフレーション政策の傾向は1970年代を通してのものであったからである。1980年代初期の雇用実績が，公共予算と貿易収支の巨額な赤字を含むような，深刻な経済的不均衡をもたらした政策レジームと時期的に一致したというのがほんとうのところなのである。1983年には，公債費は当時の連邦政府支出の11％を超えた。

ノルウェーとスウェーデンは，1973年以降も完全雇用を維持することができた非常にまれな国に数えられる。両国は，1980年代の不況期まで，公式の失業率を3％未満に抑えることができた。この成果は，両国が完全雇用へのコミットメントにいかに強く拘束されているかを証明するとともに，両国が資本主義の基本的な経済的ジレンマを解決できる制度体系を生み出したという可能性も示唆している。しかしながら，より詳しく検討してみると，実際はそうではないことが見えてくる。

ノルウェーは石油経済の強い影響の下にあり，したがって当然のことながら政策の選択肢をかたちづくる条件はユニークなものである。石油収入はノルウェーに所得と雇用の両方を同時に充たす財政手段を与えたのであり，このような手段は他の

第7章　完全雇用のための制度調整　　*193*

国では享受できない。石油の収入は，1973年以降，極度のケインズ主義的なリフレーション政策の基礎となった。将来の財政収入を当てに政府が発案した1974年の所得協定は，政府支出を10億クローネ増額させ，被用者に大きな減税をした。この拡張的な所得政策は次の年にも繰り返され，1977年には20億クローネの支出増を生み出すほどになった（Esping-Andersen, 1985a, p. 244）。このような大盤振る舞いによって，完全雇用という状況の中で労働コストはOECD諸国の平均より25％高く上昇し，経済競争力を弱めることになった。

　生産と賃金に対する政府の補助がなかったとしたならば，これは深刻な失業を惹起するごくありふれたケースで終わったであろう。1970年代の末頃には，ノルウェーの被用者の5分の1が，公的な補助金のおかげで雇用を確保していたと見積もられている（Haarr, 1982）。さらに生産補助金の実質的な大きさも驚くほどであった。GDP比で，それらは1972年の5.3％から1978年の7.7％に増大した。その後1983年には，それらは6.1％まで低下した。これは，アメリカの比率の約15倍，西ドイツの3倍，（高い）デンマークの約2倍である。

　その結果は，もちろん巨大な予算赤字であり（それは石油収入によって解消された），さらに深刻なのは，長期にわたる産業競争力の低下であった。将来，石油収入が低下することを考えれば，完全雇用を維持するためのコストは耐えられないほど高くつくことになるだろう。これに続く第三の方法として，スカンジナビア特有の失業対策がデンマークやスウェーデンほどの規模ではないにせよ，ノルウェーにおいても採用された。福祉国家の公的雇用の拡大（1970年代には約3.5％の年増大率）と，再訓練および保護雇用（Scheltered employment）を採り入れた積極的な労働力政策がこれに含まれる。

　スウェーデンにおける完全雇用の実績は，より強い印象を与える。スウェーデンでは天の恵みであれ海からの恵みであれまったくなかったからである。さらに，1970年代初期の財政政策の拙さのために，スウェーデンの経済は，非常に不利な位置に置かれていた。第一に，深刻な賃金圧力と経済過熱に対処するために，社民党政府は1971-73年に比較的強い景気抑制を主導した。このデフレーション策は所得と消費の増大を押しとどめる役割を果たしたが，スウェーデンは，好景気に支配されていた当時の国際市場で敗退し，かなりの失業を積極的労働市場政策の諸機構の中に吸収しなければならなかった。第二に，長引いた所得抑制は，ノルウェーと同様に1975-77年の賃金急上昇を促進し，スウェーデンの海外での経済競争力を徐々に弱めていった。1976年に社民党が敗北した時，その長年にわたる「中庸の道」方式は，完全雇用を均衡ある経済成長と調和させる能力を明らかにもはや失っていた。

賃金圧力や競争力の低下は別としても，投資率は極度に低迷しており，インフレは激しく，ＧＤＰの実質成長率は低かった。社会民主主義的な完全雇用優先政策は，1976年から1982年にかけての不安定なブルジョア政府の統治下でも維持された。しかし，スウェーデンの政治は，もはや機能しなくなった制度に拘束されたままであった。賃金を抑制することは困難で，税を引き上げることはできず，公的支出の削減は不可能であり，デフレーション政策も問題外であった。

残された選択肢は，雇用のための資金供給をするために巨大な政府赤字を積み上げることであった。危機に瀕している産業には膨大な補助金が与えられ，膨れ上がる在庫品には，あらゆる補助が与えられた（1977年にはＧＤＰの2％に達した）。積極的労働市場政策に吸収される過剰労働力は続々と増えていった。実行可能な唯一の選択肢は，福祉国家の雇用を拡大していくことであった。1970年代の間は，公共セクターにおける雇用の年平均増大率は5％であった。スウェーデンは，福祉国家の主導によって，アメリカと同様に，経済停滞の中で総雇用の拡大を実現した。完全雇用を維持する努力には高いコストを要した。1980年までに，政府の赤字はＧＤＰの10.4％になり，1983年には約12％にまで上昇した。この赤字の大きさは，1980年代にＧＤＰの50％に達していた政府課税とむすびつけて理解されなければならない。

スウェーデンの徴税能力は独特のものであるとともに，福祉国家と完全雇用の基礎にある連帯の原理と密接に関連している。しかし，これ以上の負担増大は阻止されているようである。1982年に政権に復帰した社民党政府は，単に巨額の赤字を処理するのみならず，大きな新規投資に資金供給する必要性に対しても対処することを余儀なくされた。政府は，1982年以降，労働組合に対して公共的利益のために賃金を抑制する方向で協力を依頼できたが，一方また，実質賃金の低下が続いたために，労働運動内では不穏な情勢が誘発された。1982年，強力な金属労働者の組合が雇用主側とともに独自行動をとった。民間セクターの労組と公共セクターの労組との間に深刻な緊張が生まれた。

1970年代には，スウェーデンの分配をめぐるコンフリクトはゼロサム・ゲームに変わった。そこでは，赤字財政の福祉国家が介入することによってその場しのぎの対応がされているにすぎなかった。長く続いて来た労使間のコンセンサスが消滅したことにも，この対応の不安定さが窺われた。代わりに発展したのは顕著な分極化傾向であった。

社民党政府はこのジレンマから逃れるために，労働者基金（「経済民主主義」）を導入し，さらにこれと関連させて，1982-83年にかけて平価切り下げおよび経済危

機政策を導入した。労働者基金の原理は，実効的な賃金抑制を受容可能なものとすることにあった。なぜなら，賃金抑制の見返りとして，労働者全体は，年金基金の補強のための追加資金の形態で，また，将来の雇用と賃金のための集団的な投資という形態で，賃金抑制の結果生まれる利潤の一部を受け取るからである。労働者基金制度は，カレツキ的な言い方をすれば，完全雇用のための制度的調整を新たに試みようとするものである。それは，労働者の力を相互利得的な交渉条件に誘導するのに役立つのである。ただしそうなるためには，前提として，経営側に参加協力の用意がなければならない。しかし，これまで社会民主主義が打ち出してきた制度上の革新とは対照的に，労働者基金制度は，経営側の観点からは，財産所有権のさらなる侵害であり，全体として受け入れることのできないものであった。したがって，完全雇用のための制度的調整はいかなるものでも社会契約に基づかなければならないと主張しうるとすれば，労働者基金の戦略は破綻する可能性が高いと予測せざるを得ない。[14]

　西ドイツにまったく新しい社会民主主義の時代がやって来るという恐怖は，社民党が政権に就いてから数年後に消え去った。西ドイツもまた，とくに幸運な状況のもとで1973年の石油危機に直面したのではなかった。その前の数年間には，本来の賃金と社会的賃金の両方が急速に上昇していたし，利潤は低下し，インフレの圧力は強く，ドイツの輸出競争力は弱められていた。1973年以後の失業の増大を受けて，社民党政府が拡張政策を選んだのは不思議ではなかった。しかし，景気刺激を試みた予算案は，通貨・物価安定のための抑制的貨幣政策に固執する連邦銀行の政策と衝突した。連邦銀行が勝利し，政府はむしろ福祉支出を抑制し失業の増大を容認することを余儀なくされた。インフレーションを抑え込むために計画された緊縮政策は，1978-79年の短いリフレーションの時まで続いた。

　したがって，積極的労働市場政策とむすびつけて経済政策のケインズ主義的刷新をおこなうという試みはとん挫した。そうなった以上，労働組合が，「協調行動」のようなネオ・コーポラティズム的な解決策のために今後も協力しなければならないと考える理由はほとんどなかった。しかし，厳しい金融政策と失業水準の上昇のために，労働組合は賃上げ圧力をかけることができなかった。1970年代の賃金抑制は，したがって政治的ビジネスサイクルの関数であり，交渉の結果ではない。事実，労働組合は，取り引きに値するようなものをほとんど何も見出さなかったのである。

　スカンジナビアとはまさに対照的に，ドイツの福祉国家には社会的平等と雇用促進という二重の課題に取り組むことが許されなかった。失業と年金についてのコスト増大をカバーするために，政府は，1977年，1981年，そして1982年に，社会政策

や労働力政策への支出を実質的に削減したり，同時に税負担を引き上げることを余儀なくされた。最も重大であったことは，社会民主主義勢力が，積極的労働力政策の内に失業を吸収するその能力が，効果的に抑え込まれたことである。同様に福祉国家の公的セクターで雇用拡大をおこなう自由も制約された。全般的な財政の緊縮にもかかわらず，政府は財政赤字に陥った。それは，スカンジナビアと比べても，アメリカと比べてもささやかなものであったが（1975年にＧＤＰの5.7％，1980年には0.3％，1983年には約1％），政治的に受け入れられるものではなかった。

　ドイツにおいて失業と闘うために発動可能な政策として残されたものは二つであった。一つは外国人労働者の本国への送還であり，もう一つは，生産性の向上と若年労働者の雇用増の両方を期待して，高齢労働者の早期退職を奨励することであった。たいていの大陸ヨーロッパ諸国に典型的なこうした方法は，総雇用の大きな減少をもたらした。ドイツでは，60歳から65歳の男性の労働力率は，1970年の75％から1981年の44％に低下した。だが，労働力の収縮にもかかわらず，失業水準は上昇を続けた（1938年には8％以上になった）。厳しい貨幣供給政策は，消費と投資の双方を抑え込むからである。

　ドイツに特徴的な雇用制限戦略は，産業にとっては生産性の上昇をもたらしたかもしれないが，それは福祉国家をスカンジナビアに見られたのと同様の財政不均衡に引き入れる。ここでの主要な要因は，雇用制限が所得移転支出を増大させていくとともに，社会保険拠出を減少させるということである。したがって，公的予算の均衡を回復するためには，かなりの給付切り下げか増税が必要となる。

　ドイツでは代替政策の選択肢が少なく，特に雇用拡大のために交渉を進める見込みが閉ざされている。こうした点を考えると，労働組合が稀少な労働を分配しなおすという政策に頼っている事情も説明できる。こうして，労働時間短縮が主要な要求として現れた。最初は，1976年に一律1時間の短縮を要求したが，別の労組連合はこの提案を拒否した。代わりに，金属労働者組合は5％の賃金補償と組み合わされた35時間制を要求したのである。この戦略は，1978年のストライキを背景にして提起されたが敗北した。1984年にも同様の提案がなされたがこの場合も失敗に終わった。

　経済安定化政策におけるドイツ的アプローチは，次の三つの点で甚大なコストを課したのである。すなわち，①福祉国家に対する財政的圧力，②労働力の最大限活用に至っていないこと，③投資行動が不活発であること，の三つである。

7 結　論

　本章は，古いデータに新たな解釈をほどこそうとする試みであった。ここで扱われた諸問題は，以前から広く検討されてきたことがらである。戦後のマクロ経済政策や所得政策，完全雇用の経験や福祉国家に関しても，労働組合やネオ・コーポラティズム的な協調に関しても，あるいは1970年代初頭から先進資本主義諸国を悩ましてきたガバナビリティの低下と経済危機に関しても，膨大な文献がある。

　こうした知見の蓄積があるにもかかわらず，ここで新たな解釈を試みることには正当な理由がある。第一に，ごく少数の（非常に重要な）例外があるとは言え，過去約40年以上にわたって生じた多くの決定的な構造変化を，その相互連関において研究しようとする努力はほとんど見られない。[16] 完全雇用，経済安定化政策，福祉国家の三者間の構造連関については，とくに看過されてきたように著者には思われる。幾世代も昔の研究者達は，これらの関係を，新しくてより民主的な資本主義という彼らのシナリオのなかで，密接に絡み合うものとして捉えていた。今日の研究者たちは，それぞれがその専門的に分化した道を進んでいる。だが，マイルスが指摘するように，延べ払いされた賃金という概念を分析手段とすることで，我々は福祉国家を再び戦後政治経済の研究の内生変数としてもちこむことが可能になるのである（Myles, 1984b）。

　また，1970年代初頭には，戦後の社会的，政治的，経済的発展のロジックが破綻しただけでなく，社会科学にとっては危機状況下の資本主義研究という新たな分析上の課題が生まれた。この新しい，1973年以降の「危機分析」が，先行する学問や現象から大きく切り離されていることが著者には驚きであった。本章で提示した解釈は，完全雇用と経済成長の時代の政治と新たな「危機」の時代の政治との直接的なリンクを探求しようとする一つの試みである。

　戦後数十年の間，最も中心的な問題の一つは，平等と完全雇用と効率性を実現していくという約束をいかにして実行に移すかということであった。カレツキが出した解答，すなわち新たな政治的，社会的制度によって，という答えは，それ自体としてはほとんど異論がないであろう。その一方で，もしカレツキが私的企業の権利を徹底して抑制するような制度の再編成を想定していたとすれば，問題はまったく異なってくる。

　戦後資本主義の成功は，民主主義と私的所有とを調和させる能力に基づいている。これら二つの制度の統合は，1930年代と1940年代の「社会契約」によって可能とさ

れた。そこでは労働者は，分配をめぐる闘争を妨害されることなく展開する自由と引き換えに，企業家の神聖な主権を尊重することを約束したのである。

　戦後数十年間の安定は，階級的組織や利益団体がこのような基本的な交換関係が実現するような制度上の仕組みをいかに案出できるか，ということと深く関係していた。しかし，社会契約の内容については一致していても，制度調整のあり方は国ごとに大きく異なるものとなった。制度調整のあり方によって，完全雇用という経験がどこまで確固たるものとしてどれほどの期間継続したかが大きく左右された。またそれは，政策目標と分配上のプライオリティとの間で安定的かつ有効な調整を実現するうえでも，決定的に重要であった。

　どのような制度構造が支配的になるにせよ，戦後の諸国に共通する特徴は，完全雇用が生み出した権力バランスの変化に対処する能力を次第に失いつつあるということである。根本的に困難なことは，差し迫っているゼロサム的なコンフリクトに対して受け入れ可能なはけ口を見出すことにある。すでに指摘したように，所有権が神聖であると言うことは，国家にとって対応可能な領域が画定されることを意味する。このことが前提となると，政治的交換という考え方が指し示すのは次の二つのことになる。一つは，生みだされる果実の配分を後の時期に繰り延べる能力であり，もう一つは，その分配を左右する権力をいかに扱うかについて，それを政治の領域に委ねるということである。

　しかしながら，おおよそを概観しただけでも，国家が提供する交換条件の範囲は非常に幅広いものでありうることが示された。政治的交換の中には，政府信用，投資，国有化と補助金，課税，雇用政策と福祉政策が含まれていた。福祉国家は，主として延べ払いされる社会的賃金という形態において，完全雇用を求める圧力の重要なはけ口として現れた。

　しかし，どのような形態をとろうとも，延べ払いされる社会的賃金戦略が存続可能かどうかは最終的には繰り延べられた賃金を将来において徴収しうるか否かにかかっている。このことが延べ払いされる賃金のアキレス腱であることはすでに明らかとなった。労働側は交渉の内容を盾に増税には反対するに違いない。他方，企業側も同様に競争力維持を理由に増税を拒絶するに違いない。結果として，福祉国家は，その当初定められた義務の履行を放棄するか，さもなければ，延べ払いされる賃金を財政赤字で賄い，それによってゼロサム的な対決の時期をただ遅らせるかである。

　世界貿易と成長とが低迷するようになると，完全雇用下で分配要求のバランスをとる各国政府の能力は大きく低下した。それだけではなく，これまで機能していた

分配の回路が著しく狭まったことも，各国の能力低下を招いた。しかしながら，経験的証拠から解ることは，延べ払いされる賃金戦略の限界が，厳密には必ずしも財政的なものではないということである。すなわち，支出増大に即して増税をする政府の能力は，労働者階級の権力動員や社会的コーポラティズムの強さにはっきりと相関していると思われるのである（Schmitter, 1981）。したがって，経済政策の選択と密接に関連しているのは，一国の「連帯」能力であることになる。「連帯」能力はまた，国が伝統的な政策手段を超えて進む能力の点でも，重要な要因である。その好例はスウェーデンだが，そこでは延べ払いされる賃金戦略は，以下の諸要因が重なったためにしだいに機能不全に陥った。①団結力と正当性にかかわる労働組合の内部問題，②税金とインフレを補償するための交渉を名目賃金に関しておこなう能力の衰退，③賃金抑制の見返りとして企業が持続的な投資をおこなっているという点について不信感が増大したこと。これらの諸要因の結果，労働組合は，これまでのように所有権が神聖であるということを前提として考えることを疑問視するようになった。労働組合は，1930年代からのスローガン「民主主義は工場の門前で立ち止まることはできない」を再発見し，当初の契約内容の再交渉を要求し，まず第一に労働者のコントロールを強化する立法措置，次いでコレクティブな労働者基金に基づく経済民主主義に乗り出した。これらは，1970年代，1980年代初頭には中心的な交換政策（trade-off policy）となった。これらの導入は，1950年代と60年代の交換政策とは異なり，企業の観点からは交渉の余地がない，受け入れ不可能なことがらだった。したがってこれらは，社会コーポラティズムや利害調整の勝利によるものではなく，労働側の力の勝利で生み出された立法であった。このようにして，所有権の民主化は，新しいタイプの安定化政策（社民党政府は労働者基金と引き換えに効果的な賃金抑制を達成することができた）であると同時に，不安定化の原因ともなった。いつかは労働者によるコントロールという政策が企業側に受け入れられるかもしれないが，現在のところは明らかに受容されていない。こうして，平等と完全雇用と効率性とをむすび合わせるために唯一可能なこの社会民主主義的方式は，スウェーデンでは，僅かの差で議会の多数が確保されることによって，かろうじて維持されている。タンゴを踊るには2人が必要だが，自由な資本移動の世界では，パートナーは踊らないという選択をすることもありうるのである。

注

(1) 1950年から80年のあいだに、スウェーデンとアメリカでは、女性の労働力供給は二倍になった（それぞれ23％から47％へ、22％から40％へと増大した）。ドイツでは、女性の就業率は31％から34％に増大しただけだった（ILO, *Yearbook of Labour Statistics*, 1960 ; 1983）。

(2) 戦後の政治経済発展モデルのなかで、スカンジナビア・モデルによく類似しているのは、オランダである。オランダは、非常によく類似した福祉国家政策と強固な完全雇用の公約を採った。その上、所得政策に関する著しく一貫したコンセンサスのもとで、均衡のとれた非インフレーション的経済成長が追求された（Ulman and Flanagan, 1971; Braun and Keman, 1986）。

(3) 事実、このモデルはまた、雇用主がよく組織化され、団結していること、そして、資本家のうち「より弱く」衰退していきつつある層の政治的影響力はわずかであるということを前提している。中央集権化された連帯賃金交渉が機能するには、この二つが必要である。

(4) 1960-67年の全ＯＥＣＤ諸国の平均は3.1％、1968-73年では3.4％だった。アメリカの失業率は、1964年以降初めて急速に低下し始めた（OECD, *Historical Statistics*, 1960-83, (Paris, OECD); Maddison, 1982）。

(5) いくつかの重要かつ代表的な論述については、以下を参照のこと。Schmitter (1981); Schmitter and Lehmbruch (1979); Lange (1984); Lehmbruch (1984); Panitch (1980); Cameron (1984); Regini (1984).

(6) その数は大きい。ピーク時には、外国人労働者はドイツの労働力の9％以上を占め（1973年）、オーストリアでは7％以上だった（1973年）。スウェーデンでは、フィンランド人を含めて約5％、これを除けばおよそ3％だった。

(7) アメリカ、ドイツ、イギリス、スウェーデン、デンマークを含むほとんどの国々で、1960-67年の間と、1968-73年の間に、利潤分配率（製造業における純付加価値に占める純利潤の割合）は突然低下した（OECD, *Historical Statistics*, 1960-83, (Paris, OECD), 1985); Flanagan *et al.*, 1983; Glyn and Sutcliffe, 1972; Edgren *et al.*, 1973; Martin, 1985; Nordhaus, 1974）。

(8) 民間年金プランへの事業主拠出が総賃金額に占める百分比は、1970年の5％から1975年の7.3％へと上昇した（OECD, *National Accounts*, 1962-79, vol. 2 (Paris, OECD), 1981）。

(9) 雇用主の側でも結果は類似していた。非賃金労働コスト（主に社会保険拠出）は急上昇した。それが全体に占める割合は、1965年から75年の間に、アメリカでは17％から23％へ、スウェーデンでは19％から32％へ、そして、ドイツでは30％から34％になった。

(10) ここでは、均衡のとれた継続的成長という言葉は、国際収支と公共セクターにおける赤字の累積や、海外投資の引き上げ、あるいはインフレーションという犠牲をはらって生じたものではない、中期間の経済成長という意味で使われている。

(11) しかしながら、最初の反税運動の波は、インフレーションの結果として急上昇した資

産税に焦点をあてたものだったことに注意すべきである。
(12) 社会保障基金を除き，経常収支および資本収支を含めると，1983年の赤字はＧＤＰの8.3％になる。
(13) しかしながら，1981年の企業減税は長期間にわたり続き，その間，租税特別措置が巨額の見えない補助金を企業に暗黙のうちに供給していたことに注意すべきである。Break（1980）は，1970-80年の期間に，企業に有利な特別措置が連邦政府の所得税収のほぼ三倍の速さで増大したことを示している。
(14) 最近の報告書で示されている経済回復のバラ色の予想（OECD, 1985）は，ここで提示されている暗いシナリオと必ずしも矛盾するものではない。我々の論議のポイントは，制度的な枠組みが深刻な混乱状況下にある限りは，持続的な回復が起こりそうにないということにある。
(15) ドイツでは，総雇用が1973-80年の間に平均0.7％減り，ベルギーでは1.1％減り，オーストリアでは0.5％減った。しかし，ＯＥＣＤ諸国全体では，1973年から1979年にかけて1.1％増え，1979年から1983年にかけて0.2％増えている。
(16) 最も幅広く総合的な概観としてゴールドソープによるものがある（Goldthorpe, 1984 b）。

（澤邉　みさ子）

第8章
ポスト工業化と雇用の三つの軌跡

1 ポスト工業化の意味

　テクノロジーと経営，消費と雇用に生じた革命的変化に促されて，ポスト工業社会という概念が出現したのは1960年代であった。そこでは，ポスト工業社会は，技術者，専門家，管理者が支配する新しい世界として描き出される。旧式な肉体労働は消え失せ，消費者はサービスに欲望を向ける，とされる。
　こうした「事実」には，根本的に異なった解釈が与えられてきた。社会文化の理論家たちは，生活の質を重視する脱物質主義的な価値観をもった新しい多数派が生まれると確信している。貧困，欠乏，社会階級といった伝統的な工業社会が抱えてきた諸問題は，しだいにその重要性を失い，歴史の記憶の中のできごとになっていくという (Touraine, 1971; Ingelhart, 1977)。
　しかし，ほとんどの者にとって焦眉の問題は，ポスト工業化が雇用にどのような結果をもたらすかという点にある。経済学者にとっては，問題は，サービス職が完全雇用を維持できるほどに十分に増大するかどうかである。社会学者は，仕事の質がどう変わるか，雇用が新たにいかに階層化，分節化されるかにより大きな関心を寄せてきた。
　本章は，ポスト工業化期の雇用に関する研究である。このポスト工業化 (post-industrial) という用語そのものは，ある種の疑念をもって受け止められてきたが，それは故なきことではない。この言葉からは，あまりに安易に，物質的生産の必要を超越した社会の到来が示唆されるからである。また，ポスト工業社会論はしばしば技術決定論に陥るという点でも批判されている。
　この章で「ポスト工業化」という用語を用いるのは，この概念の生みの親である

諸理論に忠実に従うためではなく、ここで取り上げようとする問題を明確にするために、この用語が役に立つからである。第一に、ポスト工業化と呼ばれてきた現象の背後には、雇用の根本的な変動過程が実在している。すなわち、新しい職種が現れたり、以前は僅かしか存在しなかったような仕事が大量に出現しつつあるし、身体的・肉体的労働は滅亡に瀕している種のようなもので、多様なレベルの複雑で高度な精神労働が標準化しようとしている。第二に、根強い決定論的傾向に対しては、国際比較研究のデータを対置したい。本章を貫く主張は、各国が歩みつつある「ポスト工業化」の軌跡には明確な違いがあるということである。つまり、将来の雇用については多様なシナリオを論じうるのである。

　たいていの理論がポスト工業化の決定要因として重視してきたのは、テクノロジー、近代化、経済的豊かさであった。これまでの章で論じたように、今日の雇用動向はその政治的含意という側面からも説明される必要がある。しかし、全体的な雇用パフォーマンスは別として、本章が主に取り扱うのは雇用がいかに構造化されつつあるか、そして雇用が社会的階層化にどのような影響を与えるか、という問題である。

　ドイツとスウェーデンとアメリカは、本書の言う福祉国家・労働市場レジームのそれぞれ際立った代表例であるから、この三国の比較研究は本章の目的に非常に役に立つ。以下では、ポスト工業化は三つの質的に異なる雇用構造を生み出していることが明らかにされよう。今日の理論は、こうした相違のいくつかについて有益な説明を提供しているが、それらの全体像を説明するには不十分である。本章は、雇用の増大や、その構造、階層化という観点から、ポスト工業化段階での雇用の発展に関して、福祉国家が助産婦役を務めていることを示したい。福祉国家－労働市場の相互作用の違いが、これらの国のポスト工業化の軌跡の違いを生み出している。その相互作用は、サービス雇用の増大率だけでなく、個人サービスに対置される社会福祉活動がどの程度重視されるかにも影響する。また、労働力の技能・職種構成や、ジェンダーや人種・民族集団から見た職業の配分状況にも影響を与えているのである。

2　サービス雇用の増大をめぐる諸説

　戦後の最初の十年間に広く見られた大量失業の不安は、大恐慌の単なる後遺症ではない。技術革新もまたこの不安に火をつけたのである。カート・ヴォネガットの小説『プレイヤーピアノ』にはこの時代が反映されている。彼が描くのは、物はあ

り余っているが，ロボットと少数の管理者で足りるために，仕事が極度に不足しているという想像上の未来社会である。ハイテクノロジー経済は人間の欲求を満たすことができるが，働くというニーズについては満たせない。その点についての恐怖感が劇的な高まりを見せるかもしれない。ほとんどの論争が展開しているのは，この問題をめぐってである。

　伝来の製造業の仕事が消えつつあるということについて異論をさしはさむ余地はない。問題は，新しい種類の雇用が拡大してその穴を埋めることができるかどうかである。原理的には，新しい仕事の出現は，伝統的な工業経済の中でも，あるいは新しいサービス部門においても有り得る。前者の場合は，ハイテクノロジーと複雑な生産組織によって，より多くの管理者，監視者や技術者，専門家，事務労働者が要求されることが考えられる。後者の場合は，需要がサービスに移って，非製造部門の成長が生じることが考えられる。

　経済学者は，しばしばエンゲルの法則を前提として分析を進める。国民が豊かになるにつれ，消費は基本的な必需品からレジャーやサービスのような「奢侈」財に移っていくであろう，というわけである（Fisher, 1935; Clark, 1940）。

　だが，エンゲルの法則のもとで，雇用減を補ってあまりある雇用増が生じるかどうかは明らかではない。何人かの論者は所得の弾力性という仮定が正しいかどうかを問題にしてきた（Kuznets, 1957; Fuchs, 1968）。しかし，概して言えば，経済学者はこの問題を改めて理論づけることを躊躇してきた。一般理論におけるこの空白の中にあって，ボーモル・モデルはほとんどの仮説の焦点となっている（Baumol, 1967）。

　だいたいにおいて，彼のモデルはエンゲルの法則の悲観主義的バージョンである。まず，製造業の高い生産性によって，この部門から労働力が排出されるとした場合，サービス部門の雇用増大がこれを埋め合わせできる可能性は限られているかもしれない。この部門の生産性上昇率の低さが制約となるからである。サービス部門の賃金は生産性の高い製造業の賃金に一致していくだろうから，その結果，「高コスト体質」が生じるだろう。すなわち，サービス部門の労働は高価格化する傾向が生じよう。

　ハイテクノロジーの製造業が出現するとともに，雇用なき成長という見通しは現実味を帯びてくる（Soete and Freeman, 1985）。ブルーストーンとハリソンは，1982年から1990年の間に，12万近いコンピュータプログラマー職の増加が生じるだろうというアメリカの推計を引用している。したがって，サービス職は残された唯一の希望である（Bluestone and Harrison, 1986）。

楽観的な見通しの根拠の一つは，ボーモル・モデルの実証的な弱さにある。たとえばポロメネーレとシュナイダーは，国際比較のデータに基づいて，ヨーロッパ諸国にはこのモデルはあまり適合しないと結論した（Pomerehne and Schneider, 1980）。もっと重要なことは，ボーモルが仮定した条件が緩められる可能性である。その一つは，消費者が非常に豊かなために，「高価格になりすぎた」サービスでも進んで購買しようとするということだ。これをヤッピー効果，あるいは，フレッド・ヒルシュの言い方を借りれば，地位財に対する需要性向と呼ぶこともできよう（Hirsch, 1976）。

さらに，ボーモル自らも述べているように，政府がサービスに補助金を出すとか，あるいは直接にサービスを生産することによって，この生産性と賃金のギャップを埋めようとするかもしれない。この意味では，高コスト体質問題の解決策は，政治に求められる。第三の可能性としては，賃金がボーモルの予想どおりには推移しないということも当然考えられる。たとえば，サービス労働者が製造業よりも低い賃金上昇率を甘んじて受け入れるという可能性も否定できないのである。

雇用増大についての政治的な論争の中で，賃金問題はとりわけ注目の的になった。ヨーロッパでは，評論家，政治家，そして何人かの経済学者さえもが，過去十年間のアメリカの並はずれて優れた雇用パフォーマンスを説明するものは，賃金弾力性の大きさであると主張している。彼らの主張にしたがえば，ヨーロッパでは，労働組合と労働市場の硬直性によってサービス部門は度を超して高い労働コストを押しつけられているのである。最近の研究では，フリッツ・シャープフが，ボーモル・モデルの中の賃金次元と政治次元の両面をむすびあわせることによって，ヨーロッパの停滞を説明しようと試みている（Sharpf, 1985）。彼が論じているところによれば，賃金が高い場合に，政府が公的部門の拡大で雇用を補う可能性は，財政的な制約に左右される。とくにドイツは，労働コストが高く，加えて所得移転国家としての負担がすでに過大なものとなっているという二つの要因が重なって，民間セクターであれ公共セクターであれサービス雇用の拡大が阻まれていると，シャープフは指摘している。

ボーモル・モデルの基本的な問題点は，制約の多いその仮説にあるのではなく，それが依拠している生産性の定義の不確かさにあるのかもしれない。国民勘定体系の中でサービス労働の生産性を確定することの困難はよく知られている。公共サービスに関しては，完全に不可能である。現代において，サービスが重農主義の時代の工業と同じ役割をしているとフレッド・ブロックが論じていることは，この問題の急所に触れていることになる（Block, 1985）。板金加工をしている金属労働者の

生産性は把握できる。しかし，デイケアに携わるヘルパーについては，我々は直感的に他者の生産力に依存していると見なしてしまうのである。

サービス雇用が増大しそうにないという，もう一つの論拠は，各家庭は物的財を購入することでセルフサービスすることができるということがある（Gershuny, 1978; 1983）。ビデオやフード・プロセッサーや電子レンジなどの物的代替物が豊富に手に入るのであるから，人々はレジャーや対人サービスの購買には向かわないだろうという。

ガーシュニィの後の著作では雇用の見通しは少し明るくなっている（Gershuny, 1986; 1988）。ボーモル・モデルに関しては，セルフサービスするということはやはり対個人サービスにおける雇用増大を妨げるであろうが，ビジネスサービス，生産者サービスの領域では，技術者や専門家を確保することに比べて賃金がさほど問題とはならないため，雇用増大がありうるとされる。さらに彼の予測によれば，わずらわしい家事をなくしたいという家庭の欲求が，ショッピングのような領域においてサービスのための基盤整備を求める強い需要を促すだろうという（Gershuny, 1988）。

ガーシュニィのこうした結論の是非はともかく，彼の分析は，多様なサービスを同列のものとして論じられないという，広く浸透している議論を裏付けるものである。この点については，サービス化の歴史をごく簡単に振り返るだけでも明瞭である。サービスそれ自体には新しい革命的な点は何もない。フュックス（Fuchs, 1968），ベル（Bell, 1973），ジンゲルマン（Singelmann, 1974）が述べているように，多くのサービス（家事，靴の修繕，給仕など）は工業社会以前のものである。いくつかのサービス（運輸，公益事業，卸し売り）は，工業化とともに出現した。さらにその他のもの（小売り，マーケティング，消費者金融，宣伝広告）は「フォーディズム」の大量生産，大量消費とともに激増した。

100年前からすでに，サービス雇用が際立って多かった国もある。オーストラリア，オランダ，イギリスでは，1870年代に，サービス雇用に就く者は，労働人口の3分の1を超えていた（Maddison, 1982）。したがって，ポスト工業化理論が解明しなければならないのは，サービス雇用の増大それ自体ではなく，その形態の新しさなのである。

長期の雇用データがほとんど例外なく示しているのは，伝統的サービス（運輸，公益事業，小売りなど）の伸びが停滞し，新しい活力は社会サービス（医療，教育，福祉）と対個人サービスのいくつかの領域（レジャー，飲食業など），および生産者サービス（ビジネス，金融，保険，不動産）に集中しているということである。

ポスト工業化サービス論は，しばしば，サービス化の原動力を製造業の機能や要

件，組織からまったく切り離されたところに想定している。そこでは，サービスはそれ自身の生命力によって成長するとされるのである。このような誤った概念化は，サービスが製造業とまさに入れ替わろうとしているように見えるところから来るのかもしれない。アメリカでは，製造業は1950年に雇用の50％を占めていたが，今日では僅かに20％に過ぎない。かつて製造業が農業の地位を引き継いだのとちょうど同じように，サービスが製造業の地位を引き継いでいる。他の多くの国々についても同様のことが言える。

しかし，このことはいろいろに解釈できる。コーエンとザイスマン（Cohen and Zysman, 1987）は，ポスト工業化サービスを物的生産から切り離されたものと見なす誤りについて，説得的な反証をおこなっている。多くのサービス，おそらく大多数のサービスは，最終的な生産物の製造に至るまでの中間財として登場してくるのである。また，サービスが最終財として生産されるときでも，そこには社会や経済の組織と切り離せない必然性がある。社会サービスは，工業社会がつくりだした賃金生活者のニーズや家族・世帯の再生産の変化に応えるためのものであるし，対個人サービスの多くも，物的財の消費様式に呼応して発展するのである。

サービス活動の分類

過去においては，通常，サービス経済の定義と言えば，農業と工業を説明した後の残りの部分というものであった。残念ながら，サービスについての首尾一貫した定義はいまだに現れていない。時には，サービスは無形の生産物として，あるいは取り引きの対面的性格によって定義される。サービスと物的財をいかに区別するかという問題は，経済部門（製造部門に対するサービス部門）に着目するか，職務・職種（組み立て労働者か，宣伝コンサルタントか）に着目するかによって答えが異なってくるだろう。サービス職は明らかに伝統的な製造業の事業所にもたくさん存在している。

この定義問題を回避するために，たいていの調査は，定義というよりは分類を掲げている。サービス産業を分類するのに最も有益なのは，ジンゲルマンが単独で考案した，あるいはブラウニングと共に開発した分類である（Singelmann, 1974; 1978; Browning and Singelmann, 1975）。彼らは，採取産業と加工産業のほかに，流通サービス，生産者サービス，社会サービス，対個人サービスという区別をしている。

ポスト工業的な発展を取り上げる場合には，ジンゲルマンの分類にさらにいくらか手を加えなければならない。小売店の雇用は大きく，また拡大さえしているとしても，そこから何かポスト工業化的なものを見出すことは難しい。本章の「産業」

分類方法は，生産，消費および人間の再生産の新たな関係に最も密接に関係するものを，ポスト工業化段階の諸活動として取り出すことである。フランスのレギュラシオン学派の用語を用いるならば，われわれは「フォーディズム」の超克を対象とすることになる。

では，ポスト工業化段階の諸活動とは何か。残念ながら，これは正確な答えのない問いである。理論家たちは一般に情報と科学技術的な操作・処理の重要性に着目しており，こうした定義は職種分析をおこなう際には適切な出発点となる（Bell, 1973）。しかし，「産業」分析のためにはサービスの消費にむすびついた基準が必要である。

ここでは，サービス産業レベルについては，次のような三つの領域でのサービスの発達した形態に焦点を当てることにする。すなわち ①工業生産（生産者サービス），②社会的再生産（社会サービス），③消費・レジャー（対個人サービス），である。現実には，宣伝広告から託児所にいたるまで，「新しい」と言い切れる活動は一つもない。その経済的意義が増していることを別とすれば，日のもとに新しきものなしである。したがって，ここでの経験的な取り扱い方は，発見的である以上の価値をもたない。

以下の分析では，上記の三つのポスト工業化段階のサービス産業を，伝統的な工業社会に関連する産業（鉱業，製造業，建築，運輸など）から区別するとともに，ある意味では時代の如何にかかわらず存在している産業（行政，流通，通信）からも区別することにする。

純粋に産業ベースの分析をおこない，職種分析と組み合わせないならば，誤りに導きやすいことは明らかである。科学的知識を備えた専門的な労働力が生産過程を支配しているという意味で，製造業でもポスト工業化段階の特質を濃厚に備えていると言える場合がある。他方で，病院の活動を支えているのはその大部分が単純で従属的な労働であるということもできる。

有効な職種分類の開発には，固有の困難がある。本章では単純に，主として伝統的な工業世界に属している職種（熟練・不熟練の生産労働者，技能労働者，事務・販売員，支配人，管理者）と，ポスト工業化が凝縮されている職種（すなわち専門職及び準専門職，科学者，技術者，またレジャーサービス生産に従事している一般に資格不要な労働者）とを区別するに留めよう。

ドイツ，スウェーデン，アメリカという3国を比較することには，ある意味で，バイアスがある。サンプルになっているのは，全体として，雇用構造が異なっていることを我々がすでに知っている国だからである。しかし，重要なのは，これらの

三つの国が国際的なバリエーションをそれぞれよく代表している，ということである。このことはより広い一般化を正当化すると言えよう。

3 サービス雇用拡大の三つの軌跡

　過去20年の間に，先進国の経済は根本的な変化を経験した。新技術が生産に革命を起こし，製造業の割合が急速に減少して，サービス産業が急拡大した。家計は豊かになり，福祉国家は成熟の時を迎えた。この時代は，教育革命の時代でもあり，女性を伝統的な家庭役割から解放した時代でもある。そして最後に，国内産業の大規模な合理化とリストラクチャリング，国際分業の決定的な再編によって，この時代は今世紀最大の経済的激変をもたらした。伝統的に経済の中心と見なされてきた多くの産業が消滅しつつあるか，他の地域へと移ろうとしている。

　雇用の全体的な傾向は，国ごとに際立った多様性を見せている。1960年から1985年にかけて，アメリカでは約5000万人の，スウェーデンでは約20％の労働力の増加があったが，ドイツでは雇用が減少した。この3国の違いを見ることで，国際的な発展の全体像を要約することができる。

　労働力の増大は人口学的な要因に左右される場合がある。しかし，労働力の代わりに雇用参加率（16～65歳の男女）を用いて比較を行っても結論は同じである。上記の期間において，アメリカの参加率は66％から75％に上昇したが，ドイツは70％から66％に低下した。スウェーデンは74％から81％へ増大しこの数字は世界記録となっている。

　労働市場への参加率における性差を見れば，国家間の差異はさらに際立ってくる。早期退職と就学期間の長期化のために，ほとんどどこでも男性の参加率は減少を続けているが，すでに見たように，ドイツの減少はとりわけ劇的である。女性の雇用増大はアメリカとスウェーデンでめざましいが，ドイツではごく僅かであった。

　人の数で見た雇用は増大していても，実際の仕事量から言えば雇用は減少している場合がある。つまり，めざましい雇用増大もほとんどがパートタイム労働によるものかもしれないのである。とはいえ，就業時間で測って見ても，三つの国を比較した結果はほとんど変わらない。ドイツにおいては，雇用の減少とともに就業時間のより以上に急速な減少（1960-80年の間に17％の減少）が起こっている。スウェーデンでは時間の減少はまったく起こらず，アメリカでは24％の全般的な上昇が生じている（OECD, 1983; *Bureau of the Census*, 1986, pp. 295, 322）。

　主要な問題は，パートタイム労働が国の雇用パフォーマンスの意義を減じている

表 8-1　伝統的産業とポスト工業的産業の雇用の増大（年平均増加率％）

雇　用	ドイツ 1961-84年	スウェーデン 1964-84年	アメリカ 1960-84年
伝統産業的			
農業	−2.6	−2.7	−1.5
製造業 [a]	−0.6	−0.7	1.0
中立的			
流通 [b]	0.0	0.1	2.0
政府 [c]	3.8	3.0	0.9
対個人サービス	0.0	−0.1	2.3
ポスト工業化			
生産者サービス [d]	4.2	5.0	7.9
医療，教育，福祉	4.8	8.6	6.2
「娯楽」サービス [e]	1.1	1.6	7.2
ポスト工業化雇用計	3.5	6.7	6.7
雇用計	−0.1	0.8	2.4

（注）　a　採取・加工業を含む。
　　　　b　小売り・卸し売り，運輸，通信を含む。
　　　　c　行政，福祉関連以外の政府事業（軍事，警察，公衆衛生など）を含む。
　　　　d　ビジネス・サービス，金融，保険，不動産を含む。
　　　　e　レクリエーション，レジャー，飲食，宿泊を含む。
（出所）　データは Thomas Elfring の好意によって提供された。彼の博士論文 'Service Employment in Advanced Economies', Rijksuniveresitet Groeningen, February, 1988 を見よ。

かどうかである。1973-81年の純雇用増に占めるパートタイム職の比率を計算してみると，前述のコントラストを鏡に映したように逆の像が現れる。ドイツの比率はちょうど165％であるが，スウェーデンは105％，アメリカは僅かに17％に過ぎない。このことは以下のことを意味する。第一に，アメリカの目を瞠る雇用パフォーマンスの原因を，パートタイム労働に帰することはまったく不可能である。第二に，スウェーデンととくにドイツでは，パートタイム職は新しい雇用の大多数を占めているばかりでなく，かつてのフルタイム職にとって代わっている。予想されるように，このパートタイム部分は女性の雇用に密接に関係している。スウェーデンでは，全女性のほとんど半分がパートタイム職で働いているのである（OECD, 1983 と Bureau of the Census, 1986 による計算）。だが，この三つの国の雇用の軌跡が本当に違ってくるのは，それらの構造化という観点においてである。表8-1は，産業部門ごとに，年平均で見た雇用増大（減少）率の比較データを示している。ここでは伝統的「産業」，歴史的に見て「中立」な諸活動，ポスト工業化段階の諸活動という大まかな

表 8-2　各職種グループの増大傾向（年平均増大率％）

職　種	ドイツ 1961-82年	スウェーデン 1965-84年	アメリカ 1960-84年
工業社会			
管理職・監督職	1.3	2.5	5.5
事務・販売労働者	1.7	1.4	4.2
生産労働者	−0.8	−1.2	0.5
ポスト工業化社会			
専門職・技術者	4.2	5.5	5.1
サービス労働者	0.2	2.4	4.7

（出所）　ドイツについては，IAB; *Beitrag AB2.1*；スウェーデンについては，*AKU* 1965年と1984年の原表，アメリカについては，Department of Labor, *Supplement to Employment and Earnings*, January, 1985。

分類を用いている。

　表 8-1 は各国に特有ないくつかのバイアスを示している。それらは，以下で検討する追加的な要因とともに生じているのである。第一に，ドイツにおける全体的な雇用の減少は，単に脱工業化のみを原因とするものではない。スウェーデンの農業と製造業においても同様の減少は起こっているし，それぞれのレジームは，「中立」的産業においても同様な推移を示している。ドイツの特徴は，生産者サービス，社会サービス，「娯楽（fun）」サービスのどれをとっても，「ポスト工業」的雇用の増大が緩慢である点にある。ドイツの伝統的経済は後退しつつあるようだが，新しい経済はなかなか出現しそうにない。

　こうしたことはスウェーデンやアメリカには当てはまらない。だが，この両国の軌跡も非常に異なっている。スウェーデンでは，ポスト工業化は福祉サービスに偏る傾向がある。他方アメリカでは，対ビジネス・サービスと「娯楽」サービスが肩をならべて拡大しているのである。

　とくにアメリカのデータは，よく知られた二つのステレオタイプ的考え方を否定している。第一に，伝統的な製造業は——少なくとも絶対数においては——減少していない。第二に，アメリカの雇用機構は，将来性のない，標準以下の「ジャンク・ジョブ」ばかりを生み出しているという神話は支持されない。実際，最大の増大要因は，高度な専門性をともに備えている生産者サービスと医療である。アメリカはまた，福祉サービスに関してもドイツを凌駕している。

　この増大率はかなり長期的な期間にわたって見た場合のことである。最後の十年間に限定すれば，ポスト工業化的な要素はさらに顕著に現れたであろう。たとえば

アメリカでは，1960年代に，主に教育，流通，行政において急速な増大が現れたが，1970年代には，生産者サービス，医療，「娯楽」サービスが急増した。期間の設定は，しばしば結論に決定的な影響を与える。本章のかなり肯定的な（かつ長期的な）アメリカ像が，「ジャンク・ジョブ」中心の雇用増大というブルーストーンとハリソンの明らかに悲観的な筋書きと対立する理由も，ここにあるのかも知れない(Bluestone and Harrison, 1986)。彼らのデータはレーガンの時代に限定されていたからである。

雇用増大の職種別傾向

ポスト工業化段階での職業構成の姿を描き出す手始めとして，ごく広い分類方法を掲げることにしよう。表の8-2では，従来の工業社会に対応する職種とポスト工業化にともなう職種とに区分してある。両者には，格付けの高い職（管理・監督者，それに専門的・技術労働者）と格付けの低い職（事務・生産労働者，それに一般的サービス労働者）とがともにある。三つの国のすべてにおいて，「ポスト工業化」的職種が増大傾向にある。ドイツの専門職の増大は他の2国より遅く，定型的なサービス職は全然伸びていない。アメリカは興味をひく。なぜなら，伝統的職種の中の「格付けの高い」（管理的な）仕事と「格付けの低い」（事務的な）仕事がともに力強く増大しており，ポスト工業化的職種でも同じことが起こっているからである。

以上の産業別データと職種別データを合わせると，三つの明確に異なる軌跡がほぼ明らかになる。ドイツは停滞傾向にありサービス革命の進展が遅れている。スウェーデンは，高度の専門性を持った社会福祉の雇用にはっきりと傾斜している。最後にアメリカでは，いくつかの傾向が相争っている。その第一は，従来型の工業経済が依然として活発なことである。第二は，専門職，特にビジネス関連サービスの力強い増大である。そして，第三は資格不要な職の激増で，中でも「娯楽」サービスが目立っている。

ここで三つの注目すべき問いが提起される。①なぜドイツにおいては，ポスト工業化はこのように停滞的であるのか。②雇用増大を構造化するにあたって，政府はどのような役割を果たしているのか。③アメリカにおいて，雇用増大が管理職に傾斜していることを説明するものは何か。

ドイツのサービス雇用「ギャップ」

ドイツでは現代的なサービス経済化の動きが弱いが，それは単に統計上そう見え

表8-3 雇用増大に対する政府の影響　　　　（%）

	ドイツ		スウェーデン		アメリカ	
	1961年	1983年	1965年	1985年	1962年	1985年
政府雇用が全体に占める割合	8.0	16.1	18.2	33.0	17.2	15.8
政府雇用が女性雇用に占める割合	7.2	19.8	29.8	55.2	15.5	17.7
女性が公共雇用に占める割合	39.1	39.4	52.2	67.1	35.6	46.6
	1961-83年		1965-85年		1962-85年	
政府雇用が女性の職の純増に占める割合	149		106		20	
政府雇用がサービス職の純増に占める割合	65		82		23	

（出所） WEEP data files ; *IAB; Beitrag AB2.1.*

るだけなのかもしれない。サービスが一つの部門として外部化されずに，工業部門における事業所の中に内部化されている可能性もあるからである。そうであるならば，ドイツのポスト工業化はいわば閉じられたドアの向こう側でのみ生じていることになる。だが，このように信じるいかなる理由もない。第一次産業と第二次産業に従事するサービス労働者のパーセンテージは3国ともほぼ同じだからである。すなわち，ドイツでは30%，スウェーデンでは29%，アメリカでは33%である（OECD, 1984b）。

政府の役割

　第二の問題は，雇用増大のあり方を構造づけていく政府の役割にかかわっている。高齢労働者を労働市場から排除する際に政府が果たす役割の重要性はすでに見たとおりである。本章の主な問題は，医療，教育，福祉といったポスト工業化を促進する雇用を形成する国家の役割である。このような政府の役割は，女性の雇用にとって巨大な意義をもっている。レインの先駆的な研究は，福祉サービスが女性が雇用への接近を図るうえでとくに重要であることを国際比較データによって証明している（Rein, 1985）。

　表8-3は，レインの研究結果どおり，各国の政府の役割がいかに大きく異なっているかを示している。アメリカでの政府の役割は，どう見ても控えめなものである。スウェーデンでは政府の役割は圧倒的であり，ドイツは両者の中間にある。こうして，アメリカでは，ポスト工業化と女性の雇用は大部分市場によって生み出されている。スウェーデンでは，これらは福祉国家の中で生じる。そしてドイツでは，国家も市場も新たな雇用の発展をもたらすことができないように思える。

一見したところでは，女性の雇用増大に対するドイツ政府の寄与は，巨大なものに思われる。しかし，この高い比率（149％）は，政府が女性雇用の低下を相殺するなかで生じたものである。この相殺がなければ，女性の雇用は現状よりもはるかに顕著な下降を示したことであろう。

　過去20年間にわたって，政府がサービスの分野で拡大したことは女性の雇用機会にとってきわめて重要であった。しかし，この関係は国によって異なっている。スウェーデンは一方の極に位置しており，そこでは公共セクターの社会福祉サービスが全部を占めている。スウェーデンでは，実際，女性は医療，教育，福祉における雇用増大の87％を占めているのである。その結果は福祉国家のユニークな女性化であった。

　ドイツの場合は，ポスト工業化にともなって社会福祉サービスはほとんど拡大しておらず，福祉国家はあまり女性労働者を吸収しなかった。これに民間セクターにおける女性の仕事の減少がむすびついており，その結果，この全期間にわたり女性の雇用参加率が低迷している。ドイツという国家ではいまだに男性支配が続いており，女性は家に留まっているのである。

　アメリカの場合には，政府は，女性の雇用に関してもポスト工業化の進展に関しても，消極的な要因である。このアメリカの例が示すのは，市場もまた女性の雇用を促進することができるということである。スウェーデンの場合とは異なり，アメリカの女性ははるかに広範な雇用メニューから適所を選び進出してきた。医療や社会サービス職の他に，ビジネス・サービスは女性の参入が最も急速に増大した部門である。

新しい管理者革命

　最後に第三の問題に取りかかろう。すなわちアメリカを特徴づける管理職への偏りは何によって説明されるのか。アメリカ経済は「管理職過剰」であるとしばしば言われてきた（Melman, 1951; Chandler and Deams, 1980; Bowles and Gintis, 1986; Black and Myles, 1986）。他の国では管理職層の増大は停滞しているように思われるが，アメリカでは一貫して増大が続いている。この現象については多くの説明がなされており，それらはパーキンソンの法則によるとするもの，テクノロジーの変化から生じたという見方，さらにはマルクス主義的に労働者支配という側面を強調するものまで様々である。これらの理論は共通してある問題を抱えている。それは，官僚制度やテクノロジーや階級闘争といった事柄は，アメリカのみならず他の先進国経済にも同様に当てはまるということだ。

もう一つの説明は純粋に分類上の問題とするもので，アメリカ人には下級の監督者にまで管理職の名称を与えるユニークな傾向があるという。これが本当だとしても，本章のデータはこうした見せかけを排除するように試みたうえで提示されている。ここでは，こうした説明の代わりにもう一つの仮説を示すことにしよう。
　まず出発点は，アメリカは，ヨーロッパの経済に共通する三つの特徴を欠いているということである。第一に，アメリカは福祉国家の後進国であり，その結果，団体交渉においても使用者の義務としても，フリンジ・ベネフィットが重要な役割を果たすことになる。このことから管理者が要請されるのである。第二に，労使関係は戦闘的な緊張関係をはらむ傾向にある。「ネオ・コーポラティズム的」な状況下にある国では組合が一般組合員（ランクアンドファイル）を統制するが，アメリカではこうしたことは期待できない。したがってアメリカの企業は，監督スタッフの軍団に依拠しつつ労務管理をおこなうことを余儀なくされる。さらに第三に，アメリカの労働市場は巨大で複雑であることに加えて，職業紹介や職業訓練のための整備された制度を欠いている。したがって，企業は人材スカウトや，教育・訓練者，そして非常に大きな人事部を必要とするのである。
　アメリカ企業において，福祉国家の空白を埋めるために必要とされる管理職層は，内部から生み出される場合もあれば，サービス部門から購入される場合もある。我々は，この後者の場合をビジネス・サービスと呼んできたのである。以上の仮説が正しいとすれば，アメリカで，職種としての管理労働と産業部門としてのビジネス・サービスがともにこれほど著しく増大した理由を説明できることになる。この仮説からさらに予測されることは，高度の福祉国家で，かつ「ネオ・コーポラティズム的」なスウェーデンのシステムにおいては，管理職層はきわめて少なくて済むだろうということである。

4　ポスト工業化の諸構造

　これまで確認してきたような雇用傾向が進むと，どのような構造が現れるのであろうか。この問題に答えるために，伝統的な産業とポスト工業化段階の活動というこれまでのラフな分類に基づき，「産業」と職種の双方についてさらに検討していくことにしよう。

産業部門からみたポスト工業化の構造
　表8-4に示されているのは，「産業ベース」で見た三つの独自な雇用構造であ

表8-4 1980年代半ばの雇用構造：産業別にみた労働力の割合（％）

産業分類	ドイツ 1984年	スウェーデン 1985年	アメリカ 1984年
伝統産業的活動			
工　業	41.8	28.8	25.1
農　業	5.1	4.9	3.1
小　計	46.9	33.7	28.2
中立的活動			
流　通	17.6	18.8	21.4
政　府	10.0	7.1	8.0
対個人サービス	3.3	1.7	2.9
小　計	30.9	27.6	32.3
ポスト工業化的活動			
医療, 教育, 社会サービス	11.5	25.3	17.9
生産者サービス	6.7	6.4	12.3
「娯楽」サービス	4.1	3.9	7.9
小　計	21.3	35.6	38.1

（注）　小人数の諸活動（特に家事サービス）が除かれているため, 合計は100にはならない。
（出所）　SSIB data files.

る。やはりドイツは, ポスト工業化において, とくに社会サービス関連の諸活動に関して, 非常に遅れをとっている。ドイツではいまだに伝統的産業の仕事が支配的であり, 実に, 25年前のスウェーデンやアメリカよりもさらに「工業的な」状態に留まっているのである。

　ドイツでは, 雇用全体が縮小しているが, 全体に対する製造業の雇用のシェアは1960年以来変化していない。したがって, 「ポスト工業化」社会へのドイツの前進は, 新しい種類の職をもたらすというよりは大量失業に行き着くように思われる。増大する「過剰人口」は, 年金生活者や学生として福祉国家に吸収されるか, 主婦として家庭に吸収されている。アメリカとスウェーデンは同様に脱工業化されている。しかし, 両者の類似性はここまでである。スウェーデンのポスト工業化は福祉国家の機構のうちに存在している。スウェーデン人は, 医療, 学校, デイケアの巨大な消費者であるが, 食料や酒や「娯楽」に関してはそうではない。アメリカのポスト工業化の進展は, 何にもまして非常にビジネス指向であるが, 意外なことにドイツより社会サービスの領域において進んでおり, また, 並外れて「娯楽」指向でもある。

　これらの国の間の基本的な相違をまとめると, 次のように言うことができる。ド

イツでは伝統的産業が優勢で，他の国の倍ほども高い比率である。他方，スウェーデンでは，同じく他国の倍近く社会福祉に偏っている。そして，アメリカでは，生産者サービスと「娯楽」サービスの比率が他国の二倍の大きさなのである。

職種から見たポスト工業化構造

　職種構造の分析においても，われわれのアプローチはこれまでとほとんど変わらない。いくつかの職種グループを選び，それらが経済全体に占める相対的な大きさを表8-5に示す。また，表8-6では，異なる産業のなかで知的科学的労働や管理的労働が占める大きさの算定を試みた。この目的のために，管理的・監督的職種と専門的・技術的職種を合わせて「MPTスコア」として計算している。職種構造と産業構造の間には密接な対応関係が見られる。ドイツでは伝統的な工業のブルーカラー労働者が依然として第1位を占め，社会福祉職種やその他のサービス労働者の仕事は発展が非常に遅れている。予測どおり，スウェーデンは最も「管理されていない」，つまり管理職の少ない経済である。代わりにこの国で支配的なのは，福祉国家との関係のきわめて強い，意外なほど専門性の高いポスト工業化的職種である。社会福祉関連の職種群以外，サービス職はあまり発展していない。アメリカの管理職過剰現象は，表の8-5でも再確認できる。「ポスト工業」的職種群の中で極度に大きな割合を占めるのは，「ジャンク・ジョブ」（洗濯労働者，ウェイター，厨房労働者他）とその他の対個人サービス職である。

　表8-6を見て分かるのは，本章で言うポスト工業化産業では，管理職的-専門職的-技術者的職種層（MPT）の比率が他産業に比して相当高いということである。これは予想できたことである。だが，目を引くのは，国家間の相違がはっきりしていることである。経済全体で見ると，ドイツは最後尾であり，スウェーデンが先頭を切っている。ポスト工業化経済部門において，最も専門性の度合いが低いのはアメリカである。

5　三つのポスト工業化経済と社会階層化

　ポスト工業化社会についての初期の文献では，将来の労働は質の高い仕事として描かれていた。ベルのシナリオが科学的な労働や情報処理，分析的な労働に焦点を当てていたのもそのためである（Bell, 1973）。これとは対照的に，多くの論者はサービス雇用のもとではブレイヴァマンのテーゼにあるように労働のあり方は熟練喪失とプロレタリア化という道を辿ると主張する（Braverman, 1974）。カトナー

表8-5 抜粋した職種の相対的な大きさ (%)

職　種	ドイツ 1985年	スウェーデン 1984年	アメリカ 1986年
管理職	5.7	2.4	11.5
専門職，技術者 (看護士と教師をのぞく)	9.8	13.4	9.7
看護婦(士)，社会サービス労働者，教師	7.0	21.9	9.6
「ジャンク・ジョブ」：食品，クリーニング，給仕	5.0	4.4	7.8
他のサービス労働者[a]	3.8	3.8	15.7
工業生産労働者	43.9	29.4	30.5

(注)　a　家事使用人を除く。
　　　比較可能にするため，修正ISCOベース分類システムを各国の職種名に適用した。この分析にはほとんど関わらないいくつかの職種（農民，事務労働者，運輸労働者等）は表から除かれている。
(出所)　ドイツについては，*Berufsausbildung und Arbeitsbedingungen der Erberbstatigen, Fachserie* 1, 1985. スウェーデンについては *AKU* 原表，1984年。アメリカについては Department of Labor, *Employment and Earnings* (January, 1987)。

表8-6 抜粋した産業における管理職的，専門職的，技術者的労働者の優勢度（1980年代）

管理職／専門職／技術者を合わせた比率	ドイツ	スウェーデン	アメリカ
工　業	12.0	17.0	14.0
流　通	8.0	8.0	14.0
社会サービス	59.0	62.0	39.0
ビジネス・サービス	44.0	44.0	31.0
「娯楽」サービス	N.A.	18.0	11.0
全経済部門	20.2	30.1	28.0

(出典)　表8-5と同じ。ただし，工業におけるサービス労働者はOECDの定義に基づいて，OECD, *Employment Outlook* (1984) からとっている。

(Kuttner, 1983) あるいはブルーストーンとハリソン (Bluestone and Harrison, 1986) によれば，たいていの新しい仕事は，低賃金，低熟練であり労働の質において劣るものである。脱工業化と同時に，伝統的な高賃金の熟練労働が大量にお払い箱にされるから，最終的には新たな階級の二極化が進む。そこでは，中間層は縮小してしまい，僅かな数の新しい専門的管理的エリートが多数の「マクドナルド」的労働者に対立するのである。

この中間層の縮小というテーゼを疑問視する者もいる。たとえばローレンスは，

表 8-7 ポスト工業的職種の質の構成

職　種	ドイツ	スウェーデン	アメリカ
専門職，教師，技術者（「格付けの高い職種」）	14.6	21.0	16.5
社会サービス，医療サービス，対個人サービス労働者（「中間」）	6.0	11.3	18.5
食品，クリーニング，宿泊施設労働者（「格付けの低い職種」）	5.0	4.4	7.8
格付けの高い職種／中間的職種	2.4：1	1.9：1	0.9：1
格付けの高い職種／格付けの低い職種	2.9：1	4.8：1	2.1：1

（出所）　ドイツ：*Mikrocensus*, 1985, *IAB, Beruf und Ausbildung* から；スウェーデン：1980 Census；アメリカについては Department of Labor, *Employment and Earnings*（January, 1987）（データは1985年）。

事実そのとおりだとしても，それは主に大量のベビーブーム世代が一時的に労働市場に溢れたせいであると言う（Lawrence, 1985）。最近では，マイルスらが，カナダのデータに関して検証をおこない，中間層は縮小しているのではなく拡大しているのではないかと示唆している（Myles *et al.*, 1988）。この議論は，ベルが描きだすよりバラ色のポスト工業化社会像によく合っている。

この問題の比較研究はまだほとんど始まっていない。すでに現れている研究は，基本的にはある一つのケースをもとにした理論的一般化である。また，「中間層の没落」に関するほとんどの研究は，所得データに基づいておこなわれてきた。この章では，仕事の一般的な質を重視しつつ，雇用データによってポスト工業化的な階層化を検討するというアプローチをとる。したがって焦点は職種に当てられる。

ポスト工業化段階における雇用の質的構造

上述の三つの軌跡のどれに関しても確認できるのは，ポスト工業化段階の仕事は，「格付けの高い」仕事と「格付けの低い」仕事の混合であるということである。前者には管理職，専門職や科学的，技術的な職種など，高度の人的投資に支えられた職種が含まれる。これに対し，後者は従属的で定型的な仕事からなる。

表の 8-7 は，1980年代について，「格付けの高い」仕事と「格付けの低い」仕事の分布状況を職種ごとに見たものである。ここでは，専門職的-技術者的労働者が，中間グループのサービス労働者と比較されたり，食品や，クリーニング，宿泊施設の労働者という「格付けの低い」カテゴリーと比較されている。中間のカテゴリーには，医療や社会的部門のなかの非専門職の労働者（看護助手など）と対個人サービス労働者（美容師，警備員，写真師など）が含まれる。家事使用人は，これまで

と同じようにどれからも外されている。

　表8-7からは，三つの質的に異なった構成が区別できる。ドイツは中間と最上段の職種に集中している。スウェーデンでは格付けの高いポスト工業化的職種が目立ち，アメリカでは中間と最下段の職種が目に付くが，格付けの高い職もかなり目立っている。

　「中間層の没落」論争に対し本気で実証的な介入をするには，このデータはあまりにラフすぎる。とはいえ，国家間の差異が非常に大きいため，アメリカの経験を一般化することは間違いのもとであることが窺える。アメリカにおける「ジャンク・ジョブ」の比率の大きさによって，プロレタリア化のテーゼが支持されるとしても，データの他の部分は反対の方向を示しているのである。第一に，長期的に見れば，アメリカの専門職は格付けの低い職より急速に成長してきた。第二に，中間グループのサービス職は最下段のグループよりずっと比重が大きい。最後に，スウェーデンの経験が示すように，ポスト工業化は専門職化の方向に非常に大きく傾くことが有り得るのである。

　ポスト工業化段階にいかなる階層化が進むかを評価する際に真に重要な問題は，格付けの高い職と低い職がどのように配分されるかということである。問題は，ある職に就くためのプロセスがより開放的で，業績主義的で，かつ民主的になっているか否かという点にある。

　この問題に対する本章のアプローチは，この開放性を測る上で，限定的ではあるが決定的に重要な側面，すなわち，伝統的に不利な立場にある労働市場グループが，種々のポスト工業化職に就く機会の相対的な大きさに焦点を当てるというものである。ここでは，三つの国の女性を取り上げるのに加えて，アメリカの黒人とヒスパニックにも焦点を当てる。

三つのポスト工業的レジームにおける職種移動

　職域分離に関しては膨大な数の文献があり，ここでそれらを検討することはできない。むろん問題となるのは，不利な立場のグループが有利な職に参入する機会が拡大したか，それとも職域分離が続いているのかということである。

　ほとんどの文献は後者の職域分離説を支持している（Hakim, 1979; Rosenfeld, 1980: Cromton, 1986; Goldin, 1987; Jacobs and Breiger, 1994）。また，職務の形式的な定義のもとでは，たとえば男女平等が貫かれているように見える場合でも，企業レベルのミクロな研究の示すところでは，同様な職業ラベルの背後で内部昇進上の異なった扱いがされるという事態が根強く存在している（Bielby and Baron, 1986）。以下の分

表8-8 伝統的職種とポスト工業的職種における女性の過剰-過少出現度
（1960-1985年）　　　　　　　　　　　　　　　　（パーセンテージ・ポイント）

職　種	ドイツ 1961年	ドイツ 1985年	スウェーデン 1965年	スウェーデン 1984年	アメリカ 1960年	アメリカ 1986年
工業経済						
管理職	−22	−21	−24	−26	−19	−8
事務労働者	+23	+25	+28	+20	+24	+33
工業労働者	−16	−31	−18	−28	−11	−24
ポスト工業化経済						
専門職／技術者的労働者[a]	−18	−12	−23	−20	−14	−6
看護婦，教師	+29	+29	+40	+34	+46	+36
非専門職のサービス労働者	+23	+37	+37	+28	+6	+7
「ジャンク・ジョブ」労働者	+49	+48	+42	+21	+38	+13

（注）　a　看護婦と大学以外の教師を除く。
（出典）　表8-5と同じ。

析では，主にポスト工業化段階の仕事に就いている人々に焦点を当てる。したがって，ここでの発見を他の諸研究と厳密に比較しうるかどうかと言えば望み薄である。

　職域分離にはたくさんの研究方法がある。ここでは，まず有利な職種と不利な職種をいくつか選び，そこにおける女性，黒人，ヒスパニックの過剰・過少出現度の推移を時系列的に追跡しよう。ジェンダー分離をより明確にするために，専門職的-技術者的職種の中から教師と看護婦を選び出す。というのも，これらは伝統的な女性ゲットーの典型だからである。

　以下の分析では，女性とマイノリティが仕事の配分に与えるうえでどこまで健闘しているかを見よう。ここでとくに注意を向けようと思うのは，伝統的な（白人）男性の雇用部面（管理職や重役の地位など）に，女性や黒人やヒスパニックがどの程度進出できているか，また，これらの人々が不利な職種もしくは伝統的な女性職種に依然としてどの程度集中しているか，ということについてである。

　表8-8には，ここで選ばれた職種における女性の過剰・過少出現度の指数が示されている。マイナスは過少出現を表す。この指数は，均等な場合を上回るか下回る偏差を示しており，雇用に占める女性の相対的比重で調整してある。わずかな例外はあるが，ジェンダーによる職域分離の減少が見られる。女性は，管理職や専門職といった特権的な「男性」職への参入に完全に成功している。「ジャンク・ジョブ」への女性の過剰出現が減少しているのと同様に，女性ゲットー職への過剰出現は減少している。

　何より劇的な傾向は，女性が工業労働の仕事から離れていった点にある。これは次の二とおりに解釈できよう。①脱工業化は，繊維産業など旧来の「女性」工業に

表 8-9 選びだした職種における黒人とヒスパニックの過剰―過少出現度
（アメリカ）　　　　　　　　　　　　　　　　（パーセンテージ・ポイント）

職　種	黒　人		ヒスパニック	
	1970年	1986年	1970年	1986年
管理職	−27	−21	−17	−19
事務労働者	−10	＋1	−8	＋5
工業労働者	＋17	＋15	＋21	＋21
専門職／技術者的労働者[a]	−20	−14	−15	−19
看護婦（士），教師	−3	＋12	−18	−18
非専門職のサービス労働者	＋10	＋20	＋1	＋11
「ジャンク・ジョブ」労働者	＋31	＋28	＋15	＋24

（注）　黒人とヒスパニックのデータには，労働市場に占める相対的な比率を考慮した加重値がかけられている。この比率を女性に対して調整して，女性，黒人，ヒスパニックについて指数の比較可能性を確保するように努めた。加重値は，黒人（1970年）：3.4；黒人（1986年）：4.5；ヒスパニック（1970年）：8.6；ヒスパニック（1986年）：6.7である。
　　a　看護士と教師を除く。
（出所）　表 8-5 と同じ。

おいて特に著しかった。また，②女性は先任権が男性に比べて弱く，職への定着も弱いために，工業における人員整理の矢面に立たされたのかもしれない。いずれにせよその結果，女性はポスト工業化部門で見出される可能性のほうがはるかに高くなる。

　分離解消への動きが最も弱いのはドイツである。ここでは，女性の進出が進んだはっきりした徴候が見られるのは専門職のカテゴリーだけである。ドイツの女性は「ジャンク・ジョブ」のグループに例外的に過剰出現している。他方，スウェーデンの女性は，その職種を著しく向上させてきたが，同時に職域分離の改善は進んでいない。彼女たちは管理職に参入することに失敗しているし，社会福祉関連職種の中でも補助的な職種に集中する傾向がはっきりしている。この点でスウェーデンには他の国以上に大きなジェンダーバイアスがあるように思われる。性による職域分離の解消傾向はアメリカで最も強い。女性は管理職，専門職に大きく歩を進めたし，「ジャンク・ジョブ」グループへの女性の偏りも急速に減少した。だが，こうした相対的な改善は事務労働における過剰出現度の著しい増大によって相殺されている。

　民族的，人種的マイノリティの雇用状況をみると，ポスト工業化のもとで平等化がどこまで進展しているかをある意味でより明確に検証することができる。もはや常識となっているように，労働市場の最下層は，ヨーロッパでは外国人労働者，アメリカではマイノリティグループによって満たされている。実際には，マイノリティグループがより良い仕事に就くのを妨げられる場合，そこには二つのシナリオがありうる。一つは，かれらが不快な古い工業労働に従事し，ポスト工業化段階の経

済部門から締め出されている場合，もう一つは，彼らがポスト工業化に固有の「ジャンク・ジョブ」予備軍を構成する場合である。

　スウェーデンとドイツの外国人労働者に関する詳細なデータは入手できなかった。したがって，ここではアメリカの黒人とヒスパニックの状況に研究を限定せざるを得ない。過去についてのデータが不足しているため，この二つのグループについての分析はようやく1970年以降から始めることができる。指数の大きさを前掲の表と比較可能なものにするために，黒人とヒスパニックに関する指数には，労働力中の彼らの比率を女性に対して調整した加重値がかけられている。

　マイノリティがいかに「ジャンク・ジョブ」予備軍化しているか，表8-9に基づいてその仮説を提示しようとすると，事態がきわめて入り組んだ様相を呈していることが分かる。黒人とヒスパニックは，伝統的工業労働の職とポスト工業化段階の「ジャンク・ジョブ」の双方においてはっきりと過剰出現している。黒人と女性については，「ジャンク・ジョブ」での過剰出現度は低下してきたが，ヒスパニックにおいては上昇していることに気づく。ヒスパニック人口は「娯楽」産業の低賃金職を満たす新たな予備軍となっているようである。

　黒人は，伝統的な仕事とポスト工業化段階の仕事のどちらにおいても最下層の職の中に隔離されているが，にもかかわらず職域分離の解消ははっきりと進んでいる。彼らは最も有利な職種，すなわち管理職-重役，ポスト工業化段階の専門職にかなり参入しており，とくに「福祉の準専門職」に関しては進出ぶりが最も明白である。格付けが高い職における黒人の過少出現度は減少し，「ジャンク・ジョブ」への過剰出現度は低下した。社会サービスとその他の（ジャンク・ジョブ以外の）サービスは，黒人の上昇移動のメイン・アベニューとなっている。

　ヒスパニックグループの状況はこれほど良好ではない。「ジャンク・ジョブ」への封印状況は強化され，有利な管理職，重役，専門職になれる可能性は現状では低下した。彼らの職種がグレードアップするためのメイン・ロードは，事務職と福祉以外のサービス職である。

　それでもなお，時の経過は，黒人，ヒスパニック，そして，特に女性に有利に作用している。長期的な増大率を見ると，上位の職への到達レースにおいて，女性は黒人とヒスパニックの先を走っているが，この3グループのすべてが男性全体をはるかに超える速度で増大しているのである。管理職の年間増大率は黒人とヒスパニックが17％，女性は18％であるが，男性は3％にすぎない。専門職（看護と教育を除く）については，年間増大率は黒人8％，ヒスパニック9％，女性13％に対し，男性はわずか2.5％である。

最後に，次の2点に焦点を当てながら，ポスト工業化段階の階層化について検討しよう。まず第一に，職種構造における伝統的なジェンダー障壁を女性がどの程度克服できたかということである。第二に，各グループが質の高い職と低い職にどのように分かれているかということである。表8-10は，三つの国において女性労働者が「女性」職と，「男性」職とに就いているパーセンテージの変化を示している。この表は二重のメッセージを伝えている。すなわち，女性労働者はますます女性職（事務，看護，教育）に集中しつつあるが，同時にまた，従来の男性職種にも地歩を固めているのである。

　ここでもスウェーデンは3か国中最もジェンダー分離の著しい国として現れている。女性の半分以上が典型的な女性職に閉じ込められている一方，男性支配の聖域に踏み込んでいる女性はごく僅かである。スウェーデンではポスト工業化によって，性による職域分離という問題が拡大しているのである。対照的にドイツでは，職域分離はさほど深刻ではないかもしれないが，下層の対人サービスや「ジャンク・ジョブ」に女性がとくに集中していることを忘れてはならない。ここでもまた，アメリカはジェンダー分離をみごとに縮小できていることを示している。「女性」職への集中度はやや増大しているが，同時に，女性たちは伝統的な「男性」職に向かって前進している。特権的な「男性」職種にいる女性の割合はドイツやスウェーデンのほぼ2倍である。

　以上の締めくくりとして，表8-11および表8-12を用いて，格付けの高い職と低い職の分布状況をグループ間で比較しよう。お望みならば，これらの表を，労働市場グループ内の階級構造を示す大まかな指標として読むこともできる。これまでやってきたように，以下でも伝統的職種とポスト工業化段階の職種を比較する。スペースの都合上，アメリカのデータは表8-12として別に挙げてある。

　これらのデータが示すように，過去数十年の間に広範な職種のグレードアップが生じたことはほとんど疑問の余地がない。伝統的な産業部門の中の労働者および事務員に対する管理職の比率はとくにドイツについて飛躍的に増大したし，また，ドイツとスウェーデンにおける女性に限って見ても，この比率は飛躍的に増大した。むろん，ここでは女性の工業労働者の雇用が急減したことも念頭に置かなければならない。見たところ，スウェーデンにおける変化はあまりはかばかしくないが，これは，肉体労働者や事務労働者の減少ぶりという問題より，管理職層が少なく増大もしていないという事実に起因している。ポスト工業化部門では，「格の高い」職と「格の低い」職ははるかに均等に分布しているが，他方，こうした変化の恩恵を受ける上で女性は男性より不利になっている。女性に関しては，ドイツでもスウ

表8-10 典型的な「男性職」と「女性職」に就いている女性労働者の分布
(%)

女性労働者	ドイツ 1961年	1985年	スウェーデン 1965年	1984年	アメリカ 1960年	1986年
選びだされた「女性職」						
事務労働者	24	28	37	30	38	38
看護婦，教師	4	8	13	25	9	12
計	28	36	50	55	47	50
選びだされた「男性職」						
管理職	1.0	4.0	0.7	1.1	3.7	9.6
専門職，技術者[a]	2.5	6.7	3.2	7.8	4.4	8.5
計	3.5	10.7	3.9	8.9	8.1	18.1

(注)　a　看護士と教師を除く。
(出所)　表8-5に同じ。

表8-11 ドイツとスウェーデンの男女についての格付けの高い／低い職種の比

	ドイツ 男性 1960年	1985年	女性 1960年	1960年	スウェーデン 男性 1965年	1984年	女性 1965年	1984年
事務・工業労働者対管理職	17:1	7:1	44:1	7:1	30:11	8:1	99:1	40:1
専門職対ジャンク・ジョブ	10:1	17:1	1:3	1:1	5:1	5:1	1:4	1:1

(出所)　表8-5に同じ。

表8-12 アメリカにおける男女，黒人，ヒスパニックにおける格付けの高い／低い職種の比率

	全男性 1960年	1986年	全女性 1960年	1986年	黒人 1970年	1986年	ヒスパニック 1967年	1986年
工業・事務労働者に対する管理職の%	22.1	20.5	5.5	12.5	4.8	6.6	7.7	7.6
ジャンク・ジョブに対する専門職の%	565	242	55	126	37	74	63	66

(出所)　表8-5に同じ。

ェーデンでも「ジャンク・ジョブ」に対する専門家の比率は男性より低下してきた。
　表8-12に示されるように，アメリカの状況もかなり似ている。ヨーロッパに比べアメリカの管理職カテゴリーが水増しされている可能性は別として，職種はグレードアップする傾向にある。管理職と労働者とを比較してみると，女性の地位はかなり改善されたが，黒人とヒスパニックについてはそれほどでもない。同じこと

は，「ジャンク・ジョブ」に対する専門職の比率についても言える。アメリカの労働市場に働く顕著な「民主化」の力は，マイノリティグループの改善のうちに示されているだけではなく，伝統的な男性の職業特権が急激に失われてきている，という事実からも窺える。

　今我々は，ポスト工業化社会への道を歩む三つの国の雇用拡大，構造，そして階層化に関して，山積するデータを検討してきた。以上の分析に基づいてより大きな結論を引き出す前に，主な検討結果を簡単に要約しておくことは無駄ではあるまい。

　我々が見ているのは，ポスト工業化段階の雇用に至る三つの異なる軌跡である。各国はいずれも固有の原動力のもとに発展している。いくつかの基本点に関しては確かにある程度の共通性は存在する。すなわち，工業の雇用は重要性を減じつつあるし，流通サービスは全体に停滞的である。また，女性の雇用機会は改善された。しかし，こうした収斂傾向よりも多様性の方が勝っている。

　ドイツの辿っている軌跡はたぶん最も特異なものであろう。サービス職とポスト工業化段階の職種には他の国で見られるようなブームがない。それどころか雇用全体が縮小しているのであって，ドイツは，大体において，私的・公的サービス部門の発展が遅れた伝統的な工業社会に留まっている。他国のような職種構造のグレードアップや専門職化も見られない。

　社会的階層化という観点から見た結果は複雑である。ポスト工業化が阻まれているということはまた，ドイツでは新たな「ジャンク・ジョブ」の増大は僅かであることを意味する。その結果，階層構造の二極化，あるいは二重化はあまり進んでいない。他方，現存の構造の内部では，両性間での仕事の配分には明白に職域的な分離が見られる。他国と比較した時，女性の進出はそれほど良好とは言えなかった。労働市場の停滞のために，女性の雇用は，公共セクターにおいて僅かに増大した他には拡大しなかった。ドイツはまた，現存する仕事のストックをより公平に両性間に再配分することもできなかったのである。それゆえ，社会サービスの大きな拡大がないこととあいまって，ドイツは明らかに男尊的な国家に留まっている。ドイツの女性が「ジャンク・ジョブ」に過剰出現している度合いは，他の国の2倍から3倍以上の高さである。

　したがって，ドイツの軌跡についての予測は，主に次のようなものとなる。ドイツでは，依然として工業経済が支配的だが，生産に従事する人々の数は減少し，雇用から排除され福祉国家に依存する主婦，若者，高齢者の人口は絶えず増大するだろう。ドイツは，カート・ヴォネガットの描きだす労働のない世界に近い。

　スウェーデンでは，ポスト工業化は社会福祉サービスとともに歩んできた。福祉

国家は経済成長の停滞にもかかわらず，極度にダイナミックであった。しかし，ここには女性雇用への顕著な偏りが見られる。公共セクターは新しい職の80％を占めていた。そして，その75％は女性が占めたのである。同時に，福祉国家のサービスは，民間セクターのサービス，とくに対個人サービスと「娯楽」サービスの領域を周辺的なものに追いやった。

その結果として，高度に専門職的で，また「ジャンク・ジョブ」がごく僅かしかない経済が生まれた。しかし，その専門職優位の構造において高い比重を占めるのは，主に医療，社会，教育の諸施設の準専門職である。これまでのたいていの基準に照らして，スウェーデンの女性の進出ぶりは抜きんでているといえる。しかし，その代償として，産業部門からみても職種からみても，きわめてはっきりした職域分離が生じた。実際，スウェーデンの雇用構造は二つの経済部門に分かれて発展しているといえる。一つは男性に偏った民間セクターであり，もう一つは女性が支配的な公共セクターである。

アメリカが辿ってきた軌跡は，「束縛なき」市場の産物であるように見える。全体に雇用の拡大は著しく，伝統的な経済部門でさえ雇用が拡大した。ここから自ずと第一の重要な結論が出てくる。すなわち，ポスト工業化段階の経済は従来型の経済と共に拡大していくこともできるのである。アメリカはまた，非常に広い分野にわたって雇用を拡大することができた。アメリカのケースは，社会サービスが公的な供給がなくても拡張しうることを示している。さらに，雇用増大の動態は，通常信じられているよりはるかに前向きなものである。すなわち，アメリカの「職業マシーン」においては，高い格付けの職の増大ぶりが低い職より勝っていたのである。

とはいえ，アメリカ的な軌跡には固有の発展のバイアスが含まれている。すなわち，それは対ビジネス・サービスと「娯楽」サービスに圧倒的に偏っており，その結果は格付けの高い職と低い職が共に大量にもたらされるという二元化である。この格付けの高い職には管理職が多く，他方には巨大な「ジャンク・ジョブ」部門がある。

これらを組み込んだ階層化システムは，堅固な最上部と巨大かつ不安定な底部から成る二重構造として現れる。したがって，これは伝統的工業のもとで見られる職業配分上の二重構造，すなわち，女性と黒人は「ジャンク・ジョブ」に押し込められ，白人男性が管理職と専門職のポストを独占するという二重構造と少なくとも表面的には類似している。しかし，アメリカ的なポスト工業化の軌跡の意外な点はここにある。

確かに，女性と黒人とヒスパニックが，あまり有利でない職に過剰出現している

状況が依然としてある。しかし，これが次第にくつがえされつつあり，場合によってはその傾向が劇的に現れることもまた事実なのである。女性の躍進は最も著しく，今日では管理職と専門職については女性が過少出現であるとはほとんど言えない状態である。とはいえ，より詳細に観察するならば，女性の大多数が人気のない，「女性用の仕事」に追いやられていることも確かではあるが。アメリカの軌跡は，マイノリティ・グループ，とりわけ黒人にとっても不利ではなかった。格付けの高い職における黒人とヒスパニックの増大傾向には非常に期待ができる。今日，黒人とヒスパニックが「ジャンク・ジョブ」に過剰出現している度合いは，1960年代のドイツとスウェーデンにおける女性の場合よりも大きくはない。

　こうした事実が示すように，ポスト工業化についてのアメリカ型「市場モデル」においても，平等主義的な雇用配分は可能なのである。ここでは格付けの高い職も「ジャンク・ジョブ」も，より民主的に配分されつつある。ヒスパニックについて言えば，「格の高い職」へも移動しているとはいえ，愉快でない仕事のなかでの比重をしだいに増しており，彼らが女性と黒人に入れ替わりつつある。

　ポスト工業化過程のこうした相違が，経済的，技術的要因だけから生まれるとは信じがたい。経済の発展や，国の豊かさ，経済と家庭の両方におけるハイテクノロジーの普及度に関しては，ここで取り上げた三つの国は相違よりも類似性のほうが多いのである。

　それぞれの国の国際的なポジションに着目すると，部分的にはこうした異なった軌跡を説明できる。スウェーデンと，とくにドイツは，いくつかの労働集約的サービスの非常に大きな輸入国である。ドイツ人とスウェーデン人は国内よりは外国に旅行する方が多いと思われるが，このことは国内の「娯楽」産業の規模にマイナスの影響を与える。ドイツについては，この国で工業が優位となるその背景にある特質についても留意しなければならない。ドイツの製造業は，比較論的に言っても精選されかつ先進的な技術を備えており，そのために世界市場で群を抜く競争力を維持してきたからである。

　これらは各国固有の構造的な特性に着目した説明であり，こうした特性が雇用動向を方向づけているとは言えよう。しかし，ここから国際比較のための一般理論を引き出すことには明らかに無理がある。

　ボーモル・モデルは，この一般的理論の一つである。その主張の中心は，もし賃金があまりに高すぎるなら，サービスは拡大できないだろうというものである。この説は，かなり直接的にアピールする力がある。アメリカにおける雇用の激増は，民間サービス部門において賃金構造が弾力的なことや組合組織率が非常に低いこと

と関係があるのかもしれない。よく知られているように，ドイツおよびとりわけスウェーデンでは，強い労働組合が経済に介入する。実際，スウェーデンの連帯的賃金交渉システムは，低賃金ベースのサービス職が増大することを阻むだろう。

だが，このように定式化されたボーモル・モデルには，いくつかの難点が生じる。まずアメリカの経験について言えば，新しい職のうち少なからぬ部分が低賃金が引き金になって生まれたということはありえない。控えめな計算では，低賃金が引き金になった部分は「ジャンク・ジョブ」の８％ほどである。他の対個人サービス職を含めて多めに計算したとしても，おそらく最大で計17％である。このことを評価するずっと良い方法は，詳細な産業分類によって時系列的に賃金コストの雇用弾力性を算定することである。実際，1951-84年のアメリカに関しては，雇用増が賃金の相対的な低さに影響されるのは，現実には「ジャンク・ジョブ」においてだけであることが分かっている。ボーモル・モデルでは，生産者サービスや医療サービスの大規模な成長を説明することができないのは明らかである。

ドイツとスウェーデンの比較に関しても，ボーモル・モデルは難点をもっている。スウェーデンの「ポスト工業化」雇用の増大率は年6.7％でアメリカに等しく，ドイツの２倍である。スウェーデンでは専門職と社会福祉職の激増が見られるが，これは低賃金による結果ではなく，むしろ重税が生みだしたものである。

重要な点は，ポスト工業化雇用の最大部分ですら，あまり価格弾力的でない需要に対応しているということである。エンジニアリングやデザイン，経営コンサルタントや財務マネジメント，法律のアドバイスといったビジネスサービスが求められるのは，その専門的な能力のゆえである。同じことは，医療など，最も専門職的な，あるいは準専門職的な社会サービスについても当てはまる。

表現を換えれば，我々は，たいていの理論が想定している以上に複雑な問題を説明しなければならないのである。本書の福祉国家類型論がきわめて重要なのは，このためである。

（北　明美）

第III部

結　論

第 9 章
ポスト工業化構造の下における福祉国家レジーム

　現代の福祉国家が，三つの異なったレジーム類型にどのようにクラスター化するのかを見てきた。また，様々な国の労働市場は，これがどのように社会政策の制度に埋め込まれているかということによってその性格を異にすることを明らかにしてきた。言うまでもないが，本研究においては，現代の産業資本主義社会における重要な政策領域や制度側面の多くを視野の外に置いてきた。だが，社会的階層分化や，社会権（こう言いたければ「自由」），資産の分配，労働生活，雇用構造の変化というような鍵となる問題群に関して検討する限り，福祉資本主義の三つのモデルが展開してきていると結論づけるに十分な証拠は得られたと思われる。

　この結論の章では，先に提示した論証を再び持ち出して読者にその忍耐強い再検証を強いることはしない。ここで我々は，次のようなことを明らかにすることに議論を集中したいと思う。すなわち，福祉国家と雇用レジームのあり方は相互に一致するのみならず，福祉国家が直接影響を及ぼして，雇用構造が変化し，その帰結として社会的紛争の新たな対抗軸が生じる，ということである。したがって，ここで我々は本書の根本仮説，すなわち，現代福祉国家がただ単に産業発展の受動的な副産物ではないという点に立ち返ることになる。福祉国家は，その制度化につれて，未来を形作る上で決定的な役割を果たす強力な社会機構となった。それゆえ，我々は，「ポスト工業化」的発展の多様性が，各々の福祉国家レジームの特徴によってどの程度まで説明され得るものかを検討しよう。

　我々の議論が，社会科学のほとんどの有力な理論パラダイムに対して挑戦するものであることは明らかである。マルクス主義においてであれ，開発主義的な近代化論においてであれ，考え方は，主として経済力が社会変化を推進するものであるというものである。正統派マルクス主義はもちろん，多くの修正主義的マルクス主義においてすら，国家を，資本主義的生産というエンジンに連動した上部構造以上の

ものとして考えることはできない。近代化理論は，近代産業革命が国家介入から自律的に進行するし，実際，国家介入を忌避するものであるという自由主義の神話にとらわれがちである。ここでは，推進力となるのは技術である。

こうした理論的な遺制が現れた時代においては，国家が注目されるとすれば，戦争をしたり治安力として民衆に対峙する，主にそのようなキャパシティにおいてであった。その時代はまた，社会的・経済的進歩や，自由あるいは近代合理性が，絶対主義的，干渉主義的，権威主義的国家の解体とむすびつく時代でもあった。それ故，我々の学問の主たる理論的パラダイムが，経済発展を分析するにあたって，国家との関連に少しも着目していないのは，まったく当然のことなのである。

対する現代は，経済や社会において，革命とは言わないまでも根本的な再編が進行中であるということがほぼ普遍的に承認されている時代である。この点については，分析がおこなわれる代わりに，「ポストモダン」，「脱物質主義」，「ポストフォーディズム」，「ポスト工業化」といったラベルのみが増殖している。だがそのことは，我々が，よく馴染んだ社会秩序の下を去って，その輪郭をぼんやりと認知しているにすぎない別の秩序に入りつつあるという認識を反映している。今，我々の分析が危険を冒して入り込もうとしているのは，この地雷原なのである。未来についての理論を提示するつもりはない。唯一の野心があるとすれば，それは，これまでの諸章において経験叙述的に描いてきた傾向を読みとると共に，次のことを示唆することである。すなわち，我々がなぜ雇用や社会階層化において異なった諸軌道の上を進むのかを説明するためには，そして最終的には，なぜ新しい紛争シナリオに向かっているのかを説明しようとするならば，福祉国家レジームの類型こそが有益な出発点となるということである。

スウェーデンやドイツ，アメリカにおける「ポスト工業化」的雇用の展開を比較することは，福祉国家レジームの影響を確認するのにとくに有益なアプローチである。つまり，各国はそれぞれ，社会主義，保守主義，自由主義のレジーム類型の「理念型」を代表するものとなっているのである。

1 ポスト工業化雇用における福祉国家

ここで三つの雇用軌道の主な輪郭を簡単に思い出してみると，スウェーデンは社会福祉に主導されたポスト工業化型の雇用構造を生みだしている。アメリカは，ビジネスサービスと「娯楽」サービスとの二重構造であり，前者はだいたいにおいて雇用として好条件であり，後者は悪条件である。ドイツは，「ポスト工業化」への

変化はごく少ししか起こっていない。

　スウェーデンについては，ボーモル・モデルとスウェーデン福祉国家についての我々の知識をともに応用すれば十分に説明できる。先にも指摘したように，過去数十年にわたって厳格に連帯的賃金政策が適用されたために，おそらく闇経済の場合を除いて「ジャンク・ジョブ」が増大することはなかった。その場合，福祉国家が以下のような三つの相互にむすびついた原則にコミットしていなかったら，スウェーデンの脱工業化は，平凡な経済成長率と相まって，深刻な雇用問題を生みだしていたであろう。その三つの原則とは，①社会サービスや，医療サービス，教育サービスを改善し，拡大すること，②労働力化を最大化すること，とくに女性の労働力化を最大化すること，③完全雇用を持続すること，である。これらの三つは，社会民主主義の福祉国家モデルでは一体となっている。

　スウェーデンの公共セクターにおいて，女性雇用の増大と社会サービス雇用の増大とが一致していることは，女性からの就労要求に応えようとするぎりぎりの努力と見えるかもしれないし，完全雇用を維持する義務を遂行する一環であると見えるかもしれない。だが，このことは実際と異なっている。なぜなら，福祉国家サービスの拡大が始まったのは1960年代中葉のことであり，失業の脅威が表面化するずっと以前のことだからである。しかしながら，供給と需要の両面において，スウェーデン型福祉国家の論理は，女性雇用を伴った社会サービスの爆発的な拡大をもたらすようにできていた。供給面では，福祉国家はデイケアのようなサービスを提供する。このデイケアを，女性は働きに出るために必要とし，またこのデイケアが女性に相当の雇用を提供する。また福祉国家は，働く母親に柔軟な労働時間とパートタイムの機会を提供する。さらには，福祉国家の移転支出（とくに年金）や税金は，女性が働きに出たくなるような，抗し難い誘因を与える。パートタイムの仕事ですら，所得比例年金の資格を十分満たすことができる。世帯に対する高い限界課税は，高い生活水準を達成するには共稼ぎが必要であるということを意味している。

　需要面では，スウェーデン型福祉国家は，我々が見たような特殊なポスト工業化の帰結をほぼ必然的に生み出すような福祉国家である。先に指摘しておいたように，福祉国家の将来は，中間階級の支持にかかっているし，また中間階級はと言えば，サービスの量・質の改善と拡大とを求めている。さらには，その財政上の土台は課税ベースを極大化することに依存している。そしてこのことは，ほとんどの人は働かなければならないし，給付に依存する人はできるだけ少なくなくてはならないということを意味している。このような連関において，スウェーデンは明らかに，ヨーロッパで追求されているような早期退職という選択肢に訴えることを避けるだ

ろう。そしてその代わりに，たとえ先に見ておいたように経済の大きなアンバランスや深刻な公的負債が発生する可能性があっても，雇用機会を最適化しようとするであろう。

なお，たとえ福祉国家がサービス雇用の成長を促進している場合ですらも高コスト体質問題は避け得ない。公共セクターにおける雇用を総雇用の30%以上にまで拡大させようとしても，結局のところ課税の上限に突きあたるであろう。たとえその雇用の多くがパートタイム労働であっても同じである。そこで政府は，賃金抑制に訴えなければならない。そしてこのことは，先に見ておいたようにスウェーデンモデルのアキレス腱なのである。

ドイツにおいても，（非常に高額の固定労働コストを伴う）賃金政策は，低賃金の「ジャンク・ジョブ」の増大を抑止する。しかしながら，ドイツ型福祉国家は，自らが代替的に雇用を吸収するようには制度的に作られてはいない。実際，ドイツにおいては，労働供給を縮小する方向へと大きく傾いている。ドイツ型福祉国家は，供給面では，伝統主義的保守主義とカトリックの補完性原理の上に打ち立てられた福祉国家であり，したがって，女性と（医療以外の）社会サービスとは，家族の領域に属するということになる。それゆえ，ドイツ型福祉国家は，女性が職に就くことを可能にしたり，さらには女性を労働市場に進出させるような，そういう種類のサービスを提供することについて非常に及び腰であった。もっとも福祉国家は，「稼ぎのある」人々の所得維持には大いに貢献してきた。とはいえ，ドイツにおいては受給資格要件は比較論的に言ってかなり厳しく，給付を得るには長期の職歴を必要とし，多くの女性にとってはきわめて不利である。だが，脱工業化がすすみ労働市場にスラックが生じたことに対応して，衰退産業の高齢男性にとっては，早期退職が主要な，時として唯一の利用可能な代替案として役立ち得るだろう。

それゆえ，需要面では，公共サービスを拡大しようとする動きはほとんどない。だが，たとえ積極的な政策があっても（1960年代末から1970年代初めにかけての社会民主党政権による短い幕間劇のなかで実際に試みられたのであるが），公共雇用拡大の余地は限られたままであった。一つには，異常に高い移転的支出を負担しなければならないため，それ以上歳入を増やすことは難しかった（Sharpf, 1985）。さらには，ドイツ金融当局が一貫して厳しい金融・財政政策レジームを遂行したために，民間セクターにおける経済拡大はもちろんのこと，公共セクターの拡大も抑止されることになった（Bruno and Sachs, 1985; Blanchard et al., 1986）。

ドイツのレジームでは，したがって，サービス雇用が拡大することに対しては不利なしかけが多く，逆に雇用を減じていくことは有利に作用するのである。そして，

スウェーデンのシステムが労働市場参加を限界まで拡大することで成立しているのに対して，ドイツのシステムでは，年金受給者や退職者人口の増大に対してその扶養のための財源を捻出するために，高い生産性の産業経済の能力を信じるしかない。ドイツのすすむ軌道のアキレス腱となっているのは，この経済的「余剰」人口がもたらす切迫したコスト危機である。

アメリカには，労働の総需要と総供給とに影響を与えることが明らかないくつかの一般的条件がある。第一に，経済政策は，主に1960年代と1980年代において，これまでになく拡張的であった。第二に，国内市場は大いに保護されていたので，アメリカが外国との厳しい競争を脅威に感じなければならなくなったのは最近のことである。第三に，アメリカの人口構造の変化は，労働力の供給と需要とに影響を与えている。すなわち，相当な人口増大は労働力の供給面に影響を及ぼしたし，高齢化は他国に比べてやや遅れて始まり，しかし急速に進行して，労働力の需要面に影響を及ぼした。以上のような諸要因は，総雇用の増大に影響を与えるであろう。だが，アメリカ型の軌道についての固有の構造的特質を説明するためには，さほど有力ではない。

福祉国家のあり方という観点からの説明は，一見するところアメリカの市場原理が方向づけた軌道とそぐわない。しかし，そうしたアメリカ型軌道の特殊性の多くは，福祉国家の残余主義と直接的にむすびついているのである。ただし，アメリカ型発展の背後にある諸力を選り分け始めるには，まずその発展がどのような中味のものであったか，構成要素をはっきりと理解する必要がある。新しく生まれたすべての雇用の中で，「娯楽」サービスはわずか16％を占めるに過ぎないのに，事業・製造業は23％を占め，社会・教育サービスはまるまる30％を占めている。部門ごとの計算に代えて職種を見るならば，「ジャンク・ジョブ」は雇用増全体のうちのわずか12％を占めるに過ぎないのに，専門・技術職は24％を占めている。

ほとんどの「娯楽」部門と，すべての「ジャンク・ジョブ」とに関しては，バウモルの高コスト体質論は充分以上に適用可能である。このことは，ブルーストーンとハリソンのデータとも一致する（Bluestone and Harrison, 1986）。だが，先に指摘したように，賃金に着目する説明は，社会サービスやビジネスサービスの印象深い伸張ぶりを説明できるものではない。多くの社会サービスや，特に教育は，公共セクターによって促進されてきた。皮肉なことに，1960年代後半まで，公共セクターの社会福祉雇用は，スウェーデンよりもアメリカの方が大きかった（Cusack and Rein, 1987）。

民間セクターにおいては，社会サービスや製造サービスにおいて，膨大な，質の

高い仕事が新たに生まれた。しかしながら，ここで我々は市場が「民間」であるとはどのようなことなのかを，真剣に考えてみる必要がある。すなわち，アメリカ型システムにおいては，この「民間」市場という場において，民間と公共とのユニークな相互作用が重要となっているからである。

　まず初めに，管理やビジネスサービスの仕事について言うと，ここでは我々の次のような仮説が想起されよう。すなわち，ヨーロッパにおいて福祉-国家複合体の一部を構成するものが，アメリカにおいては企業そのものの中に吸収されているという仮説である。このことは，特にフリンジ・ベネフィット管理や人事管理に影響を与えている。アメリカ型福祉国家の二つの特質がこの種の企業管理主義を推進している。まず第一に，適切な給付やサービスに欠けているということは，それらが賃金交渉の対象となるということを意味する。第二に，アメリカ型福祉国家の租税特別措置からして，企業は直接賃金を支給する代わりにフリンジ・ベネフィットを支給するように奨励されている。以上のことから最終的には，アメリカの企業は，相当な法定外の間接賃金コストを負うことになるのである。

　こうした事情が雇用にどのような結果をもたらすかといえば，ヨーロッパでは福祉国家のスタッフとなる人々の多くが，アメリカにおいては，マネージャーであったりビジネスサービスに就いていたりすることになろう。たとえばアメリカでは，100万人以上もの人々が人材派遣業に雇われている。これだけで，総製造業雇用の8％に相当する。スウェーデンでは，このグループはもっと小さいであろうし，多くの人々は政府の労働市場庁に雇用されている。

　これと似たような論理は，医療や，教育，その他何であれ，ほとんどの民間部門の社会サービス雇用にあてはまる。租税構造は，直接的な助成金（その大部分は，民間の保険制度を通して支給されている）と相まって，大規模なサービスシステムを生み出し，そしてそれゆえ，雇用を拡大している。

　特殊なアメリカ型の福祉国家の役割をおそらく最も良く確認することができるのは，女性や黒人の雇用を顕著に改善した点についてである。スウェーデンのような制度的な福祉国家が，平等な機会を具備したり，雇用を保障したりすることを直接的な義務であると明示しているのに対して，元来アメリカ型の制度において優先されているのは，このような高貴な理想を市場が支持するように奨励することである。そしてそれゆえ，アファーマティブ・アクションや機会均等法が生まれてくるのであり，これらは，教育制度や雇用市場が少数者のチャンスを改善することを引き起こそうとするものである。

　我々の考察によれば，機会均等型のアプローチは実に上手く機能している。もち

ろん正式には，それは政府との契約のある会社や組織にしか適用されない。アメリカでは国防関連の契約が増大しているので，この数は相当なものになるはずだが，それでもこれだけで我々が見てきたような平等化を説明するには不十分である。それゆえ，他の会社も，イメージ上の理由からか，収益につながることが明らかになったという理由からか，アファーマティブ・アクションを採り入れているのではないかと思われる。

　要するに，アメリカ型「市場モデル」による平等主義の結果は，注意深く解釈しなければならない。「ジャンク・ジョブ」部門の場合のように，政府の介入がほとんどない場合は，結果はそれ程魅力的ではない。アファーマティブ・アクションや機会均等法の場合のように，政府が広範に介入するならば，平等主義の推進力は顕著であった。

2　ポスト工業化社会における階層化とコンフリクト

　社会的階層化を研究するということは，潜在的なコンフリクト構造を明らかにするということである。ポスト工業化理論の第一世代の論者たちは，ありうべきシナリオとして次の二つを論じていた。すなわち一つは，全般的な非熟練化とプロレタリアート化である。もう一つは，底辺を構成する単調労働が縮小すると同時に専門的職種が高度化していくというプロセスである。いずれのケースにせよ，第一世代の論者たちは一方向への収斂化を信じていた。

　ポスト工業化社会の雇用構造がいかなるかたちで階層化されるか。この点についての我々のアプローチは，今のところ暫定的なものにすぎない。その仮説は，階層化に関して三つの独自の形態が現れ，そこからはおそらく三つの質的に異なったコンフリクト構造が生み出されるであろうというものである。

　一見すると，スウェーデンは専門職化を顕著に進めると同時に貧しい仕事を縮小しているので，先に挙げた二つのシナリオのうち楽観的なほうを実証しているように見える。だが詳細に検討してみると，そのシステムは，公共セクター・民間セクターの軸に沿いつつジェンダーによって著しく分断されている。もちろん，このようなジェンダー関係に沿ったゲットー化が必ずコンフリクトの軸になるとは決まっていないが，このシステムのアキレス腱を思い出してみるならば，ジェンダーおよびセクターを基礎として深刻なコンフリクトの生まれる可能性は高い。

　福祉国家の雇用を維持し発展させるためには，政府は公務員の賃金の適正化を要請せざるを得ない。スウェーデンにおいて，集権交渉をとおしておこなわれる連帯

的賃金政策の眼目は，このような賃金の適正化を経済全体にまで押し広げるということである。経済全体の賃金を適正化することは不可能であることが判明しつつあり，その結果，スウェーデンの労働市場においては最も深刻なコンフリクト（大きなストライキを含む）は，1980年代では公共セクター労働組合と民間セクター労働組合との間で起こった。こうした意味において，民間セクターの（主に）男性労働者と，福祉国家の（主に）女性労働者との間の闘いをイメージすることも容易であろう。もしもこのような闘いがありうべき結末であるならば，スウェーデンの社会民主主義にとって唯一の望みの綱は，両性の結婚の絆に経済戦争の嵐を乗り切れるだけの強さがあるということのみである。

　ドイツのポスト工業主義は，雇用拡大なき成長である。職務上の階級や雇用部門の関係として新たな次元の階層化が出現する代わりに，最も拡大しがちなのは，ある種の「インサイダー・アウトサイダー」現象による分裂であるように思われる。経済学の文献では，インサイダー・アウトサイダー問題は，次のように定義されている。すなわち，団体交渉が仕事に就いている者だけのためにおこなわれ，アウトサイダーに対する雇用拡大を犠牲にして賃金の極大化を追求する，という状況である。この定義を少し拡大解釈すると，これはドイツ型の軌道に最も良く適合する紛争軸である。ポスト工業化に対するドイツの対応は，退職や失業関連のプログラムによって，もしくは外国人労働者に帰国を促すことによって，労働力を抑制することであった。このような対応は，企業，労働組合，そして政府の間での暗黙の了解事項の一部であった。もちろん，このことは労働力のスリム化や生産性の向上にむすびつく。これに加えて，女性の労働供給増大につながるインセンティブもまたない。したがって，減少しつつあるが高度に生産的な労働力が，増大しつつあるが非生産的なアウトサイダー人口を扶養する，ということになる。ドイツでは，非生産人口は60％であるのに，スウェーデンでは僅か49％である。だからといって，ドイツの方がスウェーデンよりも老人が多いわけではないのである。

　主婦を養うために，男性の賃金労働者は高い手取り給を当てにしなければならない。福祉国家の顧客層を養うために，被用者は重税を支払わなければならないだろう。ここに，コンフリクトの軸が生まれる最大の可能性がある。インサイダー・アウトサイダー問題の一面には，アウトサイダーが仕事に参入しようにも参入できないようになっているということがある。ヴァン・パリスが示唆しているように，雇用が稀少財になる場合，雇用は資産の性質を帯びるようになり，それを持たざる者は剥奪されているように感ずるだろう（Van Parijs, 1987）。

　インサイダー・アウトサイダー軸のもう一つの側面は，もしかすると紛争につな

がる可能性がより高いものである。縮小しつつある活動的な労働力が，膨張しつつある余剰人口のコストを負担することを強いられるのなら，租税に対する反感が高まっていく可能性がある。社会の生産的な部分から非生産的な部分への移転が大変はっきりしている場合は，とりわけその可能性が高い。同じような可能性として，外国人労働者に対する敵対的な，差別的な態度が高まるかもしれない。その場合，外国人労働者は，福祉にたかる歓迎されざる存在であるかあるいは仕事泥棒だと安易に決めつけられることになる。それゆえ，ドイツ型の軌道は，二面的なコンフリクトの危険性にさらされている。そこでは，階級は，仕事を持つ者であるかアウトサイダーであるかという形で決定されているのである。

最後に，アメリカでは，ポスト工業化段階でのコンフリクトの軸は，あまり容易には認識できない。なるほど，明確な雇用の二重構造を基礎としたサービス経済の二極分化がある。そこでは，労働の質ばかりでなく，賃金や給付も非常に不平等であり，他のどの国よりもはるかに不平等である。もしも1980年代の「ジャンク・ジョブ」への傾斜が長期的な傾向となるならば，その結果として，底辺部では真のプロレタリアート化が進行しよう。アメリカサービス経済の底辺では，賃金は貧困線に近く，フリンジ・ベネフィットはほとんどないに等しい。

問題は，要するに雇用構造における配分メカニズムにある。人種的マイノリティが底辺層を構成する傾向ははっきりしていたが，この点は急速に変わりつつある。そして，男女間や人種間での仕事の分配は，より平等になったことは間違いない。我々の限られた経験的根拠に基づく限りにおいてであるが，実際，三つの全く異なった結果を予測することができる。まず第一に，ヒスパニックや最近流入してきた移民が，ポスト工業化時代の新しいプロレタリアートになり，人気のない労働市場の周辺部を受け持つ，というものである。この場合，本質的に人種に基づいた二重構造の到来が予想される。だが，このシナリオはあまり確かなものとは言えない。黒人層が相当な社会的上昇移動をしていることは明らかであるけれども，黒人層が標準以下の仕事に閉じこめられたままであることもまた明白だからである。

第二の，より現実的なシナリオは，階級格差が男女間や人種間では縮小するかもしれないが，その内部では拡大するだろうというものである。これまでの伝統的な産業経済においては，アメリカの二重構造がジェンダーや人種間の分断とそのまま重なり合っていることは明らかであった。しかし，黒人でありそして女性であれば，いつも必ず標準以下の仕事に閉じこめられるという事態は解消されつつある。女性や黒人は今日の階級構造の中に深く組み込まれるようになってきた。したがって新たに予想されるのは，様々な少数派グループの内部での階級格差がもっとはっきり

と現れるようになる，という事態である。女性の中にはヤッピーになる者が出たり，黒人の中にはブルジョア化する者が出たりして，取り残された女性や黒人は，相対的な剥奪感をもっと切実に経験するであろう。

　第三番目の可能性は，アメリカのポスト工業化の未来にとって，明らかに最も楽観的なものである。第一，第二のシナリオでは，問題の「ジャンク・ジョブ」部門を，いったん入り込んだら抜け出すのが難しい，将来性のない雇用のゲットーであると想定していた。その代わりに，もしもアメリカサービス経済の巨大な底辺部が，若者や最近流入してきた移民にとって踏み台や中間駅であるならば，結論は違ったものになるはずである。この仮説を検証するには，貧しい雇用から離脱した，あるいは留まったままの人々のパーセンテージを確認するための，詳細な雇用履歴を伴ったミクロデータが必要である。にもかかわらず，飲食業に就いている者のうちの25％は，16歳から20歳であるという事実は示唆的である（Bureau of Labor Statistics, 1987 ; table D20）。

　我々がおこなったような研究に対しての最終的な結論をここで導き出すことは，明らかに不可能である。スウェーデン，ドイツ，アメリカが，三つの異なった「ポスト工業化」段階の福祉資本主義モデルへと進みつつあるということはどうやら言えそうである。ここで描いてきたコンフリクトのシナリオは，不変の構造的特徴として定着していくかもしれない。だが，これらの国々が進んでいると思われるコースを根本的に変えてしまうような事件が起こったり，変化が現れたりする可能性もまた否定できない。

　この研究は，流動期におこなわれており，したがってその結論は未決着（オープンエンド）なものに留まる。それゆえ，著者の希望としては，本書を，未来予測を試みて成功に至らなかったものと見なしてほしくない。本書の目標は，未来を理論づけることではなくて，今日生じている変化を効果的に分析できるような一つの方法を示唆することにあったからである。

（松渓　憲雄）

引用参考文献

*丸つき数字は邦訳あり。また，本書公刊時に近刊が予告されており，その後出版年度，タイトルに変更があったものは，改めてある。255, 256頁参照。

Aaron, H. and Burtless, G. (eds) 1984: *Retirement and Economic Behavior*. Washington, DC: The Brookings Institute.
Alber, J. 1982: *Von Armenhaus zum Wohlfahrsstaat*. Frankfurt: Campus Verlag.
Ashford, D. 1986: *The Emergence of the Welfare State*. Oxford: Basil Blackwell.
Ball, R. 1978: *Social Security*. New York: Columbia University Press.
Baron, J. 1984: Organizational perspectives on stratification. *Annual Review of Sociology*, 10.
Baron, J. and Bielby, W. 1980: Bringing the firm back in: stratification, segmentation and the organization of work. *American Sociological Review*, 45.
Bauer, O. 1919: *Der Weg zum Sozialismus*. Vienna: Volksbuchhandlung.
Baumol, W. 1967: The macroeconomics of unbalanced growth. *American Economic Review*, 57.
Beer, S. 1966: *British Politics in the Collectivist Age*. New York: Knopf.
① Bell, D. 1973: *The Coming of Post-Industrial Society*. New York: Basic Books.
② Bell, D. 1978: *The Cultural Contradictions of Modern Capitalism*. New York: Basic Books.
③ Bendix, R. 1964: *Nation-Building and Citizenship*. New York: John Wiley and Sons.
Berg, I (ed.) 1981: *Sociological Perspectives on Labor Markets*. New York: Academic Press.
Bernstein, E. 1961: *Evolutionary Socialism* (1898). New York: Schocken.
Bielby, W. T. and Baron, J. N. 1986: Men and women at work: sex segregation and statistical discrimination. *American Journal of Sociology*, 91, 759–99.
Black, D. and Myles, J. 1986: Dependent industrialization and the Canadian class structure: a comparative analysis of Canada, the United States and Sweden. *Canadian Review of Sociology and Anthropology*, 23 (2).
Blanchard, O., Dornbush, R., and Layard, R. (eds) 1986: *Restoring Europe's Prosperity*. Cambridge, Mass.: MIT Press.

Blau, P. M. and Duncan, O. D. 1967: *The American Occupational Structure*. New York: John Wiley and Sons.

Block, F. 1977: The ruling class does not rule. *Socialist Review*, 7 (May–June).

Block, F. 1985: Postindustrial development and the obsolescence of economic categories. *Politics and Society*, 14 (1).

Bluestone, B. and Harrison, B. 1986: *The Great American Job Machine: The Proliferation of Low Wage Employment in the US Economy*. Study prepared for the Joint Economic Committee, Washington, DC.

Blundell, R. and Walker, I. 1988: The changing structure of the labour force: married women and lone parents. Paper presented at the Symposium on Population Change and European Society, European University Institute, Florence (December).

Bordogna, L. 1981: The political business cycle and the crisis of Keynesian politics. Paper presented at the American Sociological Meetings, Toronto (August).

Boskin, M. and Hurd, M. 1978: The effect of social security on early retirement. *Journal of Political Economy*, 10.

Bower, R. H. 1947: *German Theories of the Corporate State*. New York: Russel and Russel.

Bowles, S. and Gintis, H. 1986: *Democracy and Capitalism*. New York: Basic Books.

Brandes, S. D. 1976: *American Welfare Capitalism 1880–1940*. Chicago, Ill.: University of Chicago Press.

Braun, D. and Keman, H. 1986: Politikstrategien und Konfliktregulierung in den Niederlanden. *Politischen Vierteljahresschrifte*, 27 (1).

④ Braverman, H. 1974: *Labor and Monopoly Capital: The Degredation of Work in the Twentieth Century*. New York: Monthly Review Press.

Break, G. F. 1980: The role of government: taxes, transfers and spending. In M. Felstein (ed.), *The American Economy in Transition*. Chicago, Ill.: University of Chicago Press.

Briggs, A. 1961: The welfare state in historical perspective. *European Journal of Sociology*, 2, 221–58.

Brown, J. and Small, S. 1985: *Occupational Benefits as Social Security*. London: Policy Studies Institute.

Browning, H. and Singelmann, J. 1975: *The Emergence of a Service Society: Demographic and Sociological Aspects of the Sectoral Transformation of the Labor Force in the USA*. Springfield, Va.: National Technical Information Service.

Bruno, M. and Sachs, J. 1985: *The Economics of Worldwide Stagflation*. Cambridge, Mass.: Harvard University Press.

Bureau of the Census (United States), 1976: *Statistical History of the United States*. New York: Basic Books.

Bureau of the Census (United States), 1986: *Statistical Abstract of the United States*. Washington, DC.: Government Printing Office.

Bureau of Labor Statistics, 1987: *Employment and Earnings*. Washington, DC.: Government Printing Office.

Cameron, D. 1978: The expansion of the public economy: a comparative analysis. *American Political Science Review*, 4.

Cameron, D. 1984: Social democracy, corporatism, labour quiescence and the representation of economic interest in advanced capitalist society. In J. Goldthorpe (ed.), *Order and Conflict in Contemporary Capitalism*, Oxford: Oxford University Press.

Cameron, D. 1987: Politics, public policy and distributional inequalities: a comparative analysis. Paper presented at the Tenth Annual Scientific Meeting of the International Society of Political Psychology, San Francisco, Ca. (July).

Castles, F. 1978: *The Social-Democratic Image of Society*. London: Routledge and Kegan Paul.

Castles, F. 1981: How does politics matter? Structure or agency in the determination of public policy outcomes. *European Journal of Political Research*, 9.

⑤ Castles, F. 1986: *Working Class and Welfare: Reflections on the Political Development of the Welfare State in Australia and New Zealand*. London: Allen and Unwin.

Castles, F. (ed.) 1982: *The Impact of Parties*. London: Sage.

Chandler, A. and Deams, D. (eds) 1980: *Managerial Hierarchies: Comparative Perspectives on the Rise of the Modern Industrial Enterprise*. Cambridge, Mass.: Harvard University Press.

Clark, C. 1940: *The Conditions of Economic Progress*. London: Macmillan.

Cohen, S. and Zysman, J. 1987: *Manufacturing Matters: The Myth of the Post-Industrial Economy*. New York: Basic Books.

Colbjornsen, T. 1986: *Dividers in the Labor Market*. Oslo: Norwegian University Press.

Cromton, R. 1986: Women and the 'service class'. In R. Cromton and M. Mann (eds), *Gender and Stratification*, Cambridge: Polity Press.

⑥ Crosland, C. A. R. 1967: *The Future of Socialism*. New York: Schocken.

Crouch, C. 1977: *Class Conflict and the Industrial Relations Crisis*. London: Heinemann.

Crouch, C. 1978: The intensification of industrial conflict in the United Kingdom. In C. Crouch and A. Pizzorno (eds), *The Resurgence of Class Conflict in Western Europe since 1968*. 2 vols. New York: Holmes and Meier.

Crouch, C. and Pizzorno, A. (eds) 1978: *The Resurgence of Class Conflict in Western Europe since 1968*. 2 vols. New York: Holmes and Meier.

Cusack, T., Notermans, T., and Rein, M. 1987: *Political and Economic Aspects of Public Employment*. Berlin: WZB Working Papers.

Cusack, T. and Rein, M. 1987: Social policy and service employment. Berlin: WZB Working Papers.

Cutright, P. 1965: Political structure, economic development, and national social security programs. *American Journal of Sociology*, 70: 537–50.

Cutright, P. 1967: Income redistribution: a cross-national analysis. *Social Forces*, 46, 180–90.

Danziger, S., Haveman, R., and Plotnik, R. 1981: How income transfers affect work, savings and income distribution. *Journal of Economic Literature*, 19.

Day, L. 1978: Government pensions for the aged in 19 industrialized countries. In R. Tomasson (ed.), *Comparative Studies in Sociology*, Greenwich, Conn.: JAI Press.

Derthick, M. 1979: *Policymaking for Social Security*. Washington, DC.: The Brookings Institute.

Diamond, P. and Hausman, J. 1984: The retirement and unemployment behavior of older men. In H. Aaron and G. Burtless (eds), *Retirement and Economic Behavior*. Washington, DC: The Brookings Institute.

Dich, J. 1973: *Den Herskende Klasse*. Copenhagen: Borgen.

⑦ Dobb, M. 1946: *Studies in the Development of Capitalism*. London: Routledge and Kegan Paul.

⑧ Downs, A. 1957: *An Economic Theory of Democracy*. New York: Harper and Row.

Edgren, G., Faxen, K. O., and Odhner, C. E. 1973: *Wage Formation and the Economy*. London: Allen and Unwin.

Elmer, A. 1960: *Folkpensioneringen i Sverige*. Lund, Sweden: Gleerup.

Erikson, R. and Aaberg, R. (eds) 1984: *Vaelfaerd i Foeraendring: Levnadsvillkor i Sverige 1968–1981*. Stockholm: Institutet foer social forskning.

Esping-Andersen, G. 1985a: *Politics against Markets*. Princeton, NJ.: Princeton University Press.

Espind-Andersen. G. 1985b: Power and distributional regimes. *Politics and Society*, 14.

Esping-Andersen, G. 1987a: Institutional accommodation to full employment. In H. Keman and H. Paloheimo (eds), *Coping with the Crisis*. London: Sage.

Esping-Andersen, G. 1987b: Citizenship and socialism: de-commodification and solidarity in the welfare state. In G. Esping-Andersen, M. Rein, and L. Rainwater (eds), *Stagnation and Renewal in Social Policy: The Rise and Fall of Policy Regimes*. Armonk, NY: M. E. Sharpe.

Esping-Andersen, G. and Friedland, R. 1982: Class coalitions in the making of West European economies. *Political Power and Social Theory*, 3.

Esping-Andersen, G. and Kolberg, J. O. 1989: Decommodification and work absence in the welfare state. *European University Institute Working Papers*, no. 367, Florence.

Esping-Andersen, G. and Korpi, W. 1984: Social policy as class politics in postwar capitalism. In J. Goldthorpe (ed.), *Order and Conflict in Contemporary Capitalism*. Oxford: Oxford University Press.

Esping-Andersen, G. and Korpi, W. 1986: From poor relief to institutional welfare states. In R. Erikson, E. J. Hansen, S. Ringen, and H. Uusitalo (eds), *The Scandinavian Model: Welfare States and Welfare Research*. Armonk, NY: M. E. Sharpe.

Esping-Andersen, G., Rein, M., and Rainwater, L. (eds) 1988: *Stagnation and Renewal in Social Policy: the Rise and Fall of Policy Regimes*. Armonk, NY: M. E. Sharpe.

Evans, E. 1978: *Social Policy, 1830–1914*. London: Routledge and Kegan Paul.

Fausto, D. 1978: *Il Sistema Italiano di Sicurezza Sociale*. Bologna: Il Mulino.

Featherman, D. L. and Hauser, R. M. 1978: *Opportunity and Change*. New York: Academic Press.

Feldstein, M. 1974: Social security, induced retirement, and aggregate capital formation. *Journal of Political Economy*, 82.

Fisher, A. 1935: *The Clash of Progress and Security*. London: Macmillan.

Flanagan, R., Soskice, D., and Ulman, L. 1983: *Unionism, Economic Stabilization and Incomes Policies*. Washington, DC: The Brookings Institute.

Flora, P (ed.) 1986: *Growth to Limits: The Western European Welfare States since World War II*. Berlin: De Gruyter.

Flora, P. and Alber, J. 1981: Modernization, democratization and the development of welfare states in Europe. In P. Flora and A. Heidenheimer (eds), *The Development of Welfare States in Europe and America*. London: Transaction Books.

Fuchs, V. 1968: *The Service Economy*. New York: National Bureau of Economic Research.

Gershuny, J. 1978: *After Industrial Society: The Emerging Self-Servicing Economy*. London: Macmillan.

Gershuny, J. 1983: *Social Innovation and the Division of Labour*. Oxford University Press.

Gershuny, J. 1986: Time use, technology and the future of work. *Journal of the Market Research Society*, 28 (4), 335–54.

Gershuny, J. 1988: *The Social Economics of Post-Industrial Societies*. A report to the Joseph Rowntree Memorial Trust, University of Bath.

Giddens, A. 1985: *The Nation State and Violence*. Cambridge: Polity Press.

Gilbert, B. 1966: *The Evolution of National Insurance in Great Britain*. London: Michael Joseph.

Glyn, A. and Sutcliffe, R. 1972: *British Capitalism: Workers and the Profits Squeeze*. London: Penguin.

Goldin, C. 1987: Women's employment and technological change. In H. Hartman (ed.), *Computer Chips and Paper Clips: Technology and Women's Employment*. Washington, DC.: National Academy Press.

Goldthorpe, J. (ed.) 1984a: *Order and Conflict in Contemporary Capitalism*. Oxford: Oxford University Press.

Goldthorpe, J. 1984b: The end of convergence: corporatist and dualist tendencies in modern western societies. In J. Goldthorpe (ed.), *Order and Conflict in Contemporary Capitalism*. Oxford: Oxford University Press.

Goodman, C. 1986: Changing structures of retirement income in Canada. ISSA Meetings, Baltimore (May).

Gough, I. 1979: *The Political Economy of the Welfare State*. London: Macmillan.

Gourevitch, P. 1986: *Politics in Hard Times*. Ithaca, NY: Cornell University Press.

Graebner, W. 1980: *A History of Retirement*. New Haven, Conn.: Yale University Press.

Griffin, L. J., O'Connell, P. J., and McCammon, H. J. 1989: National variations in the context of struggle: post-war class conflict and market distribution in the capitalist democracies. *Canadian Review of Sociology and Anthropology* (Spring).

Guillebaud, C. W. (1941: *The Social Policy of Nazi Germany*. Cambridge: Cambridge University Press.

Guillemard, A. 1980: *La Vieillesse et l'Etat*. Paris: Presses Universitaires.

Gustavsson, S. 1988: Cohort size and female labour supply. Paper presented at the Symposium on Population Change and European Society, European University Institute, Florence (December).

Haarr, A. 1982: *I Oljens Tegn*. Oslo: Tanum.

Hakim, C. 1979: Occupational segregation. Research paper no. 9. London: UK Department of Employment (November).

Hansen, E. J. 1988: *Generationer og Livsforloeb*. Copenhagen: Hans Reitzel.

Haveman, R., Wolfe, B., and Warlick, J. 1984: Disability transfers, early retirement and retirement. In H. Aaron and G. Burtless (eds), *Retirement and Economic Behavior*. Washington, DC: The Brookings Institute.

Hay, J. R. 1975: *The Origins of Liberal Reforms 1906–1914*. London: Macmillan.

Hedstrom, P. and Ringen, S. 1985: Age and income in contemporary society. Walferdange, Luxembourg: Luxembourg Income Study Working Papers.

Heimann, E. 1929: *Sociale Theorie der Kapitalismus*. Frankfurt: Suhrkamp, rpt 1980.

Hewitt, C. 1977: The effect of political democracy and social democracy on equality in industrial societies. *American Sociological Review*, 42.

Hibbs, D. 1977: Political parties and macroeconomic policy. *American Political Science Review*, 71.

Hicks, A. 1988: Social democratic corporatism and economic growth. *Journal of Politics*, 50, (3), 677–704.

Higgins, W. and Apple, N. 1981: *Class Mobilisation and Economic Policy: Struggles over Full Employment in Britain and Sweden, 1930–80*. Stockholm: Arbetslivcentrum.

Hirsch, F. 1976: *Social Limits to Growth*. Cambridge, Mass.: Harvard University Press.

Hirsch, F. and Goldthorpe, J. (eds) 1978: *The Political Economy of Inflation*. Oxford: Martin Robertson.

Hurd, M. and Boskin, M. 1981: The effect of social security on retirement in the early 1970s. *National Bureau of Economic Research Working Paper*, no. 659.

Ingelhart, R. 1977: *The Silent Revolution*. Princeton, NJ.: Princeton University Press.

Jackson, P. 1977: The philosophical basis of the private pension movement. In D. M. McGill (ed.), *Social Security and Private Pension Plans*. Homewood, Ill.: Irwin Press.

Jacobs, J. A. and Breiger, R. L. forthcoming: Careers, industries and occupations: industrial segmentation reconsidered. In P. England and G. Farkas (eds), *Industries, Firms and Jobs: Sociological and Economic Approaches*. New York: Plenum.

Jantz, K. 1961: Pension reform in the Federal Republic of Germany. *International Labour Review* (February).
Jencks, C. *et al*. 1982: *Inequality*. New York: Basic Books.
⑬ Jessop, B. 1982: *The Capitalist State*. Oxford: Martin Robertson.
Kalecki, M. 1943: Political aspects of full employment. *Political Quarterly*, 14.
Katzenstein, P. 1985: *Small States in World Markets*. Ithaca, NY: Cornell University Press.
Kautsky, K. 1971: *The Class Struggle* (1982). New York: Norton.
Kenneth Hansen, F. 1987: Redistribution of income in Denmark. In R. Erikson, E. J. Hansen, S. Ringen, and H. Uusitalo (eds), *The Scandinavian Model: Welfare States and Welfare Research*. Armonk, NY: M. E. Sharpe.
King, F. 1978: The future of private and public employee pensions. In B. R. Herzog (ed.), *Aging and Income*. New York: Human Sciences Press.
Klein, R. 1985: Public expenditure in an inflationary world. In L. Lindberg and C. A. Maier (eds), *The Politics of Inflation and Economic Stagnation*. Washington, DC: The Brookings Institute.
Kocka, J. 1981: Class formation, interest articulation, and public policy: the origins of the German white-collar class in the late nineteenth and early twentieth centuries. In S. Berger (ed.), *Organizing Interests in Western Europe: Pluralism, Corporatism and the Transformation of Politics*. Cambridge: Cambridge University Press.
Korpi, W. 1980: Social policy and distributional conflict in the capitalist democracies. *West European Politics*, 3.
Korpi, W. 1983: *The Democratic Class Struggle*. London: Routledge and Kegan Paul.
Korpi, W. 1987: Class, power and state autonomy in welfare state development. Stockholm: Swedish Institute for Social Research Reprint Series.
Korpi, W. 1988: The politics of employment policy: a comparative study of unemployment insurance, unemployment and active labor market policy in 18 OECD countries. Paper prepared for the workshop of the ISA Research Committee on Poverty, Social Welfare and Social Policy, Stockholm (August).
Kraus, F. 1981: The historical development of income inequality in Western Europe and the United States. In P. Flora and A. Heidenheimer (eds), *The Development of Welfare States in Europe and America*. London: Transaction Books.
Kuhnle, S. and Solheim, L. 1981: Party programs and the welfare state: consensus and conflict in Norway, 1945–1977. Paper presented at the European Consortium for Political Research Joint Sessions, Lancaster.
Kuttner, B. 1983: The declining middle. *Atlantic Monthly* (July), 60–72.
Kuznets, S. 1957: Quantitative aspects of the economic growth of nations II: industrial distribution of national product and labor force. *Economic Development and Cultural Change*, 5 (July), Supplement.
Lange, P. 1984: Unions, workers and wage regulation: the rational bases of consent. In J. Goldthorpe (ed.), *Order and Conflict in Contemporary Capitalism*. Oxford: Oxford University Press.

Lange, P. and Vanicelli, M. 1979: From marginality to centrality: Italian unionism in the 1970s. Paper presented at the Annual APSA Meetings, Washington, DC.

Latimer, M. 1932: *Industrial Pension Systems in the United States and Canada*. New York: Industrial Relations Councelors.

Lawrence, R. 1985: The middle class is alive and well. *The New York Times*, June 23.

Lederer, E. and Marshack, J. 1926: *Arbeiterschutz. Grundriss der Sozialoekonomik*, 9. Tubingen: Mohr.

Le Grand, J. 1982: *The Strategy of Equality: Redistribution and the Social Services*. London: Allen and Unwin.

Lehmbruch, G. 1984: Concertation and the structure of corporatist networks. In J. Goldthorpe (ed.), *Order and Conflict in Contemporary Capitalism*. Oxford: Oxford University Press.

Leo XIII 1891: *Rerum Novarum*. Papal Encyclical. Vatican City.

Lindbeck, A. 1981: *Work Disincentives in the Welfare State*. Stockholm: Institute for International Economic Studies, University of Stockholm Reprint Series no. 176.

Lindbeck, A. and Snower, D. 1984: Involuntary unemployment as an insider–outsider dilemma. Stockholm: Institute for International Economic Studies, Seminar Paper no. 282.

Lindberg, L. and Meier, C. (eds) 1985: *The Politics of Inflation and Economic Stagnation*. Washington, DC: The Brookings Institute.

Lindblom, C. 1977: *Politics and Markets*. New York: Basic Books.

⑭ Lipset, S. M. 1960: *Political Man*. New York: Doubleday, Anchor.

Maddison, A. 1982: *Phases of Capitalist Development*. Oxford: Oxford University Press.

⑮ Marshall, A. 1920: *Principles of Economics* (1890). 8th edn. London: Macmillan.

⑯ Marshall. T. H. 1950: *Citizenship and Social Class*. Cambridge: Cambridge University Press.

Martin, A. 1981: Economic stagnation and social stalemate in Sweden. In US Congress, Joint Economic Committee, *Monetary Policy, Selective Credit Policy, and Industrial Policy in France, Britain, West Germany, and Sweden*. Washington, DC: Government Printing Office.

Martin, A. 1985: Wages, profits and investment in Sweden. In L. Lindberg and C. Maier (eds), *The Politics of Inflation and Economic Stagnation*. Washington, DC: The Brookings Institute.

⑰ Marx, K. 1954–6: *Capital*. London: Lawrence and Wishart.

Melman, S. 1951: *The Rise of Administrative Overhead in the Manufacturing Industries of the United States, 1899–1947*. Oxford: Oxford University Press.

Messner, J. 1964: *Die Soziale Frage in Blickfeld der Irrwege von Gestern, die Sozialkaempfe von Heute, die Weltenscheidungen von Morgen*. Innsbruck: Tyrolia Verlag.

Mueller-Jentsch, W. and Sperling, H. J. 1978: Economic development, labour conflicts and the industrial relations system in West Germany. In C. Crouch and A. Pizzorno (eds), *The Resurgence of Class Conflict in Western Europe since 1968*, 2 vols. New York: Holmes and Meier.

Muller, W. and Neussuss, C. 1973: The illusion of state socialism and the contradiction between wage labor and capital. *Telos*, 25 (Fall).

Munnell, A. 1982: *The Economics of Private Pensions*. Washington, DC: The Brookings Institute.

Myles, J. 1984a: *Old Age in the Welfare State*. Boston: Little, Brown.

Myles, J: 1984b: Does class matter? Explaining America's welfare state. Paper presented at the Center for the Study of Industrial Societies, University of Chicago (November).

Myles, J., Picot, G., and Wannell, T. 1988: *Wages and Jobs in the 80s: The Declining Middle in Canada*. Ottawa: Statistics Canada.

Myrdal, A. and Myrdal, G. 1936: *Kris i Befolkningsfraagan*. Stockholm: Tiden.

Neumann, L. and Schapter, K. 1982: *Die Sozialordnung der Bundesrepublik Deutschland*. Frankfurt: Campus Verlag.

Nordhaus, W. 1974: The falling share of profits. In *Brookings Papers on Economic Activity*, 1. Washington, DC: The Brookings Institute.

O'Connor, J. 1973: *The Fiscal Crisis of the State*. New York: St Martin's Press.

OECD 1977: *Old Age Pension Schemes*. Paris: OECD.

OECD 1983: *Employment Outlook*. Paris: OECD.

OECD 1984a: *Tax Expenditures*. Paris: OECD.

OECD 1984b: *Employment Outlook*. Paris: OECD.

OECD 1985: *Sweden – Economic Survey*. Paris: OECD.

Offe, C. 1972: Advanced capitalism and the welfare state. *Politics and Society*, 4.

Offe, C. 1984: *Contradictions of the Welfare State*. London: Hutchinson.

Offe, C. 1985: *Disorganized Capitalism*. Cambridge, Mass.: MIT Press.

Ogus, A. 1979: Social insurance, legal development and legal history. In H. F. Zacher, (ed.), *Bedingungen fur die Entstehung von Sozialversicherung*. Berlin: Duncker und Humboldt.

O'Higgins, M. 1985: Inequality, redistribution and recession: the British experience, 1976–1982. *Journal of Social Policy*, 14 (3).

Okun, A. 1975: *Equality and Efficiency: The Big Trade-Off*. Washington, DC: The Brookings Institute.

Olson, M. 1982: *The Rise and Decline of Nations*. New Haven, Conn.: Yale University Press.

Otruba, G. 1981: Privatbeamten-, Handlungsgehilfen und Angestelltenorganisationen. Ihr Betrag zur Entstehung des oesterreichisehen Angestelltenpensionversicherung-gesetzes 1906. In J. Kocka (ed.), *Angestellte im Europaeischen Vergleich*. Gottingen: Vandenhoeck und Ruprecht.

Pampel, F. and Weiss, I. 1983: Economic development, pension policies, and the labor force participation of aged males. *American Journal of Sociology*, 89.

Pampel, F. C. and Williamson, J. B. 1985: Age structure, politics, and cross-national patterns of public pension expenditures. *American Sociological Review*, 50, 787–98.

Pampel, F. C. and Williamson, J. B. 1988: Welfare spending in advanced democracies, 1950–1980. *American Journal of Sociology*, 93 (6).

Panitch, L. 1980: Recent theorizations of corporatism: reflections on a growth industry. *British Journal of Sociology*, 31.

Parkin, F. 1979: *Marxism and Class Theory: A Bourgeois Critique*. London: Croom Helm.

Parsons, D. 1980: The decline of male labor force participation. *Journal of Political Economy*, 88.

Pelling, H. 1961: *The Origins of the Labour Party*. Oxford: Clarendon Press.

Perrin, G. 1969: Reflections on fifty years of social security. *International Labor Review*, 99.

Pius XI 1931: *Quadragesimo Anno*. Papal Encyclical. Vatican City.

Piven, F. F. and Cloward, R. A. 1971: *Regulating the Poor*. New York: Vintage.

[20] Polanyi, K. 1944: *The Great Transformation*. New York: Rinehart.

Pomerehne, W. and Schneider, F. 1980: Unbalanced growth between public and private sectors. Paper presented at IIPF Conference, Jerusalem (August).

[21] Poulantzas, N. 1973: *Political Power and Social Classes*. London: New Left Books.

Preller, L. 1949: *Socialpolitik in der Weimarer Republik*. Stuttgart: Mittelbach Verlag.

Preller, L. 1970: *Praxis und Probleme der Sozialpolitik*. Tubingen: J. C. Mohr.

Preusser, N. (ed.) 1982: *Armut und Sozialstaat, Vol. 3: Die Entwicklung des Systems der sozialen Sicherung 1870 bis 1945*. Munich, AG SPAK.

Pryor, F. 1969: *Public Expenditures in Communist and Capitalist Nations*. London: Allen and Unwin.

Przeworski A. 1980: Material bases of consent: politics and economics in a hegemonic system. *Political Power and Social Theory*, 1.

Przeworski, A. 1985: *Capitalism and Social Democracy*. Cambridge: Cambridge University Press.

Quadagno, J. 1988: *The Transformation of Old Age Security*. Chicago, Ill.: University of Chicago Press.

Rasmussen, E. 1933: Socialdemokratiets Stilling til det Sociale Sporgsmaal, 1890–1901. In P. Engelsoft and H. Jensen (eds), *Maend og Meninger i Dansk Socialpolitik 1866–1901*. Copenhagen: Nordisk Forlag.

Regini, M. 1984: The conditions for political exchange: how concertation emerged and collapsed in Italy and Great Britain. In J. Goldthorpe (ed.), *Order and Conflict in Contemporary Capitalism*. Oxford: Oxford University Press.

Rein, M. 1982: Pension policies in Europe and the United States. Paper presented at the Conference on Social Welfare and the Delivery of Social Services, Berkeley, Ca. (November).

Rein, M. 1985: *Women in the Social Welfare Labor Market*. Berlin: WZB Working Papers.

Rein, M. and Rainwater, L. (eds) 1986: *Public–private Interplay in Social Protection: a Comparative Study*. Armonk, NY: M. E. Sharpe.

Rein, M. and Rainwater, L. 1987: From welfare state to welfare society. In G. Esping-Andersen, M. Rein, and L. Rainwater (eds), *Stagnation and Renewal in Social Policy: The Rise and Fall of Policy Regimes*. Armonk, NY: M. E. Sharpe.

Richter, E. 1987: Subsidariataet und Neokonservatismus. Die Trennung von politischer Herrschaftsbegruendung und gesellschaftlichem Stufenbau. *Politische Vierteljahresschrift*, 28 (3), 293–314.

Rimlinger, G. 1971: *Welfare Policy and Industrialization in Europe, America and Russia*. New York: John Wiley and Sons.

Rimlinger, G. 1987: Social policy under German Fascism. In G. Esping-Andersen, M. Rein, and L. Rainwater (eds), *Stagnation and Renewal: The Rise and Fall of Policy Regimes*. Armonk, NY: M. E. Sharpe.

Ringen, S. 1987: *The Politics of Possibility: a Study in the Political Economy of the Welfare State*. Oxford: Clarendon Press.

Ringen, S. and Uusitalo, H. forthcoming 1990: Income distribution and redistribution in the Nordic Welfare States. In J. E. Kolberg (ed.), *Comparing Welfare States and Labour Markets: The Scandinavian Model*. Armonk, NY: M. E. Sharpe.

Robbins, L. 1976: *Political Economy Past and Present*. London: Macmillan.

Rokkan, S. 1970: *Citizens, Elections, Parties*. Oslo: Universitetsforlaget.

Rosenfeld, R. A. 1980: Race and sex differences in career dynamics. *American Sociological Review*, 45, 583–609.

Sachs, J. 1979: Wages, profits and macroeconomic adjustment: a comparative study. In *Brookings Papers on Economic Activity*, 2. Washington, DC: The Brookings Institute.

SAF 1976: *Wages and Total Labour Costs for Workers, 1965–75*. Stockholm: SAF.

SAF 1984: *Wages and Total Labour Costs for Workers, 1972–82*. Stockholm: SAF.

Salowski, H. 1980: *Individuelle Fehlzeiten in Westlichen Industrielaendern*. Cologne: DIV.

Salowski, H. 1983: *Fehlzeiten*. Cologne: DIV.

Sawyer, M. 1976: *Income Distribution in OECD Countries*. Paris, OECD.

Sawyer, M. 1982: Income distribution and the welfare state. In A. Boetho (ed.), *The European Economy*, Oxford: Oxford University Press.

Schmidt, M. 1982: The role of parties in shaping macro-economic policies. In F. Castles (ed.), *The Impact of Parties*. London: Sage.

Schmidt, M. 1983: The welfare state and the economy in periods of economic crisis. *European Journal of Political Research*, 11.

Schmidt, M. 1987: The politics of labour market policy. In F. Castles, F, Lehrer, and M. Schmidt (eds), *The Political Management of Mixed Economies*. Berlin: De Gruyter.

Schmitter, P. 1981: Interest intermediation and regime governability in contemporary Western Europe and North America. In S. Berger (ed.), *Organizing Interests in Western Europe*. Cambridge: Cambridge University Press.

㉒ Schmitter, P. and Lembruch, G. (eds) 1979: *Trends towards Corporatist Intermediation*. London: Sage.

Schumpeter, J. 1954: *History of Economic Analysis*. New York: Oxford University Press.

㉓ Schumpeter, J. 1970: *Capitalism, Socialism and Democracy* (1944). London: Allen and Unwin.

Shalev, M. 1983: The social-democratic model and beyond. *Comparative Social Research*, 6.

Sharpf, F. 1985: Beschaeftigungspolitische Strategien in der Krise. *Leviathan*, 13.

Shonfield, A. 1965: *Modern Capitalism*. Oxford: Oxford University Press.

Shore, J. and Bowles, S. 1984: The cost of labor loss and the incidence of strikes. Unpublished paper, Cambridge, Mass.: Harvard University Department of Economics.

Singelmann, J. 1974: *The Sectoral Transformation of the Labor Force in Seven Industrialized Countries, 1920–1960*. Ph.D. thesis, University of Texas.

Singelmann, J. 1978: The sectoral transformation of the labor force in seven industrialized countries, 1920–1970. *American Journal of Sociology*, 83 (5).

Skocpol, T. 1987: The limits of the American New Deal. In G. Esping-Andersen, M. Rein, and L. Rainwater (eds), *Stagnation and Renewal in Social Policy: The Rise and Fall of Policy Regimes*. Armonk, NY: M. E. Sharpe.

Skocpol, T. and Amenta, E. 1986: States and social policies. *Annual Review of Sociology*, 12.

Skocpol, T. and Ikenberry, J. 1983: The political formation of the American welfare state in historical and comparative perspective. *Comparative Social Research*, 6.

Skolnick, A. 1976: Twenty-five years of employee benefit plans. *Social Security Bulletin*, 39 (3).

Smeeding, T., Torrey, B., and Rein, M. 1988: Patterns of income and poverty: the economic status of children and the elderly in eight countries. In J. Palmer, T. Smeeding, and B. Torrey (eds), *The Vulnerable*. Washington, DC: The Urban Institute Press.

㉔ Smith, A. 1961: *The Wealth of Nations* (1776). Ed. E. Cannan. London: Methuen.

Soete, L. and Freeman, C. 1985: New technologies, investment and employment growth. In *Employment Growth and Structural Change*. Paris: OECD.

Statistisches Bundesamt (West Germany) 1972: *Bevoelkerung und Wirtschaft VGR*. Stuttgart: Kohlhammer.

Statistisches Bundesamt (West Germany) 1982: *Statistisches Jahrbuch fuer die Bundesrepublik Deutschland*. Stuttgart: Kohlhammer.

Stephens, J. 1979: *The Transition from Capitalism to Socialism*. London: Macmillan.

Therborn, G. 1978: *What Does the Ruling Class Do When It Rules?* London: New Left Books.

Therborn, G. 1983: When, how and why does a welfare state become a welfare state? Paper presented at the ECPR Workshops, Freiburg (March).

Therborn, G. 1986a: Karl Marx returning: the welfare state and neo-Marxist, corporatist and statist theories. *International Political Science Review*, 7.

Therborn, G. 1986b: *Why Some People are More Unemployed than Others – The Strange Paradox of Growth and Unemployment*. London: Verso.

㉕ Titmuss, R. 1958: *Essays on the Welfare State*. London: Allen and Unwin.

㉖ Titmuss, R. 1974: *Social Policy*. London: Allen and Unwin.

㉗ Touraine, A. 1971: *Post-Industrial Society*. New York: Random House.

Tufte, E. 1978: *Political Control of the Economy*. Princeton, NJ: Princeton University Press.

Ulman, L. and Flanagan, R. 1971: *Wage Restraint: A Study of Incomes Policies in Western Europe*. Berkeley: University of California Press.

United Nations Statistics Office 1949: *United Nations Demographic Yearbook*. New York: United Nations.

Uusitalo, H. 1984: Comparative research on the determinants of the welfare state: the state of the art. *European Journal of Political Research*, 12.

Van Parijs, P. 1987: A revolution in class theory. *Politics and Society*, 15 (4).

Vestero-Jensen, C. 1984: *Det Tve-delte Pensionssystem*. Roskilde: RVC.

Viby Morgensen, G. 1973: *Socialhistorie*. Copenhagen: Akademisk Forlag.

Von Balluseck, H. 1983: Origins and trends of social policy for the aged in the Federal Republic of Germany. In A. Guillemard (ed.), *Old Age and the Welfare State*. London: Sage.

Wagner, A. 1872: *Rede ueber die Soziale Frage*. Berlin: Wiegandt und Grieben.

Wagner, A. 1962: Finanzwissenschaft (1883), reproduced partly in R. A. Musgrave and A. Peacock (eds), *Classics in the Theory of Public Finance*. London: Macmillan.

Weaver, C. 1982: *The Crisis in Social Security*. Durham, NC: Duke University Press.

Weinstein, J. 1972: *The Corporate Ideal in the Liberal State 1900–1918*. Boston, Mass.: Beacon Press.

Weir, M. and Skocpol, T. 1985: State structures and the possibilities for 'Keynesian' responses to the Great Depression in Sweden, Britain, and the United States. In P. Evans, P. Rushemayer, and T. Skocpol (eds), *Bringing the State Back In*. New York: Cambridge University Press.

Weir, M., Orloff, A. S., and Skocpol, T. 1988: *The Politics of Social Policy in the United States*. Princeton, NJ: Princeton University Press.

Weisskopf, T. 1985: Worker security and productivity growth: an international comparative analysis. Unpublished paper, Department of Economics, University of Michigan, (July).

㉘ Wilensky, H. 1975: *The Welfare State and Equality*. Berkeley: University of California Press.

Wilensky, H. 1981: Leftism, Catholicism and democratic corporatism. In P. Flora and A. Heidenheimer (eds), *The Development of Welfare States in Europe and America*. London: Transaction Books.

Wilensky, H. 1987: Comparative social policy: theories, methods, findings. In

M. Dierkes and A. Antal (eds), *Comparative Policy Research: Learning from Experience*. Aldershot: Gower.
Wilensky, H. and Lebeaux, C. 1958: *Industrial Society and Social Welfare*. New York: Russel Sage.
Wilensky, H. *et al* 1985: *Comparative Social Policy: Theory, Methods, Findings*. Berkeley, Ca.: International Studies Research Series, 62.

◘邦訳文献一覧
①内田忠夫他訳『脱工業社会の到来——社会予測の一つの試み』ダイヤモンド社，1975年。
②林雄二郎訳『資本主義の文化的矛盾』講談社，1976年。
③河合秀和訳『国民国家と市民的権利（Ⅰ・Ⅱ）』岩波書店，1981年。
④富沢賢治訳『労働と独占資本——20世紀における労働の衰退』岩波書店，1978年。
⑤岩本敏夫他訳『福祉国家論——オーストラリア・ニュージーランド』啓文社，1991年。
⑥関嘉彦訳『福祉国家の将来［1］』論争社，1961年。
⑦京大近代史研究会訳『資本主義発展の研究（1・2）』岩波書店，1971年，1972年。
⑧古田精司監訳『民主主義の経済理論』成文堂，1980年。
⑨松尾精文・小幡正敏訳『国民国家と暴力』而立書房，1999年。
⑩稲上毅他訳『収斂の終焉——現代西欧社会のコーポラティズムとデュアリズム』有信堂高文社，1987年。
⑪小谷義次訳『福祉国家の経済学』大月書店，1992年。
⑫三宅一郎・金丸輝男・富沢克訳『静かなる革命——政治意識と行動様式の変化』東洋経済新報社，1993年。
⑬田口富久治他訳『資本主義国家——マルクス主義的諸理論と諸方法』御茶の水書房，1983年。
⑭内山秀夫訳『政治のなかの人間——ポリティカル・マン』東京創元社，1972年。
⑮馬場啓之助訳『経済学原理』東洋経済新報社，1965-67年。
⑯岩崎信彦・中村健吾訳『シティズンシップと社会的階級——近現代を総括するマニフェスト』法律文化社，1993年。
⑰資本論翻訳委員会訳『資本論』東京日本出版社，1997年，1982-89年の改訂版。
⑱池上惇・横尾邦夫監訳『現代国家の財政危機』御茶の水書房，1981年。
⑲川野辺裕幸他訳『国家興亡論——「集合行為論」からみた盛衰の科学』PHP研究所，1991年。

⑳吉沢英成・野口建彦・長尾史郎・杉村芳美訳『大転換』東洋経済新報社，1975年。
㉑田口富久治・山岸紘一訳（Ⅰ）田口富久治・綱井幸裕・山岸紘一訳（Ⅱ）『資本主義国家の構造——政治権力と社会階級（Ⅰ・Ⅱ）』未來社，1978-81年。
㉒山口定監訳『現代コーポラティズムⅠ——団体統合主義の政治とその理論』木鐸社，1984年。
㉓中山伊知郎・東畑精一訳『資本主義・社会主義・民主主義』東洋経済新報社，1995年。
㉔大内兵衛・松川七郎訳『諸国民の富』岩波文庫，1959-66年。
㉕谷昌恒訳『福祉国家の理想と現実』東京大学出版会，1967年。
㉖三友雅夫監訳『社会福祉政策』恒星社厚生閣，1981年。
㉗寿里茂・西川潤訳『脱工業化の社会』河出書房新社，1970年。
㉘下平好博訳『福祉国家と平等——公共支出の構造的・イデオロギー的起源』木鐸社，1984年。

○247頁のJacobs, J. A and Breiger, R. L. の「近刊予告」としている書籍は1994年に同じタイトルで刊行された。
○252頁のRingen, S. and Uusitalo, H. の「近刊予告」としている書籍は1992年に，*The Study of Welfare State regimes* というタイトルで刊行された。

訳者解説

Gøsta Esping-Andersen について

　本書は，Gøsta Esping-Andersen, *The Three Worlds of Welfare Capitalism*, Polity Press, 1990 の全訳である。本書を手にした読者の多くは，この本が今日の社会科学にとってどれだけエポックメーキングな著作であるか，すでにご承知かもしれない。この本の主題をあえて挙げれば比較福祉国家研究ということになろうが，それに留まらず，本書は，労使関係論，福祉政策論，比較政治（経済）学はもとより，ジェンダー研究，非営利福祉研究，シティズンシップ論等の分野でも様々なかたちで論及されてきた。近年の社会科学において，これほど広範囲に影響を及ぼし，議論の俎上にのせられ，その継承と発展が図られてきた著作も珍しいのではないか。

　本書に目をとおされた読者であれば，その理由を推測することは難しくないであろう。細密でありながらダイナミックな歴史的分析，事例分析をクロスナショナルな計量分析とむすびつける瞠目するべき力量，そして福祉国家体制の展開をめぐって三つの軌跡を明らかにしたその叙述の鮮やかさ。本書が投げかける理論的（あるいは政治的）インプリケーションはかぎりなく豊かである。本書が福祉国家研究における一つのパラダイムを確立したものであることは疑いを容れないし，さらには，20世紀終盤の社会科学における一つのマイル・ストーンとなったといっても過言ではないであろう。

　著者イエスタ・エスピン・アンデルセンは，1947年生まれのデンマーク国籍である。この著者の名前をいかにカタカナ表記するかは，ちょっとした議論の種になりかねない。デンマーク語に忠実に発音すればエスピン・アナセンとなろうし，英語的にはエスピン・アンダーセンとでもするべきであろう。ここでの表記は比較的浸透していると思われるものに従っている。

　著者は，コペンハーゲン大学を卒業後，アメリカのウィスコンシン大学で学位をとり（1978），ハーバード大学（1978-86），イタリアのヨーロピアン大学（1986-93），トレノ大学（1993-2000）で教歴を重ねた後，現在はスペインのポンペウ・ファブラ大学教授の地位にある。

　単著，編著，論文はきわめて多いが，彼がその研究キャリアをスタートさせたのは，労働運動，社会民主主義，福祉国家についての歴史的研究であった。学位取得

論文でもある *Social Class, Social Democracy and State Policy*, Nyt Fra Samfundsvidenskaberne, 1980 は，デンマークおよびスウェーデンの社会民主主義戦略についての比較政治史的研究で，さらにその後この研究をふまえて，ノルウェーを分析対象に加えて展開した *Politics against Markets*, Princeton University Press, 1985 を公刊した。こうした歴史的研究でのエスピン・アンデルセンの関心は，北欧社会民主主義における普遍主義的福祉国家の形成と展開を比較論的に跡づけることにあった。

その一方で筆者は，後述するように，ストックホルム大学の W. コルピとの共同研究などをとおして，福祉国家の形成要因とその発展をめぐる研究と論争にもかかわり，そのなかでクロスナショナルな比較分析を進めていた。この系譜に連なる重要な研究としては，コルピとの共著である "Social Policy as Class Politics in Postwar Capitalism", J. Goldthorpe (ed.), *Order and Conflict in Contemporary Capitalism*, Clarendon Press, 1984 や "Power and Distributional Regimes", *Politics & Society*, Vol. 14, 1985 等がある。そこではエスピン・アンデルセンは，先進諸国全般に比較の対象を拡げつつ，福祉国家の類型モデルについての考察を進めていた。

本書は，エスピン・アンデルセンのこうした二つの研究系譜をいわば交差させ総括したものであったと位置づけることができよう。そして後述するように，本書の主題のうち諸福祉国家モデルをめぐる環境変容から生まれるダイナミクスの問題は，この後，編著，*Walfare State in Transition: National Adaptations in Global Economies*, SAGE Publications, 1996 や *Social Foundations of Post-Industrial Economies*, Oxford University Press, 1999（渡辺雅男・渡辺景子訳『ポスト工業経済の社会的基礎』桜井書店，2000年）においてより立ち入って論じられていく。さらに，M. レジーニとの共編著 *Why Deregulate Labour Markets?*, Oxford University Press, 2000 では，この問題がとりわけ労働市場政策の有効性という観点から論じられる。

福祉国家研究への本書のインパクト

さて，著者は本書によって福祉国家研究のいかなる状況に切り込もうとしたのであろうか。その意図は，本書のなかでも繰り返されている福祉国家の発展をめぐる単線的なアプローチへの批判に見て取れる。本書の性格と意義を理解するためにも，次にこの点について簡単に整理しておきたい。

本書が登場した段階の福祉国家研究は，福祉国家の発展の背景についてその政治的要因を強調する議論が台頭していた。この政治的要因論は，それまでの福祉国家研究の主流が経済水準や人口構造などの社会経済的要因にその発展の背景を求め，

したがって近代化の進展に従って各国の政治体制がほぼ均質な福祉国家に収斂していくという展望を示していたのに対して，労働運動のパワーなどの政治的要因によって福祉国家の発展水準が大きく異なっていくと主張した。政治的要因論の台頭は，新保守主義的政権の出現など「収斂の終焉」（ゴールドソープ）とも言われた現実の政治経済体制の変化とも重なっており，やがて政治的要因説は福祉国家研究の新通説ともいうべき立場を固めていく。

ところがこの政治的要因説の内部でまた新たな論争が起こりつつあった。一口に政治的要因といっても，論者が着目する要因は決して一様ではなかった。たとえば，J. スティーブンズは社会民主主義政党の閣僚ポストや国会議席の占有率を，M. シュミットは議会外の労働運動の組織率を，T. スコチポルらは国家の制度と官僚のイニシアティブを，80年代に入ってからの H. ウィレンスキーはカトリック政党の影響力を，D. キャメロンは経済の開放度に注目した（Stephens, 1979 ; Schmidt, 1982 ; Orloff and Skocpol, 1984 ; Wilensky, 1982 ; Cameron, 1978）。

このような新たな論争点が生まれたにもかかわらず，一連の政治的要因論は，ある特定の政治的要因を福祉国家の発展を促す変数として想定し，その変数と福祉国家の発展とのリニアな相関を捉えようとしたという点で共通していた。またその限りにおいては，社会経済要因説のアプローチとも一致していたのである。

これに対してエスピン・アンデルセンは，基本的には政治的要因論の重要性を認めつつも，福祉国家の発展についてのこの単線論的なアプローチそのものに異議を唱える。エスピン・アンデルセンによれば，これまでの福祉国家研究は，被説明変数としての福祉国家が（その理論的考察を欠くゆえに）社会保障支出に還元される傾向があり，そもそも福祉国家とは何かという点があまりに看過されてきた。ところが，権力構造のあり方の多様性が生みだした福祉国家の制度と発展パターンの多様性を考えると，福祉国家は一つとは言えない，というのがエスピン・アンデルセンの主張である。仮に労働運動の勢力を独立変数とするにしても，それがいかなる権力構造によって媒介されどのような制度に結実するかで，異なった福祉国家レジームを生みだすのである。したがって，問題とされるべきは，複数の独立変数と複数の被説明変数との複線的な関係なのである。そして，このような視点から分析するならば，上述のような複数の政治的要因の影響力をめぐる論争点は，かなりの程度整理が進むのである。

それでは，福祉国家発展の単線的アプローチからの脱却という課題に，本書はどのように挑むのであろうか。

まず，本書の第Ⅰ部では，各国の労働運動，社会民主主義，福祉政策についての

該博な知識のうえに，社会民主主義レジーム，保守主義レジーム，自由主義レジームの三つの福祉国家レジーム類型の提示が試みられる。福祉国家レジームを析出するエスピン・アンデルセンの手法は周到なものである。第1章での予備的考察を受け，第2章では脱商品化，第3章では階層化というそれぞれの契機から三つのレジームがクラスター化されていることを確認したうえで，第4章では年金制度という特定の制度領域に限定してさらに三つのレジームを対照させている。そして，ここまでの考察がポランニーを思わせる歴史的なアプローチであるのに対して，第5章では計量分析によって三つのレジームとそれを主導した政治的要因との対応関係を検証する。

その上で本書の第Ⅱ部は，各々の福祉国家レジームがそれに対応した独自の雇用レジームを生みだすことを明らかにする。しばしば誤解されていることであるが，福祉国家レジーム論は，（最盛期を過ぎた）福祉国家についての静態的な分類論なのではない。この第Ⅱ部においてエスピン・アンデルセンは，福祉国家レジーム論を脱工業化に伴う環境変容の問題とクロスさせて，動態的な考察へと展開しているのである。第Ⅱ部の第6章，第7章では，三つの福祉国家レジームに対応する雇用レジームがいかに形成されたかを，戦後資本主義の展開とそれに対応した各国の制度と戦略にも目を配りながら明らかにする。そして，第8章，第9章では，それぞれの雇用レジームがポスト工業化という新しい経済環境のもとでどのような対応力を有しどのような紛争要因をかかえているかを明らかにしていく。エスピン・アンデルセンはその後，この諸レジームと環境変容の交差がもたらすダイナミクスという問題をその研究の主題としてより重視していくが，この点については後述しよう。

批判と応答

さて，本書はエスピン・アンデルセンの名を世界的に知らしめ，各分野において広範な影響を及ぼすと同時に，他方においてはいくつかの重要な批判を引き起こした。ここではそれを，フェミニストの観点からの批判，レジーム類型そのものに対する批判，ポスト・フォーディズム段階での類型の適用可能性をめぐる批判，非営利福祉研究からの批判の4点にまとめたうえで，エスピン・アンデルセンからのレスポンスをふくめて整理をしておきたい。

　① フェミニストからの批判

本書に代表される権力資源論的なアプローチと並んで，フェミニストのアプローチが台頭し，90年代の福祉国家論の興隆を支えた。フェミニストは，エスピン・ア

ンデルセンの議論に対して，福祉国家レジーム分析の指標としての脱商品化概念を批判した。オコナーによれば，「脱商品化の概念は，人口統計上のすべての集団が等しく商品化されているわけではないこと，そしてこのこと自体がおそらくは不平等の一つの要因であることを考慮していない」のである（O'connor, 1993 p. 513）。脱商品化はすでに商品化された男性労働者にとってこそ積極的な意味をもつが，制度的な障壁によって労働市場への進出が阻まれていた女性にとっては，むしろ商品化こそが当面の目標であるといってもよいのである。したがってオロフは，エスピン・アンデルセンの指標に，「ペイドワークへの接近」「自律的な家計を形成し維持するキャパシティ」という二つの指標を加えることで，福祉国家への視角をより包括的なものとしていくことを主張する（Orloff, 1993: pp. 318-322）。さらにルイスは，福祉国家と家族との関係に焦点を当てて，家父長制家族を前提とするイギリスなどの「男性稼得者型国家（Strong Male-Breadwinner States）」，女性が家族役割を遂行するかぎりにおいてこれを政策的に支援するフランスなどの「修正男性稼得者型国家（Modified Male-Breadwinner Countries）」，女性の自律を支援するスウェーデンなどの「弱男性稼得者型国家（Weak Male-Bread Winner Countries）」という独自の類型を提示している（Lewis, 1992）。

　エスピン・アンデルセンが女性と家族の問題を軽視したとするならば，それはやや酷である。なぜならば，本書の，少なくとも第8章においては，福祉国家レジームごとの女性の就労環境の相違について丹念な議論が展開されているからである。しかし，福祉国家レジームの分析が所得維持政策にほぼ限定されており社会サービスの供給体制が扱われていないせいもあり，福祉国家レジームそのもののジェンダーバイアスという視角が弱かったことは否定できない。そして，ある意味でエスピン・アンデルセンが最も真剣に受け止めたのが，このフェミニストからの批判であった。

　エスピン・アンデルセンは，本書のレジーム概念が，政府，市場，家族の相互関係を捉えることを意図しながらも，福祉国家と家族の関係についての立ち入った分析が欠如していたことを認める（Esping-Andersen, 1999, p. 12）。家族あるいは家計は，今日の福祉国家に構造的に組み込まれているばかりか，そこで両性間のいかなる分業関係が選択されるかで，逆に福祉国家のあり方に大きな変化が生まれるのであり，その意味ではきわめて能動的なアクターでもある。

　エスピン・アンデルセンは，福祉国家レジームと家族の関係を捉えるために，脱商品化とならんで，新たに「脱家族主義化」という指標を設定する（Esping-Andersen, 1999, p. 45）。脱家族主義化とは，当該社会における家族の衰退を測る指標

ではない。ある意味では逆であって，福祉国家の政策展開によって諸個人の家族への依存がどこまで軽減されているかを測るものであり，しばしば高い出生率を結果することからも分かるように，家族機能の実質的な活性化にすらむすびつくものである。それでは，この脱家族主義化指標の導入によって，本書のレジーム類型論は修正されるのであろうか。エスピン・アンデルセンはこの点について，脱家族主義化指標を導入しての検定をおこない，家族主義がとくに濃厚なイタリア，スペイン，ポルトガル，日本などと，ドイツ，フランスなどその他の保守主義レジームを別個のレジームとするほど有意な相違は認められないという結論を得て，本書のレジーム類型そのものに修正を加える必要はないとしている。しかしその一方で，エスピン・アンデルセンは家族の問題を福祉国家レジームの将来を決定する基本問題として据えなおしたことは強調してよい。いかなるレジームであろうと，男性稼得者の長期雇用を所与としてリスク構造に対応する制度と政策から脱却しないかぎりは未来はないのである。

② レジーム類型をめぐる批判

本書が引き起こした議論のうち次に取り上げるのは，本書の核心ともいうべきレジーム類型そのものへの批判である。上述のフェミニストからの批判もレジーム類型の見直しを求めるものが含まれていたが，より体系的に，レジーム類型論そのものについて批判をおこなった議論に，F. キャッスルズとD. ミッチェルによるものがある。

キャッスルズとミッチェルによる批判のポイントは，エスピン・アンデルセンが，イギリスやオーストラリア，ニュージーランドのように労働運動が強力である（あるいは，強力であった）が，その戦略のあり方から福祉国家形成にブレーキがかかった国と，アメリカ，カナダのようにもともと自由主義イデオロギーが徹底していた国とを区別していない，というものである。

オーストラリアやニュージーランドの労働運動は，ミーンズテストの導入によって中高所得層を給付の対象から排除しようとした。そのことによって，平等主義を徹底させようとしたのであり，つまり，自由主義イデオロギーとは異なった文脈でミーンズテストが重視されたのである。同時に，両国の労働運動は，福祉国家の形成による社会的賃金の増大よりも雇用の安定と賃金の上昇を重視したため，両国は「賃金稼得者の福祉国家」という性格を強めた（Castles and Mitchell, 1992, pp. 6-13）。また，イギリスの労働運動は，社会主義を国有化に還元し，職場での抵抗闘争に重点を置く戦略的伝統を長い間払拭できなかった。そのために，自由主義勢力の定礎

した福祉国家を新たな高みに引き上げることができなかった。つまり，キャッスルズとミッチェルによれば，こうした諸国は労働運動の「急進主義」ゆえに福祉国家の発展に制約がかかったという性格を共有するのであり，その意味でエスピン・アンデルセンの三類型では括れない福祉資本主義の「第四の世界」なのである。

また，他ならぬ日本，あるいは東アジア諸国の福祉国家がどこまでこのレジーム類型で説明しうるかも問題とされてきた。日本は，階層化指標からすれば保守主義モデル，脱商品化指標からすれば自由主義モデルに近く，しかも雇用のパフォーマンスという点では社会民主主義レジームに近い特徴ももっていた（本書「日本語版への序文」参照）。

こうした問題点に対しても，エスピン・アンデルセンは積極的に，しかしながら本書の枠組みを崩すことなく対応している。エスピン・アンデルセンの立場は，要するにこうしたケースはいずれか二つのレジーム類型の中間形態（南欧のケースは保守主義レジームのなかのバリエーション）として説明しうるというものである（Esping-Andersen, 1999, pp. 86-94）。

こうした中間形態を生みだしたのは，福祉国家を主導する政治勢力のヘゲモニーの交代あるいは均衡である。当初，大きな影響力をもっていたオーストラリアやニュージーランドの労働運動は，その戦略上の問題もあって，とくに80年代以降は自由主義勢力にヘゲモニーを譲り渡し，さらには失業と賃金格差の増大によって「賃金稼得者の福祉国家」という性格すら失っていく。イギリスについても，戦後直後の比較であれば社会民主主義レジームに近い位置づけになったであろうとエスピン・アンデルセンは述べる。しかし，本書の叙述にもあるように，イギリスにおいても戦後の政治過程をとおしてヘゲモニーの転換が生じた。そして結局のところ，これらの国々は労働運動の影響力の刻印を残しつつも自由主義レジームの特性を強めることになったのである。

エスピン・アンデルセンは，さらに日本についても，保守主義レジームと自由主義レジームの性格を併せもつものとして，すなわち中間形態のバリエーションとして位置づけていこうとしている（本書「日本語版への序文」および Esping-Andersen, 1999）。日本の政治経済レジームの背後に，保守主義と自由主義のユニークな連合があったことはペンペルの近著などでも強調されていることであり，おそらくはここに日本型福祉国家の特質を説明していく一つの鍵があることは間違いあるまい（Pempel, 1998, p. 97）。ただし最近のエスピン・アンデルセンは，日本を保守主義と自由主義レジームの中間形態とする立場を推持しつつも，保守主義の比重の高さを強調する傾向にある（Esping-Andersen, 1999, p. 92）。これは彼のレジーム論のなか

で指標としての家族主義—脱家族主義がより強調されてきたことと対応していよう。もちろん他方において，基本的には欧米諸国の経験に基づくエスピン・アンデルセンの福祉国家レジーム論がそのまま日本や東アジアの福祉国家の発展を説明する上で最適の枠組かという点は問題が残る。だが，この点についてはここでこれ以上立ち入るべきではなかろう。

③　福祉国家の環境変容にかんする批判

本書で展開された福祉国家レジーム論について，たんに静態的な福祉国家の分類論であるとの誤解がある。そこまで極端でなくとも，福祉国家レジーム論が福祉国家をめぐる環境変容やそこから生じる福祉国家の危機に対して十分な射程を持たない，という指摘も散見される。たとえばA. グールドは，スウェーデン，イギリス，日本の福祉国家の変容を比較しつつ，ポスト・フォーディズム的な社会変容が進行するなかで，スウェーデンのような社会民主主義レジームを含めて脱商品化の流れは逆転し，「再商品化」が進み，その限りで福祉国家の「ジャパナイゼーション」が進展すると言う（Gould, 1993: p. 233）。

本書を一読された読者には，本書が静態的な福祉国家の分類論であるというのは的外れであることは明らかであろう。すでに触れたように，本書は第Ⅰ部で抽出した三つの福祉国家レジームがそれぞれどのような雇用レジームを生み出すかを第Ⅱ部で考察し，その上でそれぞれの雇用レジームがポスト工業化段階でいかなる対応力を示すかを分析の焦点としているからである。

さらに本書の後のエスピン・アンデルセンの議論は，この新しい環境のもとでの福祉国家の可能性という問題を軸に展開しているといって差し支えない。すなわち，編著 *Walfare States in Transition*（1996）では，脱工業化およびグローバリゼーションのもとでの三つの福祉国家レジームの動向が分析される。ここでは，三つのレジームが，その制度的特性から，グローバリゼーションに対して異なった戦略で対応していることが指摘される。とくに社会民主主義レジームの可能性やその可能性を引き出す戦略（「社会的投資戦略」）については立ち入った考察がおこなわれている。

また，*Social Foundations of Post-Industrial Economies*（1999）は，前述のように脱家族主義化指標を導入した著作であるが，この脱家族主義化能力の高い社会民主主義レジームの可能性が改めて強調されると同時に，そのためには一方ではサービス市場の規制緩和が，他方では家族の変容から生まれる新しいリスク構造に対処するためのレジームの再編（recasting）が必要であることが，（前作以上に）強調さ

れている (Esping-Andersen, 1999, pp. 170-184)。

④　非営利組織研究からの批判

　福祉国家を新しい環境に適合させて再編する戦略の一つとして有力視されるのは，民間非営利組織の活用であり，この分野でも，近年多くの優れた研究が現れている。その中には，エスピン・アンデルセンの福祉国家レジーム論がこの分野の研究（とくに行政-非営利関係についての比較研究）にもたらしたインパクトを高く評価しつつも，エスピン・アンデルセンの分析自体に民間非営利の福祉団体についての視点が欠如していることについて批判がある。たとえば S. キューンレと P. セッレは，「1980年代にボランタリーセクターについての研究が増大したことを考えれば，エスピン・アンデルセンがその福祉国家の類型化への豊かなアプローチのなかで，ボランタリー組織の役割を考察に加えていないことは少し驚きである」と述べる (Kuhnle and Selle, 1992, p. 15)。たしかに，管見の限りでは，エスピン・アンデルセンは現在までのところこの問題に対してまとまった議論をおこなってはいない。

　繰り返し述べてきたように，福祉国家レジーム論の眼目は，狭隘な国家制度論，政策論から脱却し，政府，市場，家族の相互連関と（主導する政治勢力のイデオロギーとも関連した）役割分担のあり方に注目することにあった。エスピン・アンデルセンは，レジーム論的な視角をその後より徹底し，*Social Foundations of Post-Industrial Economies* (1999) では，福祉国家レジームという言葉はほとんど使わず，福祉レジームという表現を採っている。これは今日の福祉体制の分析を福祉国家に還元する傾向を戒めるためであり，その点で福祉（国家）レジーム論には非営利セクターの役割を捉えていくキャパシティがあると考えられる。しかし，エスピン・アンデルセンがレジームを構成するものとして対象とするのは，政府，市場，家族の三つのセクターであって，A. エバースや V. ペストフのように，非営利セクターをこれと区別して第 4 のセクターとして立てる発想は見られない。本書の第 4 章でも，年金体制の形成に関して，労働者のボランタリーな友愛組合と政府の相互作用が描き出されているが，それはあくまで政府の制度に吸収されていく存在として扱われている。

　エスピン・アンデルセンの議論において民間非営利組織の役割が正面から扱われていない点について，G. ルームとペリ・シックスは 2 点を指摘する。第一に，エスピン・アンデルセンが福祉国家の多面的な活動領域のなかでも，年金を中心とした所得維持政策を分析の焦点としたために，主要には福祉サービスの領域で活動する民間非営利組織が射程に入らなかった，という点である。第二に，エスピン・ア

ンデルセンの議論が基本的には労働運動の影響力を基準としたものであるために，オランダやドイツのように競合する複数の宗教・言語集団が非営利組織をとおして福祉供給を整備したケースが捉えられなかったということである（Room and Perri 6, 1994, pp. 42-47）。

ただし，解説者が他のところでも示唆したように，エスピン・アンデルセンの福祉（国家）レジーム類型ごとに，非営利セクターの福祉サービス供給体制における役割について固有のパターンを見出すことも可能であるように思われる（宮本，1999）。また，見てきたようにエスピン・アンデルセンは，フェミニストからの批判を契機として，福祉サービスの領域にまで分析の対象を拡大しつつ，とくにポスト工業化段階での福祉国家の再編という問題に焦点を移しつつある。こうした展開の延長で，民間非営利組織について新たな位置づけが図られるのか，あるいは，あくまでそれは政府と市場の中間領域という位置づけに留まるのか，注目されるところではある。

以上のように，本書が提起した福祉国家レジーム論は，多様な批判と対質し，部分的にはこうした批判を摂取しながら深化してきていると言える。今後は，グローバリゼーションのいっそうの展開のなかで，各国の福祉国家戦略の抜本的な再編や転換なども分析の焦点となろうが，この点については解説者の別稿を参照されたい（宮本，2000）。

最後に本書の翻訳までの経緯および分担について述べておきたい。解説者が本書の翻訳の企画に誘われたのは実に5年前のことであった。だがその後，訳者の留学が相次いだり，また翻訳作業のとりまとめ役が病気で倒れるなどの出来事があり，翻訳作業はスムーズには進まなかった。1999年には，解説者が翻訳作業のとりまとめ役を引き継いだが，怠惰と非才から，その後出版までさらに一年以上もかけてしまった。

この本の翻訳計画はいつの間にか広く伝わり，出版社には異例なほど多くの問い合わせが続いたと聞く。お待ちいただいた読者，ならびに，優に一論文に値する「日本語版への序文」を執筆していただいた原著者には，公刊の遅延を心からお詫びしたい。

翻訳の分担は，岡沢が「日本語版への序文」と「はしがき」を，宮本が「序」，第1，2章，藤井が第3，4章，松滻が第5，9章，西村が第6章，澤邉が第7章，北が第8章，第Ⅱ部導入部をそれぞれ担当し，それを監訳者が松滻の助けを得て用語や表記の統一や表現の調整を繰りかえして完成させた。本書のように該博な歴史

的知識と計量分析の技法を動員した書物の翻訳は決してやさしいものではなく，注意深く訳したつもりではあるが，依然として思わぬ誤りが含まれていることを恐れる。読者諸賢のご指摘をいただければ幸いである。なお，監訳者は埋橋孝文氏から訳文に関してご教示いただいた。記して謝意を表したい。

最後になるが，長い翻訳作業の過程であらゆる助力を惜しまず，本書を公刊に導いたミネルヴァ書房の杉田啓三氏と編集部の北坂恭子氏にも感謝をしたい。

2000年9月

宮本太郎

引用文献

Cameron, David, 1978, "The Expansion of the Public Economy: A Comparative Analysis", *American Political Science Review*, Vol. 72, No. 4.

Castles, F. G. and Deborah Mitchell, 1992, "Identifying Welfare State Regimes: The Links Between Politics, Instruments and Outcomes", *Governance*, Vol. 5, No. 1.

Esping-Andersen, Gøsta, 1999, *Social Foundations of Post-Industrial Economies*, Oxford University Press（渡辺雅男・渡辺景子訳『ポスト工業経済の社会的基礎』桜井書店，2000年）．

Gould, Arthur, 1993, *Capitalist Welfare Systems: A Comparison of Japan, Britain and Sweden*, Longman.

Kuhnle, Stein and Per Selle, 1992, "Government and Voluntary Organizations: A Relational Perspective", S. Kuhnle and P. Selle(eds.), *Government and Voluntary Organizations*, Avebury, 1992.

Lewis, Jane, 1992, "Gender and the Development of Welfare Regimes", *Journal of European Social Policy*, Vol. 2, No. 3.

O'Connor, J. S. 1993, "Gender, Class and Citizenship in the Comparative Analysis of Welfare State Regimes: Theoretical and Methodological Issues", *British Journal of Sociology*, Vol. 44, No. 3.

Orloff, A. S. 1993, "Gender and the Social Rights of Citizenship: State Policies and Gender Relations in Comparative Research", *American Sociological Review*, Vol. 58, No. 3.

Orloff, A. S. and Theda Skocpol, 1984, "Why Not Equal Protection?: Explaining the Politics of Public Social Spending in Britain, 1900-1911, and the United States, 1880s-1920", *American Sociological Review*, Vol.49.

Pempel, T. J. 1998, *Regime Shift: Comparative Dynamics of the Japanese Political Economy*, Cornell University Press.

Room, Graham and Perri 6, 1994, "Welfare States in Europe and the Third Sector", Perri 6 and I. Vidal(eds.), *Delivering Welfare: Repositioning Non-Profit and Cooperative Action in Western European Welfare States*, CIES.

Schmidt, Manfred, 1982, "The Role of the Parties in Shaping Macroeconomic Policy", F. Castles (ed.), *The Impact of Parties*, SAGE.

Stephens, John D. 1979, *The Transition from Capitalism to Socialism,* Macmillan.

Wilensky, Harold L. 1982, "Leftism, Catholicism, and Democratic Corporatism : The Role of Political Parties in Recent Welfare State Development", P. Flora and A. J. Heidenheimer (eds.), *The Development of Welfare States in Europe and America*, Transaction Books.

宮本太郎「福祉国家の世紀と政治学——『新しい福祉政治』へ」日本政治学会編『20世紀の政治学』岩波書店，1999年。

宮本太郎「経済グローバル化と福祉国家レジーム——『新しい収斂』か『分岐の持続』か」日本比較政治学会編『グローバル化の政治学』早稲田大学出版部，2000年。

索 引

あ

アイケンベリー, J. *98*
アッシュフォード, D. *98*
アデナウアー, K. *27*
アファーマティブ・アクション *238*
アブセンティズム *165-168*
「アメリカ—太平洋」(福祉国家) モデル *i, iii*
アメリカ型福祉国家 *237*
アメリカ社会保障法 *72*
アングロ・サクソン諸国 *83*
イギリス工場法 *74*
イタリアにおける社会年金 *55*
インカムテスト *54, 77*
インサイダー・アウトサイダー問題 *239*
「インデックス契約」(デンマーク) *110*
ウィリアムソン, J.B. *128*
ウィレンスキー, H. *122, 135*
右派政党の権力 *17*
オーガス, A. *49, 71*
オーストロ・ドイツ・マルクス主義 *11*
オコナー, J. *62*
オコンネル, P.J. *124*
オヒギンズ, M. *63*
恩賞的年金 *101, 109*

か

ガーシュニィ, J. *207*
カーター政権 *192*
階級
  ——アイデンティティ *32*
  ——構造の変容 *27*
  ——動員 *11*
  ——動員理論 *16, 17*
  ——連合 *33*
  ——連合理論 *18*
外国人労働者 *197, 223, 239, 240*

階層化 *25, 62, 78*
カウツキー, K. *50, 73*
科学的管理法 *100*
加重内閣占拠率 *120, 127, 130-132, 134, 135, 138, 141-144, 146, 147*
家族主義 *x, xii*
家族の福祉機能 *xi*
家族福祉 *xiv*
カトリック *121, 127*
カトリック教会 *68*
カトリック政党 *119, 121, 130, 133, 134, 141, 144, 145, 148*
カレツキ, M. *140, 173, 174, 198*
完全雇用 *140-142, 153, 174*
完全雇用の資本主義 *173*
管理職過剰 *215, 218*
管理職退職年金制度一般組合 (AGIRC) *108*
官僚制 *122, 135*
キーオー・プラン (アメリカ) *110*
機会均等法 *238*
企業年金 *99*
企業福祉 *iii, xiii, xiv*
ギデンズ, A. *1*
キャッスルズ, F. *17, 77*
キャメロン, D. *63*
救貧政策 *137, 141*
救貧扶助 *80*
共済組合 *44, 46, 68, 98, 99, 101, 102, 104*
協調行動 *181, 183, 187*
共同決定法 *188*
協約年金 *109*
キリスト教民主主義 *121, 127*
キリスト教民主主義政党 *v, 142*
キリスト教民主同盟 (CDU) *181, 187*
ギルド *17, 42, 44, 46, 68, 69*
ギルバート, B. *98*

269

ギルマー, A.　97
近代化理論　113
近代官僚制　13
クライエンタリズム　43
グリフィン, L.J.　124
グレーブナー, W.　49, 161
クロウォード, R.A.　62
クワァドロゲシモ・アンノ　37, 44, 68
君主制福祉国家　9
ケインズ主義的福祉国家　2
欠勤に対する補償　165
欠勤率　166, 168
ゲットー　18
　――・モデル　75, 76
　――アプローチ　26
　――社会主義　ix
　――戦略　74, 75
権威主義的国家主義　111
権威主義的パターナリズム　66
公共選択論　15
高コスト体質問題　235
公私ミックス　86, 88, 95, 96, 110
工場法　50
厚生年金保険（EPI）　ii
構造主義的なマルクス主義　13
公務員年金　96, 128
高齢者
　――人口比率　127, 139
　――世帯の所得源泉　89, 93
　――の早期退職率　167
高齢労働者の労働市場参加　163
コーエン, S.　208
コーポラティヴィズム　105
コーポラティズム　29, 67, 68, 111, 113, 123, 134
コーポラティズム型福祉国家　v
「コーポラティズム的」な福祉国家　29
コーポラティズムの指標　84
コーポラティズムモデル　26
国民年金（NPI）　ii
国民の家　75, 76, 158
個人年金　88, 90, 128
コッカ, J.　67

国家主義　45, 66, 67, 84, 132, 144
「国家導出」学派　37
国家優位型保険システム　93
雇用
　――参加率　210
　――制限戦略　197
　――創出戦略　164
　――なき経済成長　159
　――主としての福祉国家　169
　――の二重構造　240
　――レジーム　171
コルピ, W.　xvii

さ

サービス雇用　204
サービス産業　209
ザイスマン, J.　208
再分配連合　176
サッチャー政権　21
左翼政党権力　124, 132, 148
「産業主義の論理」論　13, 20
産業年金　88
「産業民主主義」立法　188
残余主義システム　93
残余の福祉国家　21, 87
シーニア, N.　9, 46
ジェンダーバイアス　223
ジェンダー分離　222
『資本論』　50
市民権　15, 25
市民賃金　53
シャープフ, F.　206
社会化プラン　37
社会権　15, 22, 24, 30, 117
社会主義　30, 49, 51
社会主義者　50-52
社会主義的改良主義　73
社会主義レジーム　80, 82, 147
社会政策の源泉　39
社会的階層化　4, 77, 83, 227
「社会的市場」モデル　180
社会的市民権　22, 40, 71

社会的賃金　*124, 125*
社会扶助モデル　*51*
社会保障年金　*90, 95*
社会民主主義
　──化　*138*
　──戦略　*11*
　──モデル　*v, 11, 118*
　──レジーム　*30, 130, 154*
社会民主党（SPD）　*181*
社会民主党―自民党連合　*181*
社民中心主義　*124*
シャリフ, M.　*124*
自由主義　*47, 49, 69, 70-72, 78, 138*
　──的改革運動　*71*
　──的なドグマ　*41, 47*
　──的福祉国家　*29*
　──的福祉国家レジーム　*vi, 146*
　──のドグマ　*86*
　──モデル　*viii*
　──レジーム　*81, 130, 154*
終身雇用関係　*xiii*
終身雇用制　*ix*
囚人のジレンマ　*176*
自由放任主義　*42*
儒教主義　*xi*
出産・育児休暇　*167*
出生率　*x, xi*
シュナイダー, F.　*206*
シュモラー, G.　*9*
シュンペーター, J.　*46*
ジョージ, L.　*70, 71*
初期の社会主義運動　*74*
職域年金　*88-90, 95, 102, 105*
職域福祉　*iii*
職域分離　*221, 223, 228*
女性の労働力率　*167, 171*
所得の弾力性　*205*
所得比例型年金　*93*
ジョンソン政権　*186*
新救貧法　*40*
人口構造　*148*
人口高齢化　*128*

新古典派経済学　*155*
人種的マイノリティ　*223, 240*
新中間階級　*34, 35*
新中間層　*28*
進歩党　*190*
スウェーデン
　──型福祉国家　*234*
　──中心主義　*17, 124*
　──の社会民主主義者　*77*
　──の社会民主党政府　*179*
　──の徴税能力　*195*
　──モデルのアキレス腱　*235*
　──労働組合連合（LO）　*178*
スカンジナビア　*83*
スコチポル, T.　*98*
スティグマ　*70, 137*
ストップアンドゴー政策　*174, 178*
スパン, O.　*37*
スピーナムランド体制　*40*
スミーディング, T.　*64*
スミス, A.　*8, 9, 37, 46*
スラム・プロレタリアート　*50, 73*
「生活水準」研究　*64*
政治的交換　*199*
政治的ビジネスサイクル　*173, 175, 177, 178, 183, 192, 196*
政治的連合　*33, 119*
政治的連合形成　*119*
制度学派　*155*
制度的福祉国家　*21, 87*
政府公務員年金　*88*
セイフティネット　*152*
政府被用者年金　*90, 92, 106, 132*
赤緑連合　*18, 33, 34, 177*
積極的なマンパワー制度　*143*
積極的労働市場政策　*157, 164, 179, 184, 195, 196*
積極的労働力政策　*197*
絶対主義　*135*
セルボーン, G.　*21*
1947年財政法　*110*
前資本制社会　*42*

索　引　271

漸進主義的な戦略　51
戦争起源説　1
先任権ルール　164
早期退職制度　159-164, 191, 192
疎外　49
租税特別措置　102, 109

た
第4のレジーム　xiii
ダイアモンド, P.　163
第一インターナショナル　73
退役軍人年金　102
待機日　165
退職　95, 161
退職パターン　163
対個人サービス職　230
対ビジネス・サービス　212
多元主義論　15
脱商品化　iv, viii, 23, 24, 41, 60, 117, 138-140
　——インデックス　56
　——効果　53
　——効果をもつ福祉国家　24
　——作用　52
　——政策の萌芽形態　50
　——という概念　41
脱物質主義　233
タフト, E.　186
タフト―ハートレー法　177
団体職域年金　128
チャリティ　97
中間階級福祉国家　36
中間層の没落　220, 221
賃金上昇圧力　182
賃金ドリフト　185
ティトマス, R.　21, 48, 87
定量的研究　114
デフォー, D.　100
デュルケム, E.　67
伝統的保守主義　66
ドイツ
　——型福祉国家　235
　——の福祉国家　196

　——のポスト工業化　214
同業組合モデル　44
同居率　xii
投資基金制度　184
トーレイ, B.　64
独立労働党（イギリス）　71

な
内部―外部労働市場モデル　155
ニクソン政権　186
二重構造　vii, ix, 25, 27, 65, 70, 72, 228
二重労働市場理論　155, 156
日本
　——型「福祉国家」　i
　——型コーポラティズム　viii
　——型福祉国家　ii, viii, xiii, xiv
　——型福祉国家レジーム　vi
　——特殊論　ix
　——の社会的支出　iii
　——の社会福祉サービス　iii
　——の貧困率　vii
ニューディール　33, 108
ニューディール改革　177
ネオ・コーポラティズム　120, 180, 183, 196
ネオ・マルクス主義　62
ネオ・リベラリズム　8, 47
年金　86
年金給付の構造　122
年金の歴史　96
年金ミックス　92, 103, 111, 130, 135
納税者の反乱　36
農村階級　76
農民と労働者の政治的同盟　179
延べ払いされた賃金　198
延べ払いされる（社会的）賃金　185, 189
延べ払いされる（社会的）賃金戦略　187, 190, 199, 200
ノルウェーの労働党政権　180

は
パーキンソンの法則　135
ハーディ, K.　71

パートタイム労働　210
ハイマン，E.　11, 51
バウアー，O.　75
パターナリズム　43
ハリソン，B.　205
反景気循環策　140
反税運動　190
ハンソン，P.A.　75
パンペル，F.　163
パンペル，F.C.　128
ピヴン，F.F.　62
ビジネス・サービス　216
非熟練化　238
ビスマルク　25, 26, 45, 66, 98, 116
ビスマルクの労働者年金　68
ヒップス，D.　140
貧困に対する戦争　186
ファシズム　45
フィリップス曲線　175
フォーディズム　207, 209
フォン・ターフェ　25, 45
フォン・バルゼック，H.　97
付加年金（ATP）基金　184
福祉国家
　——・労働市場レジーム　176, 204
　——と雇用レジーム　232
　——と労働市場　160, 169
　——と労働市場の分離状態　158
　——による雇用　172
　——の起源　1
　——の規模　125
　——の財政不均衡　191
　——の発展に関する理論　32
　——の発展要因　122
　——の平等化能力　63
　——の理論化　115
　——反動　36
　——への第一歩　116
　——らしさ　114
　——レジーム　2, 148, 152-154
　——レジームの概念　87
福祉サービス　212

福祉市場　70
福祉資本主義　2, 48, 71, 103-106
福祉と労働の融合　31
福祉ミックス　iv, ix, xii
プシェボルスキ，A.　14
負の所得税　54
普遍主義　28, 30, 31, 76, 77, 80, 85, 113
　——的国家優位型システム　93
　——的な制度　28
　——的連帯　52
プライヴァタイゼーション　80
ブランティング　75
フリンジ・ベネフィット　43, 71, 101, 107, 108, 216, 237
フリンジ・ベネフィットプラン　103
ブルーストーン，B.　205
ブレイヴァマン，H.　218
プログラム上のコーポラティズム　130, 133
平均寿命　96
ペイン，T.　100
ベヴァリッジ，W.H.　65, 159
ベヴァリッジ・プラン　178
ベヴァリッジ・モデル1　58
ベーベル，A.　37
ヘドストローム，P.　64
ベル，D.　218
ベルンシュタイン，E.　76
包括解決交渉（Helhedsloesningen）　183
包括的経済誘導（Globalsteuerung）　181
法定（の）社会保障年金　92, 106, 128
法定社会保障バイアス　135
ボーア戦争　47, 71
ホースマン，J.　163
ボーモル・モデル　205, 206, 229, 230, 234
ボール，D.　97
補完性（の）原理　vi, 37, 69, 145, 235
北欧の社会民主主義国　178
保険産業　104
保険数理主義　72
保守主義　45, 78
　——的および（あるいは）カトリック的改良主義　59

――的な政治経済学　*10*
――レジーム　*130, 144, 145, 154*
ポスト・フォーディズム　*233*
「ポスト工業化」雇用　*230*
ポスト工業化社会の雇用構造　*238*
ポスト工業化段階の階層化　*225*
ポスト工業化段階の雇用　*227*
ポスト工業社会　*203*
ポストモダン　*233*
補足的保障所得（SSI）　*186*
補足的退職年金制度組合（ARRCO）　*108*
ポランニー, K.　*iv, 4, 14, 15, 40, 41, 69*
ボルドーニャ, L.　*174*
ポロメネーレ, W.　*206*
ホワイトカラー　*34*

―― ま ――

マーシャル, A.　*13, 158*
マーシャル, T.H.　*iv, 22, 25, 40, 62, 65*
マーシャル経済学　*113*
マイノリティグループ　*223, 227*
マイルス, J.　*103, 128, 220*
マキャモン, H.J.　*124*
マルクス, K.　*9, 40, 41, 50, 74*
マルクス主義の政治経済学　*10*
ミーンズテスト　*54, 70, 78, 84, 123, 125, 136*
ミクロ社会主義　*74*
三つの忍び寄る革命　*159*
三つの独自な雇用構造　*216*
ミル, J.S.　*9, 158*
民間供給　*92*
民間職域年金　*90, 131*
民間年金　*80, 89, 95, 102-111, 132*
民間年金市場　*72*
民間福祉　*87*
民間福祉団体　*80*
民間保険会社　*101*
民主主義　*9, 15*
メイドナー, R.　*179*
メディケイド／メディケア　*186*
持ち家所有　*109*

―― や ――

友愛組合　*42, 44, 68*

―― ら ――

リスト, F.　*9*
リベラリズム　*30*
リンゲン, S.　*63, 64*
リンドブロム, C.　*41*
ルーズヴェルト　*177*
ルクセンブルク, R.　*50*
ルクセンブルク所得研究　*64*
ルンペン・プロレタリアート　*118*
レイン, M.　*64, 214*
レーガン政権　*190, 193*
レーン, G.　*179*
歴史的研究　*114*
レギュラシオン学派　*209*
レジーム・クラスター　*78, 81*
レッセ・フェール　*69*
劣等処遇　*48, 157*
レルム・ノヴァルム　*37, 44, 68, 101*
「連帯基金」（フランス）　*55*
連帯的賃金交渉　*230*
労働意欲の阻害要因　*165*
労働供給削減策　*164*
労働組合　*74, 100*
労働組合会議（TUC）　*108, 190*
労働組合主義　*32, 130, 131*
労働時間短縮　*197*
労働市場　*152, 153*
　――からの退出　*162, 163*
　――政策　*143, 155*
　――庁　*237*
　――のパフォーマンス　*157*
　――の分断化理論　*155, 156*
　――レジーム　*154*
労働社会学　*156*
労働者階級　*32*
労働者階級動員変数　*120*
労働者階級動員理論　*20, 116-119*
労働者階級の力　*115*
労働者基金　*195, 200*

労働者主義　52
労働者政党　33, 134
労働戦士　66, 158
労働党政府　190
労農同盟　75
老齢年金の脱商品化度　60
老齢扶助（OAA）　106
ローマカトリック教会　67
ロッカン, S.　121

わ
ワグナー法　177

ワイス, I.　163
ワイスコップ, T.　185
ワグナー, A.　9, 37
ワグナー法則　13

欧文
CETA（包括的教育訓練法）　192, 193
MPT スコア　218
SSIB データファイル　xvii
WEEPデータファイル　xvii

翻訳者紹介（翻訳順，＊は監訳者）

＊岡沢憲芙（日本語版への序文，はしがき）
　　監訳者紹介参照

＊宮本太郎（序，第1章，第2章，訳者解説）
　　監訳者紹介参照

藤井浩司（第3章，第4章）
　　現在：早稲田大学政治経済学部教授
　　主著：W. ラカー『ヨーロッパ現代史Ⅰ・Ⅱ・Ⅲ』（共訳）芦書房，2000年。
　　　　　『世界の福祉』（共著）早稲田大学出版部，2001年。

松溪憲雄（第5章，第9章）
　　現在：龍谷大学名誉教授
　　主著：『イギリスの医療保障』光生館，1998年。
　　　　　N. バー『福祉の経済学』（共訳）光生館，2007年。

北　明美（第Ⅱ部レビュー，第8章）
　　現在：福井県立大学名誉教授
　　主著：『高度成長の時代2 過熱と揺らぎ』（共著）大月書店，2010年。
　　　　　『福祉と労働・雇用』（共著）ミネルヴァ書房，2013年。

西村万里子（第6章）
　　現在：明治学院大学法学部教授
　　主著：『先進諸国の社会保障2　ニュージーランド・オーストラリア』
　　　　　（共著）東京大学出版会，1999年。
　　　　　『NPOと新しい社会デザイン』同文舘出版，2004年。

澤邉みさ子（第7章）
　　現在：東北公益文科大学教授
　　主著：『先進諸国の社会保障2　ニュージーランド・オーストラリア』
　　　　　（共著）東京大学出版会，1999年。
　　　　　『欧米諸国における障害者の就業状態と雇用支援サービス
　　　　　（調査研究報告書 No.28）』（共著）障害者職業総合センター，1998年。

〔監訳者紹介〕

岡沢憲芙（おかざわのりお）
　1944年　生まれ。
　1967年　早稲田大学政治経済学部卒業。
　現　在　早稲田大学名誉教授。
　主　著　『スウェーデンの政治――実験国家の合意形成型政治』東京大学出版会，2009年。
　　　　　『政党』東京大学出版会，1988年。
　　　　　『スウェーデンの挑戦』岩波書店，1991年。

宮本太郎（みやもとたろう）
　1958年　生まれ。
　1988年　中央大学法学研究科単位取得終了。
　現　在　中央大学法学部教授。
　主　著　『福祉国家再編の政治』（編著）ミネルヴァ書房，2002年。
　　　　　『福祉国家という戦略――スウェーデンモデルの政治経済学』法律文化社，
　　　　　　1999年。
　　　　　『比較福祉国家論』（共編著）法律文化社，1997年。

MINERVA 福祉ライブラリー㊼
福祉資本主義の三つの世界

2001年6月10日　初版第1刷発行　　　　　検印廃止
2023年5月20日　初版第12刷発行

定価はカバーに
表示しています

監訳者　　岡　沢　憲　芙
　　　　　宮　本　太　郎
発行者　　杉　田　啓　三
印刷者　　中　村　勝　弘

発行所　株式会社　ミネルヴァ書房
607-8494 京都市山科区日ノ岡堤谷町1
電話075-581-5191／振替01020-0-8076

ⓒ岡沢憲芙・宮本太郎，2001　　　中村印刷・坂井製本

ISBN978-4-623-03323-2
Printed in Japan

● MINERVA 福祉ライブラリー・A5判美装カバー

ステファン・ローズ編
㉑ケースマネージメントと社会福祉
白澤政和・渡部律子・岡田進一監訳

㉒現代社会保障・社会福祉の基本問題
堀勝洋著

ピーター・デカルマー他編著
㉓高齢者虐待
田端光美・杉岡直人監訳

㉔高齢者の暮らしを支えるシルバービジネス
シニアライフプロ21編

㉕スウェーデン・超高齢社会への試み
ビヤネール多美子著

㉖実践ケアマネジメント
山崎きよ子著

㉗欧米の住宅政策
小玉徹他著

㉘欧州統合と社会保障
岡伸一著

㉙はじめて学ぶグループワーク
野村武夫著

㉚生きがいある長寿社会　学びあう生涯学習
香川正弘・佐藤隆三・井原正躬・荻生和成著

㉛防災福祉コミュニティ
倉田和四生著

㉜援助を深める事例研究の方法
岩間伸之著

アードマン・B・パルモア著
㉝高齢期をいきる高齢期をたのしむ
浅野仁監修／奥西栄介・孫良訳

㉞子どもを見る変化を見つめる保育
天田邦子・大森隆子・甲斐仁子編著

㉟福祉国家への視座
大山博・炭谷茂・武川正吾・平岡公一編著

パット・セイン著
㊱イギリス福祉国家の社会史
深澤和子・深澤敦監訳

OECD 著
㊲OECD 諸国・活力ある高齢化への挑戦
阿部敦訳

㊳介護実習への挑戦
泉順編著

㊴ジェンダーの生活経済論
伊藤セツ編著

㊵介護保険と社会福祉
伊藤周平著

㊶高齢社会の地域政策
堀内隆治・小川全夫編著

㊷介護保険制度と福祉経営
矢野聡・島津淳編著

㊸介護保険とシルバーサービス
川村匡由著

㊹バリアフリー思想と福祉のまちづくり
萩原俊一著

ジュディス・ミルナー他著
㊺ソーシャルワーク・アセスメント
杉本敏夫・津田耕一監訳

アンドリュー・D・ワインバーグ著
㊻介護サービスとリスクマネジメント
橋本宏子訳・解説

G・エスピン-アンデルセン
㊼福祉資本主義の三つの世界
岡沢憲芙・宮本太郎監訳

㊽新しい時代の社会福祉施設論
今村理一編著

㊾私のまちの介護保険
樋口恵子編著

㊿ホームヘルパーのためのスーパービジョン
大塩まゆみ・福富昌城・宮路博編著

(51)少子高齢時代の都市住宅学
広原盛明・岩崎信彦・高田光雄編著

(52)介護老人福祉施設の生活援助
小笠原祐次編著

ミネルヴァ書房
https://www.minervashobo.co.jp/

● MINERVA福祉ライブラリー・A5判美装カバー

㊳総合医療福祉論
　田中晴人・熱田一信編著
㊴子育て支援の現在
　垣内国光・櫻谷真理子編著
㊶日本の住まい　変わる家族
　袖井孝子著
㊷IT時代の介護ビジネス
　森本佳樹監修／介護IT研究会編
㊸マネジドケアとは何か
　日本医療ソーシャルワーク研究会監修／
　住居広士監訳
㊹介護財政の国際的展開
　舟場正富・齋藤香里著
㊺社会福祉への招待
　岡本栄一・澤田清方編著
㊻介護職の健康管理
　車谷典男・德永力雄編著
㊽医療・福祉の市場化と高齢者問題
　山路克文著
㊾イギリスの社会福祉と政策研究
　平岡公一著
㊿介護系NPOの最前線
　田中尚輝・浅川澄一・安立清史著
66アメリカ　おきざりにされる高齢者福祉
　斎藤義彦著
67社会福祉の思想と歴史
　朴　光駿著
68少子化社会の家族と福祉
　袖井孝子著
69精神障害者福祉の実践
　石神文子・遠塚谷冨美子・眞野元四郎編著
70京都発　マイケアプランのすすめ
　小國英夫監／マイケアプラン研究会編著
71入門　社会福祉の法制度
　蟻塚昌克著

72ソーシャルワークの技能
　岡本民夫・平塚良子編著
73少子高齢化社会のライフスタイルと住宅
　倉田　剛著
74社会福祉普遍化への視座
　川村匡由著
75女性福祉とは何か
　林　千代編著
76英国年金生活者の暮らし方
　染谷俶子著
77人間らしく生きる福祉学
　加藤直樹・峰島　厚・山本　隆編著
　　　　　　マニュエル・カステル／ペッカ・ヒネマン著
78情報社会と福祉国家
　高橋睦子訳
　　　　　　マジェラー・キルキー著
79雇用労働とケアのはざまで
　渡辺千壽子監約
80介護保険と21世紀型地域福祉
　山田　誠編著
81社会保障と年金制度
　本沢一善著
82新ケースワーク要論
　小野哲郎著
83地域福祉計画の理論と実践
　島津　淳・鈴木眞理子編著
84高齢者施設の未来を拓く
　原　慶子・大塩まゆみ編著
85障害をもつ人たちの自立生活とケアマネジメント
　谷口明広著
86くらしに活かす福祉の視点
　宮本義信編著
90ブレア政権の医療福祉改革
　伊藤善典著

ミネルヴァ書房
https://www.minervashobo.co.jp/

比較政治学のフロンティア

岡澤憲芙編著
A5判／384頁／本体6500円

北欧学のフロンティア

岡澤憲芙編著
A5判／434頁／本体6500円

福祉国家実現に向けての戦略

藤井　威著
A5判／268頁／本体2800円

都市と政治的イノベーション

日本比較政治学会編
A5判／208頁／本体3000円

日本におけるスウェーデン研究

猿田正機編著
A5判／328頁／本体4200円

―――― ミネルヴァ書房 ――――

https://www.minervashobo.co.jp/